经管类

# 金融大数据及其应用

## FINANCIAL BIG DATA AND ITS APPLICATION

主　编　苟小菊
副主编　郭新帅

中国科学技术大学出版社

## 内 容 简 介

金融大数据是一门多领域交叉学科,在金融领域中应用广泛。本书从金融大数据基础概念入手,由浅入深,由概念理论延伸至实际应用,介绍了金融大数据的相关理论及大数据在金融领域中的应用。其中,概览篇阐述了大数据的概念、金融大数据体系的建设及 Python 编程语言,以更为直观和形象的方式来介绍相关复杂理论,尤其适合经管类专业学生阅读。应用篇阐述了大数据在金融各领域中的应用,包括银行业、保险业、量化投资领域等。每章均附有复习思考题,有利于学生更好地掌握本书内容。

本书是经管类专业学生进入大数据金融和金融科技领域较好的入门教材。

### 图书在版编目(CIP)数据

金融大数据及其应用/苟小菊主编. --合肥:中国科学技术大学出版社,2024.6
ISBN 978-7-312-05997-1

Ⅰ.金… Ⅱ.苟… Ⅲ.互联网—应用—金融—数据处理 Ⅳ.F830.41

中国国家版本馆 CIP 数据核字(2024)第 107725 号

### 金融大数据及其应用
JINRONG DASHUJU JI QI YINGYONG

| | |
|---|---|
| 出版 | 中国科学技术大学出版社 |
| | 安徽省合肥市金寨路 96 号,230026 |
| | http://press.ustc.edu.cn |
| | https://zgkxjsdxcbs.tmall.com |
| 印刷 | 安徽省瑞隆印务有限公司 |
| 发行 | 中国科学技术大学出版社 |
| 开本 | 787 mm×1092 mm　1/16 |
| 印张 | 21 |
| 字数 | 523 千 |
| 版次 | 2024 年 6 月第 1 版 |
| 印次 | 2024 年 6 月第 1 次印刷 |
| 定价 | 72.00 元 |

# 序

  2008年全球金融危机后，各国金融监管部门开始重视风险管理和数据监控能力，金融大数据应运而生。传统金融数据处理技术已经无法满足金融行业对于海量数据处理和分析的需求，金融大数据技术应运而生，为金融行业提供了更加高效、精准的数据分析和决策支持能力。随着信息技术的迅猛发展和金融行业的不断创新，金融大数据作为一种重要的技术和工具，逐渐成为金融行业的核心竞争力之一。金融大数据已经成为现代金融教育的重要组成部分。

  当我们回顾金融行业的发展历程时，可以清晰地看到大数据技术正在如火如荼地改变这个传统而庞大的领域。《金融大数据及其应用》一书的问世，为我们提供了一个窥探金融领域未来的窗口，它不仅深入探讨了大数据的概念、特点以及在金融行业中的具体应用，而且对金融大数据平台的建设，金融大数据分析技术，大数据在银行业、保险业、量化投资、资产管理、互联网金融，金融监管以及金融安全方面的应用进行了系统而全面的剖析。

  在这本书中，苟小菊老师、郭新帅老师以独到的视角和丰富的经验，深刻揭示了大数据技术对金融行业的革命性影响。首先，书中对大数据的兴起与金融大数据的发展历程进行了全面回顾，使我们对大数据在金融领域中新的应用场景有了更为清晰的认识。其次，通过对大数据平台的建设、金融大数据分析技术以及大数据在银行业、保险业、量化投资、资产管理、互联网金融等领域的应用进行深入剖析，书中呈现了一个个生动的案例和具体的数据分析方法，使我们对大数据在金融领域的实际运用有了更为深入的理解。最后，该书还对大数据在金融监管和金融安全方面的应用进行了细致讨论，为我们展现了大数据和人工智能在金融监管和金融安全领域所带来的新挑战及应对之策。

  学习金融大数据对于金融专业的学生来说至关重要。首先，金融大数据技术已经成为金融行业的核心竞争力之一，具备金融大数据分析能力的专业人才将会更加受到市场的青睐。其次，金融大数据技术的应用已经成为金融行业人才的基本素养，掌握金融大数据技术将有助于学生更好地适应未来金融行业的发展趋势和需求。最后，学习金融大数据可以帮助学生深入了解金融行业的运作机制和规律，提高对金融市场的敏锐度和洞察力。

  在当前信息爆炸的时代，金融行业正处于变革的前夜，大数据和人工智能技术为金融行业提供了前所未有的机遇和挑战。《金融大数据及其应用》一书作为教科书，具有非常高的可靠性和可读性。作者从理论到实践都做了充分的准备和调研,为读者呈现了一个极具深度和广度的知识体系。书中所介绍的理论和技术都是非常先进和前沿的,而且是经过实践验证的。因此,这本书不仅可以作为学生的教材,也可以作为金融从业者和相关领域专业人士的参考书。无论是对金融行业从业人员,还是对金融技术领域的学习者,该书都将成为一份不可多得的宝贵资料。相信通过研读该书,读者定能更好地把握大数据时代的金融脉搏,勇往直前,开创未来。

回顾历史,手捧书籍,它不仅是一本教科书,更是一本实用书。希望更多的人能够阅读这本书,为大数据在金融领域中的应用提供更加坚实的基础和支持。我衷心地推荐这本书。

是为序。

叶 强

中国科学技术大学管理学院执行院长、
国际金融研究院院长、科技商学院执行院长
2023 年 12 月

# 前　言

2020年，我国首次将数据正式纳入生产要素范围，与土地、劳动力、资本、技术等传统要素并列。作为新型生产要素的数据，已成为数字化、网络化、智能化的基础，并迅速渗透到生产、分配、流通、消费和社会服务管理等各个环节，其重要作用日益凸显。另外，正是大数据、云计算、人工智能等技术的不断发展，才使得对大量数据的价值挖掘工作成为可能。高新技术与金融的深度融合是当今时代发展的必然趋势。

在这些技术当中，大数据技术起步较早，发展更为成熟，当下的应用也更加广泛。金融融合大数据提升了金融行业的资源配置效率，强化了风险管控能力，有效促进了金融业务的创新发展。目前金融大数据在银行、证券、保险、资产管理和互联网金融等细分行业都得到广泛的应用。可以说，金融大数据已经成为金融行业数字化转型的核心驱动力，未来也将不断推动金融产业变革和商业模式创新，从数据中挖掘出更多的金融价值。

因此，理解大数据概念、熟悉金融大数据应用也将成为新时代金融人才的核心竞争力。正是为了满足社会对金融数据分析人才的需要，本书应运而生。

本书共分为概览篇、应用篇和监管篇，共10章。

第1章介绍了大数据概念的起源和发展、金融大数据的特征，以及大数据、人工智能技术在金融领域的发展情况和面临的挑战，帮助读者了解金融大数据、人工智能的基本概念以及发展情况，建立一个整体的金融大数据学习视角。

第2章详细介绍了金融大数据平台建设的基本流程，详细叙述了数据导入、数据管理等环节，并梳理了大数据、人工智能技术未来的发展趋势。

第3章介绍了大数据建设中常用的编程语言Python的语法以及数据分析、绘图等基础功能。

从第4章开始，本书进入金融大数据的应用篇。第4章是大数据技术在银行业的应用，立足银行实际情况，对大数据、人工智能在银行业的典型应用如客户关系管理、数字营销、大数据征信等进行了细致的阐述。

第5章是大数据在保险行业的创新应用，详细介绍了大数据、人工智能技术在保险行业的创新应用和应用前景。

第6章是大数据在量化投资中的应用，介绍了如何利用大数据技术进行策略开发以及大数据在量化交易应用方面的最新进展。

第7章是大数据在资产管理行业的应用，介绍了大数据对资产管理行业投资决策、营销方式、运营方式等方面的积极作用,并阐述了人工智能技术在资产管理行业的应用前景。

第 8 章是大数据在互联网金融行业的应用,介绍了大数据在第三方支付、互联网理财、互联网消费金融等应用上发挥的作用,并提出了大数据在互联网金融领域应用中可能存在的挑战和风险。

第 9 章是金融大数据监管篇的开始,介绍了金融监管的内涵和模式,对大数据在金融监管领域的创新应用包括流动性风险检测、信贷风险统计分析等进行了详细阐述,并分析了金融监管未来的走势以及人工智能在金融监管领域的应用前景。

第 10 章是大数据与金融安全,立足监管视角,分析了大数据、人工智能给我国金融安全带来的风险和挑战。通过解读各国在大数据与金融安全方面的历史经验,给出了应对金融安全问题应坚守的原则和施行的措施,并给出了基于金融安全的大数据发展的设计思路。

本书在编写的过程中参阅了大量的文献资料,在本书的参考文献中列出,如有遗漏,敬请海涵。在此向这些文献资料的作者表示衷心的感谢。本书由苟小菊任主编,郭新帅任副主编,其余参编人员有徐辰宇、龚俊韬、林昱、邓浩宇、胡倩凝、孙海彬、刘振昌、周会永、詹志浩。尽管想给读者呈现一本完整实用的金融大数据的书,但因编写人员水平有限,书中难免存在疏漏和不足之处,恳请读者批评指正,以便今后进一步修改和完善。

编者<br>
2023 年 12 月

# 目 录

序 ································································································ ( i )
前言 ······························································································ ( iii )

## 概 览 篇

**第1章　大数据的兴起与金融大数据发展** ································· ( 2 )
1.1　大数据概念及兴起 ···················································· ( 2 )
1.2　金融大数据概念及其特点 ·········································· ( 9 )
1.3　金融大数据的发展现状与挑战 ···································· ( 11 )
1.4　人工智能及其在金融领域中的特点 ······························ ( 19 )
1.5　人工智能的发展现状与挑战 ······································· ( 27 )

**第2章　金融大数据平台的建设** ············································ ( 35 )
2.1　大数据平台建设 ······················································ ( 35 )
2.2　数据导入 ······························································· ( 42 )
2.3　数据管理与应用 ······················································ ( 49 )
2.4　大数据技术发展趋势 ················································ ( 53 )
2.5　人工智能技术发展趋势 ············································· ( 57 )

**第3章　金融大数据分析技术** ··············································· ( 65 )
3.1　Python 编程基础 ····················································· ( 66 )
3.2　numpy 库 ······························································· ( 77 )
3.3　pandas 库 ······························································ ( 84 )
3.4　matplotlib 库 ·························································· ( 87 )
3.5　数据预处理 ···························································· ( 92 )
3.6　机器学习基础 ························································· ( 97 )

## 应 用 篇

**第4章　大数据在银行业的应用** ············································ (108)
4.1　银行业概述 ···························································· (108)
4.2　大数据对银行的商业模式影响 ···································· (116)
4.3　大数据在银行业的具体应用 ······································· (120)
4.4　人工智能在商业银行的应用 ······································· (127)

## 第5章　大数据在保险业的应用······(137)
- 5.1　保险行业概况······(138)
- 5.2　大数据下保险的商业模式创新······(145)
- 5.3　大数据在保险业的具体应用······(150)
- 5.4　人工智能在保险业应用的现状和前景······(156)

## 第6章　大数据在量化投资中的运用······(168)
- 6.1　量化投资概览······(168)
- 6.2　金融大数据的来源与处理······(173)
- 6.3　金融大数据在量化投资策略中的应用······(187)
- 6.4　金融大数据在量化投资中的应用前景······(205)

## 第7章　大数据在资产管理行业的应用······(210)
- 7.1　资产管理行业概述······(210)
- 7.2　大数据对资产管理行业的影响······(216)
- 7.3　大数据在资产管理行业的具体应用······(221)
- 7.4　人工智能在资产管理行业的应用前景······(232)

## 第8章　大数据在互联网金融行业的应用······(240)
- 8.1　互联网金融行业概述······(240)
- 8.2　大数据对互联网金融行业的影响······(247)
- 8.3　大数据在互联网金融行业的具体应用······(251)
- 8.4　人工智能在互联网金融行业的应用前景······(268)

# 监　管　篇

## 第9章　大数据在金融监管中的应用······(278)
- 9.1　金融监管概述······(278)
- 9.2　对金融企业的数据监管······(282)
- 9.3　大数据在金融监管的具体应用······(290)
- 9.4　人工智能在金融监管的应用前景······(294)

## 第10章　大数据与金融安全······(300)
- 10.1　大数据对中国金融安全的新挑战······(300)
- 10.2　人工智能对中国金融安全的新挑战······(309)
- 10.3　各国对大数据与金融安全的处置经验······(313)
- 10.4　中国应对大数据与金融安全的原则和措施······(318)

# 概 览 篇

本篇是金融大数据的概览篇,分为大数据的兴起与金融大数据发展、金融大数据体系建设以及金融大数据分析技术3章。该篇主要介绍大数据发展历程、金融大数据特点、金融大数据体系建设流程、Python基础语法和应用等内容。主要目的是让读者厘清金融大数据相关的基本概念并掌握基本的技术手段,为读者理解后续应用篇、监管篇扫除障碍。

# 第 1 章　大数据的兴起与金融大数据发展

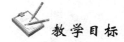教学目标

1. 了解大数据的特征及其发展历程。
2. 了解金融大数据的特点。
3. 了解国内外金融大数据、人工智能的应用和发展状况。
4. 了解金融大数据、人工智能所面临的挑战。

第 1 章我们将从大数据概念提出的背景出发,梳理大数据发展历程,分析大数据与金融结合所展现出的特点,并介绍新时代背景下大数据、人工智能在金融领域的发展情况及面临的挑战。目的是让读者建立一个关于大数据时代金融的整体印象。

## 1.1　大数据概念及兴起

本节学习的重点是大数据概念及其发展历程。我们首先会介绍大数据概念产生的时代背景;而后通过分析大数据的特性并结合大数据发展历程对大数据概念进行全面的掌握。

### 1.1.1　大数据概念提出的背景

近年来,随着互联网、云计算、物联网等信息技术的不断发展,各行各业的产业结构也在不断升级,产业的数字化转型是未来经济发展的大趋势。各行业在转型的过程中必然伴随着巨量的数据的产生。根据国际信息技术咨询企业国际数据公司 IDC 发布的 *Global Data Sphere* 2023 中的预测,从 2022 年到 2027 年,全球产生的数据量将会从 103 ZB 增长到 284 ZB,复合增长率将达到 22%;其中,中国数据量规模将从 2022 年的 23.88 ZB 增长至 2027 年的 76.6 ZB,年均增速达到 26%,位居全球第一,而这些数据广泛地分布在支付、媒体、金融等领域。

爆炸式增长的数据背后蕴藏着许多重要信息,也为数据的分析和利用带来了诸多挑战:第一,过量的数据对数据存储和处理能力提出了更高的要求,在数据量不断增加的情况下,要提高数据存储性能以及数据传输能力。第二,数据数量的增加使得数据质量难以得到保证。数据很可能出现缺失、错误、不一致等问题。第三,数据不仅在数量上增加,而且在种类上也更加多样化。如此大规模的数据往往拥有不同的来源、不同的格式、不同的结构,如结构化数据、半结构化数据和非结构化数据等。多样化的数据来源虽然大概率包含了多维度

的信息，但也给数据分析工作带来了挑战。第四，随着信息技术和互联网的发展，数据的共享和安全也成了重要的问题，数据的共享开放的同时要平衡好经济社会发展与数据安全监管的关系、厘清数据共享开放与安全责任边界。第五，随着数据量的不断增加，数据分析的速度和实时性成了挑战。每时每刻都会有大量新的数据产生，在量化交易等应用场景，数据分析的速度将直接影响到实时决策的有效性。

面对诸如此类的困难，社会各界亟须一种能够适用于大规模数据，并从中发现价值的数据分析技术。也正是在这种情况下，大数据技术应运而生。

大数据（Big Data）作为一个相对新兴的概念，至今也没有权威机构对其概念做一个统一的定义。因此网络上也存在着关于大数据的各式各样的定义。例如，咨询公司麦肯锡认为，大数据是指无法在一定时间范围内用常规软件工具进行捕捉、管理和处理的数据集合。而高德纳认为大数据是需要新处理模式才能具有更强的决策力、洞察发现力和流程优化能力的海量、高增长率和多样化的信息资产。虽然有关大数据的定义众说纷纭，但这些定义大多是基于大数据的特征衍生而来的，对读者来说，了解大数据的特征是深入把握大数据这一概念的开始。

### 1.1.2 大数据的特性

2001年，梅塔集团分析师道格·莱尼发表了《3D数据管理：控制数据容量、处理速度及数据种类》的研究报告，报告指出数据增长面临3个方面的机遇和挑战，分别为规模性（Volume）、高速性（Velocity）以及数据格式的多样性（Variety）。这3个特征被人们广泛接受，一般称作"3V特征"。在"3V特征"的基础上，IBM、SAS等公司提出了大数据还应具有真实性（Veracity）、价值性（Value）以及可变性（Variability）等特性。下文对"6V特征"作简要的介绍。

**1. 规模性**

规模性是指数据的采集、计算、存储量都有大规模的特点。据统计，人类生产的所有印刷材料的数据量大约是200 PB（1 PB = 1024 TB），而历史上人类说过的所有的话的数据量大约是5 EB（1 EB = 1024 PB）。当前，典型个人计算机硬盘的容量为TB量级，而一些大企业的数据量已经接近EB量级。大规模的"大"其实并没有一个固定的衡量标准，其意在强调：使用传统的数据分析技术难以对如此巨大规模的数据集进行管理、应用。

**2. 高速性**

数据具有一定的时效性，而且很有可能是不断变化的，随着时间的推移，人类活动将源源不断地产生新的数据，对于数据处理工具的性能要求也不断提高。在数据量如此庞大的情况下，能否对数据进行实时处理和分析，对商业活动来说至关重要。例如，当消费者网上购物时，客户搜索商品请求能否在短时间内得到实现，个性化算法能否实时精准推送都将会对消费者的体验、公司的商业价值产生重大影响。

**3. 多样性**

大数据的多样性体现在数据种类的多样性，包括结构化、半结构化以及非结构化数据，具体表现为音频、视频、图片、地理位置信息等。传统数据处理技术，如关系型数据库在开发时所面对的数据量较小，进行数据分析的前提是对数据进行系统的分类。但传统数据处理技术并不能挖掘出半结构化、非结构化的数据中隐藏的价值。而大数据技术可以弥补传统数据分析技术的不足。

**4．价值性**

数据作为生产要素,其内部蕴藏的价值毋庸置疑。但与传统的结构化的小数据相比,大数据具有价值密度低的特点。例如,大量道路摄像头记录的数据中,捕捉到交通违规的数据只占其中极少部分。如何结合具体的应用场景,开发合适的算法,是大数据时代面临的难题。

**5．真实性**

IBM 公司认为大数据具有真实性的特征,因为互联网上的数据都是人类行为的真实足迹,这些信息也能真实地反映出用户的行为和偏好。但在实际情况中,互联网中采集到的数据中包含了大量虚假、错误的数据。而且由于数据来自许多不同的数据源,很难跨系统链接、匹配、清理和转换数据。这样,它们的数据质量可能会迅速下滑。如何保证数据来源的可信性、真实性从而挖掘其价值成为亟待解决的问题。

**6．可变性**

可变性是指数据流不稳定、易变化的特征。除了数据速率提升及多样性增加的问题,数据流还有着极不稳定的周期峰值。当社会媒体在热点事件中发挥导向作用时,很容易在一定时间区间内导致不稳定的数据流。每日的、季度的以及事件触发性的数据负载高峰都会给数据管理造成极大的挑战,这个问题在处理非结构化数据时尤为明显。

### 1.1.3　大数据的发展历程

关于"大数据"这一概念的起源问题,目前流行着两种不同的说法:一种说法认为,大数据概念是由未来学家阿尔文·托夫勒在其著作《第三次浪潮》中首次提出,但在对照中英两版的内容后并没有从中发现与大数据相似的表述。

而另一种更具有可信度的说法则宣称大数据概念在 1998 年被首次提出。时任美国硅图公司(SGI)的首席科学家约翰·马西(John Mashey)在一次国际会议中发表了题为 *Big Data ... and the Next Wave of Infrastress* 的报告(图 1.1)。约翰·马西在报告中指出:随着数据量的快速增长,必将出现数据难理解、难获取、难处理和难组织 4 个难题,并用"Big Data"来描述这一挑战。

图 1.1　约翰·马西在会议上使用的汇报文件①

---

① https://static.usenix.org/event/usenix99/invited_talks/mashey.pdf.

虽然"大数据"这一概念的最早提出时间难以准确考证,但至少我们现在能知道大数据的概念是从20世纪90年代起就已经被广泛应用。正因如此,20世纪90年代也被认为是大数据的萌芽阶段。

第一阶段——萌芽阶段(1990—2003年)[①]。

20世纪90年代,随着数据挖掘理论和数据库技术的逐步成熟,一批商业智能工具和知识管理技术(如数据仓库、知识管理系统、专家系统等)开始被广泛应用。此时关于大数据的研究主要聚焦于数据挖掘技术方面,其他方面涉及较少。

第二阶段——突破阶段(2003—2006年)。

2003—2006年是大数据发展的突破阶段,也是非结构化数据的自由探索阶段。以2004年创立的Facebook为首的社交网络的流行产生了大量非结构化数据。对于这些非结构化的数据,传统数据处理方法显得束手无策,人们开始思考新的方案以应对海量数据的存储、搜索、计算问题。

在这期间,Google公司发表了3篇重要论文——*The Google File System*、*MapReduce: Simplified Data Processing on Large Clusters*、*Bigtable: A Distributed Storage System for Structured Data*,后来被简称为大数据技术的"三驾马车"。这3篇论文的主要内容分别是:有关分布式文件系统,用于处理大数据的储存;大数据分布式计算框架,用于处理大数据的索引计算问题;非关系型(NoSQL[②])数据库系统,用于处理海量结构化数据。在这3篇论文的基础上,陆续出现了Nutch分布式文件系统(Nutch Distributed File System,NDFS)、Hadoop技术等重要突破,大数据技术得到了快速发展。

第三阶段——成熟期(2006—2009年)。

2006—2009年为大数据的成熟期。在此期间,Twitter、Facebook、LinkedIn和许多知名公司开始使用Hadoop,并为Hadoop开源生态系统回馈工具和框架,陆续涌现出Hive、Apache Pig编程等技术。大数据技术并行运算与分布式系统基本形成。

与此同时,大数据的影响力也在不断扩大。2008年,*Nature*推出了*Big Data*专刊。业界组织计算社区联盟[③](Computing Community Consortium),发表了一份有影响力的白皮书——《大数据计算:在商务、科学和社会领域创建革命性突破》,并指出了大数据的独特之处:大数据真正重要的是新用途和新见解,而非数据本身。

第四阶段——应用期(2010年以后)。

2011年,麦肯锡发布研究报告《大数据:下一个创新、竞争和生产力的前沿》,论述了大数据的应用价值和发展前景,"大数据"概念也逐渐进入大众视野。2012年,维克托·舍恩伯格在《大数据时代:生活、工作与思维的大变革》一书中指出,数据分析将从"随机采样""精确求解"和"强调因果"的传统模式演变为大数据时代的"全体数据""近似求解"和"只看关联不问因果"的新模式,从而引发商业应用领域对大数据方法的广泛思考与探讨[④]。经此书宣传后,大数据概念开始风靡全球。

2014年,云计算技术的爆发推动着大数据加速发展,大数据产业从理论迈向实际应用。

---

① 刘晓星. 大数据金融[M]. 北京:清华大学出版社,2018:8.

② NoSQL(Not only SQL)是对不同于传统的关系数据库的数据库管理系统的统称,即广义地来说可以把所有不是关系型数据库的数据库统称为NoSQL。

③ 因为该白皮书,计算社区联盟也被不少人认为是最早提出大数据概念的机构。

④ http://www.clii.com.cn/lhrh/hyxx/202110/t20211013_3951317.html.

大量依赖大数据的个性化 App 在这个阶段如雨后春笋般涌现，并迅速壮大。做社交的 Facebook、做云服务的亚马逊、做内容服务的今日头条等都在这个时期内发展壮大起来。随后，大数据相关技术、产品、应用和标准不断发展，逐渐形成了由数据资源与 API、开源平台与工具、数据基础设施、数据分析、数据应用等板块构成的大数据生态系统，并持续发展和不断完善，其发展热点呈现出从技术向应用，再向治理的逐渐迁移。

在进入应用期后，一个显著的迹象是大数据被各个国家上升至国家战略的高度。瑞士洛桑国际管理学院 2017 年度《世界数字竞争力排名》显示，各国数字竞争力与其整体竞争力呈现出高度一致的态势，即数字竞争力强的国家，其整体竞争力也很强，同时也更容易产生颠覆性创新。

我国也是较早将大数据上升到国家战略的国家之一。早在 2011 年 12 月，工信部发布的物联网"十二五"规划，就已经把信息处理技术作为 4 项关键技术创新工程之一提出来，其中包括了海量数据存储、数据挖掘、图像视频智能分析，这些是大数据的重要组成部分。

2012 年 7 月，为挖掘大数据的价值，阿里巴巴集团在管理层设立"首席数据官"一职，负责全面推进"数据分享平台"战略，并推出大型的数据分享平台——"聚石塔"，为天猫、淘宝平台上的电商及服务商等提供数据云服务。随后，阿里巴巴董事局主席马云在 2012 年网商大会上发表演讲，称从 2013 年 1 月 1 日起将转型重塑平台、金融和数据三大业务。马云强调："假如我们有一个数据预报台，就像为企业装上了一个 GPS 和雷达，你们出海将会更有把握。"因此，阿里巴巴集团希望通过分享和挖掘海量数据，为国家和中小企业提供价值。此举是国内企业最早把大数据提升到企业战略高度的一次重大里程碑。阿里巴巴也是我国最早提出通过数据进行企业数据化运营的企业。

2014 年，"大数据"首次被写入《政府工作报告》。该"报告"指出，要设立新兴产业创业创新平台，在大数据等方面赶超先进，引领未来产业发展。"大数据"旋即成为国内热议词语之一。

2015 年，国务院正式印发的《促进大数据发展行动纲要》明确指出，推动大数据发展和应用，在未来 5～10 年打造精准治理、多方协作的社会治理新模式，建立运行平稳、安全高效的经济运行新机制，构建以人为本、惠及全民的民生服务新体系，开启大众创业、万众创新的创新驱动新格局，培育高端智能、新兴繁荣的产业发展新生态。

2017 年，《大数据产业发展规划（2016—2020 年）》正式对大数据产业做出专门规划。该"规划"在分析总结产业发展现状及形势的基础上，围绕"强化大数据产业创新发展能力"一个核心，"推动数据开放与共享、加强技术产品研发、深化应用创新"三大重点，完善"发展环境和安全保障能力"两个支撑，打造一个"数据、技术、应用与安全协同发展的自主产业生态体系"，提升我国对大数据的"资源掌控、技术支撑和价值挖掘"三大能力。

2020 年，《关于构建更加完善的要素市场化配置体制机制的意见》将数据列为新兴生产要素。该"意见"明确指出，加快培育数据要素市场，推进政府数据开放共享、提升社会数据资源价值、加强数据资源整合和安全保护。

2021 年，《"十四五"大数据产业发展规划》指出，"十四五"时期是我国工业经济向数字经济迈进的关键时期，对大数据产业发展提出新的要求。要发挥数据作为新生产要素的乘数效应，以数据流引领技术流、物质流、资金流、人才流，打通生产、分配、流通、消费各环节，促进资源要素优化配置①。

除中国之外,以美国、英国、日本、韩国等为代表的发达国家,也非常重视大数据在促进经济发展和社会变革、提升国家整体竞争力等方面的重要作用,把发展大数据上升到国家战略的高度,视大数据为重要的战略资源,大力抢抓大数据技术与产业发展先发优势。

美国是率先将大数据从商业概念上升至国家战略的国家,通过稳步实施"三步走"战略,在大数据技术研发、商业应用以及保障国家安全等方面已全面构筑起全球领先的优势。第一步是快速部署大数据核心技术研究,并在部分领域积极开发大数据应用。第二步是调整政策框架与法律规章,积极应对大数据发展带来的隐私保护等问题。第三步是强化数据驱动的体系和能力建设,为提升国家整体竞争力提供长远保障。

2012年3月,美国联邦政府推出"大数据研究和发展倡议",其中对国家大数据战略的表述如下:"通过收集、处理庞大而复杂的数据信息,从中获得知识和洞见,提升能力,加快科学、工程领域的创新步伐,强化美国国土安全,转变教育和学习模式"。2012年3月29日,美国白宫科技政策办公室发布《大数据研究和发展计划》,成立"大数据高级指导小组"。该计划旨在通过对海量和复杂的数字资料进行收集、整理,以增强联邦政府收集海量数据、分析萃取信息的能力,提升对社会经济发展的预测能力。2013年11月,美国信息技术与创新基金会发布了《支持数据驱动型创新的技术与政策》的报告,报告指出,"数据驱动型创新"是一个崭新的命题,其中最主要的包括"大数据""开放数据""数据科学"和"云计算"。2014年5月,美国发布《大数据:把握机遇,守护价值》白皮书,对美国大数据应用与管理的现状、政策框架和改进建议进行了集中阐述。该白皮书表示,在大数据发挥正面价值的同时,应该警惕大数据应用对隐私、公平等长远价值带来的负面影响。从《白皮书》所代表的价值判断来看,美国政府更为看重大数据为经济社会发展所带来的创新动力,对可能与隐私权产生的冲突,则以解决问题的态度来处理。

大数据发展初期,英国在借鉴美国经验和做法的基础上,充分结合本国特点和需求,加大大数据研发投入力度、强化顶层设计,聚焦部分应用领域进行重点突破。英国政府于2010年上线政府数据网站data.gov.uk,同美国的data.gov平台功能类似,但主要侧重于大数据信息挖掘和获取能力的提升,以此作为基础,在2012年发布了新的政府数字化战略,具体由英国商业创新技能部牵头,成立数据战略委员会,通过大数据开放,为政府、私人部门、第三方组织和个体提供相关服务,吸纳更多技术力量和资金支持协助拓宽数据来源,以推动就业和新兴产业发展,实现大数据驱动的社会经济增长。2013年英国政府加大了对大数据领域研究的资金支持力度,提出总额1.89亿英镑的资助计划,包括直接投资1000万英镑建立"开放数据研究所"。近期英国政府特别重视大数据对经济增长的拉动作用,密集发布《数字战略2017》《工业战略:建设适应未来的英国》等,希望到2025年数字经济对本国经济总量的贡献值可达2000亿英镑,积极应对"脱欧"可能带来的经济增速放缓的挑战。

法国是传统的工业大国和经济强国,在信息化战略的推动下,法国大数据产业也逐步发展起来,已经渗透到社会经济生活的多个领域,影响着人们的生活和工作,甚至于城市管理、公共管理等国家功能的实现都开始受到大数据的影响。2011年7月,法国启动了开放数据项目,通过实现公共数据在移动终端上的使用,最大限度地挖掘数据的应用价值。项目内容涉及交通、文化、旅游和环境等领域。所有法国公民以及在法国旅游的欧洲公民都可以通过

---

① https://www.zhihu.com/question/21471114/answer/123058409.

移动终端使用法国的公共数据。

2013年12月,法国政府发布《数字化路线图》,明确了大数据是未来要大力支持的战略性高新技术。法国政府以新兴企业、软件制造商、工程师、信息系统设计师等为目标,开展一系列的投资计划,旨在通过发展创新性解决方案并应用于实践,来促进法国在大数据领域的发展。此外,法国中小企业、创新和数字经济部推出大数据规划,2013年至2018年在法国巴黎等地创建大数据孵化器,通过公共私营合作方式投资3亿欧元,向数百家大数据初创企业发放启动资金。同时,法国政府也出台了其他战略规划(如《创新2025规划》《新工业法国规划》),积极支持大数据产业发展。

多年来,韩国的智能终端普及率以及移动互联网接入速度一直位居世界前列,这使得其数据产出量也达到了世界先进水平。为了充分利用这一天然优势,韩国很早就制定了大数据发展战略,并力促大数据担当经济增长的引擎。在朴槿惠政府倡导的"创意经济"国家发展方针指导下,韩国多个部门提出了具体的大数据发展计划,包括2011年韩国科学技术政策研究院以"构建英特尔综合数据库"为基础的"大数据中心战略",以及2012年韩国国家科学技术委员会制定的大数据未来发展环境战略计划。其中,2012年由未来创造科学部牵头的"培养大数据、云计算系统相关企业1000个"的国家级大数据发展计划,已经通过《第五次国家信息化基本计划(2013—2017)》等多项具体发展战略落实到生产层面。2016年年底,韩国发布以大数据等技术为基础的《智能信息社会中长期综合对策》,以积极应对第四次工业革命的挑战。

2010年5月,日本发达信息通信网络社会推进战略本部发布了以实现国民本位的电子政府、加强地区间的互助关系等为目标的《信息通信技术新战略》。2012年6月,日本IT战略本部发布电子政务开放数据战略草案,迈出了政府数据公开的关键性一步。2012年7月,日本政府推出了《面向2020年的ICT综合战略》,大数据成为发展的重点。2013年6月,日本公布新IT战略——创新最尖端IT国家宣言,明确了2013—2020年期间以发展开放公共数据为核心的日本新IT国家战略。在应用当中,日本的大数据战略已经发挥了重要作用,ICT技术与大数据信息能力的结合,为协助解决抗灾救灾和核电事故等公共问题贡献明显[①]。

2012年10月,澳大利亚政府发布《澳大利亚公共服务信息与通信技术战略2012—2015》,强调应增强政府机构的数据分析能力从而促进更好的服务传递和更科学的政策制定,并将制定一份大数据战略确定为战略执行计划之一。2013年2月,澳大利亚政府信息管理办公室(AGIMO)成立了跨部门工作组——"大数据工作组",启动了《公共服务大数据战略》制定工作,并于2013年8月正式对外发布。

该"战略"以6条"大数据原则"为指导,旨在推动公共部门利用大数据分析结果进行服务改革,制定更好的公共政策,保护公民隐私,使澳大利亚在该领域跻身全球领先水平。这6条大数据原则分别为:数据是一种国家资产,应被用于人民福祉;数据共享和大数据项目开发过程中严守用户隐私;数据完整和过程透明;政府部门间以及政府与产业间应共享技术、资源和能力;与产业和学术界广泛合作;加强政府数据开放。《战略》还决定成立数据分析卓越中心(DACoE),该中心将通过构建一个通用的能力框架帮助政府部门获得数据分析能力,并促成政府与第三方机构合作以培养分析技术专家。《战略》列举了2014年7月前

---

① https://dblab.xmu.edu.cn/blog/2616/.

需完成的 6 项大数据行动计划,分别为:制定信息资产登记簿;跟踪大数据分析的技术发展;制定大数据最佳实践指南;总结明确大数据分析面临的各种障碍;强化大数据分析的相关技术和经验;制定数据分析指南。具体工作将由大数据工作组与数据分析卓越中心共同协作完成。

## 1.2 金融大数据概念及其特点

本节我们将介绍金融大数据的概念以及金融行业在应用大数据技术上拥有的独特优势,并分析金融大数据在处理金融业务时所展现出的特点。

### 1.2.1 金融大数据的概念

金融大数据是指运用大数据技术开展金融服务的一种模式。它通过互联网、云计算和数据挖掘等手段,对大规模、结构化、半结构化和非结构化数据进行实时分析,为客户提供全方位信息。同时,通过对客户交易与客户的消费习惯的分析和挖掘,能预测客户行为,并实现传统金融服务与资金融通的创新整合。[①]

大数据是新一轮工业革命中最为活跃的技术创新要素,在社会生产、流通、分配等领域都产生深刻影响。在金融业需要不断进行金融创新的背景下,金融业与大数据的结合将是大势所趋。而相较于其他行业,金融业在与大数据的结合方面有着其独特的优势。这些独特的优势加速推动这两者的融合。

(1) 金融业电子化程度高。20世纪下半叶,随着电子技术的发展,电子化在各行各业兴盛起来。电子化的出现扩大了其服务品种,改变了人们的经济和社会生活方式。我国金融电子化虽然相较西方国家起步较晚,但在金融电子化建设领域进展神速。以银行业为例,从2000年开始,各银行开始进行业务集中处理,利用互联网技术与环境,加快金融创新,逐步开拓网上金融服务,包括网上银行、网上支付、手机银行等。全国银行营业网点业务处理实现计算机化、网络化。据不完全统计,全国金融行业拥有大中型计算机 700 多台(套)、小型计算机 6000 多台(套)、PC 及服务器 50 多万台,电子化营业网点覆盖率达到 95% 以上。金融领域电子化程度高的特点是金融与大数据结合的坚实基础。

(2) 金融业是数据密集型产业。金融行业有着大量的客户信息,业务类型复杂,因此天然具有"大客户大数据"的特点。金融机构在开展日常业务的同时,可以累积海量的用户数据,既包括客户的账户、资金收付记录等结构化数据,又包括客服音频、网上银行记录等非结构化数据。这些数据在与大数据结合之后,有助于开展金融创新,进而产生巨大的商业价值。

(3) 大数据技术逐渐成熟。大数据、人工智能等技术的日益成熟是助力大数据与金融业相融合的关键因素,为金融大数据能够从概念落地到具体的业务场景提供了技术支持。

经过多年发展,大数据相关的技术和工具也层出不穷。Hadoop 分布式计算框架、Spark

---

① 刘晓星.大数据金融[M].北京:清华大学出版社,2018:77.

平台、Storm 架构等技术的出现为大数据处理和分析提供了更多的选择和便利。云计算技术的发展为大数据提供了弹性、低价的计算资源和存储空间,降低了大数据的应用门槛。在人工智能领域,以语音识别技术、视觉技术、全真互联技术为代表的技术不断发展成熟,催生出更多新业态,驱动金融业创新发展。

(4) 金融业创新发展的必然要求。2008 年次贷危机后,全球经济逐步复苏,金融业也进入了全新的发展阶段。P2P 网贷公司等各种新型金融机构进入市场,金融行业的竞争越发加剧,挤压着传统金融机构的市场份额。互联网金融企业根据网络用户的需要提供个性化、定制化的金融服务,拉拢大量客户形成规模经济。又通过自动化和数字化的流程,有效地降低金融服务的运营成本。互联网金融的崛起进一步地挤压了传统金融机构的生存空间。传统金融机构亟须找到新的创新点,而大数据技术正是金融机构推动业务创新、提高金融服务质量的重要手段。

通过运用大数据技术,金融机构可以刻画出用户画像,从而进行精准营销。金融机构通过对客户的交易动机、行为等数据分析并挖掘出客户对金融产品收益性、流动性、安全性等方面的需求,进而通过对金融工具面值、收益、风险、流动性、可转换性、复合性等特征重新进行分解与组合,设计出与客户需求相匹配的金融产品。

### 1.2.2 金融大数据的特征

在《大数据金融》一书中,作者刘晓星将中国金融机构数据分析框架划分为 7 个层次,包括集成、存储、计算、整合、智慧、消费和洞察。其中前 4 个层次主要与金融体系的 IT 基础设施的支持能力有关,后 3 个层次与金融业务中的思维方式改变以及服务模式转型有关。大数据金融层次分析如图 1.2 所示。

**图 1.2 大数据金融层次分析**

大数据技术主要在智慧层、消费层和洞察层发挥赋能作用。智慧层根据来自基础层收集的信息,利用数据挖掘等技术,对信息进行分解、提炼,找出对客户、对金融产品、业务流程等一系列对象有价值的信息点,用于支持后续的营销、管理、优化等场景,包括实时决策、数据沙箱等。而面向客户的消费层,主要提升的是信息交互和共享能力,即金融信息消费,更加注重自动化的处理,将金融数据直接提供给各类业务系统,用于无需人工干预的自动化业务决策和处理。洞察层强调将金融的主要信息以可视化等方式展现出来,用以支持各类企业管理和市场决策需求。[①]

---

① 刘晓星. 大数据金融[M]. 北京:清华大学出版社,2018:81.

大数据技术在各个层次金融数据分析中发挥作用,使大数据金融呈现以下几个特征:

(1) 数字化。金融机构的职能之一就是为借贷双方充当信用中介。大数据的应用将使金融机构的服务呈现出虚拟化和电子化的特征。传统的资金流动将逐渐体现为数字信号的交换,数字货币等数字化金融产品将成为生产生活中的中流砥柱。而且,传统的人工服务将逐渐被智能客服、全息仿真等技术替代,银行可以通过虚拟渠道为客户提供金融服务。

(2) 开放性。在信息技术尚不发达的过去,人们之间的信息交流并不充分,在进行金融活动时容易产生信息不对称问题。而这时传统金融机构作为信用的提供方,能够在一定程度上解决资金借贷双方之间由于信息不对称导致的道德风险和逆向选择问题。而在大数据、云计算等技术逐渐成熟的今天,通过技术分析交易对手的信用风险将不再是困难的事情。例如,P2P平台就能够帮助资金供需双方绕开传统金融机构完成资金的借贷。这给金融机构的业务扩张带来了极大的挑战,未来金融机构应当积极拥抱新兴技术,提高自身核心竞争力。

与土地等旧的生产要素不同,数据越关联越有价值,越开放越有价值。目前各国政府和企业已经逐渐认识到数据共享带来的社会效益和商业价值,金融机构之间的数据开放共享也是大势所趋。

(3) 高生产力。大数据的应用使得金融机构可以全面分析大量用户数据,挖掘潜在用户群体。在获得客户画像后,可以使金融产品的销售更具有针对性,降低了开展业务的营业成本。并且可以根据客户的需求对金融业务、金融产品进行创新,有效降低了试错成本。另外,大数据的应用还可以帮助金融机构对可能遇到的风险进行管理,实现事前预警、事中管理、事后补救的覆盖业务全流程、全客户、全生命周期的风险管控体系。

(4) 科学决策。对于传统金融机构来说,其决策依赖对过往样本数据的分析以及管理层的管理经验。但在瞬息万变的时代里,仅凭借过去的经验很难对新生事物做出准确的判断。而大数据时代的全量数据分析将会更为快速、精准地把握住当下可能存在的机会和风险,从而辅助管理层做出科学决策。

## 1.3 金融大数据的发展现状与挑战

本节将介绍大数据在国内外的发展情况以及面临的困难,使读者能够对金融大数据的发展情况有一个整体的印象。

### 1.3.1 国外金融大数据发展现状

近年来,各国都在以设立法案、机构等形式,持续深化推进自身大数据战略。

**1. 政策保障**

欧美在大数据使用上起步较早,近年来更加专注于个人隐私以及数据合理使用方面的立法。美国众议院和参议院于2022年6月发布了《美国数据隐私和保护法案》讨论稿,内容涉及美国国会近20年来隐私辩论的方方面面。该法案离正式成为联邦法律还有一定的距离,但反映出数字时代美国数据隐私保护的价值理念,在制度设计上既考虑了增强个人数据权利的国际趋势，又有很多有利于数据价值释放的内容，比如"选择退出"机制、有限的私人诉讼权、数据处理企业的忠诚义务等。

欧洲议会于 2022 年 4 月就欧盟《数据治理法案》进行最终投票表决，并获得议会批准。该法案是落实《欧洲数据战略》的重要举措，构建了 3 个适用于各个行业的数据共享机制，确保在符合欧洲公共利益和数据提供者合法权益的条件下，实现数据更广泛的国际共享。法案构建了适用于所有部门的数据使用权基本规则，将促进个人和企业自愿共享数据，并统一某些公共部门数据的使用条件。

韩日设置专门机构，推进各行业数字化转型。韩国在 2022 年 4 月成立了以国务总理作为委员长的"国家数据政策委员会"，作为国家数据和新产业政策的管理机构，并于 9 月召开了韩国国家数据政策委员会的第一次会议，发表了对 8 个数据领域、5 个新产业领域共计 13 个领域的改善计划，目标是在韩国打造全球顶级水平的数字力量。2021 年 9 月，日本政府成立数字厅，成为负责日本行政数字化的最高部门，旨在构建更完善的数字政府，推动数字化转型，目标为"用智能手机在 60 秒内完成所有行政程序"，最大程度地利用数字技术优势，将数字科技作为全新要素融入传统社会，促进经济社会形态积极转型。

澳大利亚发布国家数据安全战略，开始构建国家数据安全框架。2022 年 4 月，澳大利亚内政部颁布《国家数据安全行动计划》，其为澳大利亚首个国家数据安全行动计划，意味着澳大利亚的国家数据安全框架正式开始构建。该"行动计划"致力于建立一个全国性的方法来保护公民数据（收集、处理和存储在数字系统和网络上的信息）免受侵害，同时为政府、企业和个人构建数据安全要求。[①]

### 2. 市场环境

根据前瞻研究院发布的《2018—2023 年全球金融大数据行业发展前景预测与投资战略规划分析报告》，美国金融大数据的市场规模在 2010—2017 年平均复合增长率高达 56.5%，2017 年其市场规模就达到了 59 亿美元。

欧洲的金融大数据市场规模在 2010 年仅 1 亿美元左右，2017 年，欧洲金融大数据市场规模已增长至 35 亿美元。可见，欧洲金融大数据行业市场规模呈现出几何式增长。

2010 年，日本金融大数据市场规模在 1200 万美元左右，2017 年这一规模已扩展至 3.09 亿美元。2017 年，印度的金融大数据行业市场规模在 4.22 亿美元左右，2010—2017 年的年均复合增长率在 61.08% 左右。可见世界上主要国家和地区的金融大数据市场规模在近年来都呈现出较快的增长趋势。[②]

### 3. 应用成果

Kabbage 是面向企业和个人的在线贷款平台，其主要特色是面向网络电商市场。Kabbage 基于电商的经营情况、在社交网络上与客户互动情况等信息开发了一套信用评级体系，即 Kabbage Score。通过这种独特的信用风险评分模型，可以在短时间内做出放款决策，这样的商业模式受到各大网店店主的好评，同时也快速占领市场，目前 Kabbage 已经为超过 20 万家企业提供了超过 80 亿美元的资金。Kabbage 放贷全流程示意图如图 1.3 所示。

---

[①] 中国信息通信研究院. 大数据白皮书（2022 年）.
[②] https://bg.qianzhan.com/trends/detail/506/180205-b3afa1cf.html.

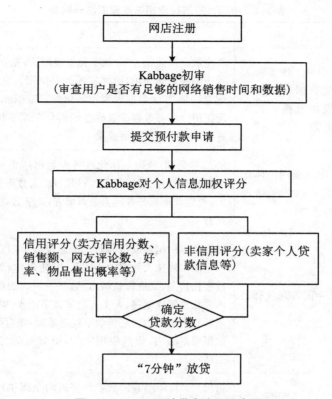

图 1.3　Kabbage 放贷全流程示意图

除此之外,在贷后监控方面 Kabbage 通过多重数据交叉验证(特别是支付账户的现金流向数据),了解网商的真实经营情况。通过能在第一时间对现金流紧张的网商作出预警,提高关注级别。Kabbage 如果确认某商户有支付困难,可以从该商户的支付账户转回部分现金,并采取不再予以授信的惩罚性措施。通过应用这一系列措施,Kabbage 坏账率大约在 1%,低于美国银行业 5%~8% 的平均水平。[1]

### 1.3.2　国内金融大数据发展现状

我国大数据经过多年的高速发展,不断取得重要突破,呈现良好的发展态势。近年来,我国在政策、人才等方面也在不断地进行投入,为大数据的发展注入动力。

**1. 政策保障**

近年来,我国高度重视大数据在推进经济社会发展中的地位和作用。国家陆续出台了多项政策,鼓励大数据行业发展与创新,如《"十四五"数字经济发展规划》《"十四五"大数据产业发展规划》等。具体政策[2]见表 1.1。

---

[1] https://www.iyiou.com/news/20191226121009.

[2] https://www.seccw.com/Document/detail/id/19967.html.

表1.1　中国大数据行业相关政策汇总一览表

| 发布时间 | 名　　称 | 主　要　内　容 |
|---|---|---|
| 2022年12月 | 《中共中央　国务院关于构建数据基础制度更好发挥数据要素作用的意见》 | 顺应数字产业化、产业数字化发展趋势,充分发挥市场在资源配置中的决定性作用,更好发挥政府作用。完善数据要素市场化配置机制,扩大数据要素市场化配置范围和按价值贡献参与分配渠道。完善数据要素收益的再分配调节机制,让全体人民更好共享数字经济发展成果 |
| 2022年10月 | 《关于印发全国一体化政务大数据体系建设指南的通知》 | 2023年底前,全国一体化政务大数据体系初步形成,基本具备数据目录管理、数据归集、数据治理、大数据分析、安全防护等能力,数据共享和开放能力显著增强,政务数据管理服务水平明显提升 |
| 2022年3月 | 《2022年国务院政府工作报告》 | 加强数字中国建设整体布局。建设数字信息基础设施,逐步构建全国一体化大数据中心体系,推进5G规模化应用,促进产业数字化转型,发展智慧城市、数字乡村。加快发展工业互联网,培育壮大集成电路、人工智能等数字产业,提升关键软硬件技术创新和供给能力。完善数字经济治理,培育数据要素市场,释放数据要素潜力,提高应用能力,更好赋能经济发展、丰富人民生活 |
| 2022年1月 | 《"十四五"数字经济发展规划》 | 指出到2025年,我国数字经济迈向全面扩展期,数字经济核心产业增加值占国内生产总值比重达到10%,而2020年这一数字为7.8%。以数字技术更好地驱动产业转型为发展重点,从骨干企业、重点行业、产业园区和产业集群等方面进行系统部署,促进创新要素整合共享,不断激发经济发展新动能 |
| 2021年11月 | 《"十四五"大数据产业发展规划》 | 立足推动大数据产业从培育期进入高质量发展期,在"十三五"规划提出的产业规模1万亿元目标基础上,提出"到2025年底,大数据产业测算规模突破3万亿元"的增长目标,以及数据要素价值体系、现代化大数据产业体系建设等方面的新目标 |
| 2021年3月 | 《中华人民共和国国民经济和社会发展第十四个五年规划和2035年远景目标纲要》 | 加快数字化发展,建设数字中国。充分发挥海量数据和丰富应用场景优势,促进数字技术与实体经济深度融合,赋能传统产业转型升级,催生新产业新业态新模式,壮大经济发展新引擎 |
| 2021年3月 | 《十三届全国人大四次会议政府工作报告》 | 加快数字化发展,打造数字经济新优势,协同推进数字产业化和产业数字化转型,加快数字社会建设步伐,提高数字政府建设水平,营造良好数字生态,建设数字中国 |
| 2020年9月 | 《关于扩大战略性新兴产业投资　培育壮大新增长点增长极的指导意见》 | 加快核心技术攻关,大力推动重点工程和重大项目建设,积极扩大合理有效投资 |

续表

| 发布时间 | 名称 | 主要内容 |
|---|---|---|
| 2020年7月 | 《关于新时期促进集成电路产业和软件产业高质量发展若干政策的通知》 | 提出为进一步优化集成电路产业和软件产业发展环境,深化产业国际合作,提升产业创新能力和发展质量,从财税政策、投融资政策、研究开发政策、进出口政策、人才政策、知识产权政策、市场应用政策及国际合作政策等方面给予充分制度支持 |
| 2020年6月 | 《关于深化新一代信息技术与制造业融合发展的指导意见》 | 将新一代信息技术,特别是我国所掌握的领先技术应用到制造业领域,与制造业进行融合发展,加强对制造业全要素、全流程、全产业链的管理和改造,提升制造业的数字化、网络化和智能化水平,带动制造业高质量发展 |
| 2020年5月 | 《关于新时代加快完善社会主义市场经济体制的意见》 | 提出加强国家创新体系建设,编制新一轮国家中长期科技发展规划,强化国家战略科技力量 |
| 2020年4月 | 《关于构建更加完善的要素市场化配置体制机制的意见》 | 提升社会数据资源价值。培育数字经济新产业、新业态和新模式,支持构建农业、工业、交通、教育、安防、城市管理、公共资源交易等领域规范化数据开发利用的场景。加强数据资源整合和安全保护。探索建立统一规范的数据管理制度,提高数据质量和规范性,丰富数据产品。推动完善适用于大数据环境下的数据分类分级安全保护制度,加强对政务数据、企业商业秘密和个人数据的保护 |

来源:中商情报网(www.askci.com)。

**2. 人才培养**

根据中国信息通信研究院的统计,在大数据人才方面,过半"双一流"高校设立大数据相关专业,多省积极开展人才培育专项计划,人才供给能力明显增强。在高校教育方面,149所"双一流"高校中已有87所开设了大数据专业,占比达到59%,根据上海科软统计,大数据专业热度已经超过软件工程等传统热门专业。各省也在积极开展人才培育专项行动,例如广东实施"十万"产业数字化复合型人才培训行动,浙江围绕数字人才制定"高精尖缺"人才目录,江苏搭建"智改数转"人才智库平台,福建要求县级以上地方人民政府制定大数据人才发展计划。

**3. 市场环境**

大数据产业是激活数据要素潜能的关键支撑,是加快经济社会发展质量变革、效率变革、动力变革的重要引擎。近年来,我国大数据产业快速起步。数据显示,2022年我国大数据产业规模达1.57万亿元,同比增长18%,成为推动数字经济发展的重要力量。预计到2025年,我国大数据产业测算规模突破3万亿元(图1.4)。

我国大数据产业快速崛起,逐渐成为支撑经济社会发展的优势产业。从行业应用结构来看,2021年,大数据应用在互联网行业占比最大,达48.8%。其次,大数据应用在政府、金融、电信、工业、健康医疗等行业的占比分别为11.7%、9.9%、9.1%、5.2%、3.2%。大数据在互联网、金融等领域的应用成熟度已经达到较高水平(图1.5)。

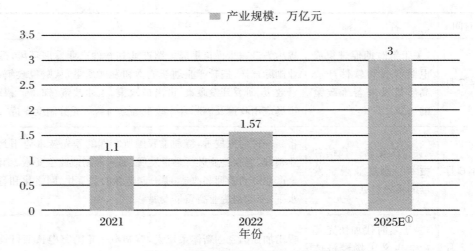

图 1.4　2021—2025 年大数据产业规模预测

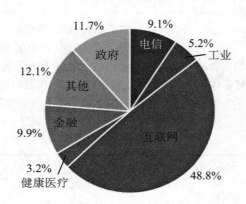

图 1.5　2021 年我国大数据行业产业结构

另外调研结果显示,随着时间的推移,中国的金融大数据市场整体规模前期在迅速扩张并逐渐呈现出稳定增长的态势,但其增速已经开始放缓并趋于平稳。根据预期数据,未来将有很大市场空间可供相关机构进行探索和挖掘(图 1.6)。[②]

**4. 应用成果**

金融领域实践强调释放数据的要素价值,在这方面相关主体已开展过很多积极的实践。蚂蚁金服的 OceanBase 分布式数据库具备透明可扩展、高可用、混合事务和分析处理、多租户、高兼容性、高性能、部署灵活等特点,客户覆盖金融、通信等领域。2017 年 9 月 28 日,南京银行、阿里云以及蚂蚁金服举行战略合作协议签约仪式,共同发布南京银行"鑫云+"互金开放平台。南京银行"鑫云+"互金开放平台是阿里云、蚂蚁金融云合作整体输出的第一次努力,通过"鑫云+"平台的建设,南京银行互金核心系统在如下方面获得了质的提升:扩展能力方面,在平台建设期间和投产后,OceanBase 做过多次在线水平扩展。处理能力方面,从 10 万笔/日以下,增加到 100 万笔/日以上。成本控制方面,单账户的维护成本从 30～50

---

① "2025E"指 2025 年的预测数据。
② https://www.seccw.com/Document/detail/id/19967.html。

元/账户,降到 4 元/账户。①

图 1.6 中国金融大数据市场规模及增速

中译宇通公司推出金融大数据多元融合型产业价值链服务平台,集合了产业链构建、利益图谱挖掘、行业竞争格局分析、风险态势评估和风险脉络溯源等四大功能——以产业价值链图谱技术和多元金融大数据融合为基础,以价值挖掘和风险感知为核心,从企业赛道、产业链上下游分布、供应链、资本结构、股权关系、财务能力及成长空间分析、同业公司分析和产业风险等多维度全景分析企业和产品价值,为行业企业提供金融业务基础性数据资产管理、全行业产业链价值评估等深度金融数据研究与产业应用服务。②

### 1.3.3 金融大数据面临的挑战

毋庸置疑,金融大数据拥有着广阔的发展前景。然而,金融大数据应用也面临着数据资产管理水平不足、技术改造难度大、行业标准缺失、安全管控压力大和政策保障仍不完善等一系列制约因素。以下列举了金融大数据的发展所遇到的部分问题。

**挑战 1:数据孤岛和数据碎片化**

目前,银行和金融机构面临的较为突出的挑战之一是跨不同数据源的数据碎片,例如数据库、数据湖、业务处理系统(例如电子银行)和 OLAP(在线分析处理)系统(例如客户数据仓库)。这也是金融机构正在着手创建大数据架构,以提供整合不同数据源的手段的一个重要原因。

例如,英格兰银行近期建立了一个基于集中数据管理平台的"一个银行数据架构"③。该平台将有利于银行的大数据分析任务,它允许对更大的数据集进行分析,以打破数据孤岛,使得对银行进行整体研究成为可能。

2008 年金融危机过后,金融机构也强调了减少数据碎片化的必要性,因为不同的风险敞口(例如次级贷款或交易所交易基金)被分散在不同的系统中,一些金融机构无法简单快

---

① https://help.aliyun.com/document_detail/134948.html.
② http://www.cnpubg.com/news/2021/0922/56089.shtml.
③ https://www.cloudera.com/content/dam/www/marketing/resources/case-studies/bank-of-england-customer-success-story.pdf.landing.html.

捷地进行综合风险评估。在这种情况下,危机可能会给金融机构带来更大的损失并增加风险蔓延的可能性。因此,当开发集成的大数据分析模型时,需要减少数据碎片以及使用孤立数据的数据架构。

**挑战 2：实时计算**

实时计算是指必须根据确定的时间限制(通常以毫秒或秒为单位)对变化做出响应的 IT 系统。在金融和保险领域,"实时"要求应用于必须在几秒或更短的时间内给出响应以向用户或组织提供服务的场景(例如网络安全、交易操作)。与其他工业领域的数据密集型应用(例如,工业自动化中的计划控制)相反,大多数现实世界的金融应用都不是实时的,通常通过投入更多的计算资源来解决问题。然而,在使用大数据的情况下,算法可能会花费大量的时间,并且在实际情况下变得毫无用处(例如,响应到达太晚而错过最佳操作时机)。在这些情况下,需要对算法的计算时间进行定量评估,配置资源以提供可接受的时间。

**挑战 3：编程和自动化**

最近,越来越多的数据科学家和业务分析师参与到数据密集型应用程序的开发中。为此,数字金融和保险的新型大数据和人工智能架构必须支持数据管理员和数据科学家,通过轻松创建工作流和数据管道,为协调数据密集型应用程序及其管理提供手段。在这个方向上,需要跨不同容器编排功能。同样,需要自动化执行数据管理和数据流水线任务,这也是实现新的数据驱动开发和操作范式(如 MLOps①)的关键。MLOps 示意图如图 1.7 所示。

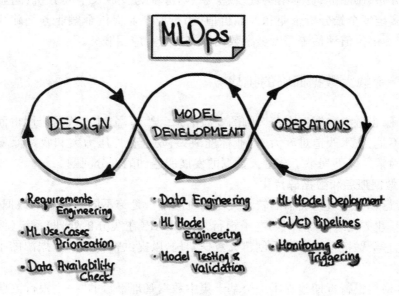

图 1.7　MLOps 示意图②

**挑战 4：透明度和可信度**

在过去的几年里,金融机构和数字金融服务的客户提出了数据密集型系统运行的透明度忧虑。保证透明合法地使用客户数据是金融行业中推广大数据和人工智能分析系统的关键先决条件。这对于涉及部署和使用机器学习或深度学习系统的场景尤其重要,这些系统

---

① MLOps 是机器学习时代的 DevOps。它的主要作用就是连接模型构建团队和业务、运维团队,建立一个标准化的模型开发、部署运维流程,使得企业组织能更好地利用机器学习的能力来促进业务增长。

② https://blog.csdn.net/u011001084/article/details/114984302? spm=1001.2014.3001.5502.

作为黑箱运行,很难被金融部门的利益相关者理解。

因此,金融领域对人工智能应用程序的一个关键要求是要具有可解释性。英格兰银行最近的研究也说明了提供可解释和透明的信贷风险决策的重要性大数据和人工智能系统的新架构必须满足基于可解释人工智能(XAI)技术的机器学习或深度学习工作流程的透明度要求。

**挑战5:监管挑战**

2021年,我国的《数据安全法》和《个人信息保护法》先后出台,与2017年实施的《网络安全法》一起构成了我国数据合规方面的基础法律框架。在金融领域,中国人民银行在2021年9月发布《征信业务管理办法》,对征信业务和信用信息进行了清晰的定义,对征信机构在信用信息采集、整理、保存、加工、提供和使用的全流程提出了合规要求。网信办、工信部聚焦违法违规收集使用个人信息,扰乱市场秩序、威胁数据安全、违反资源和资质管理规定等方面持续开展审查整治行动,数据安全进入强监管阶段。预计金融机构对数据的使用未来将受到一定程度的限制。

在国外,欧洲联盟于2018年实施了《通用数据保护条例(GDPR)》,该法规定了个人数据处理的原则和规定,要求企业采取适当的技术和组织措施来保护个人数据的安全。美国政府也在大数据监管方面采取了一系列措施,包括《加州消费者隐私法案(CCPA)》和《欺诈和滥用法案(FACTA)》等,旨在保护个人数据隐私和权益。这些具体法案的颁布和实施,为大数据监管提供了明确的法律依据。金融机构以往对数据的使用方式可能会突破监管的边界,金融机构可能面临评级的下降以及监管机构的高额罚款。

## 1.4 人工智能及其在金融领域中的特点

在实际的应用中,大数据技术和人工智能技术往往是密不可分的。本节将介绍人工智能技术的发展历程以及人工智能技术在金融领域中所展现的特点。

### 1.4.1 人工智能概念及其发展

随着互联网技术的高速发展,大数据已成为影响生产力的重要因素和行业资源,大数据时代的到来也使得人工智能技术变得越来越智能化。2012年,在ImageNet竞赛上,深度学习模型AlexNet在图像识别分类上取得突破发展,远超传统计算机视觉算法,成为深度学习时代到来的重要里程碑。2015年,ResNet模型的识别能力就已经超过了一般的人眼识别。2016年,谷歌围棋人工智能AlphaGo战胜韩国著名棋手李世石,人工智能及其背后的深度学习轰动全球,使人们见识到了人工智能的强大。

经过几十年的沉淀和发展,特别是近年来得益于数据、算力以及算法的重要突破,人工智能技术在学术界和工业界取得了广泛成功,并掀起新一轮的人工智能热潮。国内外越来越多的专家学者致力于将人工智能和深度学习模型引入各行各业中。[①]

---

① http://www.tup.tsinghua.edu.cn/upload/books/yz/098086-01.pdf.

人工智能（Artificial Intelligence，AI）由人工和智能两个词构成，字面意义就是人造的智能。所以，人工智能可理解为是在充分了解和认识人类智能机理的基础上，用人工的方法去制造可以模拟和实现人类智能的智能实体（包括机器和其他物体）。人工智能的研究目的是通过探索智慧的实质，扩展人类智能——促使智能主体会听（语音识别、机器翻译等）、会看（图像识别、文字识别等）、会说（语音合成、人机对话等）、会思考（人机对弈、专家系统等）、会学习（知识表示、机器学习等）、会行动（机器人、自动驾驶汽车等）。

总结来说，人工智能是一门研究、开发用于模拟和扩展人的智能的理论、方法、技术及应用系统的学科。而在人工智能的发展过程中，不同时代、学科背景的人对于智能的理解及其实现方法有着不同的思想主张，并由此衍生了不同的学派。其中，符号主义和联结主义为主要的两大派系。

（1）符号主义。"符号主义"（Symbolicism），又称逻辑主义、计算机学派，是一种基于逻辑推理的智能模拟方法，在人工智能早期一直占据主导地位。该学派认为人工智能源于数学逻辑，其实质是模拟人的抽象逻辑思维，并通过某种符号来描述人类的认知过程，从而实现人工智能。符号主义主要集中在人类智能的高级行为，如推理、规划、知识表示等。符号主义学派的成果有专家系统[①]、决策树算法（图1.8）等。

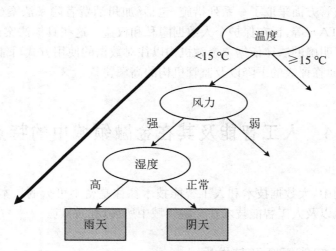

图1.8  决策树预测天气示意图

（2）联结主义。"联结主义"（Connectionism），又称仿生学派，是一种基于神经网络和网络间的联结机制与学习算法的智能模拟方法。与符号主义学派强调对人类逻辑推理的模拟不同，联结主义学派强调对人类大脑的直接模拟。联结主义认为人类的认知过程是由大量简单神经元构成的神经网络中的信息处理过程，神经网络、神经网络间的联结机制和学习算法能够产生智能。联结主义的成果有神经网络（图1.9）、深度学习等。

除了对人工智能进行派系划分外，我们还可以根据人工智能技术的发展情况，把人工智能的发展历程分为以下5个阶段。

---

① 专家系统（Expert Systems）是AI的一个重要分支，同自然语言理解、机器人学并列为AI的三大研究方向。它的定义是使用人类专家推理的计算机模型来处理现实世界中需要专家作出解释的复杂问题，并得出与专家相同的结论，可视作"知识库（Knowledge Base）"和"推理机（Inference Machine）"的结合。

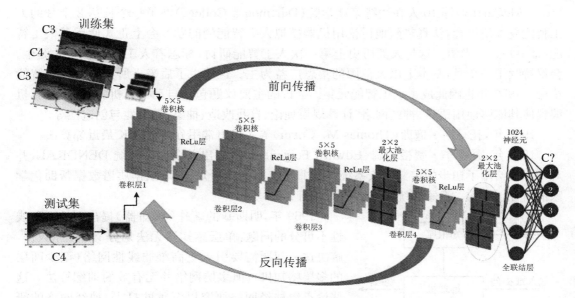

图 1.9 神经网络预测天气示意图

**1. 起步发展期(1943 年至 20 世纪 60 年代)**

最初的人工智能研究是 20 世纪 30 年代末到 50 年代初一系列科学进展交汇的产物。神经学研究发现大脑是由神经元组成的电子网络,其激励电平只存在"有"和"无"两种状态,不存在中间状态。维纳的控制论描述了电子网络的控制和稳定性。克劳德·香农(Claude Shannon)提出的信息论则描述了数字信号(即高低电平代表的二进制信号)。图灵的计算理论证明数字信号足以描述任何形式的计算。这些密切相关的想法暗示了构建电子大脑的可能性。

1943 年,美国神经科学家麦卡洛克(Warren McCulloch)和逻辑学家皮茨(Water Pitts)提出神经元的数学模型,这是现代人工智能学科的奠基石之一。

1950 年 10 月,英国数学家、逻辑学家和计算机科学的理论奠基人阿兰·图灵(Alan Turing)在英国哲学杂志《心智》上发表了论文——《计算机器和智能》。在论文中,他提出了著名的"图灵测验(Turing Test)"的思想,并认为判断一台人造机器是否具有人类智能的充分条件,就是看其言语行为能够成功地模拟人类的言语行为。[①] 在文末,他乐观地预言道,这样的一台机器会在 50 年内问世。站在今天的眼光看来,这篇论文无疑是向我们指出了今日所说的 AI 科学的某种研究方向。[②] 也是在同一年中,克劳德·香农提出计算机博弈。

1955 年,纽厄尔(Allen Newell)和西蒙(Herbert A. Simon)在肖(J. C. Shaw)的协助下开发了"逻辑理论家(Logic Theorist)"。这个程序能够证明《数学原理》中前 52 个定理中的 38 个,其中某些证明比原著更加新颖和精巧。西蒙认为他们已经"解决了神秘的心/身问题,解释了物质构成的系统如何获得心灵的性质"。[③]

在图灵测试被提出 6 年后,1956 年夏季,年轻的明斯基与数学家和计算机专家麦卡锡

---

① 具体而言,若一台机器在人机对话中能够长时间误导人类认定其为真人,那么这台机器就通过了"图灵测验"。
② 徐英瑾. 心智、语言和机器:维特根斯坦哲学和人工智能科学的对话[M]. 北京:人民出版社,2013.
③ 这一断言的哲学立场后来被约翰·塞尔(John Searle)称为"强人工智能"或"通用人工智能",即机器可以像人一样具有思想。与之相对的是弱人工智能的概念,即认为机器只是帮助研究人类智能的工具,是对人类智能的一种模拟。

(John McCarthy)等10人在达特茅斯学院(Dartmouth College)办了一个长达2个月的人工智能夏季研讨会,认真热烈地讨论用机器模拟人类智能的问题。会上正式使用了人工智能(即AI)这一术语。这是人类历史上第一次人工智能研讨,标志着人工智能学科的诞生。会议持续了一个月,基本上以大范围的集思广益为主。这催生了后来人所共知的人工智能革命。1956年也因此成了人工智能元年。会议的主要议题包括自动计算机、如何为计算机编程使其能够使用语言、神经网络、计算规模理论、自我改造、抽象、随机性与创造性等。

1967年,托马斯·寇弗(Thomas M. Cover)等人提出常用分类算法K最近邻算法。

1968年,爱德华·费根鲍姆(Edward Feigenbaum)提出首个专家系统DENDRAL,并对知识库给出了初步的定义。该系统具有非常丰富的化学知识,可根据质谱数据帮助化学家推断分子结构。专家系统简化结构图如图1.10所示。

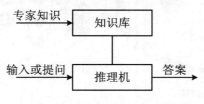

图1.10 专家系统简化结构图

1969年,明斯基的著作《感知器》提出对XOR线性不可分的问题:单层感知器无法划分XOR原数据,解决这一问题需要引入更高维非线性网络(至少两层的多层感知机),但多层网络并无有效的训练算法。这些论点给神经网络研究以沉重的打击,神经网络的研究走向长达10年的低潮时期。

### 2. 反思发展期(20世纪70年代)

1974年,哈佛大学沃伯斯(Paul Werbos)博士论文里,首次提出了通过误差的反向传播来训练人工神经网络(图1.11),但在该时期未引起重视。

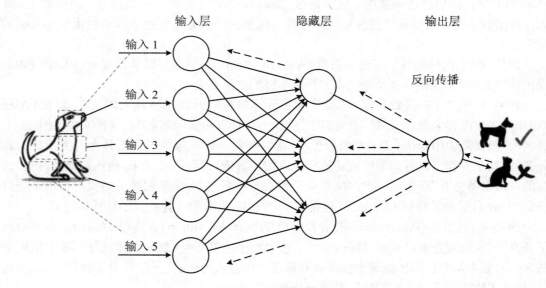

图1.11 反向传播图示

1975年,明斯基在论文《知识表示的框架》(*A Framework for Representing Knowledge*)中提出用于人工智能中的知识表示学习框架理论。

1976年,斯坦福大学的博士勒纳特发表论文《数学中发现的人工智能方法——启发式搜索》,描述了一个名为"AM"的程序,在大量启发式规则的指导下开发新概念数学,最终重新发现了数百个常见的概念和定理。

1979年,汉斯·贝利纳(Hans Berliner)打造的计算机程序战胜双陆棋世界冠军成为标志性事件。随后,基于行为的机器人学在罗德尼·布鲁克斯和萨顿等人的推动下快速发展,成为人工智能一个重要的发展分支。格瑞·特索罗等人打造的自我学习双陆棋程序又为后来强化学习的发展奠定了基础。

**3. 应用发展期(20世纪80年代)**

1980年,卡耐基梅隆大学为DEC公司开发了一个名为XCON的专家系统,每年为公司节省4000万美元,取得巨大成功。

1982年,物理学家John Hopfield证明一种新型的神经网络(现被称为"Hopfield网络")能够用一种全新的方式学习和处理信息。大约在同时(早于Paul Werbos),David Rumelhart推广了反向传播算法,一种神经网络训练方法。这些发现使1970年以来一直遭人遗弃的联结主义重获新生。

1986年由Rumelhart和心理学家James McClelland主编的两卷本论文集"分布式并行处理"问世,这一新领域从此得到了统一和促进。20世纪90年代,神经网络获得了商业上的成功,它们被应用于光字符识别和语音识别软件。

1985年,朱迪亚·珀尔提出贝叶斯网络(Bayesian network),他以倡导人工智能的概率方法和发展贝叶斯网络而闻名。

1986年,辛顿(Geoffrey Hinton)等人先后提出了多层感知器(MLP)与反向传播(BP)训练相结合的理念,解决了单层感知器不能做非线性分类的问题,开启了神经网络新一轮的高潮。同年,昆兰(Ross Quinlan)提出ID3决策树算法。

1989年,杨立昆(Yann LeCun)结合反向传播算法与权值共享的卷积神经层发明了卷积神经网络,并首次将卷积神经网络成功应用到美国邮局的手写字符识别系统中。

**4. 平稳发展期(20世纪90年代至2010年)**

1995年,Cortes和Vapnik提出联结主义经典的支持向量机(Support Vector Machine),它在解决小样本、非线性及高维模式识别中表现出许多特有的优势,并能够推广应用到函数拟合等其他机器学习问题中。

同年,Freund和Schapire提出了AdaBoost(Adaptive Boosting)算法。AdaBoost采用的是Boosting集成学习方法——串行组合弱学习器以达到更好的泛化性能。

1997年,Sepp Hochreiter和Jürgen Schmidhuber提出了长短期记忆神经网络(LSTM)。LSTM在循环神经网络(RNN)的基础上引入了遗忘门、输入门及输出门,这样的结构设计可以解决长序列训练过程中的梯度消失问题。LSTM神经网络构造如图1.12所示。

2001年,布雷曼博士提出随机森林(Random Forest)。随机森林是将多个有差异的弱学习器(决策树)Bagging并行组合,通过建立多个的拟合较好且有差异模型去组合决策,以优化泛化性能的一种集成学习方法。

2006年,杰弗里·辛顿以及他的学生鲁斯兰·萨拉赫丁诺夫正式提出了深度学习(Deeping Learning)的概念,开启了深度学习在学术界和工业界的浪潮。2006年也被称为深度学习元年,杰弗里·辛顿也因此被称为深度学习之父。

2010年,Sinno Jialin Pan和Qiang Yang发表文章《迁移学习的调查》。迁移学习(Transfer Learning)通俗来讲,就是运用已有的知识(如训练好的网络权重)来学习新的知识以适应特定目标任务,核心是找到已有知识和新知识之间的相似性。

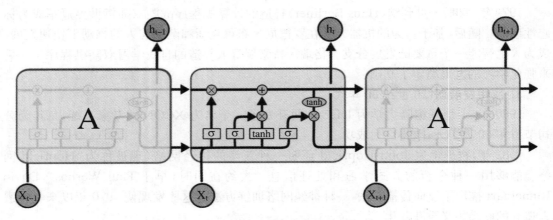

图 1.12　LSTM 神经网络构造

**5. 蓬勃发展期（2011 年至今）**

随着大数据、云计算、互联网、物联网等信息技术的发展，泛在感知数据和图形处理器等计算平台推动以深度神经网络为代表的人工智能技术飞速发展，大幅跨越了科学与应用之间的技术鸿沟，诸如图像分类、语音识别、知识问答、人机对弈、无人驾驶等人工智能技术实现了重大的技术突破，迎来爆发式增长的新高潮。

2012 年，Hinton 和他的学生 Alex Krizhevsky 设计的 AlexNet 神经网络模型在 ImageNet 竞赛上大获全胜，这是史上第一次有模型在 ImageNet 数据集上表现如此出色，并引爆了神经网络的研究热情。

2015 年，Microsoft Research 的 Kaiming He 等人提出的残差网络（ResNet）在 ImageNet 大规模视觉识别竞赛中获得了图像分类和物体识别的优胜。

2015 年，谷歌开源 TensorFlow 框架。它是一个基于数据流编程（Dataflow Programming）的符号数学系统，被广泛应用于各类机器学习（Machine Learning）算法的编程实现，其前身是谷歌的神经网络算法库 DistBelief。

2015 年，马斯克等人共同创建 OpenAI。它是一个非营利的研究组织，使命是确保通用人工智能将为全人类带来福祉。其发布热门产品的如：OpenAI Gym，GPT 等。

2016 年，基于深度学习的围棋人工智能程序 AlphaGo 与围棋世界冠军、职业九段棋手李世石进行围棋人机大战，以 4∶1 的总比分获胜。

2020 年，OpenAI 开发的文字生成人工智能 GPT-3，它是具有 1750 亿个参数的自然语言深度学习模型，该模型经过了将近 0.5 万亿个单词的预训练，可以在多个 NLP 任务（答题、翻译、写文章）基准上达到最先进的性能。2023 年 OpenAI 发布的大模型 GPT-4，其参数量达到了 1.8 万亿，其性能较 GPT-3 得到进一步提高。①

### 1.4.2　人工智能在金融中的特点②

中国信息通信研究院在其 2022 年发布的《金融人工智能研究报告》中，将人工智能在金

---

① https://zhuanlan.zhihu.com/p/375549477.
② 中国信息通信研究院. 金融人工智能研究报告（2022 年）.

融行业的技术应用分为基础层、通用层和应用层。其中基础层，主要为算法模型提供基础计算资源和基础设施，为业务高效落地提供支撑。通用层，充分利用智能感知认知技术，解决传统金融业务场景的痛点。应用层，将智能技术与业务需求充分融合，衍生出智能营销、智能投顾和智能理赔等典型人工智能金融场景。金融人工智能体系全景图如图1.13所示。

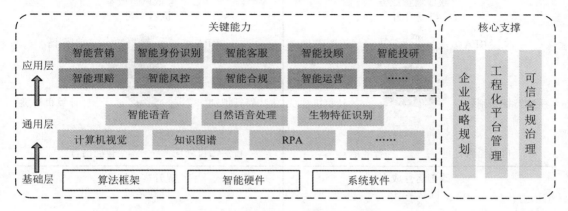

图1.13 金融人工智能体系全景图

基础层，提供底层基础软硬件和计算能力。人工智能算法框架、智能硬件、系统软件主要为支撑人工智能算法训练、推理和应用，目前金融行业纷纷建立自有的算力集群，例如中国工商银行已建成"集群混部、调度统一、使用集约、管理集中"的大规模异构AI算力云。基础层所提供的运算支持除了CPU和GPU之外，还包括特定场景应用而定制的计算芯片、服务器等。基础层提供的人工智能系统软件和开发框架作为支持性工具，能提高开发效率，简化开发流程和降低开发成本。

通用层主要是通过使用生物特征识别、计算机视觉、知识图谱、智能语音、预训练模型等技术，针对金融场景中应用层的需求开发系列通用技术，为解决金融实际场景中的问题提供了完备的技术手段。在金融领域，常用的人工智能技术有知识图谱、计算机视觉、智能语音、自然语言处理、生物特征识别和RPA，从感知认知、流程自动化等方面提供全面的技术能力。

应用层，融合技术与业务需求而产生的行业场景。通常来说，应用层针对业务场景提供的智能解决方案是数种通用层技术的集合。针对场景痛点和需求，技术赋能后产生全新人工智能金融场景，目前主要包括身份识别、智能营销、智能风控、智能客服、智能理赔、智能投研、智能投顾、智能运营、智能合规等。

金融与人工智能的结合常被人称作金融人工智能或智能金融。金融人工智能是指人工智能技术与金融业深度融合所产生的新业态，是用机器替代和超越人类部分经营管理经验与能力的金融模式变革。金融人工智能是金融科技发展的高级形态，是在数字化基础上的升级与转型。[①] 人工智能与金融的结合表现出如下特征：

**1. 业务驱动**

综合银行、保险、证券行业业务共性，金融核心业务链可归纳为五大环节，包括产品设计、市场营销、风险控制、客户服务、支持性活动（人力、财务、IT等）。人工智能技术赋能主

---

① 肖钢，等. 中国智能金融发展报告：2019[M]. 北京：中国金融出版社，2020.

要聚焦金融业务链上五大环节的需求,在获取增量业务、降低风险成本、改善运营成本,提升客户满意度4类金融业务场景方面价值创造力突出(图1.14)。① 人工智能技术可以通过有针对性地挖掘业务需求,从而实现对整个业务链的赋能。

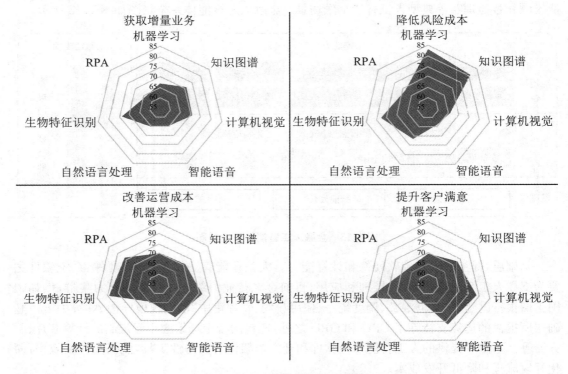

图1.14 金融人工智能技术价值创造力分析

**2. 场景金融**

所谓的场景金融,就是将金融服务下沉到相关非金融服务中,打造一站式服务与极致消费体验,敏捷响应、高效满足特定客群需求。2020年以来,场景金融多样化、差异化、个性化凸显;以互联网应用为中心的应用场景快速拓展。但以传统方式建设场景面临着难度大、成本高、风控能力不足等问题。这时候利用知识图谱和NLP等人工智能技术,金融机构可以丰富场景的数据维度,通过深度数据分析转化为营销资源,并根据用户画像实现精准的营销定位并且在此基础上深挖客户潜在需求。基于C端客户,金融机构基于自身禀赋,差异化切入,与非金融融合,打造C端生态;基于B端客户,利用自身优势,搭建产业融合场景生态,提升供应链稳定性,降低交易成本,实现产业赋能。目前人工智能技术在金融主要场景领域基本实现全覆盖。

**3. 灵活关联**

金融机构在开展部分业务时还是经常会遇到数据量不足的情况。例如在创新的过程中,新开发出来的金融产品往往并不能搜集足够多的历史运营数据,风控研究时存在违约数据样本数量少、类别显著不平衡、获取标签时间长、概念漂移等问题。这时我们可以将新产品、任务与现存的有一定相关性的产品、任务进行关联。即利用迁移学习技术,将某个相关

---

① 中国信息通信研究院. 金融人工智能研究报告(2022年).

的领域、任务上学习到的知识、模型应用到目标任务上。例如,当 A 银行的用户数据不足以支持搭建信用评估模型时,而 A 银行和 B 银行在信用评估的目的上又有着相关性时,便可以将 B 银行的信用评估模型迁移到 A 银行,并根据 A 银行所掌握的小部分数据对迁移来的模型进行灵活调整。迁移学习可以提高模型的泛化能力和适应性,在大幅降低开发成本的同时,又能够快速地实现多任务学习、小数据建模等的任务。[①] 迁移学习信用评估过程如图 1.15 所示。

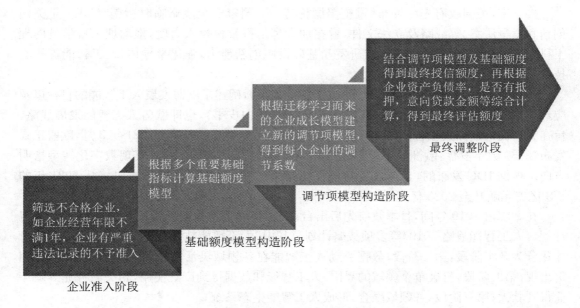

图 1.15 迁移学习信用评估过程

## 1.5 人工智能的发展现状与挑战

近年来,各国政府都强调人工智能在新时代金融体系建设中的重要作用。本节将介绍国内外人工智能在金融领域的发展情况,并分析人工智能在金融领域面临的挑战。

### 1.5.1 国外人工智能发展现状

**1. 政策保障**

近年来,美国持续加大对人工智能的战略关注与支持力度。为确保其在人工智能领域的主导地位,美国政府出台了一系列人工智能战略与相关政策,并逐步深化落实,从资金投入、数据资源、人才培养等多个方面出台相应计划。2021 年,美国正式颁布《2020 年国家人工智能倡议法案》,将美国人工智能计划编入法典,保障增加研究投入、获取计算和数据资

---

① https://learnku.com/cs/t/58558? order_by=created_at&.

源、设置技术标准、建立劳动力系统及与盟友展开合作,并根据《2020年国家人工智能倡议法案》以及《2021财年国防授权法案》,美联邦政府成立了专门的国家人工智能倡议办公室,作为未来美国整个创新生态系统的国家人工智能研究和政策的中心,负责监督和实施国家人工智能战略。2021年6月,美国政府白宫科技政策办公室(OSTP)和国家科学基金会(NSF)宣布成立"国家人工智能研究资源工作组",研究建立国家人工智能研究资源的可行性,并制定路线图详细说明如何建立和维持这种资源。①

接下来,美国政府先后发布《重塑美国优势——国家安全战略临时指南》《2021年美国创新和竞争法案》等战略及立法文件,旨在加大理工科教育投入力度,推动理工科学员向理工科人力资源转化,提高美国科技研发和基础设施创新能力,强化半导体、人工智能等核心技术及产业的竞争力。

2018年4月,欧盟委员会通过了《人工智能通讯》,阐述了欧盟发展人工智能的目标以及应对举措。2020年2月,欧盟委员会发布《人工智能白皮书》,也即欧盟人工智能发展战略,旨在大力促进欧洲人工智能研发,同时有效应对其可能带来的风险。2021年3月,欧盟正式发布《2030数字罗盘:欧洲数字十年之路》计划,为增强欧洲数字主权、实现数字化转型指明方向。根据IDC发布的《全球人工智能支出指南》,欧洲在AI系统的支出将从2021年的173亿美元跃升至2025亿美元以上。

在2017—2019年间,日本政府先后出台《人工智能技术战略》《人工智能技术战略执行计划》《人工智能战略2019》等多项战略计划。其中《人工智能技术战略》将日本人工智能产业化分为3个阶段:第一阶段,数据驱动人工智能在各领域灵活应用,相关服务业等产业相继出现;第二阶段,打破单个领域的界限,人工智能和数据得到广泛使用,相关服务业等新产业得到壮大;第三阶段,各领域融合,形成人工智能生态系统。

据统计,全球已有超过60个国家和地区出台了人工智能政策,发布国家级人工智能战略。在2016年美国发布人工智能战略规划之后,2017年中国、加拿大、日本等国家也发布相应计划。随后,欧盟、印度也出台相应政策。可见各国均在全力通过人工智能战略支持本国AI产业发展,在国际竞争中占据有利位置。

**2. 市场环境**

据IDC最新数据显示,全球人工智能市场在2022—2026年预计实现18.6%的年复合增长率,2023年将突破5000亿美元。2026年达到9000亿美元。该预计还称,包括软件、硬件和服务在内的人工智能市场全球营收额预计在2022年同比增长19.6%,达到4328亿美元,其中人工智能软件占据88%的市场份额,软件主导地位持续巩固。随着人工智能应用拓展和基础设施加快建设,硬件和服务市场增长速度加快,人工智能服务预计在未来5年内会实现较快的增长,年复合增长率可达到22%。

具体到金融领域,根据Mordor Intelligence的预测,金融科技中的人工智能市场规模估计在2023年为428.3亿美元,预计到2028年将达到494.3亿美元,在预测期间(2023—2028年)以2.91%的年复合增长率增长。在各国家和地区金融人工智能的增长速度方面,预计中国、澳大利亚保持高速增长,欧美紧随其后。②

---

① 光明网. 美国如何强力布局人工智能教育.
② https://www.mordorintelligence.com/zh-CN/industry-reports/ai-in-fintech-market.

**3. 应用成果**

2022年3月,为全球保险业提供人工智能驱动的决策自动化和优化解决方案提供商ShiftTechnology和为财产保险业提供技术解决方案的全球提供商DuckCreekTechnologies宣布建立解决方案合作伙伴关系,以便在2022年将人工智能支持的欺诈检测功能推向市场。完全集成后,DuckCreekClaims用户将直接在其索赔管理软件系统中收到实时欺诈警报。

2023年3月,端到端金融科技和监管科技解决方案提供商CSI与面向银行和支付处理商的全球反洗钱(AML)和欺诈预防技术HawkAI合作,提供其最新产品WatchDOG欺诈和WatchDOGAML。产品中的人工智能(AI)和机器学习(ML)模型可实现多层自动化监督,实时监控、检测和报告欺诈或可疑活动。WatchDOG欺诈通过监控交易行为来检测所有渠道和支付类型的欺诈趋势①。

### 1.5.2 我国人工智能发展现状

近年来,以人工智能为代表的金融科技迅速发展。央行、银保监会等部门自2017年起出台了一系列政策文件,推进人工智能在金融领域的应用,为金融AI的研发创新方向提供了重要指引。地方政府以及各个金融机构也在积极探索人工智能与金融业务的深度融合,通过内部创新与外部合作,加速金融AI创新,提升金融业务价值。

**1. 国内政策**

2017年,中国人民银行成立金融科技(Fin Tech)委员会,并发布《中国金融业信息技术"十三五"发展规划》,首次在金融业的5年发展规划中提及"人工智能",也是金融领域的首个国家层面明确推进人工智能应用的文件。

2019年8月,中国人民银行印发《金融科技(Fin Tech)发展规划(2019—2021年)》,作为首份金融科技规划,明确了包括人工智能在内的一系列金融领域应用研发重点,为人工智能与金融业务的深度融合提供了重要的方向指引。

2021年,"十四五"开局之年,人工智能在金融领域的应用也进入了新的发展阶段。2021年12月,中国人民银行印发《金融科技发展规划(2022—2025年)》,肯定了在上一阶段人工智能等技术在金融领域应用取得的显著成效,并对下一阶段人工智能技术与金融业务的结合提出了创新方向。人工智能在智能风控、解决小微企业融资需求、监测资金流向、识别绿色企业、管理绿色金融风险、优化金融服务包容性等方面的价值,将成为未来人工智能+金融的主要发力点。

此外,人工智能也是推动金融业数字化转型和高质量发展的重要组成部分。2022年1月银保监会印发《关于银行业保险业数字化转型的指导意见》,强调了要重视人工智能+金融复合型人才的培养,以及人工智能在风险监测及预警中的重要价值。

**2. 市场环境**

2021年,我国各经济领域加速推进数字化转型与智能化升级,给人工智能应用发展带来了原生需求动力,供给侧的人工智能技术和应用环境也在不断进步与成熟,人工智能相关企业陆续登陆资本市场给整体行业发展带来利好,上述三方面因素共同驱动人工智能市场规模持续增长和各行业加速渗透,尤其是在金融行业。IDC调研结果显示,2021年中国人

---

① Mordor Intelligence. 金融科技中的人工智能市场规模和份额分析:增长趋势和预测(2023—2028).

工智能行业应用渗透率排名前五的行业依次为互联网、金融、政府、电信和制造。如图1.16所示,相比2020年,金融行业人工智能应用速度明显加快并超过政府行业,位列第二;受访企业借助人工智能技术已在多方面获得显著收益,可平均缩短20.4%的流程时间、提升21.6%的生产效率以及增加9.8%的收入。①

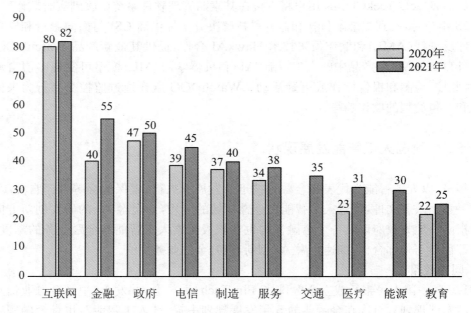

图1.16　2020—2021年中国人工智能行业应用渗透率

市场规模方面,IDC发布的《2023年V1全球人工智能支出指南》中的预测数据显示(图1.17),中国人工智能市场支出规模将在2023年增至147.5亿美元,约占全球总规模1/10。受疫情、地缘政治及宏观经济等因素的影响,IDC小幅下调了2022年中国AI市场规模,相比2021年增长约为17.9%。长远来看,AI技术的创新迭代驱动了应用场景的进一步落地,以AIGC、数字人、多模态、AI大模型、智能决策为代表的热点为市场带来了更多想象力和可能性。同时,企业对自身"数字化""数智化"转型的积极推动催生出对AI技术的多元化需求,为中国AI市场规模的长期增长奠定了基础。IDC预计,2026年中国AI市场将实现264.4亿美元市场规模,2021—2026年复合增长率(CAGR)将超20%。②

**3. 应用成果**

近年来,我国在应用人工智能方面也取得了许多成果。在算力基础资源方面,根据"十四五"规划中建设国家算力枢纽节点和数据中心集群的总体布局,以数据中心、智能计算中心为代表的算力基础设施成为发展重点,智能算力规模占比持续提升。在边缘和端侧,AI芯片更加细分多元,给专门开发AI芯片的厂商带来了市场空间和发展机会,高算力、低能耗且适应各类复杂环境的芯片更受关注。

在公共数据集方面,我国高度重视数据资源开放共享,推动基础公共信息数据有序开放。截至2021年底,我国已有179个省级和城市的地方政府上线数据开放平台,其中省级

---

① 杨涛,贲圣林.中国金融科技运行报告(2022)[M].北京:社会科学文献出版社,2023.
② https://www.idc.com/getdoc.jsp?containerId=prCHC50539823.

平台23个,在省级政府中的占比超过74%。同时,我国互联网巨头、大型科技企业、AI技术企业、高校及研究院所积极共建共享数据集资源,推动产业数据集开放。

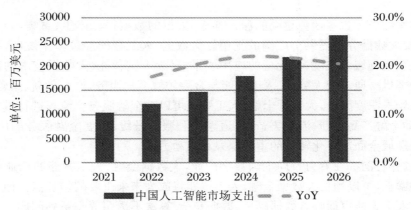

来源:IDC中国,2023。

**图1.17  2021—2026年我国人工智能市场支出预测**

在开源算法框架方面,近年来我国国产算法框架持续取得突破,与国际主流框架的差距正在不断缩小,涌现出百度飞桨、旷视天元、华为昇思、清华计图等一批自主研发的深度学习框架。在开放平台方面,我国大型科技企业推动AI基础技术服务平台建设不断完善,越来越多的中小企业通过AI云服务、API调用等形式方便快捷地获取AI能力。

### 1.5.3 人工智能面临的挑战

挑战1:博弈学习。金融市场是一个经典的多智能体生态系统,其中普遍存在二阶效应:每个智能体根据生态系统的变化调整各自政策和行为,智能体之间会互相影响。在实际应用中,每个智能体的决策不透明,或者决策机制差异较大,无法用传统的基于统一规则和开放的方式训练模型。金融市场的复杂性加大了大数据、人工智能在金融领域深入应用的难度。

挑战2:连续决策。金融领域很多场景涉及连续决策问题,且对单次决策的评价和衡量存在滞后效应。人工智能技术之一的强化学习所需的数据量更大,需要模型能自动生成样本数据,但大量数据难以基于固定不变规则模拟现实金融运行场景自动生成数据,限制了强化学习技术的应用。

挑战3:算法同质化。智能化金融时代,不同金融机构可能从相同的数据源获取外部数据信息,运用相似的底层逻辑和技术开发数据分析模型。这很可能导致大量金融机构在应对同一外部冲击的过程中,采取相同的应对策略,形成羊群效应,在金融市场产生共振。算法模型的同质化或一致性将可能导致系统性金融风险的放大。金融行业本身具有内在不确定性,一旦发生系统性风险,算法模型侧重于历史数据分析而形成的判断将可能加剧风险的扩散和蔓延。

## 总　　结

随着数字经济和数字社会建设的深入推进,大量的数据得以产生、聚集,为人工智能建模、训练以及大数据分析提供了广阔的土壤。大数据、人工智能经过多年发展,技术上已趋于成熟。而金融领域多维度、多元化的应用场景,又为人工智能、大数据技术的蓬勃发展提供了良好的契机。通过把大数据、人工智能与金融领域客户服务、产品创新、运营管理、风险防控等业务场景深度融合,大数据金融、人工智能可以对金融服务全流程进行模式重塑和智能赋能,推动金融产品创新、流程再造、渠道融合和服务升级,拓展金融服务的广度和深度,并成为金融领域全面数字化转型的重要源泉和驱动力量。

目前,世界各国都在着力布局本国数字产业,大数据金融、人工智能的产业规模正在以较快的速度增长,可以预估大数据金融、人工智能将成为未来重要的增长点。但不可忽视的是,大数据、人工智能也面临着数据碎片、数据安全、算法不透明等一系列问题。通过创新的方法解决上述问题将会是我国在国际竞争中取得优势地位的关键所在。

本章的内容旨在为读者建立一个对金融大数据的整体印象,而学习显然不能仅停留在印象层面。在下一章中,我们将具体阐述金融大数据体系的建设过程。

### 案例:基于大数据的票据风险预警平台

2015年前后,票据市场风险持续积累,引发一系列大案。为防范票据风险,深化票据市场改革,在国务院的决策部署下,中国人民银行牵头成立上海票据交易所,并于2016年12月8日正式开业。应防范风险之需而生,票交所是我国票据领域的登记托管中心、交易中心、创新发展中心、风险防控中心、数据信息研究中心。票交所成立后,经过3年多的努力,票据风险大幅遏制,票据市场迈入全国统一、信息透明的新时代,市场呈现健康发展态势。

2018年以前,票交所主要依靠人工对交易行为和交易风险进行统计和监测,效率较低,侧重于事后监测和分析,难以有效进行事前风险预警与实时交易监测。当时,票据市场的实时监测和统计分析方面遭遇几大难题:一是票据市场尚未建成风险管理和风险识别系统,主要依靠业务人员人工识别风险,面对票据市场快速发展的需求,难以做到对市场风险的早识别、早预警。二是票据市场数据分散在中国票据交易系统和电子商业汇票系统中,对数据的统计分析力度不足,服务监管能力有待增强。三是要加载、存储和快速有效分析海量异构数据(包括已经离线的存量数据),在技术上存在难点。

票交所高度重视对票据市场的监测和统计分析工作,在人民银行总行的领导下,在上海总部的大力支持下,启动了"基于大数据的智能化票据交易风险监测预警平台"建设,力图搭建集风险监测和统计分析功能于一体的大数据平台,为开展票据市场实时监测、风险预警、统计分析等工作提供智能、高效的系统支撑。

此平台在技术上采用开源MPP大规模分布式数据库,自主开发ETL工具,每天处理近10万个文件、3800万条数据,自主研发统计分析优化引擎,实现分析语句的自动智能优化,有效解决了海量数据的快速加载、存储和分析难题。结合票交所成立2年来形成的数据分析和风险管理业务规则,利用大数据分析技术,提炼、训练监测模型,极大地提高了票据市场的风险监测和识别效率。通过高度业务抽象和建模,减少复杂分析场景的资源消耗。综合运用前后端多级缓存和后台数据库分页技术,提升复杂分析效率和用户体验。自主开发智能报表数据可视化技术,实现自定义报表、灵活查询,降低非技术背景业务人员的使用门槛,满足监管机构要求,快速响应市场需求。

票交所监测平台的建成,是大数据技术在票据金融基础设施市场监测领域的首次创新应用,解决了传统票据市场风险监测以人工为主、监测效率不足的问题,推动了票据市场监测向"全面化、自动化、智能化"发展,实现了票据风险的早识别、早预警。

目前,最重要的 8 项监测指标及异常交易案例监测模型实现了机构间交易行为监测、流动性风险监测及信用风险监测。如价格偏离度监测对偏离基准的交易进行实时预警,机构信用风险监测对机构到期票据未兑付情况进行预警,此外还有独立全局查询和丰富多样化的业务数据分析展示功能。平台已成为票交所开展监测工作的重要抓手,极大提升了监测工作的及时性、准确性和高效性。[①]

## 阅读资料:图灵个人简介

艾伦·麦席森·图灵(Alan Mathison Turing,1912 年 6 月 23 日—1954 年 6 月 7 日),英国数学家、逻辑学家,被称为计算机科学之父,人工智能之父。1931 年图灵进入剑桥大学国王学院,毕业后到美国普林斯顿大学攻读博士学位,第二次世界大战爆发后回到剑桥,后曾协助军方破解德国的著名密码系统 Enigma,帮助盟军取得了二战的胜利;1946 年,图灵被授予大英帝国勋章,以表彰他在战时的贡献。

1945 年到 1948 年,图灵在国家物理实验室负责自动计算引擎(ACE)的研究工作;1949 年,图灵成为曼彻斯特大学计算机实验室的副主任,负责最早的真正的计算机——曼彻斯特一号的软件工作。1950 年提出机器具备思维的可能性和"图灵测试"的概念;1951 年当选英国皇家学会院士。

图灵对人工智能的发展有诸多贡献,提出了一种用于判定机器是否具有智能的试验方法,即图灵试验,每年都有关于该试验的比赛。此外,图灵提出的著名的图灵机模型为现代计算机的逻辑工作方式奠定了基础[②]。

图灵奖(Turing Award),全称 A. M. 图灵奖(ACM A. M Turing Award),是由美国计算机协会(ACM)于 1966 年设立的计算机奖项,名称取自艾伦·麦席森·图灵(Alan M. Turing),旨在奖励对计算机事业作出重要贡献的个人。图灵奖对获奖条件要求极高,评奖程序极严,一般每年仅授予一名计算机科学家。图灵奖是计算机领域的国际最高奖项,被誉为"计算机界的诺贝尔奖"。

虽然图灵被称为"人工智能之父"(拥有这一称号的并非一人),但图灵本人并没有使用人工智能这一词语。直到 1956 年的达特茅斯会议上,人工智能的概念才被确定下来。而在参与达特茅斯会议中的学者之中,有 4 位获得了计算机领域的最高奖励——图灵奖。他们分别是:

闵斯基(Marvin Minsky,1927—2016),1969 年获奖,获奖原因:人工智能理论及软件。

---

① https://zhuanlan.zhihu.com/p/342839333.
② https://baike.sogou.com/v367872.htm?fromTitle=%E5%9B%BE%E7%81%B5.

纽艾尔(Allen Newell,1927—1992)、西蒙[①](Herbert Simon,1916—2001),两人在1975年获奖,获奖原因:在人工智能、人类识别心理和列表处理领域的基础贡献。

麦卡锡(John McCarthy,1927—2011),1971年获奖,获奖原因:对人工智能领域的贡献。

## 思 考 题

1. 哪些条件加速了大数据和金融业的融合发展?
2. 大数据和人工智能在金融领域的应用都有哪些特点?
3. 目前大数据金融领域面临着哪些挑战?
4. 大数据在金融领域有哪些应用,为什么要推动金融业数字化进程?
5. 人工智能金融、大数据金融可以划分为哪几个层次?不同层次之间有什么关系?

## 参 考 文 献

[1] 刘晓星.大数据金融[M].北京:清华大学出版社,2018.
[2] 田青.金融大数据分析[M].北京:高等教育出版社,2021.
[3] 杨涛,贲圣林,杨东,等.中国金融科技运行报告(2022)[M].北京:社会科学文献出版社,2022.
[4] Soldatos J, Kyriazis D. Big Data and Artificial Intelligence in Digital Finance: Increasing Personalization and Trust in Digital Finance Using Big Data and AI[M]. Cham: Springer Nature, 2022.
[5] 中国信息通信研究院.人工智能白皮书(2022)[EB/OL].(2022-04-12)[2023-12-02]. http://www.caict.ac.cn/kxyj/qwfb/bps/202204/t20220412_399752.htm.
[6] 中国金融四十人论坛课题.中国智能金融发展报告:2019[EB/OL].(2020-01-13)[2023-12-02]. http://www.cf40.org.cn/news_detail/8725.html.
[7] 中国信息通信研究院云计算与大数据所,人工智能关键技术和应用评测业信息化部重点实验室.金融人工智能研究报告:2022年[EB/OL].(2022-01-18)[2023-12-02]. http://www.caict.ac.cn/kxyj/qwfb/ztbg/202201/t20220118_395760.htm.
[8] 中国信息通信研究院.大数据白皮书:2022年[EB/OL].(2023-01-04)[2023-12-02]. http://www.caict.ac.cn/kxyj/qwfb/bps/202301/t20230104_413644.htm.

---

① 值得注意的是,西蒙不仅是图灵奖的获得者,还是1978年诺贝尔经济学奖的获得者。另外,西蒙还是中国科学院外籍院士,中文名为"司马贺"。

# 第 2 章 金融大数据平台的建设

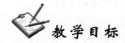

**教学目标**

1. 学生掌握金融大数据平台的基本定义和建设流程。
2. 对于数据的导入和管理应用有一定程度的认识。
3. 了解大数据技术发展,尤其是和人工智能结合的趋势。

上一章我们介绍了大数据的兴起和金融大数据的发展,对大数据的概念和历史有了一定的认识,学习了金融大数据的发展现状,对面临的状况有了更深刻的认知。本章我们将介绍金融大数据平台的相关知识,通过本章的学习,对于大数据平台的搭建、数据导入、数据管理等流程有一定程度的认识。

## 2.1 大数据平台建设

本章首先介绍的是大数据平台的建设。本节中我们首先对提到的金融大数据平台这一概念做一个简单的诠释。接下来再继续讨论并给出大数据平台的建设指导方针。最后我们具体讲述大数据平台建设的具体流程。

### 2.1.1 大数据平台的界定和分类

大数据平台,顾名思义,就是用于支撑大数据相关业务的平台,是一个集成了多种技术和工具,用于处理、存储、管理和分析大规模数据集的综合性解决方案。它的主要目标是帮助组织和企业从海量的数据中获取有价值的信息,以支持业务决策、洞察发现、预测分析等活动。具体而言,金融大数据平台是一个利用大数据、云计算等技术,通过对各类结构化和非结构化的数据的分析,得出所需要的信息并协助金融机构或者交易双方进行信息支持或者决策辅助的平台。

随着互联网的进一步发展,各种大数据金融服务平台种类繁多,我们将从以下不同角度对其进行分类。

**1. 按数据来源划分**

正如上文提到,大数据平台无非是用于支撑大数据相关业务的平台,因此可以按照数据的获取来源来划分其分类,大致可分为第一方大数据金融服务平台和第三方大数据金融服务平台。

其中，第一方大数据平台是指用户自创的大数据金融平台，也就是通常所说的私有平台。这一类平台用于收集和分析平台创建者自身的数据，通过对数据的分析和处理来为拥有者的目标服务。数据是金融机构宝贵的无形资产，机构拥有的数据信息越全面，他们从数据中提取的价值就越多，平台产生的价值也就越大。然而，大数据的价值不仅在于数据，还在于数据的有效分析、管理和应用。第一方大数据金融服务平台的优势还在于不仅可以实现大数据的价值，还可以确保自身的数据安全。

第一方大数据金融平台最大的优势在于其极佳的针对性和适用性。因为通常它是针对使用者量身定制的金融大数据平台。通过收集和处理数据来判断自己营销活动的效果、了解自己业务，提出有针对性的解决方案。同时内部处理数据可以保证商业机密不外泄，这对于维持自身的竞争优势有较大的帮助。但也正因为第一方大数据金融平台的数据源大多数来自自身设计的业务，故数据的完整性和全面性往往难以得到保证，容易产生与市场脱节的现象。故通常来说该类平台应用较第三方较少，大数据平台是独立于数据使用者的由运营商搭建的大数据平台，一般来说是公用的平台。

第三方金融大数据平台能够根据下游的数据分析要求，为金融机构的决策提供依据。大数据的价值不仅在于其体量大、包含的信息多，更在于其能够形成一个多维度的数据链条。随着数据链条的不断延伸，数据之间互联互通，数据之间的关系会逐渐完善和体现出来，自然在实践中的效果也会越来越好。第三方金融大数据平台适合分支机构较少、金融服务平台的数据来源广泛，但能够实现数据的集中处理，业务简单的中小型金融机构。一方面，由于中小型金融机构的技术一般并不处于领先地位，中小型金融机构中的数据运营商在行业中为提高行业竞争力更需密切关注市场，紧跟市场变化，因而需要开放的大数据平台提供信息支持。

第三方金融大数据平台的优势主要在于成本方面，公开的第三方平台带来成本上的大幅降低，减少了独立搭建平台的成本；此外，第三方数据所带来的数据覆盖范围的优势也是第一方平台所难以比拟的；最后还要考虑到第三方平台往往由专业团队运营，所带来的运营、维护以及数据分析水平上的优势，对于决策和成本控制都有较大的帮助。但是第三方金融大数据平台的缺点也较为明显，其中最为突出的就是数据的安全性和可靠性存在一定隐患；且因为要注重普适性，所以第三方平台数据的针对性往往会有所逊色。第一方与第三方金融大数据平台的对比如图 2.1 所示。

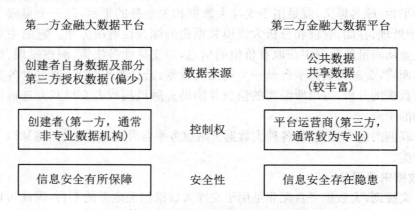

图 2.1　第一方与第三方金融大数据平台的对比

**2. 按平台目的划分**

根据金融大数据平台建设的目的，我们通常可以将其分为 6 大板块，分别为大数据金融战略管理平台、大数据金融信息应用平台、大数据金融业务拓展平台、大数据金融经营创新平台、大数据金融风险控制平台以及大数据金融行政管理平台。

大数据金融战略管理平台通常是为金融机构整体设计的、管理金融机构总体战略规划目标的平台。根据要实现的目标，在平台的统筹规划之下，整合、收集、处理各方面的数据，包括客户信息、交易数据、资产规模等信息，建立数据库，方便数据的快捷调用和统一更新。

大数据金融战略管理平台可以整合机构各个部门资源，充分利用和协同上下游企业关系。通过数据分析，在更大的维度上整理产业链上下游相关数据，提高决策的科学性。用数据作为战略目标制定的支撑，促进金融机构长期发展。

大数据金融信息应用平台是在已有的数据库的基础上，分析调用相应数据来应对不同目标的应用平台。该类平台的建立往往是在一个统一完整的数据库基础上，利用包括机构客户信息、交易数据等静态数据以及客户的实时搜索和在线提问等动态数据，形成数据挖掘分析应用的基础，分析得出客户具体的用户画像，进而对客户的需求进行分析，以此为客户提供更定制化的金融服务。

大数据金融信息应用平台可以通过数据分析为单个客户提供更定制化的服务，也可以从大数据中筛选出最能为机构带来利润的主要客户，还能挖掘出潜在客户，从而提高销售表现，提高金融机构竞争力。

大数据金融业务拓展平台是通过对客户基本数据来分析客户的特点，根据相关分析结果来提供不同的金融服务，采用线上线下相结合的方式，拓展金融机构业务范围的应用平台。线上的业务拓展模式侧重中小微企业和个人客户。线上业务的特点是资金规模小、客户众多，采取逐一考察客户的方法成本较高且效率低下，故利用大数据进行分析。而线下服务的对象往往资金规模庞大、经营风险较大、客户数量少，业务合同时间较长，因此违约风险较高，故采取跟踪管理。而大数据金融业务拓展平台作为线下业务的有力支撑，有效控制经营风险。

数据金融业务拓展平台重视客户数据，线上了解客户需求，线下监测重大风险，拓展业务链条，提升客户的满意度和忠诚度。

大数据金融经营创新平台是侧重于利用以大数据为代表的新兴技术，对传统金融机构的运营管理模式进行改进和创新，同时促进新型金融机构出现和发展的应用平台。随着大数据、云计算等技术的成熟，金融机构通过经营创新平台从数据的角度出发，对客户需求有更准确的了解，同时利用新兴技术进一步拓展业务，通过精准营销等方式，进一步提升金融服务的效率。典型例子为商业银行的精准营销以及电商金融公司服务。

大数据金融创新平台促进传统金融机构商业模式的革新，通过对数据的整合和处理，促进了新的商业模式的发展。长期来看，平台有利于实现金融机构的可持续发展，创造行业新的核心竞争力。

大数据金融风险控制平台，顾名思义，是利用大数据技术进行金融机构风险管理的平台。当前，市场波动率增大的背景下，监管部门对金融机构的监管与审查强度持续增加。在传统的风险控制体系下，金融机构每天对当日的数据整理，以研究最新的市场趋势，从而控制风险。而大数据风险管理平台则可以从互联网平台以及第三方获取信用消费等各方面最新最全的数据。通过大数据分析，甚至可以揭示那些连专家都不易察觉的顾客潜在的消费习惯,从更细致的层面发现潜在的风险。

大数据金融风险控制平台通过数据挖掘技术对金融机构面对的市场风险、流动性风险、操作风险等进行识别和计算,对金融机构财务危机进行评估和预警,极大提高了机构的竞争力,促进机构持续发展。

大数据金融行政平台是利用大数据技术,对行政管理方式进行改善,提升管理效率的平台。近几年,国务院多次提到大数据概念,"大数据+政务"也成为企业的创新战略。

大数据在行政管理方面能使公众权力的运行更加高效和透明,通过数据,提升决策的合理性。

### 2.1.2 大数据平台的建设指导方针和基本原则

在介绍大数据平台的具体建设流程之前,我们先明确一下大数据平台的建设方针和一些基本原则,这对于大数据平台的建设有重要的意义。

首先是4个基本方针,分别为组件工具化、工具平台化、平台服务化、平台产品化。

一是组件工具化。通常来说自建的大数据平台都是对集群进行维护管理,然后再提交给客户,但是为了提高效率,最简单的方法就是把一些常见的操作用脚本进行维护,如集群部署、配置更新等工作,这样不仅可以大大提高工作效率,还可以减少工作中的错误率。

值得一提的是,工具化的背后,我们要注重组件细节的封装和简化,考虑用户应用开发。

二是工具平台化。平台化是指将各类组件、工具进行整合和统一管理,建设体系化运营的开发运维管理途径。通过这一过程,我们可以大幅提升平台运营的稳定性,进而提升运行、维护以及业务进一步拓展的效率。

平台化的过程中可能遇到团队分工和部门间协同等方面的困难,平台化的工作很难一步到位,但是也需要逐步进行,这对平台效率的提升具有重要的意义。

三是平台服务化。平台服务化是指平台注重客户服务,打造服务型平台,是以客户的体验为中心进行展开的。与工具平台化不同,它不在于平台架构的领先,抑或是技术水平的进步,而是完全取决于客户对平台服务水平的反馈,也许其没有一个很好的标准进行评判,但毫无疑问其应该伴随整个平台的整个生命周期。

四是平台产品化。平台产品化强调以产品化为目标进行平台建设,只有依托良好的产品形态,平台的价值才能够实现最大化。这要求我们从全局的角度去打造平台,重视最后的整体展现。

此外,我们还要注意大数据平台设计应该遵循一些基本的原则:

一是经济性。在大数据平台的建设过程中,我们应该合理分析应用场景,对数据的量进行估计,优先确认大数据平台的规模,这样才能更好地实现平台产出效率的提升,当然,后期也可以根据需要再去进一步扩容。

二是可拓展性。经济性要求我们对于平台的规模早做规划,但是在实际的应用场景中,随着平台业务的不断扩展和成长,经常会出现需要快速拓展系统的情况。这就需要我们在开始就考虑平台的开放性和可拓展性,以便后期的扩展乃至第三方的快速介入。

三是安全性。金融系统对于安全性的要求极高,平台设计过程中针对系统乃至外部网络可能存在的安全隐患应该提供合理的安全实施方案,确保平台自身和客户数据的安全。

四是分层解耦性。考虑到平台的易用性和推广的需要,平台应该尽可能提供标准化的接口,方便和不同的第三方产品或者应用进行对接和使用。

### 2.1.3 大数据平台建设流程

经过前文的介绍,我们对大数据平台的界定、建设的基本方针和原则有了详细的了解,对大数据平台有了初步的认识,下面我们将具体讲述大数据平台建设的流程。

大数据平台的建设是一个长期且巨大的工程,如果在前期没有进行合理的规模安排,会造成资源的浪费和成本的提升,故需要对平台建设的流程安排加大重视。常见的大数据平台建设流程如图2.2所示。

图 2.2 大数据平台建设流程

**1. 平台业务分析**

业务分析要求我们对产品和服务的客户需求进行详细的调查和分析。通常来说,平台业务分析包括以下内容:

行业分析:分析平台所服务的行业状况,调研行业企业和客户的发展状况,从行业长期发展层面分析其对平台的需求。

确定目标用户:根据主要所处行业,确定目标用户。通常来说,目标是企业而不是具体的个人,平台必须更符合企业的要求和期望,在安全性和经济性上要着重考虑。

客户交流:同目标客户及潜在客户交流,收集信息,总结客户需求,总结对战略决策有关键意义的数据分析需求,在后续平台建设的过程中重视这些需求。

探寻核心功能:在平台建设过程中,需要确定核心功能,通俗来讲,就是解决为什么客户会选择我们的平台,平台能够提供什么价值等问题。

**2. 数据应用分析**

该流程要求我们着重分析当下数据应用状况,同时探究未来场景下,数据分析可以提供的价值。这就要求我们根据平台数据的来源、类型、速度等特性,探究更适合的加工手段,最大化利用平台数据的价值。总而言之,这一流程是一个价值探究的过程,同时在此过程中,寻找实现数据价值最大化的方法。

大数据平台存储了大量的用户行为数据,例如网站访问记录、社交媒体活动和移动应用使用情况等。通过对这些数据进行分析,可以了解用户的兴趣、偏好和行为习惯,从而优化产品和服务。大数据平台的数据应用分析还可以用于预测未来的趋势和优化业务流程。通过对历史数据的分析,可以发现影响业务绩效的关键因素,并优化相关流程。例如,物流公司可以通过分析历史运输数据,优化路线和配送计划,提高运输效率。

综上所述,通过应用分析,能够为企业和组织提供更深入的洞察力,帮助它们做出更明智的决策,并在激烈的竞争市场中脱颖而出。

**3. 平台设计**

该流程是大数据平台建设的核心步骤,包含数据采集、处理、存储、分析模块规划等内容。

首先是数据采集与预处理，数据毫无疑问是大数据平台的核心，是决定我们的算法策略优劣和指标质量的关键部分。国内金融数据的来源主要为以下几类。第一类是上交所、深交所或公司官网上正式的公告、财报、监管信息等；第二类是各大财经新闻网站和平台上的个股新闻、研报以及行业分析等；第三类关注数据，如百度、微博等平台每天的搜索数量及各分析师研报提记次数等；第四类则是平台自身运营过程中所获得的用户数据。

大数据采集则是通过网络爬虫、社交平台大数据采集、轨迹大数据采集等方法，获取所需的数据信息，典型情况为将非结构化数据从网页中爬取并完成解析，再将其存储为统一的本地数据文件，再转化为结构化的方式，存储在我们平台的数据库中。数据采集的具体过程主要包括爬取网页组件、监控组件、控制中心、应用服务器及数据库等。

完成了数据的采集，我们还要考虑对数据进行预处理，数据预处理主要是去除无法解析的错误网页，删除重复的数据，去除无效的数据等。

一般来说，大数据平台的数据储存是指将海量的数据有效地存储和管理，以便后续的数据处理、分析和查询。由于大数据平台涉及的数据量巨大且类型多样，数据储存方案需要满足高容量、高性能、高可靠性和可扩展性等要求。目前主流的 MySQL 大数据储存技术主要是分表和分区技术。分布式文件系统（DFS）、NoSQL 数据库、列式数据库、内存数据库、分布式数据库、云存储、数据湖（Data Lake）都是常见的大数据平台数据储存技术。

大数据的基础架构体系由数据存储层、分布式计算层、服务支撑层和应用服务层构成。大数据的基础架构体系如图 2.3 所示。

图 2.3 大数据的基础架构体系

其中，数据储存层是大数据平台的基础，负责存储海量的数据。这些数据可以是结构化、半结构化或非结构化的。数据储存层的目标是提供高容量、高性能、高可用性和可扩展性。在这一层级中，常见的技术包括分布式文件系统（如 HDFS）、NoSQL 数据库（如 MongoDB、Cassandra、HBase）、关系型数据库等。数据储存层还可以包括云存储服务，如 Amazon S3、Microsoft Azure Blob Storage 等。

服务支持层则提供了在数据平台上构建和管理服务所需的基础设施和工具。这一层级通常包括数据安全、身份认证、监控、日志记录、调度管理等服务。例如，安全服务可以保护数据免受未经授权的访问和攻击，监控服务可以实时监控系统的状态和性能指标，日志记录服务可以记录系统的操作和事件。服务支持层确保整个大数据平台的稳定运行和安全性。

分布式计算层是大数据平台的核心，用于处理和分析存储在数据储存层中的海量数据。这一层级的主要目标是实现高性能的数据处理和分析。在分布式计算层中，常见的技术包括 Apache Hadoop、Apache Spark、Apache Flink 等分布式计算框架。这些框架可以在大规模的集群上并行地处理数据，实现批处理和实时处理。

应用服务层是构建在分布式计算层之上的应用程序和服务。这一层级的主要目标是将大数据分析成有价值的洞察和信息，并提供给最终用户。应用服务层可以包括数据分析、数据挖掘、机器学习、数据可视化等应用。它们可以根据不同的业务需求和应用场景，为企业决策提供支持、为用户提供个性化的服务。常见的应用服务层技术包括业务智能工具（如 Tableau、Power BI）、数据挖掘工具（如 R、Python）、机器学习框架（如 TensorFlow、Scikit-learn）等。

数据分析与指标构建亦不可或缺，需要确定待分析的指标。指标是衡量业务目标和问题达成情况的方法。需要选择与问题相关的指标，同时不要选择过多指标，以避免分析过于复杂。

利用数据挖掘技术，从海量的数据中分析并寻找有用的信息和规律，再将其以可视化的方式直观地展示梳理和总结出规律，以达到为业务决策提供科学依据的目的。

数据挖掘常用的几种方法包括分类分析、聚类分析、关联分析、预测分析、异常分析等。其中，分类分析是指从已有数据中选出已有的分类，再将剩余数据按照此类别进行分类；聚类分析（Cluster Analysis）是一组将研究对象分为相对同质的群组（Clusters）的统计分析技术，无监督学习。聚类分析区别于分类分析（Classification Analysis），后者是有监督的学习；关联分析用于寻找数据集中各项之间的关联关系。根据所挖掘的关联关系，可以从一个属性的信息来推断另一个属性的信息。当置信度达到某一阈值时，可以认为规则成立。预测分析是在采用定量预测法进行预测时，最重要的工作是建立预测数学模型。异常分析中的异常值（outlier）是指一组测定值中与平均值的偏差超过两倍标准差的测定值，与平均值的偏差超过 3 倍标准差的测定值，称为高度异常的异常值。

### 4．测试与评估

大数据平台测试包括基础能力测试和性能测试两个部分。

首先是基础能力测试阶段，该部分包括大数据平台的基本功能和数据的导入导出对 SQL 任务、NoSQL 任务、机器学习、批处理任务的支持。

其次应该是用户体验方面的测试，测试大数据平台是否能够通过界面的形式方便用户进行非运行维护，主要包括集群的安装、监控、配置、操作等。具体来说，包括认证功能以防止恶意访问和攻击、进行细粒度的权限管理、提供审计和数据加密功能等。

此外，具体的功能方面，大数据平台是否具备高可用的机制以防止机器的失效带来的任务失败以及数据丢失，是否能够支持机器快速平滑地扩展和缩容时带来线性的计算能力，大数据平台是否能够支持多个调用接口以及对 SQL 语法的支持情况，是否能够根据队列、用户的权重来细粒度地分配计算资源等，也是基础能力测试的重要组成部分。

进行性能测试时，主要分为包括数据生成、负载选择和明确测试指标等内容的基准测试和在基准测试基础之上的扩展，这里不一一展开。

大数据平台测试的部分工具如表 2.1 所示。

表 2.1　大数据平台测试的部分工具

| 工具名称 | 测试的场景 | 公　　司 |
|---|---|---|
| Hibench | 微型负载、搜索业务、机器学习和分析请求 | 英特尔 |
| BigDataBench | 搜索引擎、社交网络和电子商务 | 中国科学院计算所 |
| CloudBM | 云数据管理系统基准测试 | CloudBM Web Solutions |
| AMP Benchmarks | 实时分析类应用场景 | UC Berkeley AMP Lab |
| BSMA | 社交媒体分析应用场景 | |
| TPCx-HS Kit | 在 MapReduce 或 Spark 流基础上的实时分析 | TPC |

**5. 宣发、推广**

该部分需要结合平台主要业务、核心功能、目标用户等，进行相关宣传，本书在此不详细阐述。

## 2.2　数据导入

数据是大数据平台的根本，数据导入对大数据平台的建设自然有极其重要的意义。当今社会，主要数据类型包括 RFID 数据、传感器数据、用户行为数据、社交网络交互数据等结构化、半结构化及非结构化数据。针对各式各样的数据源，大数据采集方法主要包括网络爬虫技术、社交平台大数据方法采集方法、轨迹大数据几类。

### 2.2.1　网络爬虫技术

网络爬虫技术，也称为网络蜘蛛、网络机器人或网络蠕虫，是一种用于自动化地从互联网上抓取数据的技术。它是搜索引擎、数据挖掘、信息收集等应用的基础，通过模拟浏览器的行为，访问网页并提取有用的信息。网络爬虫通常由脚本或程序编写，能够自动遍历和收集互联网上的信息，并将数据整理成结构化的形式，方便后续的数据分析和应用。

网络爬虫就是从 URL 上进行爬取，简单来说，网络地址就是 URL。即爬虫的内容就是具体地址下的内容，如淘宝的销售信息。Web 网络爬虫系统首先将种子 URL 放入下载队列，然后简单地从队首取出一个 URL 下载其对应的网页。得到网页的内容将其存储后，再经过解析网页中的链接信息可以得到一些新的 URL，将这些 URL 加入下载队列。然后再取出一个 URL，对其对应的网页进行下载，然后再解析，如此反复进行，直到遍历了整个网络或者满足某种条件后才会停止下来。

网络爬虫的工作过程(图 2.4)可以简单地描述如下：

一是选择起始 URL：爬虫从一个或多个起始 URL 开始，这些 URL 通常是待抓取网页的入口点。

二是下载网页内容：爬虫通过 HTTP 或 HTTPS 协议下载网页的内容。它模拟浏览器的请求，发送 HTTP 请求到目标网站的服务器，并获取服务器返回的 HTML 页面。

三是解析网页：爬虫分析 HTML 页面的结构，从中提取所需的数据。它可以使用各种解析技术，如正则表达式、XPath、CSS 选择器等来定位和提取目标数据。

四是处理链接：在解析网页的过程中，爬虫还会找到网页中的链接，并将它们添加到待抓取的 URL 列表中，以便后续的遍历。

五是存储数据：爬虫将提取的数据存储在数据库、文件或其他存储介质中，以便后续的数据处理和分析。

六是重复过程：爬虫会循环执行上述过程，不断地抓取新的网页，直到达到预定的抓取数量或满足其他停止条件。

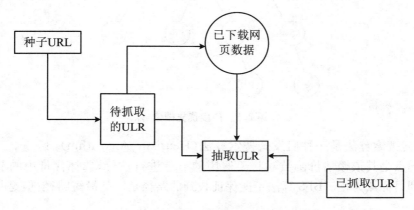

图 2.4　网络爬虫的工作过程

众所周知，互联网上充斥着庞大的数据和信息，且更新频繁，因此我们在使用爬虫进行大数据采集时需要处理好以下几个方面的问题：

**1. 对于待爬取链接的筛选问题**

待提取的网络链接中难免存在大量无效或者无意义的链接，需要对链接进行预判，并从中筛选出与应用主体相关的网络连接。

**2. 爬取优先选择策略问题**

面对众多的待爬取链接，爬虫需要依据某种预先设定的策略，判定链接间的优先次序，然后再进行爬取。常用的爬取策略一般包括广度优先搜索策略、深度优先搜索策略和最佳优先搜索策略 3 种，深度优先在很多情况下会导致爬虫的陷入（trapped）问题，当网络分支的层次较深时，容易影响爬行的效率，目前常见的是广度优先和最佳优先方法。

广度优先搜索策略是指在抓取过程中，在完成当前层次的搜索后，才进行下一层次的搜索。广度优先搜索和深度优先搜索一样，都是对图进行搜索的算法，都是从起点开始顺着边搜索，此时并不知道图的整体结构，直到找到指定节点（即终点）。在此过程中，走到一个节点，就会判断一次它是否为终点。

广度优先搜索会根据离起点的距离，按照从近到远的顺序对各节点进行搜索。而深度优先搜索会沿着一条路径不断往下搜索直到不能再继续为止，然后再折返，开始搜索下一条路径。在广度优先搜索中，有一个保存候补节点的队列，队列的性质就是先进先出，即先进入该队列的候补节点就先进行搜索。

该算法的设计和实现相对简单。在目前为覆盖尽可能多的网页,一般使用广度优先搜索方法。也有很多研究将广度优先搜索策略应用于聚焦爬虫中。其基本思想是认为与初始 URL 在一定链接距离内的网页具有主题相关性的概率很大。

如图 2.5 所示:先遍历第一层(节点 1),再遍历第二层(节点 2,3,4)、第三层(节点 5,6,7,8)、第四层(节点 9,10)。

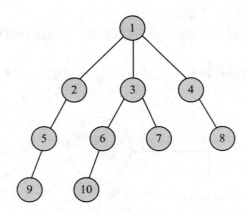

图 2.5　广度优先搜索

最佳优先搜索算法是一种启发式搜索算法(Heuristic Algorithm),其基于广度优先搜索算法,不同点是其依赖估价函数对将要遍历的节点进行估价,选择代价小的节点进行遍历,直到找到目标点为止。BFS 算法不能保证找到的路径是一条最短路径,但是其计算过程会快很多。

其按照一定的网页分析算法,预测候选 URL 与目标网页的相似度,或与主题的相关性,并选取评价最好的一个或几个 URL 进行抓取。它只访问经过网页分析算法预测为"有用"的网页。存在的一个问题是,在爬虫抓取路径上的很多相关网页可能被忽略,因为最佳优先策略是一种局部最优搜索算法。

**3. 优化配置问题**

爬虫抓取需要消耗大量的服务器资源,数据采集时使用分布式爬虫可以大大提高爬取速度,突破单机资源瓶颈,但过程中应该注意任务分割、多个节点协作通信、负载均衡等问题。爬虫优化配置是指针对特定网站或目标进行爬虫程序的优化设置,以提高爬取效率、降低服务器压力,并避免对目标网站造成不必要的影响。

我们首先应对注意请求频率限制、并发请求控制,网站通常会设置请求频率限制,以防止爬虫过度访问。为了避免被封禁或影响网站的正常运行,可以在爬虫程序中设置请求间隔时间,让爬虫以合理的频率发送请求。控制爬虫的并发请求数是优化的重要方面。设置过高的并发请求可能会导致服务器过载,甚至被视为 DDoS 攻击。合理设置并发请求数,避免给目标网站造成过大压力。我们还应该避免重复请求,爬虫应该避免对相同的 URL 进行重复请求,以节省带宽和时间。可以使用哈希表或布隆过滤器等数据结构来记录已经访问的 URL,确保不会重复请求。

机房环境对服务器性能也有直接影响。建议选择具备温度、湿度控制、UPS 电源等设备的机房,并确保机房的物理安全。此外,云服务可以为爬虫提供高效稳定的硬件环境,并且可以根据实际需求弹性伸缩,非常适合需要动态扩展服务器资源的爬虫项目。爬虫程序一般需要将抓取到的数据存储到数据库中。在选择数据库时,需要根据实际需求进行选择。MySQL 是一个常用的关系型数据库,而 MongoDB 则是一种常用的文档型数据库。

此外,监控系统可以帮助我们及时发现服务器出现的问题并进行修复。可以使用 Zabbix、Nagios 等开源监控软件,或者购买第三方云监控服务。如果需要对大量的爬虫任务进行并发处理,就需要使用负载均衡技术。可以选择使用 HAProxy、Nginx 等开源负载均衡软件,或者购买第三方云负载均衡服务。为了保护服务器安全,必须设置防火墙。例如,可以选择使用 iptables 等开源防火墙软件,或者购买第三方云安全服务。

此外,网络爬虫按照系统结构和实现技术,可以分为以下几种类型:通用网络爬虫(General Purpose Web Crawler)、聚焦网络爬虫(Focused Web Crawler)、增量式网络爬虫(Incremental Web Crawler)、深层网络爬虫(Deep Web Crawler)。

通用网络爬虫又称全网爬虫(Scalable Web Crawler),爬行对象从一些种子 URL 扩充到整个 Web,主要为门户站点搜索引擎和大型 Web 服务提供商采集数据。由于商业原因,它们的技术细节很少公布出来。这类网络爬虫的爬行范围和数量巨大,对爬行速度和存储空间要求较高,对于爬行页面的顺序要求相对较低,同时由于待刷新的页面太多,通常采用并行工作方式,但需要较长时间才能刷新一次页面。虽然存在一定缺陷,通用网络爬虫适用于为搜索引擎搜索广泛的主题,有较强的应用价值。

聚焦网络爬虫,又称主题网络爬虫(Topical Crawler),是指选择性地爬行那些与预先定义好的主题相关页面的网络爬虫。和通用网络爬虫相比,聚焦爬虫只需要爬行与主题相关的页面,极大地节省了硬件和网络资源,保存的页面也由于数量少而更新快,还可以很好地满足一些特定人群对特定领域信息的需求。

聚焦网络爬虫和通用网络爬虫相比,增加了链接评价模块以及内容评价模块。聚焦爬虫爬行策略实现的关键是评价页面内容和链接的重要性,不同的方法计算出的重要性不同,由此导致链接的访问顺序也不同。

增量式网络爬虫是指对已下载网页采取增量式更新和只爬行新产生的或者已经发生变化网页的爬虫,它能够在一定程度上保证所爬行的页面是尽可能新的页面。和周期性爬行和刷新页面的网络爬虫相比,增量式爬虫只会在需要的时候爬行新产生或发生更新的页面,并不重新下载没有发生变化的页面,可有效减少数据下载量,及时更新已爬行的网页,减少时间和空间上的耗费,但是增加了爬行算法的复杂度和实现难度。增量式网络爬虫的体系结构包含爬行模块、排序模块、更新模块、本地页面集、待爬行 URL 集以及本地页面 URL 集。

Web 页面按存在方式可以分为表层网页(Surface Web)和深层网页(Deep Web,也称 Invisible Web Pages 或 Hidden Web)。表层网页是指传统搜索引擎可以索引的页面,以超链接可以到达的静态网页为主构成的 Web 页面。Deep Web 是那些大部分内容不能通过静态链接获取的、隐藏在搜索表单后的,只有用户提交一些关键词后才能获得的 Web 页面。例如,那些用户注册后内容才可见的网页就属于 Deep Web。2000 年,Bright Planet 指出:Deep Web 中可访问信息容量是 Surface Web 的几百倍,是互联网上最大、发展最快的新型信息资源。

值得注意的是,实际的网络爬虫系统通常是几种爬虫技术相结合实现的。

## 2.2.2 社交平台大数据采集方法

随着社交媒体和互联网技术的发展,人们越来越多地使用社交网络来进行交流、分享和消费等活动。这些活动给互联网留下了海量的数据,这些数据被称为社交网络大数据。社交网络大数据对商业、政府和学术界来说都非常有价值,可以帮助它们更好地了解用户行为和心理,发现新的商业机会,改善服务质量和提高效率。在本小节,我们将探讨社交网络大数据的概念和意义,并介绍社交网络大数据采集。

社交平台大数据的数据采集可以通过设定 URL 规则,利用 Scrapy 爬虫框架进行分布式爬取,一些社交平台提供 API 接口,使得我们的爬取更加高效。此外我们可以利用内存 Redis 存储任务队列以支持任务的快速调度、提高爬取信息的速率,此外使用应用容器引擎 Docker 爬虫进行封装,实现大规模分布式快速部署。

数据采集的过程如图 2.6 所示。

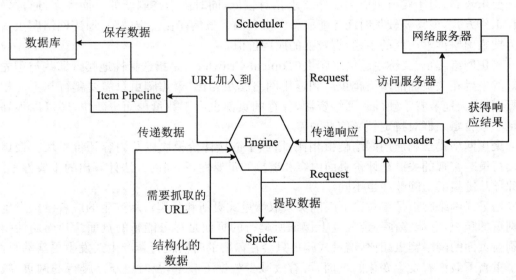

图 2.6 数据采集

**1. Scrapy 爬虫框架**

Scrapy 是一个功能强大的开源网络爬虫框架,专门用于快速、高效地抓取网页并提取数据。它基于 Python 语言,由 Scrapy 项目团队开发和维护。Scrapy 框架提供了一套完整的工具和组件,使得开发者可以轻松地编写和运行高效的爬虫程序。可用于各种有用的应用程序,如数据挖掘、信息处理或历史存档。虽然 Scrapy 最初是为网络抓取而设计的,但它也可以用于 API 提取数据或用作通用网络爬虫。

引擎(engine):用来处理整个系统的数据流,触发事务(框架核心)。

调度器(Scheduler):用来接收引擎发过来的请求,压入队列中,并在引擎再次请求的时候返回,可以想象成一个 URL(抓取网页的网址或者说是链接)的优先队列,由它来决定下一个要抓取的网址是什么,同时去除重复的网址。

下载器(Downloader):其负责下载网页并将网页内容转换成 Response 对象。Scrapy

采用异步的方式处理下载请求,从而提高下载效率。

数据管道(Item Pipeline):用于处理从网页中提取出的数据。开发者可以在 Pipeline 中定义数据的清洗、验证和存储方式。

下载器中间件(Downloader Middlewares):位于 Scrapy 引擎和下载器之间的框架,主要是处理 Scrapy 引擎与下载器之间的请求及响应。

爬虫中间件(Spider Middlewares):介于 Scrapy 引擎和爬虫之间的框架,主要工作是处理蜘蛛的响应输入和请求输出。

调度中间件(Scheduler Middewares):介于 Scrapy 引擎和调度之间的中间件,从 Scrapy 引擎发送到调度的请求和响应。

Scrapy 的优势主要在于可以容易构建大规模的爬虫项目,内置 re、xpath、css 选择器。

可以自动调整爬行速度,同时是一个开源和免费的网络爬虫框架、且在快速导出数据文件:JSON,CSV 和 XML、自动方式从网页中提取数据(自己编写规则)、易扩展,快速和功能强大(这是一个跨平台应用程序框架在 Windows,Linux,Mac OS 上皆可以使用)等方面的优势也不容忽视。

**2. 内存数据库 Redis**

Redis(Remote Dictionary Server 的缩写)是一个开源的、基于内存的数据结构存储系统。Redis 被广泛用作数据库、缓存和消息中间件,其具有快速、灵活和可靠的特性,故受到大力推崇。Redis 最初由 Salvatore Sanfilippo 开发,并在 2009 年首次发布。

Redis 支持多种数据结构,如字符串、哈希、列表、集合、有序集合等,这使得它非常适合处理各种用例,从缓存和计数器到实时应用程序和消息队列。

相关学习网站:https://redis.io/(redis 官方网站)、https://try.redis.io/(redis 线上测试网站,可以尝试使用 redis 指令,不用本地部署)。

Redis 主要具有以下优点:

首先是极高的性能,Redis 是一个基于内存的数据库,这意味着它的数据存储在内存中,读写速度非常快。它能够在微秒级处理请求,这使得它成为处理高并发和实时应用的理想选择。此外,Redis 还具有异步特性,可执行非阻塞的 IO 操作,保持响应性能的同时,提供稳定的性能。

多样化的数据结构也是其重要的优点,Redis 支持多种数据结构,如字符串、列表、集合、有序集合等。这些数据结构使得 Redis 不仅可以用作缓存,还可以应用于各种复杂的场景,例如排行榜、计数器、发布/订阅模式等。

在数据持久化方面,Redis 也十分出色,虽然 Redis 是一个基于内存的数据库,但它提供了多种持久化机制,可以将数据写入磁盘,以防止数据丢失。

Resdis 常用的持久化方式包括 AOF 持久化及 RDB 持久化。

AOF 机制对每条写入命令作为日志,以 append-only 的模式写入一个日志文件中,在 Redis 重启的时候,可以通过回放 AOF 日志中的写入指令来重新构建整个数据集。Redis 默认情况是不开启 AOF 的。重启时再重新执行 AOF 文件中的命令来恢复数据。它主要解决数据持久化的实时性问题。

AOF 是执行完命令后才记录日志的。为什么不先记录日志再执行命令呢?这是因为 Redis 在向 AOF 记录日志时,不会先对这些命令进行语法检查,如果先记录日志再执行命令,日志中可能记录了错误的命令,Redis 使用日志恢复数据时,可能会出错。正是因为执行完命令后才记录日志,所以不会阻塞当前的写操作。

通过持久化,可以在 Redis 重启后恢复数据,这为应用程序提供了更可靠的数据保护。

RDB,就是把内存数据以快照的形式保存到磁盘上。和 AOF 相比,它记录的是某一时刻的数据,并不是操作。RDB 持久化,是指在指定的时间间隔内,执行指定次数的写操作,将内存中的数据集快照写入磁盘中,它是 Redis 默认的持久化方式。执行完操作后,在指定目录下会生成一个 dump.rdb 文件,Redis 重启的时候,通过加载 dump.rdb 文件来恢复数据。

与 aof 相比,rdb 体积更小且恢复更快,相同的数据量 rdb 数据比 aof 小,因为 rdb 是紧凑型文件,且因为 rdb 是数据的快照,基本上就是数据的复制,不用重新读取再写入内存。

同时,父进程在保存 rdb 时候只需要 fork 一个子进程,无需父进程进行其他 io 操作,也保证了服务器的性能。Redis 支持主从复制和哨兵模式。通过主从复制,可以创建多个节点的副本,确保数据的高可用性和故障转移。哨兵模式用于监控 Redis 实例,并在主节点故障时自动进行切换,保持系统的高可用性。

### 2.2.3 其他大数据采集方法

针对不同的数据源,大数据采集方法还可以分为以下几类:

**1. 系统日志采集**

系统日志采集主要是收集公司业务平台日常产生的日志数据。往往通过分布式架构,能够满足每秒数百兆字节的日志数据采集和传输需求。

**2. 轨迹大数据采集**

利用 GPS、无线通信网络等基础以及移动无线通信定位设备,尤其是很多社交网络的位置签到、位置共享及位置标识等功能的应用普及,轨迹数据已经成为重要的数据来源。这些活动很大程度上体现了用户意图、兴趣、经验和行为模式,对金融数据平台的建设也有一定的意义。下面是一些常见的轨迹大数据采集方法介绍。

GPS(全球定位系统)采集:GPS 是较为常见的轨迹数据采集方法之一。它利用卫星定位技术来收集物体的准确位置信息。许多移动设备和车辆配备了 GPS 接收器,可以实时记录位置并存储轨迹数据。GPS 数据通常包含时间戳、经度、纬度和海拔高度等信息。

移动应用程序数据采集:许多移动应用程序(如地图应用、社交媒体、出行工具等)需要访问用户的位置信息,以提供定位服务或功能。这些应用程序可能会记录用户的位置历史,并以匿名方式汇总和分析这些数据。

RFID(射频识别)技术:RFID 技术用于识别和跟踪物体。通过在移动对象上植入或附着 RFID 标签,可以实现对物体位置的实时或间歇性监测,并将数据传输到集中的数据存储系统。

传感器网络:在某些情况下,可以使用传感器网络来监测移动对象的位置。这些传感器可以是固定在特定位置的设备,也可以是移动设备,如手机或车载传感器。它们可以通过无线通信将数据传输到中心数据库。

蜂窝网络数据:移动通信网络(如 4G、5G)记录设备连接到蜂窝网络时的位置信息。运营商可以收集这些数据,用于网络优化和用户行为分析等。

航空和卫星影像:使用航空摄影和卫星遥感技术,可以获取大范围的地理信息数据。这些影像数据可以用于提取物体的位置信息,从而形成轨迹数据。

轨迹推理算法:有时候并非所有对象都配备了定位设备或传感器,但通过分析其他相关数据,如交通摄像头记录、交易记录、社交媒体发布等,可以通过轨迹推理算法来推测物体的移动轨迹。

轨迹作为一种时空数据,指的是某物体在空间中的移动路径,通常表示为 GPS 点的序列,例如 $tr = <p1 \rightarrow p2 \rightarrow \cdots pn>$,其中点 $pi = (lat, lng, t)$,表示该物体在 t 时刻位于地理坐标位置$(lat, lng)$上,lat 和 lng 分别表示纬度和经度。

## 2.3 数据管理与应用

在面对海量、多样化、高速增长的数据时,有效的数据管理方法对企业和组织的决策和发展具有至关重要的意义。同时,如何应用好平台已有的数据,对提升平台经济性有重要的意义。

### 2.3.1 数据管理方法的要点

大数据平台数据管理方法是在大数据时代中确保数据的质量、安全性、可靠性和高效性的关键要素。本节我们要强调一些主要的大数据平台数据管理要点。

(1) 数据质量管理。数据质量是保障数据分析和决策的准确性的基础。数据质量管理涉及多个方面,包括数据采集、数据清洗、数据集成、数据验证和数据纠错等。在数据采集阶段,需要确保数据来源可靠,数据采集方式合理,避免数据丢失或错误。数据清洗是指对数据进行筛选、去重、填充缺失值和处理异常值,以确保数据的完整性和一致性。数据集成将来自不同来源的数据整合为一个统一的视图,避免数据冗余和不一致。数据验证是针对数据进行质量检查和验证,确保数据符合预期的标准和规范。数据纠错是处理数据中的错误信息,保障数据的准确性和可信度。

(2) 数据安全保障。大数据平台存储了大量敏感数据,如个人信息、商业机密等,数据安全成为至关重要的一环。为了确保数据不被未经授权的人员访问、篡改或泄露,采取数据加密、访问控制、身份认证、权限管理等措施是必要的。同时,要加强网络安全,保护数据在传输和存储过程中的安全性。另外,为防止内部威胁,需要建立完善的监控和审计机制,及时发现和应对潜在的安全风险。

(3) 数据备份与恢复。大数据平台面临硬件故障、自然灾害或人为失误等风险,建立完备的数据备份和恢复机制至关重要。定期进行数据备份,包括增量备份和全量备份,同时要确保备份数据的可用性和完整性。在发生数据丢失或损坏的情况下,能够迅速进行数据恢复,以保障数据的持续可用性和业务的连续性。

(4) 数据可靠性保障。数据可靠性是大数据平台管理的一个重要目标。在大数据平台中,采用冗余备份、故障转移等技术手段,以应对硬件故障或网络中断等情况。同时,确保数据的一致性和准确性也是重要的挑战。例如,采用分布式数据库和事务处理机制等方法,保障数据的可靠性和完整性。

(5) 性能优化。高性能是大数据平台的核心要求之一,特别是在处理海量数据时。为了提高数据处理和分析的效率,可以采用并行计算、分布式处理、数据分区和索引优化等技术手段。此外,定期进行性能监控和性能优化,识别瓶颈并优化性能,以确保大数据平台的高效运行。

(6) 数据生命周期管理。大数据平台处理的数据量庞大,但并不是所有数据都具有相同的重要性。因此,需要根据数据的重要性和使用频率,制定数据的生命周期管理策略。对于不再需要的数据,及时进行清理和归档,释放存储空间和提高系统性能。同时,对于重要数据,要确保其长期存储和可用性,避免数据丢失。

(7) 数据治理和元数据管理。数据治理是指确保数据在整个生命周期中得到适当管理和监控的过程。数据治理包括数据的收集、存储、处理、分析和使用等方面。元数据是描述数据的数据,包括数据源、数据结构、数据含义、数据质量等信息。通过数据治理和元数据管理,能够提高数据的可理解性、可维护性和可重复性,有助于更好地管理和使用数据资源。

(8) 合规性和法规遵循。大数据平台涉及处理各种类型的数据,需要遵守相关法规和合规标准,特别是涉及个人数据的部分。为了确保数据的合法使用和保护用户隐私,需要制定合规政策和数据使用准则,同时建立合规性审计和监控机制,确保数据管理的合法性和合规性。

### 2.3.2 大数据的应用介绍

金融大数据的应用在金融行业中已经取得了显著的成果,不断地推动着金融业务的创新和发展。本节将介绍一些金融大数据应用的具体场景和效益。

大数据在风险管理方面应用前景较好,在风险收集、风险评价乃至风险定价方面都有较好的应用。首先是数据收集方面,在传统的金融风险管理模式下,金融机构财务数据收集的渠道相对有限,数据收集的效率相对较低,因此经常面临财务数据及时性和全面性不足的问题,很难为信用评估、风险预警等工作提供足够的支持。例如,当借款人申请贷款时,无法及时收集借款人财务交易、纳税和其他方面的具体数据,通常很难确定为他们处理贷款业务的潜在风险,采取有针对性的金融风险管理措施也就更加困难。大数据技术的有效应用可以彻底改变这一现状,通过与海关、税务部门、公安和检察机关的合作,了解金融风险管理的现状,通过为其他企业或金融机构建立数据共享平台,各方信息系统有效连接,同时依靠平台实现自动化智能金融数据收集和组织工作,以获取客户的金融交易货物流通、债务情况、业务运营状况、第三方平台支付从各个方面提供详细的财务数据,确保财务数据的全面性。

另外一个重要的点是,大数据也可以帮助我们更好地准确评价风险。依托专门的风险评估模型,可以提升风险识别与风险衡量的准确性,识别当前业务潜在金融风险的类型、影响严重程度、发生概率、损失范围等一系列信息,为金融风险管理对策与工具的选择提供支持。

此外,大数据对风险的价值估计也可以起到重要的作用,在保险精算和风险定价方面,大数据也有较为广阔的前景。在保险行业,大数据分析在精算和风险定价方面发挥着关键作用。通过分析客户的个人信息、历史理赔数据以及其他相关数据,保险公司可以更准确地评估客户的风险,制定个性化的保险计划和定价方案。例如,健康险公司可以利用大数据分析客户的健康状况、生活习惯等信息,根据风险评估结果为客户提供量身定制的保险套餐。

这样不仅可以满足客户的个性化需求，还可以降低保险公司的风险和理赔成本。

金融机构可以利用大数据技术来分析大量的历史交易数据和市场数据，识别潜在的风险，包括市场风险、信用风险和操作风险等。通过建立预测模型和实时监控系统，帮助金融机构更好地管理和控制风险。

而在分析历史交易数据之后，预测分析和市场预测也自然水到渠成，在金融市场中，利用大数据进行预测分析可以帮助金融机构更好地了解市场趋势和价格走势。通过分析历史市场数据、宏观经济数据以及其他相关因素，金融机构可以预测股市、外汇、商品价格等的发展方向。这对于投资者来说，是做出更明智的投资决策和制定更有效的交易策略的重要依据。同时，对金融机构来说，准确的市场预测有助于更好地配置资源，降低风险和提高盈利。

大数据在金融推荐系统中的应用有着广泛的影响，可以帮助金融机构更好地理解客户需求、提供个性化的金融产品和服务、降低风险，以及提高客户满意度。数据分析客户的金融历史、交易数据、借贷记录以及个人喜好，以推荐个性化的金融产品，如信用卡、贷款、储蓄计划和投资产品。这有助于金融机构提供更符合客户需求的产品，提高销售和客户满意度。此外，大数据也可帮助公司给所推荐的客户提供更好的服务。金融机构借助大数据技术，建立智能客服和投资咨询系统，为客户提供更加个性化和精准的服务。这些系统利用自然语言处理、语音识别和机器学习等技术，能够从海量数据中快速提取有用信息，并根据客户的需求和偏好，实时调整服务内容。例如，当客户咨询有关投资产品或贷款申请时，智能客服可以通过分析客户历史交易数据、风险承受能力和市场趋势等信息，为客户量身定制投资组合或贷款方案，并解答客户的疑问，提高客户满意度和忠诚度。

在金融科技、金融创新方面，大数据也不可或缺。金融科技是金融业务与科技的融合产物，大数据在金融科技创新中发挥着重要作用。通过大数据分析客户行为、支付数据和交易记录等信息，金融科技公司可以开发出各种创新的金融产品和服务。例如，P2P借贷平台利用大数据技术对借贷双方进行信用评估，实现去中介化。此外在高频交易和算法交易中，大数据技术发挥着关键作用。高频交易系统利用大数据实时分析市场数据和交易信息，以毫秒级的速度做出交易决策并执行交易。同时，算法交易依赖复杂的交易策略和模型，这些策略和模型的构建离不开对海量历史交易数据的分析和学习。通过大数据技术的支持，高频交易和算法交易可以实现更高的交易效率和更优的交易策略，提高交易成功率和盈利能力。在欺诈检测和反洗钱方面，大数据也可以起到重要的作用；在金融业务中，欺诈检测和反洗钱是非常重要的任务。利用大数据技术，金融机构可以通过实时监控大量的交易数据和客户行为，识别异常交易模式和潜在的风险。例如，当有大额资金快速转移或频繁变动时，大数据系统可以自动发出警报，及时阻止可能的欺诈活动。此外，在反洗钱方面，大数据技术能够更好地分析客户的资金流动和交易行为，帮助金融机构发现可疑的洗钱活动并进行有效防范。

## 2.3.3 大数据的典型应用方式介绍——推荐系统

大数据在推荐系统中的应用是其中一个广泛且重要的领域。推荐系统是一种信息过滤系统，它根据用户的历史行为和偏好，利用大数据技术来推荐个性化的产品、服务或内容，以提高用户体验和满意度，发现用户的兴趣点，从海量信息中发掘用户的潜在需求，甚至创造全新的商业和金融模式。目前推荐系统已广泛应用于金融服务、电子商务、在线影音等系统,以电子商务为例,其工作流程如图 2.7 所示。

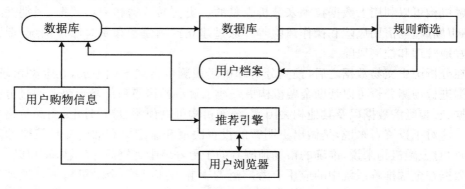

图 2.7　电子商务工作流程

　　大数据技术可以收集和分析海量的用户行为数据,如点击记录、搜索查询、购买历史、评价评论等。通过对这些数据的分析,可以深入了解用户的兴趣爱好、消费习惯和行为模式,为推荐系统提供重要的用户特征信息。推荐系统需要不断地更新和改进推荐结果。大数据技术可以实现增量式更新,即根据新的用户行为数据,对推荐模型进行实时更新和优化,从而保持推荐系统的准确性和时效性。此外,大数据技术为推荐系统提供了强大的计算和存储能力,使得深度学习和神经网络等复杂的机器学习算法能够应用于推荐系统。这些算法可以从大规模的数据中学习用户和物品的表示,提高推荐系统的表现和效果。

　　推荐系统采用的方法主要包括简单检索、人工筛选、基于统计分析、基于属性推荐、基于产品之间的关系、基于用户之间的关系这几种。其中我们重点介绍基于统计分析的推荐,主要有以下几种技术。

　　(1) 关联分析(Association Analysis)。关联分析是一种用于发现数据项之间关联规则的技术。它通常应用于交易数据和购物篮数据等。关联规则是指一种数据项之间的关联性,即当一个数据项出现时,另一个数据项也可能出现。例如,在超市购物篮数据中,如果顾客购买了牛奶,那么他们可能还会购买面包的可能性较大。通过关联分析,可以发现这样的关联规则,进而用于商品推荐、市场营销和交叉销售等应用。

　　(2) 分类分析(Classification Analysis)。分类分析是一种监督学习的技术,用于根据历史数据对新数据进行分类。在分类分析中,数据集被标记为不同的类别,算法通过学习历史数据和标签,来建立一个分类模型,从而对新数据进行分类。例如,可以利用分类分析来预测顾客是否会购买某种产品、判断邮件是否为垃圾邮件等。分类分析常用的算法包括决策树、支持向量机、朴素贝叶斯等。

　　(3) 聚类分析(Clustering Analysis)。聚类分析是一种无监督学习的技术,用于将数据集中相似的数据点划分为一组,形成簇(Cluster)。聚类分析不需要事先知道数据的类别,而是通过寻找数据点之间的相似性和距离来实现聚类。聚类分析在数据探索和分组分析中有广泛应用。

　　(4) 降维分析(Dimensionality Reduction)。降维分析是一种用于减少数据维度的技术,它可以帮助简化数据集,去除冗余信息,并减少计算复杂性。降维分析的主要目标是保留尽可能多的数据信息,同时减少数据维度。常见的降维技术包括主成分分析(PCA)、线性判别分析(LDA)等。降维分析在大数据处理中特别重要,因为大数据往往具有高维度,降维可以帮助减少存储空间和计算成本,同时保持数据的特征和结构。

大数据环境下的推荐系统与传统推荐系统的主要差异如表 2.2 所示。

表 2.2 推荐系统与传统推荐系统的主要差异

| 差异方面 | 大数据推荐系统 | 传统推荐系统 |
| --- | --- | --- |
| 数据规模 | 庞大,涵盖海量数据 | 相对较小,处理规模有限 |
| 数据多样性 | 多样化,整合不同来源数据 | 主要处理用户行为和商品信息 |
| 实时性要求 | 需要实时响应和处理大规模数据流 | 处理速度相对较慢,更倾向于离线批处理 |
| 算法和模型 | 复杂和高效的机器学习算法 | 简单的推荐算法,如协同过滤 |
| 个性化程度 | 更高,能实现细致的个性化推荐 | 较低,可能因数据有限而限制个性化程度 |
| 数据处理和管理 | 使用分布式计算和存储技术 | 采用较简单的数据处理和存储方式 |

## 2.4 大数据技术发展趋势

正如之前介绍的,大数据平台在当代社会的作用日益凸显,最近 20 年,大数据基础技术经历了快速的发展和演变,数据的处理、存储和分析能力有了显著的提升。首先是分布式计算的普及,2000 年前后,Google 发表了 MapReduce 和 GFS(Google File System)的论文,这两个技术为后来的分布式计算框架如 Hadoop 和 HDFS 奠定了基础,使得大数据的处理速度和效率得到了极大提升。云计算技术的兴起也对大数据的发展起到了重要的推动作用。云计算提供了灵活、可扩展和按需付费的计算资源,使得企业和组织能够更方便地进行大数据处理和存储。传统金融体系经过多年的技术改造,已经具备了一定的数据处理能力,大数据金融的轮廓逐渐显现。在支付电子化、渠道网络化、信用数字化等方面应用广泛。此外,百度、腾讯、阿里巴巴、字节跳动、京东等互联网企业也凭借其强大的数据积累和客户基础,依赖大数据技术的优势,进军金融业。本节将介绍大数据技术的发展趋势,以加强读者对其的认识和理解。

### 2.4.1 大数据基础技术发展趋势简介

过去的这些年大数据发展较快,未来发展势头仍将继续。大数据技术未来的发展方向将继续围绕以下几个主要方面展开,以满足日益增长的数据需求,应对不断变化的应用场景。我们这里先简单列举,后面再逐步展开。

(1) 边缘计算与大数据融合。边缘计算是一种将计算能力移近数据源的计算模式,它能够在边缘设备上进行数据处理和分析,减少数据传输和延迟。未来的大数据技术将与边缘计算相结合,将大数据处理能力下沉到边缘设备,使得物联网、智能设备和工业自动化等场景下的数据处理更加智能和高效。例如,在智能交通领域,车辆可以通过边缘计算进行实时数据处理和交通信息共享,提高交通系统的智能化水平。

(2) 自动化与智能化。未来的大数据技术将趋向于更高程度的自动化和智能化。自动化可以帮助简化大数据处理的流程,提高数据处理效率和准确性。例如,自动化的数据清洗和特征工程技术能够自动识别和处理数据中的错误和缺失,以及自动生成有用的特征。智能化则可以让大数据系统更好地理解数据和用户需求,实现更智能化的数据分析和推荐。例如,智能推荐系统能够根据用户的偏好和行为,自动推荐个性化的商品和服务。

(3) 数据可视化与交互性。数据可视化技术在大数据分析中起着重要作用,未来的大数据技术将进一步发展数据可视化技术,提供更多样化、交互性更强的可视化工具,帮助用户更好地理解和利用数据。交互性的增强使用户能够更灵活地探索数据,发现隐藏在数据中的模式。例如,用户可以通过可视化界面选择不同的图表类型、调整数据筛选条件和交互式探索数据,从而深入了解数据中的细节和关联。

(4) 分布式存储和计算优化。随着数据规模的不断增大,大数据技术将继续优化分布式存储和计算能力。分布式存储系统如 Hadoop Distributed File System(HDFS)和分布式数据库如 Apache HBase 将进一步优化性能和可靠性,以适应海量数据的处理和存储需求。此外,大数据技术还将探索新的存储和计算模式,如存储计算一体化、异构计算等,以提高数据处理的效率和可扩展性。

(5) 跨领域融合创新。大数据技术将与人工智能、物联网、区块链等新兴技术不断融合,形成新的应用模式和解决方案。跨领域的创新将促进大数据技术在更广泛的领域得到应用,推动社会的数字化转型和智能化发展。例如,大数据技术与人工智能相结合,将推动智能决策和自动化控制的发展;大数据技术与物联网融合,将支持智能城市和智能交通系统的建设。

总体而言,大数据未来的应用场景较为广阔,随着技术的发展,可挖掘潜力较大。

### 2.4.2 边缘计算与大数据

近年来,大数据的生成源头经历了巨大的演变,从大规模云数据中心向更广泛的终端设备,如移动设备和物联网设备发展。这一变化带来了几个重要因素,导致了传统的基于云计算的中心化数据分析处理方法的不适用。第一,云端数据分析处理的性能无法满足新兴应用对低时延的需求。例如,自动驾驶系统需要立即作出决策以适应快速变化的环境。在这种情况下,将数据传输到云端进行分析,然后再传回本地进行决策会引起不可接受的延迟。第二,云端数据分析处理需要大量带宽,因为所有边缘设备产生的大数据都必须传送回云端进行处理。这可能导致带宽竞争激烈,进而导致网络拥塞,进一步增加了处理延迟。此外,通过广域网传输数据还会导致高昂的成本。第三,云端数据分析处理存在隐私保护方面的问题。在云计算中,大量用户的信息高度集中在大型数据中心,这使其容易受到攻击。此外,由于用户数据的所有权和管理是分离的,存在着隐私数据泄露和丢失的风险。

面对这些挑战,边缘大数据分析处理已经成为一个必要的趋势。它允许数据在本地进行实时处理,满足低时延需求,减少了带宽需求和网络拥塞的风险,同时有助于保护用户隐私。这一转变标志着大数据分析处理的新方向,以更好地适应不断发展的数字化时代需求。

根据维基百科的定义,边缘计算是一种分布式计算架构,它通过将应用程序、数据和计算从网络中心节点(例如大规模云计算数据中心)下移到网络逻辑上的边缘节点(如无线基站、WiFi 接入点、无线网关等)来进行处理。边缘计算的核心理念是将原本由中心节点处理的大型服务拆分成更小、更易管理的部分,然后分散到边缘节点进行处理。由于边缘节点更接近用户终端设备,因此它可以显著地加快数据的处理和传输速度,降低延迟。

在这一架构下,数据的分析处理和分析结果的生成更接近数据生成源头,这使得边缘计算相比传统的云计算更适合处理边缘大数据。它使得实时数据处理成为可能,特别是在需要快速决策的应用场景,如自动驾驶等。此外,边缘计算还可以减轻云计算中心的带宽负担,降低网络拥塞的风险,并有助于维护用户数据的隐私和安全性。因此,边缘计算已经成为满足不断增长的数字化需求的关键技术之一,为处理边缘大数据提供了新的可能性。

边缘智能作为一项关键智能技术,正在成为打通人工智能落地的最后一公里的关键。这一概念已经得到学术界和产业界的广泛认可,如 2018 年,它首次进入 Gartner 技术成熟度曲线,目前正处于快速发展的技术萌发阶段。各大 IT 企业也纷纷抢滩布局边缘智能产业,比如在边缘智能芯片方面,一些厂商针对 DNN 的极端需求设计专门优化的 EI 芯片,以高效的方式推进任务的完成。

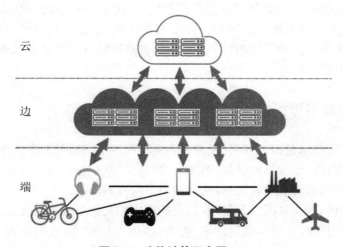

图 2.8 边缘计算示意图

### 2.4.3 大数据分布式储存

分布式存储是一项关键技术,最早由谷歌提出,旨在解决大规模和高并发场景下的高效 Web 访问问题。它的核心思想是将用户所需存储的数据分散存储在不同的存储服务器上,通过多台存储服务器来共同承担存储压力。这些分散的存储服务器被看作一个虚拟的数据存储设备,当用户需要获取数据时,根据预定规则从相应的磁盘空间中检索数据。

简而言之,分布式存储可以被理解为大量个人计算机通过网络相互连接,共同提供存储服务。这种方法有效地解决了数据存储和访问的高并发性和大规模性能需求,使数据可以被有效地管理和分发。

分布式储存在大数据中的应用主要包括两个方面,极限数据处理的分布式储存技术、分布式对象处理技术。

极限数据型分布式储存技术的核心优势在于其强大的数据储存功能,主要应用于大规模数据处理,尤其在处理庞大的数据量方面表现出色。这项技术在应用中通常涉及繁琐的数据模式操作,但其优点在于高效处理数据的能力,保障数据一致性。举例来说,飞机和火车票务网站是使用极限数据型分布式储存技术的典型应用场景。这些网站需要处理大量的票务数据,因此采用这项技术有助于高效处理和管理这些数据。

在这一技术领域,极具代表性的系统之一是 GemFire 系统。这个系统的一个显著特点是不依赖于磁盘的读写操作,因此具有高度的稳定性。这有助于确保数据的安全性和可靠性。例如,铁路 12306 网站就采用了 GemFire 系统,不仅为我国人民提供了高效优质的服务,同时改进了数据储存和购票过程的安全性和效率,取得了显著成效。

分布式对象储存是一种以对象为访问单元的技术,能够通过网络协议实现对象的读写操作。其核心思想在于分离数据存储和控制通路,构建储存系统,使得每个对象存储设备具备一定的智能性,可以自行管理和保存数据。对象储存技术在软件层引入散列技术和数据冗余,牺牲一部分数据一致性以支持不同租户的多种操作模式。

在分布式对象储存系统中,其中最典型的例子是 Swift 系统。Swift 系统通过接口为客户端和浏览器提供服务,其储存节点都是相等的,采用对称式结构。在扩容时,只需增加几台机器就能够轻松提升系统的扩展性。由于它不依赖主从架构,即使出现其中一个节点故障,数据也不会丢失。这种架构的强大之处在于其高度的可扩展性和数据冗余机制,确保了数据的安全性和可用性。

### 2.4.4 大数据可视化技术

大数据可视化技术是将大规模、复杂的数据转化为图形、图表或其他可视化形式,以直观、易于理解的方式展示数据的过程。它是大数据分析中至关重要的一环,帮助用户更好地发现数据中的模式、趋势和关联关系,从而做出更明智的决策。

在大数据时代,数据量庞大且复杂,常规的表格和文字形式已经无法直观地展示数据中的信息。而大数据可视化技术通过图表、图形、地图等形式,将数据以视觉化的方式展现出来,使数据更加具有感知性、易于理解和记忆。例如,折线图可以用来显示随时间变化的数据趋势,柱状图用于比较不同类别的数据,热力图用于显示数据的密度和分布,地图可视化用于展示地理位置数据等。

除了简单的静态图表,大数据可视化技术还涵盖了交互式和动态的可视化形式。交互式可视化允许用户与图表进行交互,改变视角、筛选数据、缩放等操作,使用户可以根据需要自由探索数据。动态可视化则可以用于实时数据监控和展示,帮助用户捕捉数据的变化和趋势。

大数据可视化技术在各个领域都有广泛的应用。在商业智能领域,它被用于可视化分析企业的销售数据、用户行为数据等,帮助企业制定战略和决策。在金融领域,大数据可视化技术可以用于展示股市行情、交易数据等,帮助投资者做出理性的投资决策。在医疗领域,它可以用于可视化医疗数据、患者信息等,帮助医生做出更准确的诊断和治疗计划。在交通领域,大数据可视化技术可以展示交通流量、拥堵情况等,帮助城市规划者改善交通状况。

通过大数据可视化技术,用户不需要深入研究数据背后的复杂算法和模型,就能够直观地理解数据中的信息和趋势。这使得大数据可视化技术成为数据分析和决策过程中不可或缺的重要工具,同时也推动了数据科学和数据驱动决策的发展。

### 2.4.5 大数据智能化

大数据智能化，是指大数据通过人工智能实现大数据的智能化应用，如大数据在智能产业、智能制造、智能应用等工业应用。大数据需要人工智能来挖掘和分析数据中的价值信息。海量的数据中包含着各种各样的信息，但是大多数数据是冗余的、无意义的或者不重要的。人工智能的算法可以自动发现、提取、识别和分类数据中的模式和关联信息，并且将其转化为实用的知识和洞见。这些洞见可以帮助企业优化业务流程、提高客户体验、开发新的产品或服务等，为企业获取更高的价值。

近年来，随着 AI 的应用逐渐成熟、落地，产业焦点集中于 AI 大规模快速落地，布局 MLOps 平台或工具的需求日益迫切，推动组织数智化转型成为产业界追逐的目标。人工智能研发运营体系（MLOps）作为 AI 工程化重要组成部分，其核心思想是解决 AI 生产过程中团队协作难、管理乱、交付周期长等问题，最终实现高质量、高效率、可持续的 AI 生产过程。代表产品包括 Amazon SageMaker、Microsoft Azure、Google Cloud Platform、DataRobot、Algorithmia、Kubeflow、MLflow。

过去十年来，产业界积累了前所未有的实体和数据。在大规模数据集和大数据计算的支撑下，使得最终训练得到的模型足够复杂，因此人工智能，尤其是深度神经网络，在语音识别、图像处理、自然语言处理以及数字化基础设施与多个行业都取得了长足的进步。

智能技术的发展目前还依赖于计算能力的提升，随着数据量的增加，单机已经无法满足数据计算甚至是存储的需求，因此分布式存储和计算技术迎来了发展。以 Hadoop 生态为例，实现了分布式存储和分布式计算。建立在 Hadoop 之上的 Hive 提供了类似 SQL 接口的数据分析方案，但由于其存在大量磁盘 IO，性能常常成为大数据计算的瓶颈。而新一代分布式内存计算引擎，如 RapidsDB 以性能为突破口，保障了机器学习、音视频识别、NLP 等智能分析使工作得以顺利开展。

随着人工智能技术的发展，对大规模数据的处理和分析也将更加快速和准确。人工智能大数据技术能够自动识别数据中的规律和趋势，从而帮助企业做出更加科学、合理的决策。垂直领域的应用将更加深入。人工智能大数据的应用已经涉及了许多领域，如金融、医疗、教育等。未来，这些垂直领域的应用将更加深入，帮助企业提高效率、降低成本、改善服务质量。

大数据智能化和人工智能的发展密不可分，关于人工智能我们接下来详细介绍。

## 2.5 人工智能技术发展趋势

人工智能是指计算机系统具备模拟和实现人类智能的能力，能够感知、学习、推理、解决问题和适应环境。近几年，随着以 ChatGPT 为代表的人工智能项目的火爆以及人工智能技术的不断发展，越来越多地影响社会的每一个领域，其在大数据平台也存在较好的应用空间。本节将详细介绍相关内容。

## 2.5.1 人工智能与大数据平台的结合趋势

大数据平台的持续发展,恰逢近些年人工智能的快速发展,加之两者极好的共向性,使得两者的有机结合变得理所当然。在智能数据分析、语言处理等方面持续融合,快速发展。

人工智能技术如机器学习和深度学习能够在大数据平台上进行智能数据分析。通过训练模型,它可以识别数据中的模式、趋势和异常,进行预测和分类。这样的分析可以帮助企业更好地了解市场趋势、用户行为,优化业务流程,提高决策的准确性。此外,在大数据平台上,人工智能可以分析用户的历史行为和兴趣,构建用户画像,并通过推荐算法向用户推送个性化的内容、产品或服务。这种个性化推荐系统广泛应用于电子商务、社交媒体、音乐和视频平台等。它不仅提高了用户满意度,也帮助企业提高销售和转化率。人工智能在大数据平台上还可以用于数据质量管理。它可以自动识别和纠正数据中的错误和缺失,提高数据的准确性和可信度。

人工智能在语言处理和文本分析上的潜力也值得我们注意,大数据平台存储了大量的文本数据,而自然语言处理(NLP)技术使得计算机能够理解和处理人类语言。NLP技术可以用于情感分析、文本分类、文本摘要等。在舆情监测、客户服务和新闻报道等领域,NLP技术能够从海量文本数据中提取有价值的信息,支持决策和洞察。

同时,大数据平台可以存储大量的图像和视频数据,而计算机视觉技术使得计算机能够识别和理解图像内容。图像识别技术可以应用于智能监控、人脸识别、图像搜索等。例如,智能监控系统可以识别异常行为,人脸识别可以用于身份认证和安防。

平台的智能客服和聊天机器人发展也离不开人工智能,大数据平台结合自然语言处理和人工智能,可以实现智能客服和聊天机器人。这些系统能够理解用户的问题,并作出智能回答,提供更高效、便捷的客户服务体验。智能客服和聊天机器人在在线客服和智能助手领域得到广泛应用。

智能客服和聊天机器人作为基于人工智能技术的创新解决方案,在当今商业环境中扮演着日益重要的角色。无论是电子商务、金融、医疗还是旅游等领域,这些智能系统已经广泛应用。其核心技术包括自然语言处理和机器学习,自然对于大数据应用有极高的需求。

人工智能技术在大数据平台上的应用也推动了智能物联网的发展。通过将传感器数据与人工智能相结合,可以实现智能家居、智能交通、智能制造等领域的创新。智能物联网应用将为人们带来更加智能、便利的生活和工作体验。

总的来说,大数据平台结合人工智能技术,可以提供智能决策支持。通过对大数据进行实时分析和挖掘,企业和组织能够做出更加准确、可靠的决策。智能决策支持系统在金融等领域有广泛的应用,帮助决策者快速做出正确的决策。人工智能在大数据平台上的应用为企业和组织提供了更强大的数据处理和洞察能力,使其能够更好地理解和应用大数据。未来随着人工智能技术的不断进步,其在大数据平台上的应用将进一步拓展,为各行各业带来更多机遇和创新。同时,也需要关注数据隐私和安全等问题,确保人工智能技术的应用是安全、可靠和符合伦理规范的。

### 2.5.2 人工智能的商业化趋势

**1. 广告领域**

人工智能在广告领域的应用已经引起了巨大的关注和广泛的应用。随着人工智能技术的不断进步,广告商们发现利用人工智能技术可以更好地洞察用户需求、提供个性化服务,从而提高广告的精准性和效果。智能投放和定向广告使广告主能够更精准地定位目标受众,通过分析大数据,人工智能可以了解用户的兴趣、行为和消费习惯,进而预测用户可能感兴趣的产品和服务。这使得广告商能够实现更精准的广告定向,将广告推送给真正潜在的客户,从而提高广告的点击率和转化率。另外,借助人工智能技术,广告商能够根据用户的历史行为和偏好,提供个性化的广告推荐和内容定制。例如,当用户在网上浏览某款产品时,人工智能可以通过广告推送相似或相关的产品,满足用户个性化的购物需求。这种个性化的推荐和内容定制,不仅提高了用户的满意度,还提升了广告主的营销效果。

人工智能在广告创意方面也有着独特的应用。通过深度学习等技术,人工智能可以生成富有创意的广告内容,使广告更加吸引人和有趣。此外,人工智能还能够实现广告的自动化生成,节省了广告制作的时间和成本,提高了广告发布的效率。在广告投放的过程中,广告位的竞价一直是一个重要的环节。通过人工智能技术,广告主可以进行智能竞价,根据用户的特征和广告位的价值,进行自动化的竞价决策。而实时竞价技术让广告投放更加高效。当用户访问某个网页时,广告位的竞价可以在毫秒级完成,确保广告能够在恰当的时机展示给用户。

人工智能技术在广告效果评估方面也发挥着重要作用。通过情感分析,人工智能可以对广告的效果进行评估,分析用户对广告的情感反应。这使得广告商能够根据用户的反馈和情感,优化广告内容,提高广告的吸引力和效果。广告领域也面临着欺诈和不良内容的问题,人工智能技术可以通过大数据分析,识别和过滤不良内容,减少欺诈行为。此外,人工智能还可以识别异常点击和恶意行为,确保广告投放的安全和有效。

随着语音识别和计算机视觉技术的发展,语音广告和视频广告成为广告领域的新趋势。人工智能可以帮助广告商根据用户的语音指令和情感,进行更智能化的广告推送。同时,人工智能也能够对视频内容进行分析,为广告商提供更精准的广告投放和品牌定位。人工智能在广告领域的应用为广告商带来了许多优势,它使得广告投放更加精准和个性化,提高了广告的点击率和转化率。同时,人工智能还推动了广告创意和内容定制的创新,提高了广告的吸引力和效果。随着人工智能技术的不断发展,相信广告领域的智能化和自动化将不断推进,为广告商带来更多商机和竞争优势。

**2. 金融科技领域**

人工智能在金融科技(FinTech)领域的应用正引领着金融行业的革命性变革。通过结合人工智能的强大分析能力和金融科技的创新技术,金融行业能够实现更高效、智能和个性化的服务。

其中,风险管理和欺诈检测是人工智能在金融领域中的一项重要应用。金融机构可以利用人工智能的数据分析能力,通过监控大量的实时交易数据和用户行为数据,快速发现异常交易和潜在的欺诈行为。这种实时监控使得金融机构能够更及时地采取措施,降低风险和损失信用评估和借贷决策也是人工智能在金融科技领域的重要应用,借助人工智能技术,金融机构可以更全面地评估借款人的信用状况。通过分析借款人的历史交易记录、社交媒体数据等信息，人工智能可以预测借款人的信用风险，帮助金融机构做出更准确的借贷决策。

此外，人工智能在财务规划和投资咨询领域也扮演着重要角色。利用人工智能的算法，金融机构可以根据客户的个人情况和投资目标，定制个性化的财务规划和投资方案。这种个性化的服务能够更好地满足客户的需求，提高投资成功率。

人工智能在量化交易和算法交易中的应用已经成为金融领域的一大趋势。通过人工智能技术，金融机构可以自动化地执行交易策略，实现更高效的交易和投资。利用机器学习和深度学习技术，人工智能能够识别市场趋势和交易模式，辅助投资决策。

人工智能在金融科技领域的应用也推动了客户服务和虚拟助手的发展。金融机构可以利用人工智能虚拟助手来提供更智能化的客户服务。虚拟助手可以通过自然语言处理技术与客户进行对话，回答客户的问题，提供金融咨询和服务。这种智能客户服务能够提高客户满意度，同时减少人力成本。

在区块链技术的应用方面，人工智能与区块链技术的结合也在金融科技领域产生了新的创新应用。例如，人工智能可以帮助实现智能合约的自动执行和监控。此外，人工智能也能在区块链数据中进行分析，提供更深入的洞察和数据挖掘。

除了上述两大方向，人工智能在智能客服和虚拟助手、智能医疗和健康管理、智能交通和无人驾驶、智能教育和在线学习等方面也有广阔的前景，人工智能在未来大有可为。

## 总　　结

本章我们首先介绍了大数据平台的界定和分类，阐述了数据平台的建设流程和基本原则。然后，以数据导入和数据管理两个方面为抓手，详细介绍了对数据的应用。最后对于大数据未来的发展趋势以及人工智能技术的发展趋势进行了详细的阐述。大数据平台建设是一项综合性任务，需要明确业务需求、数据采集、安全数据管理、高效数据处理与应用、直观数据可视化以及持续的性能优化与团队培训。通过合规性和安全性保障，以及监控和故障排除，机构能够充分利用大数据来推动决策和创新，满足不断变化的需求。数据管理的过程中，我们更加应该重视数据的质量、安全性、可靠性和高效性等关键要素。

在大数据平台的建设过程中，我们应该越来越重视边缘计算、分布式计算、可视化和智能化的意义，大数据技术未来的发展方向将继续围绕着这几个主要方面展开，以满足日益增长的数据需求和不断变化的应用场景。

大数据平台的建设是一个不断发展的过程，随着技术的不断进步，其内容仍会持续扩充和发展，在面对海量、多样化、高速增长的数据时，建设大数据平台对于企业和组织的决策和发展具有至关重要的意义。尤其是随着人工智能的发展在大数据平台的建设过程中扮演着越来越重要的角色，在广告、金融科技、智能客服和虚拟助手等领域有较大的发展空间。

在下一章，我们将对大数据平台建设乃至整个大数据金融中最基础的工具——编程进行更深入的介绍，使大家对常用的数据分析语言 Python 的基础语法和功能有一定程度的掌握。

## 案例：阿里云数据中台

2015年12月7日，阿里巴巴集团(NYSE:BABA)宣布组织结构全面升级，建设整合阿里产品技术和数据能力的强大中台，进而形成"大中台，小前台"的组织和业务体制，使前线业务更加灵动、敏捷。

阿里巴巴在中国最先提出数据中台概念。阿里巴巴认为：数据中台是集方法论、组织和工具于一体的，"快""准""全""统""通"的智能大数据体系，帮助企业实现好数据、联商业和通组织。当前，阿里巴巴已经将内部多年沉淀的方法论、技术及工具通过阿里云数据中台正式对外赋能。通过OneModel、OneID、OneService，实现数据的统一，即OneData。

其中，OneModel统一数据构建及管理，完全消除数据二义性，实现分钟级代码自动生成；OneID是将核心商业要素资产化，实现数据的全域连接、标签萃取、立体画像；OneService则统一数据服务，以主题式服务输出，简化了数据查询。

功能：Dataphin智能数据构建与管理平台

面向各行各业大数据建设、管理及应用诉求，一站式提供从数据接入到数据消费全链路的智能数据构建与管理的大数据能力，包括产品、技术和方法论等，助力打造标准统一、融会贯通、资产化、服务化、闭环自优化的智能数据体系，以驱动创新。

Quick BI数据可视化分析平台：阿里云客户都在用的BI产品——无缝对接各类云上数据库和自建数据库，0代码鼠标拖拽式操作，让业务用户也能一键轻松实现海量数据可视化分析。

Quick Stock：智能货品运营平台——Quick Stock旨在以数据为核心，通过更加精准和可配置的销量预测，以及仓储网络优化和调拨算法逻辑，帮助企业构建产销协同能力，实现高效的货品全生命周期运营。

Quick A+：全域行为洞察分析平台——是一款跨多端全域行为分析的一站式数据产品，实现自动可视化的数据埋点，万亿级别的日志获取、数据实时和离线处理能力。

uick Tracking全域行为洞察分析：是一款跨多端全域行为分析的一站式数据产品，实现自动可视化的数据埋点，万亿级别的日志获取、海量数据实时和离线处理能力。

uick Audience全域消费者运营平台：定位智能用户增长，实现全方位洞察，多渠道触达的增长闭环，实现以人为中心的消费者全生命周期洞察运营。

uick Decision智能决策平台：面向金融风控、财富管理、个性化保险、智能客服等场景，为企业提供决策全链路的构建、管理及服务。

Data Trust隐私增强计算：行业领先的基于安全技术(TEE、MPC、FL联邦学习等)打造的隐私增强计算平台，在保障数据隐私及安全的前提下完成多方数据联合分析、联合训练、联合预测，实现数据价值的流通，助力企业业务增长。

## 思 考 题

1. 简述大数据平台模块之间的关系。
2. 大数据平台的数据导入方式有哪些？

3. 简述大数据金融平台的建设流程。
4. 思考大数据平台在金融领域应用的拓展方向还有哪些？
5. 人工智能应用到金融领域的过程中，隐私问题的解决路径有哪些？

## 参 考 文 献

[1] 刘晓星.大数据金融[M].清华大学出版社,2018.
[2] 许秀梅.科技大数据服务平台建设与运作管理研究：以青岛为例[M].中国财政经济出版社,2019.
[3] 刘旭辉.大数据平台基础架构指南[M].北京：电子工业出版社,2018.
[4] 曹杰、李树青.大数据管理与应用导论[M].北京：科学出版社,2018.
[5] 李吴杰,江骏风,王慧杰.打造数字化供应链：电商大数据平台建设与应用[J].上海信息化,2023(5)：36-39.
[6] 杨春光.北京银行：借助大数据、机器学习技术构建一体化运维管理体系[J].中国金融电脑,2018(7)：28-30.

## 附 录

爬虫代码示例

```python
import re
import urllib.error
import urllib.request

import xlwt
from bs4 import BeautifulSoup


def main():
    baseurl = "http://jshk.com.cn"

    datelist = getDate(baseurl)
    savepath = ".\\jshk.xls"
    saveDate(datelist, savepath)

    # askURL("http://jshk.com.cn/")


findlink = re.compile(r'<a href = "(.*?)">')
findimg = re.compile(r'<img.*src = "(.*?)"', re.S)
findtitle = re.compile(r'<span class = "title">(.*)</span>')
findrating = re.compile(r'<span class = "rating_num" property = "v:average">(.*)</span>')
findjudge = re.compile(r'<span>(\d*)人评价</span>')
findinq = re.compile(r'<span class = "inq">(.*)</span>')
```

```python
def get Date(baseurl):
    datalist = []
    for i in range(0,10):
        url = baseurl + str(i * 25)
        html = askURL(url)
        soup = BeautifulSoup(html,"html.parser")
        for item in soup.find_all('div',class_ = "item"):
            data = []
            item = str(item)
            link = re.findall(findlink,item)[0]
            data.append(link)
            img = re.findall(findimg,item)[0]
            data.append(img)
            title = re.findall(findtitle,item)[0]

            rating = re.findall(findrating,item)[0]
            data.append(rating)
            judge = re.findall(findjudge,item)[0]
            data.append(judge)
            inq = re.findall(findinq,item)

            if len(inq)! = 0:
                inq = inq[0].replace("。","")
                data.append(inq)
            else:
                data.append(" ")
            print(data)
            datalist.append(data)
        print(datalist)
    return datalist

def askURL(url):
    head = {
    "User-Agent":"Mozilla/5.0 ( Windows NT 10.0; Win64; x64) AppleWebKit/537.36 (KHTML,like Gecko) Chrome/78.0.3904.97 Safari/537.36"}
    request = urllib.request.Request(url,headers = head)
    html = ""
    try:
        response = urllib.request.urlopen(request)
        html = response.read().decode("utf-8")
        # print(html)
    except urllib.error.URLError as e:
        if hasattr(e,"code"):
            print(e.code)
```

```python
        if hasattr(e,"reason"):
            print(e.reason)

    return html

def saveDate(datalist,savepath):
    workbook = xlwt.Workbook(encoding = 'utf-8')
    worksheet = workbook.add_sheet('电影',cell_overwrite_ok = True)
    col = ("电影详情","图片","影片","评分","评价数","概况")
    for i in range(0,5):
        worksheet.write(0,i,col[i])
    for i in range(0,250):
        print("第%d条" %(i+1))
        data = datalist[i]
        for j in range(0,5):
            worksheet.write(i+1,j,data[j])

    workbook.save(savepath)


if __name__ == '__main__':
    main()
    print("爬取完毕")
```

# 第 3 章　金融大数据分析技术

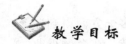  教学目标

1. 掌握 Python 程序设计的基本方法，并能够运用这些方法进行有效的数据处理和分析；
2. 掌握使用 NumPy 和 pandas 等数据分析库进行数据处理的基本操作；
3. 掌握监督学习和无监督学习的基本概念和常见算法。

金融数据独特的特性决定了其分析的复杂性。首先，它们通常是高维度的，涵盖了从股票价格到宏观经济指标的多种数据类型。其次，金融数据是动态变化的，反映了市场的即时变化，这要求分析方法必须能够适应其快速和不断的变化。再次，金融数据常常包含噪声，使得从中提取有用信息成为一大挑战。最后，金融市场的数据呈现出非线性特性，简单的线性模型无法捕捉其复杂的市场动态。

正因为金融数据的这些特点，传统的数据分析方法往往难以应对。这里，机器学习技术展现出其独特的优势。机器学习，特别是深度学习技术，擅长处理高维度和非线性的数据集。它们能够从复杂的金融数据中自动识别模式和关系，即使在数据中存在噪声的情况下也能做出准确的预测。此外，机器学习模型能够通过学习历史数据来适应市场的动态变化，从而在金融市场分析、风险评估、算法交易等方面发挥重要作用。

在金融数据分析和机器学习领域，Python 已经成为一种主流工具。Python 的优势在于其简洁易读的语法，使得编写和理解代码变得更加容易。此外，Python 拥有一个强大的科学计算生态系统，包括许多功能强大的第三方库，这些都是金融数据分析不可或缺的工具。Python 还支持多种机器学习和深度学习框架，如 TensorFlow 和 PyTorch，这些工具使得构建复杂的机器学习模型变得更加直接和高效。最重要的是，Python 社区庞大且活跃，为用户提供了大量的资源和支持。

本章内容将深入探讨如何使用 Python 和机器学习技术来分析金融大数据。首先，我们将介绍 Python 的基本概念和操作，包括其数据结构、控制流程以及函数的使用。接着，我们会详细解释 Pandas、NumPy 和 Matplotlib 等库的使用，这些是处理金融数据时不可或缺的工具。在机器学习部分，我们将从基础讲起，介绍监督学习和无监督学习的基本概念以及常见的算法，如回归分析、分类、聚类等。我们还将学习如何使用 Python 中的 Scikit-learn 库来实现这些机器学习算法，以及如何评估和优化模型的性能。

## 3.1 Python 编程基础

### 3.1.1 Python 的适用性与优势

Python 已经成为金融分析领域的主流编程语言,其普及度可以从多个方面得到证实。首先,Python 语言的易读性和易学性使其成为初学者和专业人士的首选。在金融行业,尤其是在高频交易、资产管理和风险管理等领域,Python 的应用日益增多。据 *Journal of Accountancy* 报告,Python 因其在金融数据分析和建模方面的能力而备受青睐。此外,Python 社区的活跃和庞大也为金融分析提供了丰富的资源和库,从而使得实现复杂的金融模型和策略更加高效和简便。

Python 的普及度还体现在教育培训上。许多顶尖大学和金融机构在他们的课程和培训中加入了 Python 编程,这进一步证明了 Python 在金融分析领域的核心地位。根据《金融时报》进行的一项调查,超过一半的金融专业硕士课程已经包含了 Python 教学,反映出业界对 Python 技能的高度需求。

与其他编程语言相比,Python 在某些方面显示出明显优势。相较于 R 语言,虽然 R 在统计分析方面非常强大,但是 Python 提供了更广泛的应用范围,从网页开发到数据科学,都有 Python 的身影。Python 的另一个优势是其强大的库生态系统,如 NumPy 和 Pandas,这些库大大简化了数据处理和分析的过程。与 Java 相比,Python 的语法更简洁直观,使得编写和维护代码更加高效,这对于快节奏的金融市场分析来说至关重要。

此外,Python 的跨平台性也为其赢得了更广泛的用户群。不论是 Windows、Mac 还是 Linux,Python 都能够无缝运行,这在多平台协作的金融机构中尤为重要。根据 Stack Overflow 的 2019 年开发者调查,Python 已经超越 Java 成为非常受欢迎的编程语言之一,这也反映了它在全球编程社区的强大影响力。

Python 在金融分析领域之所以受到青睐,主要是因为其易用性、强大的数据处理能力以及广泛的应用范围。随着金融技术的快速发展,Python 在未来金融分析中的地位预计将进一步巩固。

### 3.1.2 Python 基础语法和变量

**1. 标识符**

标识符是计算机编程语言中用来命名编程语言中实体的符号。标识符可以表示的实体类型有变量、数据类型、标签、子程序和模块等。

在 Python 里,标识符的命名规则是:标识符由英文字母(A~Z 和 a~z)、下划线(_)和数字(0~9)组成,第一个字符不能是数字。标识符不能和 Python 中的关键字相同。

**2. 关键字**

关键字也叫"保留字",它们都被 Python 语言内部使用了,不允许自定义和它们相同的标识符。直接导入 keyword 模块,调用 kwlist 属性,即可显示出 Python 保留的关键字。

```
import keyword
print(keyword.kwlist)
```

输出结果如下:

```
['False', 'None', 'True', '_peg_parser_', 'and', 'as', 'assert', 'async', 'await', 'break', 'class',
'continue', 'def', 'del', 'elif', 'else', 'except', 'finally', 'for', 'from', 'global', 'if', 'import', 'in', 'is',
'lambda', 'nonlocal', 'not', 'or', 'pass', 'raise', 'return', 'try', 'while', 'with', 'yield']
```

**3. 注释**

在计算机编程语言中,注释用来向用户提示或解释某些代码的作用和功能,它可以出现在代码中的任何位置。Python 解释器在执行代码时会忽略注释,不做任何处理,就好像它不存在一样。在调试程序的过程中,注释还可以用来临时移除无用的代码。

Python 中的注释有单行注释和多行注释。

Python 中单行注释以 # 开头,例如:

```
# 这是一个注释
print("Hello,World! ")
```

多行注释用 3 个单引号(''')或者 3 个双引号(""")将注释括起来,例如:
单引号(''')

```
#! /usr/bin/Python3
'''
这是多行注释,用 3 个单引号
这是多行注释,用 3 个单引号
'''
print("Hello,World! ")
```

双引号(""")

```
#! /usr/bin/Python3
"""
这是多行注释,用 3 个双引号
这是多行注释,用 3 个双引号
"""
print("Hello,World! ")
```

注意:多行注释可以嵌套使用,但是单行注释不能嵌套使用。

**4. 缩进**

Python 与其他语言最大的区别就是 Python 不使用大括号{}来控制类、函数以及逻辑判断等代码块。同属于一个代码块的语句具有相同的缩进空格数,默认 4 个空格为一个缩进。

以下实例缩进为 4 个空格：
如下示例：

```
if True:
    print("True")
else:
    print("False")
```

**5. 变量**

变量是存在内存中的值，这就意味着在创建变量时会在内存中开辟一个空间。基于变量的数据类型，解释器会分配指定内存，并决定什么数据可以被存储在内存中。因此，变量可以指定不同的数据类型，这些变量可以存储整数、小数或字符。

**6. 变量赋值**

Python 中的变量赋值不需要类型声明。每个变量在内存中创建，都包括变量的标识、名称和数据这些信息。每个变量在使用前都必须赋值，变量赋值以后，该变量才会被创建。

等号（=）用来给变量赋值。

等号（=）运算符左边是一个变量名，等号（=）运算符右边是存储在变量中的值。例如：

```
counter = 100    # 赋值整型变量
miles = 1000.0   # 浮点型
name = "John"    # 字符串
```

**7. 多个变量赋值**

Python 允许同时为多个变量赋值。例如：

```
a = b = c = 1
```

以上实例中，创建一个整型对象，值为 1，3 个变量被分配到相同的内存空间上。也可以为多个对象指定多个变量。例如：

```
a,b,c = 1,2,"john"
```

以上实例中，两个整型对象 1 和 2 分别分配给变量 a 和 b，字符串对象 "john" 分配给变量 c。

### 3.1.3　Python 基础数据类型

为了便于在计算机中处理数据，数据一般分为不同的数据类型存储于计算机内存中。在 Python 中，不必事先定义数据类型，在变量赋值时解释器会根据赋值数据的内容自动判断数据类型。Python 能够直接处理的基础数据类型有数值类型、字符类型和布尔类型。

**1. 数值类型**

数值型数据是表示数量，可以进行数值运算的数据类型。Python 没有限制数值的大小，但是能表示的最大值与计算机内存有关，Python 支持 3 种数值类型：

int（整型），用来表示正整数与负整数，不带小数点。Python 整型没有大小限制，可以直接当作 long(长整型)使用。在程序中,数的表示方法和数学上的写法一模一样,例如:1,100,-8080,0,等等。对于很大的数,如 10000000000,不容易看清楚 0 的个数,Python 允许在数字中间以_分隔,因此,写成 10_000_000_000 和 10000000000 是一样的。

float(浮点型),浮点型由整数部分与小数部分组成,对较大或较小的浮点数,一般用科学记数法表示。浮点数的小数点位置是可变的,比如,$3.14×10^9$ 和 $31.4×10^8$ 是相等的。对于很大或很小的浮点数,用科学记数法表示,把 10 用 e 替代,比如 $1.41×10^6$ 就是 1.41e6,或者 14.1e5,0.00000078 可以写成 7.8e-7。

整数和浮点数在计算机内部存储的方式不同,整数运算是精确的,而浮点数运算则可能会有四舍五入的误差。

complex(复数),复数由实数部分与虚数部分构成,如 a + bj,或者用 complex(a,b)表示,其中实部 a 和虚部 b 都是浮点型。

**2. 字符类型**

在 Python 中文本数据处理的对象是 str 对象,也称为字符串,是由 Unicode 编码位构成的不可变序列。

字符串是以单引号或双引号括起来的任意文本,比如 'Python','cat' 等。但是引号本身不是字符串的一部分,字符串 'cat' 只有 c,a,t 这 3 个字符。如果 ' 本身也是一个字符,那就可以用 "" 括起来,比如 "I'm student" 包含的字符是 I,',m,空格,s,t,u,d,e,n,t,10 个字符。

转义字符(\)可以表示很多字符,比如\n 表示换行,\t 表示制表符,如果字符\本身需要转义,可使用\\,表示的字符就是\。

如果字符串内部既包含 ' 又包含 ",则可以用转义字符\来标识,比如:

> print('I\'m\"student\"! ')

输出结果为:I'm "student"!

**3. 布尔类型**

布尔类型用于表示逻辑值,只有 True 和 False 两种值,分别表示逻辑真和逻辑假,常用于程序的流程控制。布尔值和布尔代数的表示完全一致,一个布尔值只有 True、False 两种值,要么是 True,要么是 False。在 Python 中,可以直接用 True、False 表示布尔值(请注意大小写),也可以通过布尔运算计算出来。

布尔值可以用 and、or 和 not 运算。and 运算是与运算,只有所有都为 True,and 运算结果才是 True。

or 运算是或运算,只要其中有一个为 True,or 运算结果就是 True。

not 运算是非运算,它是一个单目运算符,把 True 变成 False,False 变成 True。

### 3.1.4 Python 数据集合类型

**1. 列表**

列表就是 list,在 Python 中用[]表示。列表是一种有序数据的集合,能够通过组合一序列的值得到复合数据类型。列表通过方括号括起来,并用逗号分隔一些值来创建。一个列表能够包含不同类型的元素。但在使用时通常会保持各个元素类型相同。

比如,列出班里所有同学的名字,就可以用一个 list 表示:

```
students=['张三','李四','王五','赵六']
```

可以用索引来访问列表中每一个位置的元素,索引从 0 开始。

```
students[0]
'张三'
students[1]
'李四'
```

如果要取最后一个元素,还可以用-1做索引,直接获取最后一个元素。

```
students[-1]
'赵六'
```

列表是一个可变的有序表,所以,可以用 append( )方法往列表中追加元素到末尾。

```
students.append('小明')
students
['张三','李四','王五','赵六','小明']
```

要删除列表末尾的元素,可以用 pop()方法。

```
students.pop()
students
['张三','李四','王五','赵六']
```

### 2. 元组

在 Python 中元组就是 tuple,用()表示。元组与列表十分相似,最大的不同点在于元组的元素不能修改。

比如,同样列出同学的名字。

```
students=('张三','李四','王五','赵六')
```

现在 students 是一个元组,创建后就不能变,元组没有 append(),pop()等方法。其他获取元素的方法和列表是一样的,但不能赋值成另外的元素。

元组不可变的意义是什么呢,正因为不可变,数据就会更安全。但是注意,当定义一个元组时,元组的元素就必须被确定下来。

### 3. 字典

字典就是 dict,同样与列表有很多共同点。不同点在于,字典采用键值对的形式来存储数据序列,键值对之间以冒号分隔,每个键值对之间用逗号分隔,所有键值对包括在{}中。

在同一个字典中,指定键的时候必须是唯一的,如果向字典中增加一个同名的键,则将会被覆盖,对于值则没有要求。同时,键的数据类型只能是不可变的类型如字符串、数值、元组等,不能是列表、字典等,而对于值则没有要求。

字典是一种非常有用的数据结构,因为它允许通过键来快速查找和访问值,而不需要像列表或元组那样进行迭代。此外,字典还允许存储多个键值对,并且不同的键可以指向同一个值。

要创建一个字典,可以使用大括号({})或 dict()函数。下面是一些创建字典的示例:
使用大括号创建字典:

```
my_dict = {'apple':1,'banana':2,'orange':3}
```

在这个示例中,创建了一个字典,其中键是 'apple'、'banana' 和 'orange',值分别是 1、2 和 3。

使用 dict() 函数创建字典:

```
my_dict = dict(apple=1,banana=2,orange=3)
```

这个示例中,使用 dict() 函数来创建了一个字典,其中键是 'apple'、'banana' 和 'orange',值分别是 1、2 和 3。

添加新的键值对到字典:

```
my_dict['pear'] = 4
```

这个示例向字典中添加了一个新的键值对,键是 'pear',值是 4。

访问字典中的值:

```
print(my_dict['apple']) # 输出:1
```

这个示例通过键 'apple' 来访问字典中的值,输出结果为 1。

**4. 集合**

集合就是 set,是一种可变无序序列。集合并不记录元素位置或插入顺序,因此集合不支持索引切片或其他序列类的操作。

集合能够通过将以逗号分隔的元素包含于花括号之内来创建,或者通过集合构造器来创建。

### 3.1.5 Pyhton 程序语句结构

**1. 顺序结构**

程序最基本的结构就是顺序结构,Python 中的顺序结构是指程序按照代码的先后顺序执行。在顺序结构中,程序会按照代码的书写顺序,逐行执行。

```
print("Hello")
print("World")
```

在这个示例中,程序会先执行第一行代码,输出 "Hello",然后再执行第二行代码,输出 "World"。这就是 Python 的顺序结构,代码会按照从上到下的顺序依次执行。

**2. 选择结构**

选择结构也叫分支结构,是根据条件判断执行不同代码块的一种程序结构。

if 语句是单分支选择结构,根据一个条件判断来执行不同的操作。语法为:如果表达式成立(真),就执行 if 后面的代码块;否则,执行 else(可选)后面的代码块。

```
num = 10
if num>0:
    print("The number is positive")
else:
    print("The number is not positive")
```

if-elif-else 语句是多分支选择结构,有几个分支之间有逻辑关系,不能随意颠倒顺序。语法为:从上到下逐个判断表达式是否成立,一旦遇到某个成立的表达式,就执行后面紧跟的语句块;此时,剩下的代码就不再执行了,不管后面的表达式是否成立。如果所有的表达式都不成立,就执行 else(可选)后面的代码块。例如:

```
num = 10
if num>10:
    print("The number is greater than 10")
elif num= =10:
    print("The number is exactly 10")
else:
    print("The number is less than 10")
```

在以上示例中,如果 num 大于 10,则输出"The number is greater than 10";如果 num 等于 10,则输出"The number is exactly 10";如果 num 小于 10,则输出"The number is less than 10"。注意,对于选择结构或分支结构,不管有多少个分支,都只能执行一个分支,或者一个也不执行,不能同时执行多个分支。

### 3. 循环结构

循环结构可以看成是一个条件判断语句和一个向回转向语句的组合。通常用于处理重复性的任务,例如遍历数组或列表、计算数字的阶乘等。在 Python 中,有两种循环语句:for 循环和 while 循环。

(1) for 循环。for 循环通常用于遍历序列(列表、元组、字符串)或其他可迭代对象,并依次对每个元素执行特定的操作,直到遍历完所有的元素。for 循环的语法如下:

```
for variable in iterable:
    # 执行语句块
```

其中,variable 是从 iterable 中取出的元素,iterable 是一个可迭代对象。在执行语句块中可以对 variable 进行操作。例如,下面的代码使用 for 循环遍历一个列表并输出每个元素:

```
my_list = [1,2,3,4,5]
for num in my_list:
    print(num)
```

输出结果为：

```
1
2
3
4
5
```

(2) while 循环。while 循环在一定条件下反复执行某段代码,直到条件不满足为止。while 循环的语法如下：

```
while condition:
    # 执行语句块
```

其中,condition 是一个条件表达式,当条件为真时执行循环体,否则退出循环。在执行语句块中可以改变条件表达式的值,以便退出循环。例如,下面的代码使用 while 循环输出 1 到 5 的数字：

```
num = 1
while num <= 5:
    print(num)
    num += 1
```

输出结果为：

```
1
2
3
4
5
```

(3) break 和 continue 语句。在循环结构中,还可以使用 break 和 continue 语句来控制循环的执行。break 语句可以用于直接退出当前整个循环,而 continue 语句可用于结束当前的循环,继续执行后一轮循环。例如,下面的代码使用 for 循环和 if 语句判断一个数是否为质数,并使用 break 和 continue 语句控制循环的执行。

```
# 定义一个函数来判断一个数是否为质数
def is_prime(n):
    if n < 2:
        return False
    for i in range(2, int(n ** 0.5) + 1):
        if n % i == 0:
            return False
    return True
```

```
# 定义一个列表来存储待判断的数
numbers = [2,3,4,5,6,7,8,9,10]

# 使用 for 循环遍历列表中的每个数
for num in numbers:
    # 如果当前数是质数,则输出它的值
    if is_prime(num):
        print(num,"is a prime number")
        continue  # 继续下一个循环
    # 如果当前数不是质数,则输出它的值
    print(num,"is not a prime number")
    break  # 跳出循环
```

### 3.1.6 函数与模块

**1. 函数**

函数在 Python 中是非常重要的一部分,它可以提高代码的复用性,减少代码的冗余,并使代码更易于理解和维护。

**2. 创建函数**

在 Python 中,创建函数使用的是 'def' 关键字,基本格式如下:

```
def function_name(parameters):
    # your code here
    return output
```

'function_name' 是给函数起的名字,它需要符合 Python 的命名规则,即必须以下划线或字母开头,可以包含任意字母、数字或下划线的组合,不能使用任何的标点符号。

'parameters' 是在函数被调用时,需要传入的值。可以定义任意数量的参数,它们可以是任何类型的数据,这些参数在函数内部可作为变量使用。

'your code here' 是函数内部的代码块,也被称为函数体。当函数被调用时,这部分代码会被执行。

'return' 用于指定函数的返回值。当函数执行完毕,它将返回这个值。如果没有 'return' 语句,或者 'return' 后面没有任何值,那么函数将返回 'None'。

例如,下面是一个简单的求和函数:

```
def add_numbers(num1,num2):
    result = num1 + num2
    return result
```

创建函数后,可以通过函数名和括号中的参数来调用它。例如:

```
sum_of_numbers = add_numbers(5,10)
print(sum_of_numbers)
```

输出结果为:

```
15
```

这里调用了'add_numbers'函数,传入了5和10两个参数,然后将返回的结果赋值给了'sum_of_numbers'变量,最后打印输出这个变量的值。

**3. 函数的作用域**

一般情况下,在 Python 中,变量的作用域是其被定义的地方。如果在函数内部定义了一个变量,那么它只在函数内部有效,如果在函数外部定义了一个变量,那么它只在函数外部有效,这就是所谓的作用域。但是,如果在函数内部使用'global'关键字定义了一个变量,那么这个变量在函数内外都是有效的。

例如:

```
def my_function():
    global my_variable
    my_variable = "I'm in the function!  "
```

这段代码中,'my_variable'变量在函数内外都是可见的。

**4. 模块**

在 Python 中,模块(Module)是一个包含 Python 定义和语句的文件。模块可以定义函数、类和变量,也可以包含可执行的代码。Python 模块可以是 Python 代码文件(.py 文件)或 C/C++扩展模块(.so 文件或.dll 文件),在程序中通过 import 语句来导入。

模块的分类主要有以下几类:

(1)内置模块:Python 内置了一些模块,比如 math,os 等,内置模块可以直接使用。

(2)第三方模块:除了 Python 内置模块,还有很多第三方开发的模块,比如 numpy,pandas 等,这些模块常常被用于数据分析或机器学习等任务。

(3)自定义模块:用户可以自己创建模块,将一些函数、类或变量组织到一个.py 文件中,然后在其他的 Python 脚本中引入使用。

使用模块的主要目的是方便管理代码和实现功能的重复利用,通过将程序分成一个个的文件,程序的结构更清晰,方便管理,同时可以将一些文件当作脚本去执行,还可以当作模块来导入到其他的模块中,实现了功能的重复利用。

在一个 Python 文件中引入一个模块时,Python 解释器会先将模块文件路径加入到 sys.path 的第一个位置,然后再执行模块中的代码。当第二次引入同一个模块时,Python 解释器不会重新执行模块内的代码,它们只在模块名第一次遇到 import 语句时才执行。

### 3.1.7 面向对象编程

Python 的面向对象编程是一种强大的编程范式,它的核心理念是将现实世界中的对象抽象成程序中的类和实例。以下是更详细的介绍:

**1. 类和实例**

类是对象的抽象模板,它定义了对象的属性和方法。在 Python 中,通过使用 class 关键字来定义一个类。例如,可以定义一个名为 Car 的类,它具有属性如 color 和 speed,以及方法如 accelerate 和 brake。实例是类的具体化,通过使用类来创建实例,并且每个实例都有类中定义的所有属性和方法。

**2. 继承**

继承是一种通过已有的类创建新类的方式,其中新类继承现有类的属性和方法。子类可以重写父类的方法或添加新的方法和属性。例如,可以定义一个 SportsCar 类,它继承了 Car 类,并添加了一些特有的属性和方法。

**3. 封装**

封装是将对象的状态和行为进行封装,使其对外只暴露必要的接口,从而提高了安全性和可维护性。在 Python 中,可以通过将属性和方法绑定到一个对象中来实现封装。例如,可以将 color 和 speed 属性以及 accelerate 和 brake 方法绑定到一个 Car 类的实例中。

**4. 多态**

多态是指同一种行为在不同的对象上具有不同的表现形式,即在不同的情境下,同一个方法可以被不同的对象进行调用。在 Python 中,多态通常通过继承和重写父类方法来实现。例如,可以在 SportsCar 类中重写 accelerate 方法,使其具有更快的加速性能。

以下是创建这个 Car 类的例子:

```python
class Car:
    def _init_(self,color,speed = 0):
        self.color = color
        self.speed = speed
    def accelerate(self,increment):
        self.speed += increment
        print(f"加速了 {increment} 公里/小时,当前速度为 {self.speed} 公里/小时。")
    def brake(self,decrement):
        self.speed -= decrement
        if self.speed<0:
            self.speed = 0
        print(f"减速了 {decrement} 公里/小时,当前速度为 {self.speed} 公里/小时。")
```

以下是定义一个 SportsCar 类来继承 Car 类。

```python
class SportsCar(Car):
    def_init_(self,color,speed = 0,gear = 1):
        super()._init_(color,speed)
        self.gear = gear
    def change_gear(self,new_gear):
        self.gear = new_gear
        print(f"换到了 {new_gear} 挡位。")
```

以下是通过 Car 类生成一个汽车实例。

```
# 创建一个汽车实例
my_car = Car(" 红色 ",60)
my_car.accelerate(20)
my_car.brake(10)
# 创建一个运动车型实例
my_sports_car = SportsCar(" 蓝色 ",80,3)
my_sports_car.change_gear(2)
```

Python 的面向对象编程是一种具有高度封装性、灵活的继承性和强大的多态性的编程范式。通过使用对象作为程序的基本处理单元,可以实现数据和行为的有机结合,从而使程序更加高效、结构清晰,并方便管理和扩展。

## 3.2　numpy 库

numpy 是 Python 的一个功能强大的 Python 库,它提供了科学计算和数据分析所需的工具,特别适用于处理大型矩阵和数组,为开发者提供了高效、快速和灵活的数据处理和数值计算能力。

numpy 的核心功能是包含多维数组对象和用于处理数组的例程集合。具体来说,numpy 可以用于存储和处理 N 维数组对象(ndarray),这是一种描述相同类型元素集合的方式。在 numpy 中,这些数组具有连续的内存存储,使得批量操作数组元素时速度更快。此外,numpy 为数组运算提供了大量的数学函数库,使得开发者在进行数值计算时能更加简便地操作和处理数据。

numpy 常常与 SciPy 和 matplotlib 一起使用,来替代 MatLab,成为流行的技术计算平台。相较于 Python 的原生列表,numpy 的 ndarray 具有连续的内存存储和高效的数学运算能力,这使得它在科学计算和数据分析中具有更明显的优势。

### 3.2.1　数组对象

numpy 的核心特性就是它的数组对象,这是一个强大的数据结构,能够存储相同类型的元素集合,支持高效的数学运算和矩阵运算。

以下是关于 numpy 数组对象的一些基本特性:

(1) 数据类型:numpy 数组对象可以包含任何数据类型,如整数、浮点数、复数等。创建数组时,可以指定数据类型,或者让 numpy 自动推断。

(2) 维度:numpy 数组对象可以有任意数量的维度,从一维到多维。例如,可以创建一个一维数组(向量),二维数组(矩阵),或者更高维度的数组。

(3) 形状:数组的形状由其每个维度的大小决定。例如,一个二维数组的形状可以是(3,4),表示它有 3 行和 4 列。

(4) 内存布局:numpy 数组对象的元素在内存中是以连续块的形式存储的。这使得

numpy 数组在处理大量数据时具有很高的性能。

(5) 索引和切片:与 Python 的列表类似,可以通过索引和切片来访问和修改 numpy 数组的元素。

(6) 数学运算:numpy 提供了大量的数学函数,可以直接应用于数组对象。这些函数会对数组的每个元素执行相应的操作。

(7) 广播:广播是 numpy 的一个强大特性,它允许在不同形状的数组之间执行数学运算。在执行广播操作时,numpy 会自动对数组进行适当的扩展。

### 3.2.2 数组的常用操作

**1. 数组变形**

numpy 中的 'reshape()' 函数是一种常用的数组变形方法,它可以将数组的形状更改为不同的维度和大小。

使用 'reshape()' 函数的基本语法如下:

```python
import numpy as np
# 创建一维数组(向量)
a = np.array([1,2,3])
# 创建二维数组(矩阵)
b = np.array([[1,2,3],[4,5,6]])
# 创建浮点型数组
c = np.array([1.1,2.2,3.3])
# 创建指定数据类型的数组
d = np.array([1,2,3],dtype = np.int32)
numpy.reshape(a,newshape,order = 'C')
```

其中,'a' 是要进行变形的数组,'newshape' 是新的形状,'order' 参数指定了数组在内存中的存储顺序。

以下是一些使用 'reshape()' 函数的示例:

将一维数组变形为二维数组:

```python
import numpy as np
arr = np.array([1,2,3,4,5,6])
reshaped_arr = arr.reshape(2,3)
print(reshaped_arr)
```

输出:

```
[[1 2 3]
 [4 5 6]]
```

将二维数组变形为一维数组:

```
import numpy as np
arr = np.array([[1,2,3],[4,5,6]])
reshaped_arr = arr.reshape(-1)
print(reshaped_arr)
```

输出：

```
[1 2 3 4 5 6]
```

将二维数组变形为三维数组：

```
import numpy as np
arr = np.array([[1,2,3],[4,5,6]])
reshaped_arr = arr.reshape(2,1,3)
print(reshaped_arr)
```

输出：

```
[[[1 2 3]]
 [[4 5 6]]]
```

在 numpy 中，数组转置可以使用 '.T' 或 'numpy.transpose()' 函数来实现。例如，假设有一个二维数组或矩阵 a：

```
import numpy as np
a = np.array([[1,2,3],[4,5,6],[7,8,9]])
a_transpose = a.T
print(a_transpose)
```

或者

```
import numpy as np
a = np.array([[1,2,3],[4,5,6],[7,8,9]])
a_transpose = np.transpose(a)
print(a_transpose)
```

两种方式都会得到同样的结果：

```
[[1 4 7]
 [2 5 8]
 [3 6 9]]
```

**2. 数组组合**

在 numpy 中，可以使用多种方法来组合数组。以下是一些常见的方法：

（1）连接数组：使用 'numpy.concatenate()' 函数可以将两个或多个数组连接在一起。例如：

```
import numpy as np
arr1 = np.array([1,2,3])
arr2 = np.array([4,5,6])
result = np.concatenate((arr1,arr2))
print(result)
```

输出结果为:

```
[1 2 3 4 5 6]
```

(2) 堆叠数组:使用'numpy.stack()'函数可以将两个或多个数组堆叠在一起。例如:

```
import numpy as np
arr1 = np.array([1,2,3])
arr2 = np.array([4,5,6])
result = np.stack((arr1,arr2))
print(result)
```

输出结果为:

```
[[1 2 3]
 [4 5 6]]
```

(3) 插入数组:使用numpy.insert()函数可以在指定位置插入值或数组。例如:

```
import numpy as np
arr = np.array([1,2,3])
result = np.insert(arr,1,[4,5])
print(result)
```

输出结果为:

```
[1 4 5 2 3]
```

### 3. 数组切分

在numpy中,有多种方式可以用来切分数组。以下是一些常用的方法:
numpy.split():将数组沿指定轴分割为多个子数组。

```
import numpy as np
arr = np.arange(9)
split_arr = np.split(arr,3)  # 将数组分成3个相等的部分
print(split_arr)
```

输出结果为:

```
[array([0,1,2]),array([3,4,5]),array([6,7,8])]
```

numpy.hsplit():将数组沿水平轴(轴 1)分割为多个子数组。

```
import numpy as np
arr = np.arange(16).reshape(4,4)
split_arr = np.hsplit(arr,2)  # 将数组水平分割成 2 个相等的部分
print(split_arr)
```

输出结果为:

```
[array([[ 0,1],
       [ 4,5],
       [ 8,9],
       [12,13]]),array([[ 2,3],
       [ 6,7],
       [10,11],
       [14,15]])]
```

numpy.vsplit():将数组沿垂直轴(轴 0)分割为多个子数组。

```
import numpy as np
arr = np.arange(16).reshape(4,4)
split_arr = np.vsplit(arr,4)  # 将数组垂直分割成 4 个相等的部分
print(split_arr)
```

输出结果为:

```
[array([[0,1,2,3]]),array([[4,5,6,7]]),array([[ 8,9,10,11]]),array([[12,13,14,15]])]
```

numpy.array_split():与 numpy.split()类似,但允许指定的分割数量不等。

```
import numpy as np
arr = np.arange(10)
split_arr = np.array_split(arr,3)  # 将数组分成 3 个不完全相等的部分
print(split_arr)
```

输出结果为:

```
[array([0,1,2,3]),array([4,5,6]),array([7,8,9])]
```

在使用这些函数时,需要注意轴的位置和数组的维度。

### 3.2.3 numpy 常用统计函数

numpy 是一个 Python 库,提供了大量的数学和数值计算功能,包括统计函数。表 3.1 是一些 numpy 中常用的统计函数。

表 3.1　numpy 常用统计函数

| 函 数 名 称 | 功　　能 |
| --- | --- |
| numpy.sum() | 计算数组中所有元素的总和 |
| numpy.mean() | 计算数组中所有元素的平均值 |
| numpy.median() | 计算数组的中位数 |
| numpy.std() | 计算数组的标准差 |
| numpy.var() | 计算数组的方差 |
| numpy.min() | 返回数组中的最小值 |
| numpy.max() | 返回数组中的最大值 |
| numpy.argmin() | 返回数组中最小元素的索引 |
| numpy.argmax() | 返回数组中最大元素的索引 |
| numpy.cumsum() | 计算数组的累加和 |
| numpy.cumprod() | 计算数组的累乘积 |
| numpy.diff() | 计算数组中相邻元素的差值 |
| numpy.nonzero() | 返回非零元素的索引 |
| numpy.sort() | 对数组进行排序 |
| numpy.argsort() | 返回排序后的索引 |
| numpy.bincount() | 统计数组中每个元素出现的次数 |
| numpy.histogram() | 计算数组的直方图 |
| numpy.percentile() | 计算数组的百分位数 |
| numpy.corrcoef() | 计算两个数组的相关系数矩阵 |
| numpy.cov() | 计算两个数组的协方差矩阵 |

这些函数只是 numpy 中的一小部分，numpy 还提供了许多其他有用的统计函数和工具，可以根据具体需求进行选择和使用。

### 3.2.4　生成随机数组

在 numpy 中，可以使用 'numpy.random' 模块生成随机数组。该模块提供了多种生成随机数组的函数，下面是一些常用的函数。

numpy.random.rand(shape)：生成一个形状为 'shape' 的随机浮点数数组，数组元素的值在 0 到 1 之间。例如：

```
a = np.random.rand(3,4)
print(a)
```

输出结果为：

```
[[0.48958247 0.51205796 0.7149818 0.10931833]
 [0.15841641 0.96397113 0.39878786 0.38616194]
```

```
[0.86770301 0.35349873 0.17436706 0.63736826]]
```

numpy.random.randn(shape)：生成一个形状为 'shape' 的随机浮点数数组，数组元素的值服从标准正态分布（均值为 0，标准差为 1）。例如：

```
b = np.random.randn(2,3)
print(b)
```

输出结果为：

```
[[-1.54367032 -0.04176852 1.1011793 ]
 [-0.61421735 0.61737091 0.94072788]]
```

numpy.random.randint(low,high,size)：生成一个形状为 'size' 的随机整数数组，数组元素的值在 'low' 到 'high' 之间（包括两端）。例如：

```
c = np.random.randint(0,10,(5,))
print(c)
```

输出结果为：

```
[7 7 3 0 8]
```

numpy.random.choice(a,size,replace,p)：从数组 'a' 中随机选择 'size' 个元素，生成一个新的数组。如果 'replace' 为 True，则允许重复选择；如果 'p' 不为 None，则按照 'p' 中指定的概率分布进行选择。例如：

```
d = np.random.choice([1,2,3,4],3,replace = False)
print(d)
```

输出结果为：

```
[1 2 4]
```

numpy.random.permutation(a)：对数组 'a' 进行随机排列，返回排列后的新数组。例如：

```
e = np.random.permutation([5,6,7,8])
print(e)
```

输出结果为：

```
[5 8 7 6]
```

## 3.3 pandas 库

pandas 是 Python 用于数据处理和分析的强大工具,可以快速便捷地处理和分析大量数据。pandas 是由 AQR Capital Management 于 2008 年 4 月开发的,并在 2009 年底开源,目前由 PyData 团队继续开发和维护。

pandas 最初被作为金融数据分析工具而开发,因此 pandas 的主要特点之一是它的时间序列分析能力,它提供了强大和灵活的日期时间处理功能。pandas 的数据结构包括 DataFrame 和 Series,DataFrame 是一个可容纳不同类型数据的表格,而 Series 则是一维数组。

pandas 提供了许多数据操作功能。例如,数据过滤、排序、分组、聚合、转换等,pandas 还包含了许多用于数据处理和分析的函数和方法,例如,mean、sum、count、std 等。此外,pandas 还支持大量数据的操作,例如,缺失数据处理、数据清洗、合并、切片等。

### 3.3.1 Series 对象

pandas 的 Series 对象是一种一维数组,它可以保存任何类型的数据,如整数、字符串、浮点数等。一方面,Series 对象有许多属性和方法,用户可以通过 index 属性来获取 Series 对象的索引,也可以通过设置 index 属性来改变 Series 对象的索引。另一方面,用户可以通过 values 属性来获取 Series 对象的数值,也可以通过设置 values 属性来改变 Series 对象的数值。

Series 对象提供了许多处理数据的方法,例如:

append():在 Series 对象的末尾添加新的数据。
fillna():填充 Series 对象中的缺失值。
dropna():删除 Series 对象中的缺失值。
sort_values():对 Series 对象进行排序。
resample():对时间序列数据进行重采样。
shift():对时间序列数据进行位移操作。
bfill() 和 ffill():向前填充和向后填充方法,用于处理缺失值。
cut() 和 qcut():对数据进行分箱操作。
dtypes:返回 Series 对象的数据类型。
shape:返回 Series 对象的形状。

此外,Series 对象还支持许多数学运算和函数应用,例如加减乘除、平方、指数等。这些运算和函数应用可以通过使用 numpy 库中的函数来实现。同时,Series 对象还支持与 DataFrame 对象互相转换,这使得数据操作更加灵活和便捷。

## 3.3.2 DateFrame 对象

DataFrame 也叫数据框,是一种二维的表格型数据结构,可以存储不同类型的列,每列可以是不同的值类型(数值、字符串、布尔值等)。类似于 Python 中的字典和列表,DataFrame 既有行索引又有列索引,可以被看作由 Series 组成的字典。DataFrame 在 pandas 中广泛用于数据分析和数据处理。可以通过创建 Series 对象或者字典的方式来创建 DataFrame 对象。DataFrame 对象有许多属性和方法,例如 head()、tail()、describe()等,这些属性和方法可以帮助用户对 DataFrame 对象进行各种数据操作和分析。

**1. 查看数据**

在 pandas 中,可以使用 head()和 tail()方法来查看 DataFrame 数据。head()方法用于查看 DataFrame 的前 n 行数据,默认情况下 n 为 5。tail()方法用于查看 DataFrame 的后 n 行数据,默认情况下,n 为 5。

例如,有一个名为 df 的 DataFrame 如下(图 3.1):

|   | A | B | C | D | E |
|---|---|---|---|---|---|
| 0 | 4 | 5 | 2 | 9 | 1 |
| 1 | 6 | 2 | 0 | 7 | 2 |
| 2 | 0 | 2 | 7 | 3 | 8 |
| 3 | 3 | 4 | 2 | 7 | 4 |
| 4 | 4 | 6 | 5 | 0 | 0 |
| 5 | 3 | 0 | 0 | 4 | 0 |
| 6 | 1 | 7 | 6 | 3 | 8 |

图 3.1 一个名为 df 的 DataFrame

可以使用以下代码查看其前 5 行数据。

```
df.head()
```

输出结果为(图 3.2):

|   | A | B | C | D | E |
|---|---|---|---|---|---|
| 0 | 4 | 5 | 2 | 9 | 1 |
| 1 | 6 | 2 | 0 | 7 | 2 |
| 2 | 0 | 2 | 7 | 3 | 8 |
| 3 | 3 | 4 | 2 | 7 | 4 |
| 4 | 4 | 6 | 5 | 0 | 0 |

图 3.2 查看 df 的前 5 行

此外,还可以使用 describe( )方法查看 DataFrame 的统计信息,包括每列的平均值、标准差、最小值、最大值等。例如:

```
df.describe()
```

输出结果为(图3.3):

|  | A | B | C | D | E |
|---|---|---|---|---|---|
| count | 7.0 | 7.000000 | 7.000000 | 7.000000 | 7.000000 |
| mean | 3.0 | 3.714286 | 3.142857 | 4.714286 | 3.285714 |
| std | 2.0 | 2.497618 | 2.853569 | 3.093773 | 3.498299 |
| min | 0.0 | 0.000000 | 0.000000 | 0.000000 | 0.000000 |
| 25% | 2.0 | 2.000000 | 1.000000 | 3.000000 | 0.500000 |
| 50% | 3.0 | 4.000000 | 2.000000 | 4.000000 | 2.000000 |
| 75% | 4.0 | 5.500000 | 5.500000 | 7.000000 | 6.000000 |
| max | 6.0 | 7.000000 | 7.000000 | 9.000000 | 8.000000 |

图 3.3　查看 df 的统计信息

**2. 数据选取**

在 pandas 中,有多种方法可以用于 DataFrame 数据选取,下面介绍其中几种常用的方法:

(1) 使用列名选取:可以使用 DataFrame 的列名来选取数据。例如,假设 DataFrame 有一个名为 col_name 的列,可以使用以下代码选取该列的数据:

```
selected_data = df['col_name']
```

如果要选取多个列,可以将列名放在一个列表中,并使用[ ]运算符来选取数据,如下所示:

```
selected_data = df[['col_name1','col_name2']]
```

(2) 使用布尔索引选取:可以使用布尔索引来选取满足特定条件的数据。例如,假设 DataFrame 有一个名为 col_name 的列,可以使用以下代码选取该列中值大于 0 的数据:

```
selected_data = df[df['col_name'] > 0]
```

(3) 使用行索引选取:可以使用行索引来选取特定的行。例如,假设 DataFrame 有一个名为 index_name 的行索引,可以使用以下代码选取该行:

```
selected_data = df.loc['index_name']
```

如果要选取多个行,可以将行索引放在一个列表中,并使用[ ]运算符来选取数据,如下所示:

```
selected_data = df.loc[['index_name1','index_name2']]
```

使用 iloc 方法选取：可以使用 iloc 方法来根据行和列的位置来选取数据。例如，假设要选取第一行第一列的数据，可以使用以下代码：

```
selected_data = df.iloc[0,0]
```

如果要选取多个数据，可以将行和列的索引放在一个列表中，并使用[ ]运算符来选取数据，如下所示：

```
selected_data = df.iloc[[0,1],[0,1]]
```

## 3.4 matplotlib 库

matplotlib 是一个 Python 的绘图库，它可以在各种平台和交互环境生成具有出版品质的图形。matplotlib 试图让简单的事情变得更简单，让无法实现的事情变得可能实现，是 Python 中常用的可视化工具之一，它的功能非常强大，可以调用函数轻松地绘制出数据分析中的各种图形，比如折线图、条形图、柱状图、散点图、饼图等。可以在其官网上找到想要的图形及对应的代码，然后修改数据就可以得到想要的图形。

### 3.4.1 绘制图形一般步骤

以下是使用 matplotlib 绘制图形的一般步骤：
（1）导入 matplotlib 库和相关模块：

```
import numpy as np
import matplotlib.pyplot as plt
```

（2）准备数据：

```
# 生成0到10之间的100个等间距数据
x = np.linspace(0,10,100)
# 对x进行正弦运算得到y
y = np.sin(x)
```

（3）绘制图形：

```
# 绘制折线图
plt.plot(x,y)
# 设置x轴标签
plt.xlabel('x')
```

```
# 设置 y 轴标签
plt.ylabel('y')
# 设置标题
plt.title('Sinusoidal Function')
```

(4) 显示图形：

```
# 显示图形
plt.show()
```

显示的图形如下（图 3.4）：

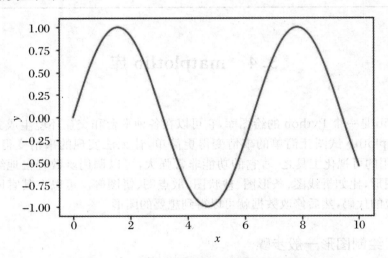

图 3.4　matplotlib 绘制的正弦函数折线图形

如图 3.4 所示，运行上述代码将会生成一个折线图，展示正弦函数的波形。matplotlib 支持绘制多种类型的图形，如条形图、柱状图、散点图、饼图等，可以通过调用不同的函数和参数来实现。可以在 matplotlib 的官方文档中找到更多关于绘制图形的示例和教程。

### 3.4.2　控制图形属性

matplotlib 提供了许多方法和属性来控制图形，以下是一些常用的用法：

（1）图形大小：可以使用 figure( )函数来创建一个新的图形窗口，并设置其大小。例如，plt.figure[figsize=(8,6)]将创建一个 8×6 英寸的图形窗口。

（2）坐标轴范围：可以使用 xlim( )和 ylim( )函数来设置 x 轴和 y 轴的范围。例如，plt.xlim(0,10)设置 x 轴的范围为 0 到 10。

（3）坐标轴标签：可以使用 xlabel( )和 ylabel( )函数来设置 x 轴和 y 轴的标签。例如，plt.xlabel('X Label')设置 x 轴的标签为"X Label"。

（4）标题：可以使用 title( )函数来设置图形的标题。例如，plt.title('My Plot')设置图形的标题为"My Plot"。

（5）线条样式：可以使用 plot( )函数的参数来设置线条的样式。例如，plt.plot(x,y,

'r--')绘制一个红色虚线。

(6) 字体大小:可以使用 tick_params( )函数来设置刻度标签的字体。例如,plt. tick_params(labelsize=14)设置刻度标签的字体大小为 14。

(7) 颜色:可以使用 plot( )函数的参数来设置线条和标记的颜色。例如,plt. plot(x,y, 'g')绘制一个绿色线条。

### 3.4.3 常用图形示例

在平时绘图中,经常用到的图形有折线图、散点图、条形图、直方图和饼图等,以下是这些常用的图形的示例。

**1. 折线图**

```
import matplotlib.pyplot as plt
x=[1,2,3,4,5]
y=[2,4,6,8,10]
plt.plot(x,y)
plt.xlabel('X Label')
plt.ylabel('Y Label')
plt.title('Line Plot')
plt.show()
```

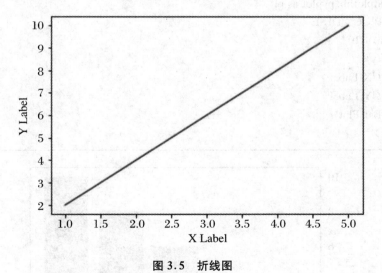

图 3.5　折线图

**2. 散点图**

```
import matplotlib.pyplot as plt
x=[1,2,3,4,5]
y=[2,4,6,8,10]
plt.scatter(x,y)
plt.xlabel('X Label')
```

```
plt.ylabel('Y Label')
plt.title('Scatter Plot')
plt.show()
```

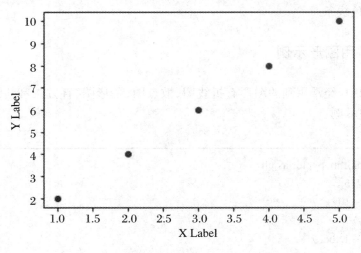

图 3.6　散点图

3. 条形图

```
import matplotlib.pyplot as plt
x=['A','B','C','D','E']
y=[2,4,6,8,10]
plt.bar(x,y)
plt.xlabel('X Label')
plt.ylabel('Y Label')
plt.title('Bar Plot')
plt.show()
```

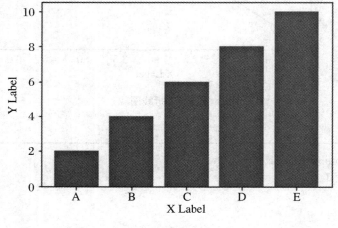

图 3.7　条形图

## 4. 直方图

```
import numpy as np
import matplotlib.pyplot as plt
data = np.random.randn(1000)
plt.hist(data,bins = 20)
plt.xlabel('X Label')
plt.ylabel('Y Label')
plt.title('Histogram')
plt.show()
```

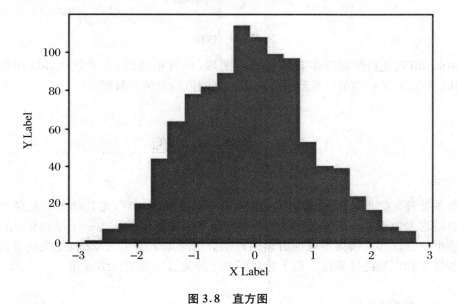

图 3.8　直方图

## 5. 饼图

```
import matplotlib.pyplot as plt
labels = ['A','B','C','D','E']
sizes = [15,30,45,10,20]
colors = ['yellowgreen','gold','lightskyblue','lightcoral','yellow']
plt.pie(sizes,labels = labels,colors = colors,autopct = '%1.1f%%',startangle = 90)
plt.title('Pie Plot')
plt.show()
```

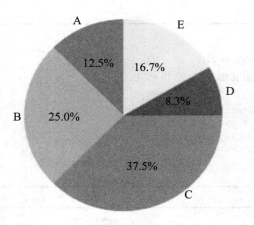

图 3.9 饼图

matplotlib 还支持绘制许多其他类型的图形,包括箱线图、误差线图、3D 图形等。在 matplotlib 的官方文档中可以找到更多关于绘制图形的示例和教程。

## 3.5 数据预处理

数据预处理是数据分析和机器学习过程中不可或缺的一环,尤其在处理复杂和高维度的金融数据时尤为重要。这一过程的核心目的是将原始数据转化为一个结构化、清晰、一致格式的数据集。这样的转换不仅为后续的数据分析奠定了坚实的基础,还能显著提高机器学习模型建立和预测的准确性。以下是数据预处理关键步骤的详细描述。

### 3.5.1 数据导入

数据预处理的第一步是数据导入,这是一个关键环节,特别是在处理金融数据时。金融数据可能以不同格式存在,如 CSV 文件、Excel 工作簿或通过网络接口获取的数据。下面是如何使用 Python 和 pandas 库导入这些不同类型的数据的示例:

**1. 导入 CSV 文件**

这是常见的数据格式之一,特别是在金融领域,其具备简洁性和易读性。

```
import pandas as pd
# 替换 'your_file.csv' 为你的文件路径
df_csv = pd.read_csv('your_file.csv')
```

**2. 导入 Excel 文件**

Excel 文件在金融领域也很常见,尤其是在处理较小的数据集或需要从多个工作表中读取数据时。

```
df_excel = pd.read_excel('your_file.xlsx')
```

### 3. 通过网络接口导入数据

金融数据通过 API 导入是现代金融数据分析的一个常见做法,尤其是使用专门的金融数据服务,例如 TuShare(https://tushare.pro/)。TuShare 是一个免费、开源的 Python 财经数据接口包,它提供了丰富的股票市场、期货市场和经济数据。以下是如何使用 TuShare 接口导入金融数据的示例:

首先,确保已经安装了 TuShare。如果没有安装,可以通过以下命令安装:

```
pip install tushare
```

其次,需要注册 TuShare 并获取一个 Token,这是使用它们的 API 所必需的。注册后,将 Token 保存在你的环境中,接着导入 TuShare 库并设置 Token。

```
import tushare as ts
# 替换 'token' 为你的 TuShare Token
ts.set_token('your_token')
pro = ts.pro_api()
```

TuShare 提供了多种数据,如股票价格、公司财务报表和宏观经济数据。以下是一个获取股票价格的示例:

```
df = pro.daily(ts_code='000538.SZ', start_date='20200101', end_date='20201231')
df.head()
```

| | ts_code | trade_date | open | high | low | close | pre_close | change | pct_chg | vol | amount |
|---|---|---|---|---|---|---|---|---|---|---|---|
| 0 | 000538.SZ | 20201231 | 112.33 | 113.94 | 111.30 | 113.60 | 112.00 | 1.60 | 1.4286 | 96900.75 | 1092481.595 |
| 1 | 000538.SZ | 20201230 | 109.95 | 112.53 | 109.30 | 112.00 | 110.50 | 1.50 | 1.3575 | 78134.41 | 871455.547 |
| 2 | 000538.SZ | 20201229 | 112.50 | 112.79 | 109.28 | 110.50 | 111.98 | -1.48 | -1.3217 | 61875.30 | 685924.209 |
| 3 | 000538.SZ | 20201228 | 114.90 | 114.90 | 111.10 | 111.98 | 114.53 | -2.55 | -2.2265 | 100819.79 | 1131364.048 |
| 4 | 000538.SZ | 20201225 | 109.98 | 115.59 | 109.20 | 114.53 | 109.53 | 5.00 | 4.5650 | 127929.51 | 1448091.533 |

图 3.10 使用 TuShare 接口导入历史股价

### 3.5.2 数据清洗

数据清洗是数据预处理的关键步骤,尤其在金融领域,准确和清洁的数据对于做出有效的分析和决策至关重要。数据清洗过程包括识别和修正数据集中的错误、不一致性和缺失值。

#### 1. 处理缺失值

缺失值可能因数据录入遗漏、技术错误或数据提取不完整等原因产生。方法包括删除含缺失值的记录、用统计量(如平均值、中位数)填充缺失值,或利用预测模型估计缺失值。

下面是一个使用 pandas 处理缺失值的实例。

```
import pandas as pd
# 假设 df 是包含缺失值的 DataFrame
# 用平均值填充缺失值
df.fillna(df.mean(), inplace = True)
```

**2. 删除重复记录**

重复记录可能由于数据输入错误或数据合并过程中产生,重复数据的存在可能导致分析结果偏差。可以通过 drop_duplicates() 来删除重复记录。

```
df.drop_duplicates(inplace = True)
```

**3. 异常值处理**

在金融数据中,异常值可能表明数据录入错误、市场异常事件或欺诈行为,有时也可能代表重要的市场变化或趋势,因此在删除前应仔细考虑。适当处理这些异常值对确保数据分析的准确性至关重要。

一般的处理方法包括删除这些值,或将它们替换为中位数或均值。

```
# 删除异常值
df_cleaned = df[~df['is_outlier']]
# 或者用中位数替换异常值
median = df.loc[~df['is_outlier'], 'data'].median()
df.loc[df['is_outlier'], 'data'] = median
```

### 3.5.3 数据转换

数据转换是数据预处理过程中的一个关键步骤,它涉及将原始数据转换为更适合分析和建模的格式。这个过程可以包括多种转换技术,从简单的数据格式转换到更复杂的特征工程。下面是一些常见的数据转换方法。

**1. 将非数值变量转换为数值变量**

独热编码(One-Hot Encoding)是一种处理分类数据的常用方法,特别适用于将分类变量转换为机器学习模型可以理解的数值格式。在金融数据分析中,经常需要将诸如国家、货币类型、股票代码等分类变量转换为数值,这时独热编码就显得尤为重要。

独热编码通过为每个类别创建一个新的二元变量(0 或 1)来工作,对于某个样本,它所属的类别的对应变量将被设为 1,而其他所有变量则被设为 0。这种方法特别适用于处理那些没有顺序关系的分类变量,不仅能很好地消除数值误解,还可以提高模型的性能和预测的准确度,但同时也会让数据维度增加,还会让数据变得稀疏。

在 Python 中,可以使用 pandas 或 Scikit-learn 来实现独热编码。

这是一个使用 pandas 的 get_dummies() 对某个分类变量进行独热编码的实例:

```
import pandas as pd
df = pd.DataFrame({'category':['A','B','C','A']})
df_encoded = pd.get_dummies(df, prefix = 'category')
```

这是一个使用 Scikit-learn 的 OneHotEncoder()对进行独热编码的实例：

```
from sklearn.preprocessing import OneHotEncoder
enc = OneHotEncoder()
df_encoded = enc.fit_transform(df[['category']]).toarray()
```

**2. 数据标准化**

在金融数据分析中，标准化有助于处理不同的金融指标，如价格、交易量等，使之在不同的尺度上具有可比性。这对于构建机器学习模型、进行时间序列分析或进行跨市场比较分析尤为重要。通过标准化处理，可以确保模型不会因为特征的不同量纲而产生偏见，从而提高分析结果的准确性和可靠性。

Z-score 标准化，也称为标准差标准化，是数据预处理中常用的一种技术，可以将数据中的特征缩放到具有零均值（平均值）和单位方差（标准差）。Z-score 标准化是通过减去平均值并除以标准差来实现，公式表示为

$$Z = \frac{X - \mu}{\sigma}$$

通过转换，可以让数据的平均值变为 0，标准差变为 1。

在 pandas 中，可以直接计算每列的均值和标准差，然后实现 Z-score 标准化。

```
import pandas as pd
df = pd.DataFrame(data)
df_standardized = (df - df.mean())/df.std()
```

也可以通过 Scikit-learn 库中的 StandardScaler 方法实现 Z-score 标准化，例如：

```
from sklearn.preprocessing import StandardScaler
data = [[0,10],[0,20],[1,30],[1,40]]  # 示例数据
scaler = StandardScaler()
standardized_data = scaler.fit_transform(data)
```

### 3.5.4 特征工程

特征工程是数据科学和机器学习的一个关键过程，它在提升模型性能和数据分析效果中扮演着至关重要的角色。特征工程包括从原始数据中提取、选择、构建和优化特征的一系列技术和方法。在金融数据分析等复杂领域中，有效的特征工程对揭示数据的深层次模式和关系，提高预测的准确性和可解释性至关重要。

**1. 特征工程的定义与重要性**

特征工程的核心是将原始数据转换成能更好地表示问题本质的形式，以便于机器学习模型更有效地学习和预测。这个过程包括从现有数据中创造新特征、选择最相关的特征以及转换特征以提升模型的表现。

特征工程的重要性不容小觑，它直接影响到模型的性能和最终的预测结果。良好的特征工程可以帮助模型捕捉数据中的关键信息，降低噪声的影响，提升模型的准确性和泛化能

力。在实际应用中,特征工程往往比选择更高级的模型或者优化算法更能显著提升模型性能。

**2. 特征工程的主要方法**

特征工程的方法多种多样,根据具体任务的需要和数据的特性,可以采取不同的策略。

(1) 特征选择:这是特征工程中基本的步骤之一,旨在从原始特征集中选择对预测目标最有帮助的特征。方法包括过滤法(如基于相关性或卡方检验的选择)、包裹法(如递归特征消除)和嵌入法(如使用带有正则化的线性模型选择特征)。

(2) 特征构建:这涉及基于原有数据创建新的特征,以增强模型的表现。例如,在金融数据分析中,可以根据历史股价数据构建移动平均线、相对强弱指数(RSI)等技术指标。

(3) 特征转换:数据的原始形式可能不适合直接用于建模。特征转换的目的是通过规范化、标准化或其他数学转换(如对数转换、Box-Cox 转换)来优化特征的分布和规模。

**3. 特征工程在实际应用中的考虑因素**

在实际应用特征工程时,需要考虑一系列因素以确保最佳效果。

(1) 业务理解:深入理解业务问题和数据背景是进行有效特征工程的前提。这有助于确定哪些特征可能对预测目标有影响以及如何从业务角度创造和选择特征。

(2) 数据的质量和结构:数据预处理的质量直接影响特征工程的效果。此外,数据的类型(如时间序列、文本或图像)也会影响特征工程的方法选择。

(3) 模型的选择:不同的机器学习模型对特征有不同的要求和偏好。例如,树模型可以很好地处理非线性关系和特征交互,而线性模型则更依赖特征的规范化和线性关系。

(4) 计算资源和效率:特征工程可能会增加模型的复杂性和训练时间。因此,在进行特征工程时,需要考虑计算资源和效率的限制。

(5) 模型的可解释性:在某些应用场景中,如金融风险评估,模型的可解释性非常重要。在这种情况下,可能需要偏好那些更直观、更易于解释的特征。

### 3.5.5 数据降维

数据降维作为机器学习和数据分析中的一个核心技术,在处理高维数据集时发挥着至关重要的作用。特别是在金融领域,如股市分析、风险管理以及信贷评分模型中,经常会遇到包含数百甚至数千个特征的高维数据集。这些庞大的数据集不仅增加了计算负担,而且可能导致模型过拟合,降低模型的整体性能。在这种情境下,数据降维技术成为了简化模型、提高效率和预测性能的关键。

数据降维技术的重要性体现在以下几个方面。首先,它能显著减少模型的过拟合现象,这是因为通过减少特征的数量,模型对训练数据中的随机噪声或不相关信息的敏感度降低。其次,降维技术提高了模型的运行效率,特别是在大规模数据集上。此外,数据降维还有助于数据的可视化,这对于识别数据中的模式和关系非常有价值。

在数据科学领域,主成分分析(PCA)和线性判别分析(LDA)是最常用的两种数据降维技术。PCA 通过正交转换将可能相关的变量转换成一组线性无关的变量,称为主成分。在这个过程中,第一个主成分会拥有最大的方差,而每个后续成分则依次具有最大剩余方差。这种方法特别适用于提取金融数据中的关键因素,如股票价格或宏观经济指标。相比之下,LDA 作为一种监督学习的降维技术,专注于找到区分两个或多个类别的最佳特征线性组合。它不仅降低了数据的维度,还保持了类别之间的最大可分性,因而在金融风险评估等方面有着重要应用。

在实际应用数据降维技术时,需要综合考虑多个因素。首先是数据的性质,不同的数据特性可能适用于不同的降维技术。其次,需要注意信息损失问题,因为降维过程可能会丢失一部分信息。因此,需要在降低维度和保留关键信息之间找到平衡。最后,考虑模型的最终目的也非常重要,不同的降维技术可能适合不同的应用场景。

## 3.6 机器学习基础

机器学习是人工智能的一个核心领域,近年来已成为技术创新和商业策略的关键推动力,它涉及计算机使用数据来学习、理解和做出决定的能力,而不是依赖明确的程序化指令。机器学习的基础是算法,这些算法可以从数据中学习并作出预测或决策。在不断增长的数据量和计算能力的推动下,机器学习已经渗透到了我们生活的方方面面,从日常生活的智能个人助理到复杂的金融市场分析,都离不开机器学习的影响。

### 3.6.1 机器学习概述

**1. 机器学习的定义**

机器学习是一门专门研究计算机如何模拟或实现人类学习行为的学科,目的是让计算机获取新知识或技能以及重新组织已有的知识结构,从而不断改善自身的性能。它是人工智能的核心领域,也是使计算机具备智能的基本途径。在机器学习的过程中,计算机通过分析和挖掘数据来发现其中的规律和模式,并利用这些规律对未知数据做出预测和决策。这一定义综合了多个来源,包括行业内公认的标准定义,如 Tom M. Mitchell 在其著作 *Machine Learning* 中给出的定义:"我们说一个计算机程序在某类任务 T 和性能度量 P 的某个方面获得经验 E,是指通过经验 E,它在 T 任务上由 P 度量的性能有所提升。"(Mitchell,T. M.(1997). Machine Learning. McGraw-Hill,p.2)。

机器学习之所以重要,是因为它能使计算机在无需明确编程的情况下执行任务。这意味着随着时间的推移,机器学习系统可以通过不断学习和优化来处理更复杂的数据集,并提高准确率,解决传统算法难以应对的问题。这种学习能力使得机器学习在图像识别、自然语言处理、预测分析等多个领域成为了不可或缺的工具。随着数据量的日益增加,机器学习在帮助人类从大数据中提取知识方面变得更加重要。

**2. 监督学习与无监督学习**

在机器学习的广阔领域中,根据数据的标注情况和学习任务的不同,学习方法主要分为监督学习和无监督学习两大类。这两种学习模式各有特点,适用于不同的问题和场景。

监督学习是机器学习中最常见和最直接的形式。在这种学习模式中,我们提供给算法一个由输入变量(特征)和输出变量(标签)组成的数据集。算法将在这个数据集上进行训练,学习输入和输出之间的映射关系,目的是能够根据未见过的新输入预测出准确的输出。监督学习的关键挑战之一是如何选择合适的模型和特征以及如何避免过拟合,即模型对训练数据过度敏感以至于不能泛化到新数据上。为了解决这个问题,研究者们开发了多种策略,例如正则化、交叉验证等。

举个例子,一个典型的监督学习问题是电子邮件的垃圾邮件检测。在这个问题中,输入变量可能包括电子邮件的文本内容、发送者、发送时间等特征,而输出变量则是一个简单的分类标签,表示邮件是否为垃圾邮件。

与监督学习不同,无监督学习中的数据没有标签,算法的任务是发现数据内部的结构和模式。在无监督学习中,我们不是告诉算法正确的输出是什么,而是让算法自己探索数据,寻找数据之间的相关性、聚类或分布。无监督学习的挑战在于,找到的模式和结构可能难以解释,而且评估模型的性能也没有统一的标准。尽管如此,无监督学习在发现数据的隐藏层次结构、减少数据维度和去除噪声等方面仍然非常有价值。

一个典型的无监督学习问题是市场细分。在这个场景中,企业可能有关于顾客的大量数据,但没有关于顾客如何分组的先验知识。无监督学习算法可以在这些数据中发现自然聚类,帮助企业理解不同的顾客群体。

监督学习和无监督学习在目的、方法和应用上有很大的不同。监督学习通常用于分类和回归问题,需要一个清晰定义的目标变量作为参考标准。它依赖于标记好的训练数据来学习模型。这些数据对算法来说是一种指导,帮助算法识别输入和输出之间的关系。相比之下,无监督学习更多地关注探索性数据分析、关联规则学习和特征提取。它适用于那些我们不知道输出应该是什么的情况,或者在数据中没有明确标签的情况。无监督学习常用于聚类分析、关联分析和降维。

**3. 机器学习在金融领域的应用**

机器学习在金融领域的应用正迅速改变着整个行业的运作方式,为金融机构带来前所未有的效率和洞察力。这种深度数据驱动的方法使得金融服务从传统的直觉和经验驱动决策模式转变为更加科学和精确的数据分析过程。机器学习能够处理和分析巨量的金融数据,包括客户交易记录、市场价格走势、信用报告等,从而为银行、投资公司和保险公司等提供更准确的风险评估、欺诈检测、客户服务和市场预测。

在风险管理方面,机器学习能够通过分析历史数据来识别潜在的风险因素,帮助金融机构更准确地评估贷款申请者的信用风险或投资的市场风险。这不仅提高了风险评估的准确度,还大幅提升了处理速度,使得风险管理更加高效和动态。

在欺诈检测方面,通过利用机器学习算法分析交易模式和用户行为,金融机构能够实时识别并防范各种欺诈行为,如信用卡诈骗和洗钱活动。这些算法能够从成千上万的交易中快速识别出异常模式,大大降低了欺诈带来的风险和损失。

机器学习在改进客户服务方面的作用也不容忽视。通过分析客户的行为和偏好,金融机构能够提供更加个性化的服务,如定制化的投资建议和财务规划服务。此外,智能聊天机器人和客户服务助手的应用也大大提升了客户服务的效率和质量。

在金融市场分析和预测方面,机器学习技术能够处理大量复杂的市场数据,识别市场趋势和交易机会。它为投资决策提供了数据支持,帮助投资者捕捉市场机会,并优化投资组合。

此外,机器学习在金融产品创新方面也发挥着重要作用。例如,根据客户的财务状况和行为模式,开发出更符合其需求的财务产品和服务。

## 3.6.2 常用机器学习算法

**1. 线性回归**

机器学习中的线性回归算法是一种基础且广泛使用的算法,主要用于预测和量化变量之间线性关系的强度和方向。

线性回归的基本形式可以表示为

$$y = \beta_0 + \beta_1 x_1 + \beta_2 x_2 + \cdots + \beta_n x_n + \epsilon$$

其中,$y$ 是因变量(目标变量);$x_1, x_2 \cdots, x_n$ 是自变量(特征);$\beta_0, \beta_1, \cdots, \beta_n$ 是模型参数,其中 $\beta_0$ 是截距项,$\beta_1$ 到 $\beta_n$ 是系数;$\epsilon$ 是误差项,代表模型无法解释的部分。

线性回归的目标是找到这些系数的值,使得模型对给定数据集的预测误差最小。

线性回归模型假设目标变量 $y$ 和特征 $x_i$ 之间存在线性关系。它试图找到一条直线,最好地拟合这些点,即使得预测值和实际值之间的差异(通常用平方误差表示)最小。线性回归可以用于预测、趋势分析和发现变量之间的关系。

在 Python 中,可以使用 scikit-learn 库来实现线性回归模型:

```
from sklearn.linear_model import LinearRegression
import numpy as np
# 示例数据
X = np.array([[1,1],[1,2],[2,2],[2,3]])
y = np.dot(X,np.array([1,2])) + 3
# 创建线性回归模型实例
model = LinearRegression()
# 训练模型
model.fit(X,y)
# 预测
X_new = np.array([[3,5]])
y_pred = model.predict(X_new)
print("Predicted value:",y_pred)
```

**2. 逻辑回归**

逻辑回归是机器学习中用于分类的一种算法,尤其是在二元分类问题中应用广泛。它利用逻辑函数(或称为 Sigmoid 函数)将线性回归模型的输出映射到 0 和 1 之间,从而进行分类。

逻辑回归的基本公式可以表示为

$$p(y = 1 \mid x) = \sigma(w^T x + b)$$

其中,$z$ 是特征向量;$w$ 是权重向量;$b$ 是偏置项(或截距);$\sigma$ 是 Sigmoid 函数,定义为 $\sigma(z) = \dfrac{1}{1+e^{-z}}$。

Sigmoid 函数的作用是将任意实数值映射到区间 $(0,1)$ 内,使其可以被解释为概率。

逻辑回归通过 Sigmoid 函数的概率输出来预测分类标签。比如,模型输出的概率大于 0.5,通常将样本分类为正类(类标签 1),否则为负类(类标签 0)。虽然其名称中包含"回归",但是逻辑回归实际上是一种分类算法,广泛用于分类问题。

在 Python 中,可以使用 Scikit-learn 库中的 LogisticRegression 类来实现逻辑回归模型:

```
from sklearn.linear_model import LogisticRegression
import numpy as np
# 示例数据
X = np.array([[0,1],[1,1],[2,2],[3,3]])
y = np.array([0,0,1,1])
# 创建逻辑回归模型实例
model = LogisticRegression()
# 训练模型
model.fit(X,y)
# 预测
X_new = np.array([[1,0]])
y_pred = model.predict(X_new)
print("Predicted class:",y_pred)
```

**3. 决策树**

决策树是一种在机器学习中广泛使用的算法,适用于分类和回归任务。它通过创建一个模型来预测目标变量的值,基于输入变量(特征)的一系列规则。决策树的核心思想是从一组条件中提取决策规则,以预测数据的输出。

决策树的基本形式包含决策节点(测试特定特征)、分支(代表决策结果)和叶节点(最终的输出或分类)。决策树的构建过程包括特征选择、树的构造和剪枝。特征选择的目标是选出最佳的分割特征,常用的方法包括信息增益、信息增益比和基尼不纯度。

决策树的构建不依赖一个简单的公式,而是依据特征选择的准则。以信息增益为例,公式为

$$IG(D,A) = Entropy(D) - \sum_{v \in Values(A)} \frac{|D_v|}{|D|} Entropy(D_v)$$

这里,$D$ 是数据集,$A$ 是特征,$D_v$ 是在特征 $A$ 上值为 $v$ 的子集。

在 Python 中,可以使用 Scikit-learn 库来实现决策树模型:

```
import numpy as np
from sklearn.tree import DecisionTreeClassifier
# 提供的数据集
X = np.array([[0,1],[1,1],[2,2],[3,3]])
y = np.array([0,0,1,1])
# 创建决策树分类器实例
clf = DecisionTreeClassifier()
# 训练模型
clf.fit(X,y)
# 进行预测(假设有一个新的观测值)
X_new = np.array([[1.5,1.5]])
```

```
y_pred = clf.predict(X_new)
# 输出预测结果
print("新的观测值的预测分类:",y_pred[0])
```

决策树广泛应用于各种领域,包括金融分析、医疗诊断、市场分析等。在金融领域,决策树可用于信用评分、欺诈检测和风险评估等。它的优势在于模型易于理解和解释,这对于解释模型决策至关重要。同时,需要注意的是,决策树容易过拟合,尤其是在处理复杂或噪声较多的数据时。在实际应用中,常通过剪枝策略或使用集成方法如随机森林来优化模型性能和预测准确度。

**4. 随机森林简介**

随机森林是一种强大的机器学习算法,它属于集成学习方法中的一种。随机森林通过构建多个决策树并将它们的结果结合起来以提高预测准确率和控制过拟合。它在分类、回归甚至是特征选择任务中都表现出色,广泛应用于各种领域。

随机森林的核心思想基于两个主要方面:决策树和集成学习。通过创建多个决策树,每个树使用随机选择的数据集和特征进行训练。在分类任务中,最终输出是基于单个树的多数投票决定的;在回归任务中,则是各个树预测结果的平均值。随机森林在构建决策树时引入随机性,包括自举抽样与随机特征选择。这些随机性的引入不仅提高了模型的准确性,还显著增强了模型对过拟合的抵抗力。

随机森林因其高度的准确性、能够处理非常大的数据集以及自动处理缺失值的能力而受到青睐。它在金融领域的应用包括信用评分、欺诈检测和风险预测等。随机森林也被广泛应用于生物信息学、医学研究和股票市场分析中。

**5. 支持向量机**

支持向量机(Support Vector Machine,SVM)是一种强大的监督式学习算法,用于分类和回归任务。它在高维空间中寻找最佳超平面来区分不同的类别,目标是找到一个最大化两个类别间边界的超平面,以便最大化类别间的间隔。

支持向量机的核心思想是将数据映射到高维空间中,并在这个空间中找到一个分割平面,即所谓的"最大间隔超平面"。在二维空间中,这个超平面是一条线;在三维空间中,它是一个平面;而在更高维度的空间中,它成为了超平面。

对于线性可分的数据,支持向量机尝试找到以下形式的超平面:

$$w \cdot x + b = 0$$

这里,$w$ 是超平面的法向量,$b$ 是偏置项。支持向量机通过优化以下目标函数来寻找最佳的 $w$ 和 $b$:

$$\min_{w,b} \frac{1}{2} |w|^2$$

同时满足条件:

$$y_i(w \cdot x_i + b) \geqslant 1, \quad \forall i$$

其中,$x_i$ 是训练样本,$y_i$ 是对应的类别标签(+1 或 −1)。

对于非线性可分的数据,SVM 使用核技巧将数据映射到高维空间中,使其在新空间里线性可分。

以下是使用 Python 中的 Scikit-learn 库实现支持向量机分类器的示例代码。

```python
from sklearn.svm import SVC
import numpy as np
# 示例数据
X = np.array([[0,1],[1,1],[2,2],[3,3]])
y = np.array([0,0,1,1])
# 创建 SVM 分类器实例
clf = SVC(kernel = 'linear')
# 训练模型
clf.fit(X,y)
# 进行预测
X_new = np.array([[2,3]])
y_pred = clf.predict(X_new)
# 输出预测结果
print("Predicted class:",y_pred[0])
```

支持向量机因其在高维数据中的表现出色、对特征空间外的点具有良好的泛化能力而广泛应用于多个领域，包括图像识别、生物信息学、手写识别等。在金融领域，支持向量机可用于信用评分、市场分析等任务。

支持向量机的主要挑战是正确选择核函数和调整超参数，这对于模型的性能至关重要。此外，支持向量机在大规模数据集上的训练时间可能较长，这在处理大规模数据时需要特别考虑。尽管如此，支持向量机凭借其强大的分类能力，在机器学习领域中仍然是一种非常重要的工具。

### 3.6.3 实现机器学习模型

使用 Python 和 Scikit-learn 实现机器学习模型是现代数据科学实践中的一个重要组成部分。Python 因其易读性、简洁的语法以及丰富的数据科学库而在科学计算和机器学习领域广受欢迎。特别是 Scikit-learn 库，它提供了一套简单且高效的工具，专门用于数据挖掘和数据分析。

Scikit-learn 是基于 Python 的一个开源机器学习库，它建立在 NumPy、SciPy 和 matplotlib 等库的基础之上。它包括了几乎所有主流的机器学习算法，例如线性回归、支持向量机、决策树、随机森林、k-近邻算法、主成分分析等。除了广泛的算法支持，Scikit-learn 也提供了数据预处理、模型评估、模型选择和模型调优等功能，这些功能对实现高效的数据科学流程至关重要。

在使用 Scikit-learn 实现机器学习模型时，流程通常遵循以下步骤：

（1）数据加载和预处理。在建立机器学习模型之前，首先需要加载数据。Scikit-learn 提供了许多用于数据加载的工具，可以直接从常见的数据格式（如 CSV、JSON）或数据库中读取数据。数据预处理是机器学习中的一个关键步骤，包括数据清洗、缺失值处理、数据转换和特征工程。Scikit-learn 提供了许多用于数据预处理的功能，如标准化、归一化、编码类别变量等。

（2）探索性数据分析（EDA）。在建模之前，对数据进行探索性分析是非常重要的。这包括了解数据的分布、检查异常值、进行特征相关性分析等。虽然 Scikit-learn 本身不直接提供 EDA 功能,但它与 Matplotlib 和 Seaborn 等可视化库无缝集成,使得数据可视化变得容易。

(3)选择合适的模型。Scikit-learn 提供了广泛的机器学习算法供选择。选择哪种模型通常取决于数据的特性和要解决的问题类型(如分类、回归或聚类)。例如,对于文本数据,可以选择朴素贝叶斯;对于大型复杂数据集,则可能选择随机森林或梯度提升机。

(4)模型训练和评估。训练模型涉及将选定的算法应用于数据并调整参数。Scikit-learn 中的每个模型都有一组可以调整的参数,这些参数的选择可能对模型的性能产生显著影响。一旦模型被训练,就需要对其进行评估。Scikit-learn 提供了多种评估指标和交叉验证技术来测试模型的性能,确保模型不仅在训练数据上表现良好,而且具有良好的泛化能力。

(5)模型部署。模型训练和调优完成后,下一步是将其部署到生产环境中。虽然 Scikit-learn 本身不涉及部署方面的功能,但训练好的模型可以通过各种方式(如 Web 服务、批处理脚本)集成到应用程序中。

在机器学习项目中,模型评估和模型调优是确保高效性能和泛化能力的关键步骤。这些过程涉及了解模型在训练数据集之外的独立数据集上的表现,并对模型进行微调,以达到最佳性能。

(6)模型评估。模型评估主要目的是验证模型的有效性。在 Scikit-learn 中,通常通过分割数据集为训练集和测试集来完成此过程。训练集用于模型学习,而测试集则用于评估模型性能。但是,单一的训练集和测试集分割可能导致结果的偶然性较高。为了解决这个问题,可以使用交叉验证,这种方法将数据分割为多个小集合,并对模型进行多次训练和评估,然后取平均值,从而提供了关于模型性能更稳健的估计。

评估的关键是选择正确的性能指标。对于分类问题,常用的指标包括准确率、召回率、精确率、$F_1$ 得分和混淆矩阵。对于回归问题,则常用均方误差(MSE)、均方根误差(RMSE)和决定系数($R^2$)。选择哪种指标取决于具体问题的特性和业务目标。

(7)模型调优。模型调优则涉及调整模型的参数来提高其性能。大多数机器学习算法都有多个可以调整的参数(称为超参数),这些参数的设置会对模型的性能产生显著影响。在 Scikit-learn 中,超参数调优通常使用如网格搜索(GridSearchCV)或随机搜索(RandomizedSearchCV)这样的工具。这些方法通过在指定的参数范围内搜索,找到最优化模型性能的参数组合。

在进行参数调优时,重要的是要避免过拟合,即模型在训练数据上表现得很好,但在新数据上表现较差。为此,可以采用正则化技术,如 $L_1$ 或 $L_2$ 正则化以及提前停止训练等策略。另外,特征选择也是调优过程的一部分,它涉及识别最有助于模型预测的特征以及去除冗余或无关特征。

模型调优是一个迭代过程,可能需要多次尝试不同的参数组合来找到最佳解决方案。同时,调优过程中还需要平衡模型的性能和计算成本。在某些情况下,略微减少模型的复杂性可以大幅度降低训练时间,同时保持接近最优的性能。

## 总　　结

本章旨在提供一个全面的指南,详细介绍了如何使用 Python 进行金融大数据分析的基础知识和技能。通过本章的学习,读者不仅可以从零开始建立起对 Python 的基础认识,还可以深入了解其在金融数据分析中的应用。

本章介绍了 Python 的核心概念和基础语法,涵盖了变量、数据类型、控制结构和函数等,这些内容构成了 Python 编程的基础,是深入理解后续更复杂概念的前提。

金融数据分析的核心部分围绕 numpy 和 pandas 等库展开。numpy 作为一个强大的数值计算库,提供了丰富的数组操作、线性代数运算和基本统计分析功能,是处理大规模数值计算的理想选择。而 pandas 则是 Python 中最受欢迎的数据处理和分析库,特别适用于金融数据分析。通过 pandas,我们可以轻松地完成数据的读取、清洗、转换和可视化,特别是其对时间序列数据的支持,极大地简化了股价、汇率等金融数据的处理和分析过程。

金融大数据分析的两个关键环节:数据预处理部分侧重于展示如何通过清洗、转换和正规化处理提高数据的质量和适用性。机器学习基础部分引入了监督学习和无监督学习的核心概念,介绍金融数据分析中的常见算法(如线性回归、决策树和随机森林等)以及如何运用 Python 和 Scikit-learn 实现这些算法。这两个部分共同构建了金融大数据分析的基础框架,为深入理解和应用数据分析奠定了坚实的基础。

## 案例:银行产品认购预测

本案例以银行产品认购预测为背景,预测客户是否会购买银行的产品。收集相关数据,利用 Python 进行数据分析,分析的主要目标是识别影响客户在银行产品认购行为的各种因素以及预测未来的认购趋势。本案例提供了一个基础的数据分析过程,

以下是分析的步骤:

1. 数据收集

收集关于银行产品认购的以下一些数据:

客户基本信息:如年龄、性别、收入等;

交易数据:客户的存款、转账、投资及其他交易行为数据;

认购数据:客户认购各类银行产品的历史数据;

外部因素:经济指标、市场趋势等。

2. 数据预处理

使用 Python 对数据进行清洗和预处理,包括处理缺失值、异常值以及转换数据类型等。数据预处理的代码范例如下:

```
import pandas as pd
# 加载数据
data = pd.read_csv('bank_data.csv')
# 处理缺失值
data = data.dropna()
# 处理异常值
# (具体代码根据数据特性而定)
# 数据类型转换
data['age'] = data['age'].astype(int)
```

## 3. 探索性数据分析

进行基础的数据探索，如描述性统计、数据分布和相关性分析。

```python
import matplotlib.pyplot as plt
import seaborn as sns
# 描述性统计
print(data.describe())
# 数据分布
sns.histplot(data['age'])
plt.show()
# 相关性分析
correlation_matrix = data.corr()
sns.heatmap(correlation_matrix, annot = True)
plt.show()
```

## 4. 特征工程

根据上一个步骤的结果，进行特征工程，包括特征选择、特征变换和特征创建等。

```python
# 特征选择示例
s_features = data[['age','income','previous_purchase']]
# 特征创建示例
data['income_per_age'] = data['income'] / data['age']
```

## 5. 模型建立

选择合适的机器学习模型，并使用训练数据对其进行训练，包括逻辑回归、决策树、随机森林、梯度提升等。

```python
from sklearn.model_selection import train_test_split
from sklearn.ensemble import RandomForestClassifier
# 划分数据集
X = data[['feature1','feature2','feature3']]
y = data['subscription']
X_train, X_test, y_train, y_test = train_test_split(X, y, test_size = 0.2, random_state = 42)
# 模型训练
clf = RandomForestClassifier(random_state = 42)
clf.fit(X_train, y_train)
```

## 6. 模型评估

评估模型的性能，选择适当的评估指标，如准确率、召回率、$F_1$ 分数等，并进行模型优化。

```python
from sklearn.metrics import classification_report
# 预测
y_pred = clf.predict(X_test)
# 评估
```

```
print(classification_report(y_test,y_pred))
```

7. 结论

基于分析结果,概述影响银行产品认购的关键因素和模型预测性能的主要发现。提出基于数据分析结果的应对方案或操作建议,如提高某些类型客户的认购率的策略建议等。本例仅提供了一个大致的分析框架,具体分析需根据实际数据进行调整和深化。

## 阅 读 资 料

1. Python 官网文档。
2. anaconda 官网文档。
3. 《利用 Python 进行数据分析》(Wes McKinney 著)。
4. 《Python 金融大数据分析》(第 2 版)(Yves Hilpisch 著)。

## 思 考 题

1. Python 语言有哪些特点?
2. Python 基础数据类型有哪些?
3. 常用于金融大数据分析的 Python 数据集合类型有哪些?
4. 如何创建 Python 模块,如何保存和调用模块?
5. 使用 Python 编写一些简单的数据处理程序,熟悉 Python 的基本语法和编程技巧。

## 参 考 文 献

[1] 麦金尼.利用 Python 进行数据分析[M].唐学韬,等译.北京:机械工业出版社,2018.
[2] 伊夫.希尔皮斯科.Python 金融大数据分析[M].姚军,译.北京:人民邮电出版社,2020.
[3] 林子雨.大数据技术原理与应用[M].北京:人民邮电出版社,2018.
[4] 王宇韬,钱妍竹.Python 大数据分析与机器学习商业案例实战[M].北京:机械工业出版社,2021.

# 应 用 篇

前面我们学习了大数据的基本概念以及宏观层面的发展历史、技术架构、建设平台等,还掌握了Python的基础语法。应用篇我们将了解并学习大数据在银行、保险、量化投资、资产管理、互联网金融、监管与金融安全的应用。相信学完本篇内容,我们对大数据的认知将更为深刻。

# 第 4 章　大数据在银行业的应用

教学目标

1. 了解商业银行的主要业务。
2. 了解我国目前银行业的现状。
3. 重点掌握大数据对于商业银行业务的具体影响。
4. 了解人工智能在银行中的应用前景。

这一章我们开始学习关于大数据在银行业中的具体应用。首先,将了解银行业的全貌,熟悉银行的资金来源与资金运用;其次,将看到大数据是如何与客户关系管理、数字营销、风险管理以及征信等业务紧密结合;最后,还将展望当前方兴未艾的人工智能会如何更深刻地改变银行。通过本章的学习,大家将掌握银行业务框架以及大数据在银行业务的运用。

## 4.1　银行业概述

### 4.1.1　商业银行的性质与职能

**1. 商业银行的性质**

根据 2015 年修订的《中华人民共和国商业银行法》第一章第二条规定,商业银行是指依照该法和《中华人民共和国公司法》设立的吸收公众存款、发放贷款、办理结算等业务的企业法人。商业银行主要目标同一般工商企业一样,都是追求利润最大化,但与之不同的是:

(1) 商业银行经营的主要对象不是产品或服务,而是金融资产或负债,主要载体是货币以及货币等价物。因而相比于一般工商企业,商业银行还受到诸如《巴塞尔协议》等法规制约。

(2) 商业银行影响范围更大。一般工商企业的经营活动往往影响的是局部某个地区或某个行业,而商业银行通过错综复杂的金融关系能够影响整个社会,同时受宏观经济的影响也较工商企业更明显。

商业银行与中央银行也有所不同。中央银行是国家的金融管理当局和金融体系的核心,主要职能是执行国家宏观层面经济政策,不办理具体信贷业务,也不以盈利为目的,它只对国家与社会全体负责。从这个角度讲,中央银行是一个政府部门而非"银行"。商业银行本质上仍是企业法人,对股东利益负责,受到中央银行以及其他政府部门监管。

**2. 商业银行的职能**

商业银行的特殊性在于其行使的职能与一般企业有较大不同,其职能主要包括支付中介、信用中介、信用创造与金融服务。

(1) 支付中介。支付中介职能是指商业银行以存款账户为基础,通过银行账户为客户办理存款转移,货币支付,兑付现款等业务。支付中介职能使商业银行成为经济活动的现金、结算与出纳中心,通过复杂的支付链条与债权债务关系将个人、团体、社会紧密联系在一起。此外,支付中介职能还体现在商业银行可通过汇票、支票以及账户等多种信用方式完成商业活动,减少了现金的使用,极大缩短了结算时间,减少了流通成本,促进经济快速发展。支付中介职能是商业银行最原始的职能,也是信用中介职能产生的基础。

(2) 信用中介。信用中介职能是指商业银行一方面作为债务人,通过负债业务将社会闲散资金集中到银行;另一方面又作为债权人,通过资产业务将资金投向社会经济体系中的各个部门。商业银行通过信用中介职能将资金从盈余方流向短缺方,从而实现资金的融通功能。这一过程中,商业银行并没有改变货币的所有权,仅通过改变货币的使用权对经济活动起到多层次调节作用。信用中介职能是商业银行最基本,也是最能反映其经济实质的职能。

(3) 信用创造。信用创造职能是指商业银行通过部分准备金制度以及非现金结算制度,创造信用货币并以此扩大资产业务规模。商业银行进行信用扩张的一个主要方式是吸收社会存款并放出贷款,利用部分准备金制度将贷款转换为存款,周而复始创造出新的派生贷款,最后银行体系会产生于数倍于原始存款的信用货币。这一过程,信用创造帮助商业银行构建了精巧的货币链条,但也使得商业银行更为脆弱,一旦信用崩溃就会出现挤兑风险。信用创造职能是在支付中介职能与信用中介职能基础上产生的。

(4) 金融服务。商业银行依托庞大的资金容量与在国民经济中特殊地位,在获取信息、信用、专业服务等方面具有巨大优势,覆盖的金融业务十分广泛,包括储蓄、支付、保险、投行等。随着社会经济的发展与客户层出不穷的需求,当今的商业银行业务仍然在不断扩张中。根据《商业银行法》,我国商业银行从事的业务包括:吸收公众存款;发放短期、中期和长期贷款;办理国内外结算;办理票据承兑与贴现;发行金融债券;代理发行、代理兑付、承销政府债券;买卖政府债券、金融债券;从事同业拆借;买卖、代理买卖外汇;从事银行卡业务;提供信用证服务及担保;代理款项及代理保险业务;提供保管箱服务;经国务院银行业监督管理机构批准的其他业务。商业银行经中国人民银行批准,可以经营结汇、售汇业务。

### 4.1.2 商业银行主要业务

商业银行的主要目的是盈利,其主要商业模式是依靠负债端融入资金,再通过资产端业务释放信用,赚取息差,因此商业银行的主要业务可分为负债业务与资产业务。此外,商业银行还可以接受客户委托,为客户提供金融信息咨询等服务。这类业务按通行会计准则不计入资产负债表,不会影响资产总额但会影响当期损益,这类业务被称为表外业务。

**1. 负债业务**

商业银行负债业务是指银行通过债权的形式向市场筹措资金,形成资金来源的各项业务。实际上,只有拥有充足的资金,商业银行才能开展各项资产业务。因此,负债业务决定了商业银行的资本结构与盈利能力,是商业银行总体经营目标的重要基础,也是评价商业银行竞争力的重要指标。从来源上看,负债业务主要分为存款负债与非存款负债,存款负债是商业银行最主要的负债业务。

(1) 存款负债。存款是社会各类组织机构以及个人向商业银行存入的货币资金。马克思曾言:"对银行来说,具有最重要意义的始终是存款",存款负债占到商业银行负债总额的80%以上。存款负债可看作银行被动负债,商业银行必须需要支付利息才能获得存款的使用权。需要说明的是,目前世界上包括欧洲和日本在内的少数几个国家已经步入负利率时代,负利率是指商业银行向中央银行存款时不仅没有利息收入,反而还需要支付手续费。负利率是一种调控宏观经济的手段,目的是促使商业银行向企业增加贷款,并不是指商业银行可以无成本取得负债业务。

商业银行的存款主要来自工商企业、居民、同业等闲置资金,还包括派生贷款。按照存款对象不同,存款可分为对公存款与对私存款;按照流动性不同,存款可分为活期存款、定期存款与定活两便。

(2) 非存款负债。非存款负债就是除存款负债以外,商业银行获得资金的其他途径。一是自有资金,主要包括股本金、储备资金以及未分配利润,这是银行本身拥有所有权的资本,代表了银行的资金实力;二是借款负债,这是银行主动负债。商业银行可通过同业拆借、回购协议以及向中央银行借款等方式融入资金。此外,商业银行还可以金融债券负债、大额可转让定期存单负债等多种方式获得资金。非存款负债是商业银行资金来源的重要补充,体现商业银行经营的多元化与灵活性。

**2. 资产业务**

资产业务是与负债业务相对应的概念,指商业银行运用吸收的资金从事各种信用活动并赚取收益的各项业务,商业银行的经营能力主要取决于其资产业务效益如何。商业银行的资产业务主要分为储备资产、信贷资产与证券投资,其中信贷资产是商业银行最重要,也是最传统的业务。

(1) 储备资产。根据巴塞尔协议,商业银行需要储备一定的准备金以应付提取存款需要。储备资产可分为法定准备金与超额准备金,具体而言包括库存现金、存放在中央银行的存款准备金、存放在同业的存款等。准备金是商业银行扩张信用的基础,也是监管比较严格的业务,巴塞尔协议对商业银行的资本充足率等都有较高要求。

商业银行可以将储备资产存放在中央银行收取利息,也可以通过同业拆借的形式赚取息差,但总体而言,储备资产给商业银行提供的利润有限。上文提到部分国家进入负利率时代,商业银行需要为存放在中央银行的款项缴纳管理费用。从目前来看,负利率是发达国家央行政策的重要趋势,储备资产给商业银行带来的成本逐渐增加。

(2) 信贷资产。信贷资产业务是指商业银行发放各类贷款所形成的业务,贷款要求借款人在一定期限内按照一定利率付出利息,商业银行通过贷款与存款的利息差盈利。对商业银行而言,贷款是风险比较高的业务,因而银行有严格的贷款质量控制。随着近年来金融创新的不断发展,商业银行作为出借方,可将债权出售、质押等,从而贷款很容易成为各种金融创新工具底层资产的一部分。但需要注意的是,金融创新工具越复杂,其抵御风险的能力越低,一旦出现底层资产的违约(如房地产贷款违约),极有可能造成系统性风险。因此,商业银行对贷款管理的风险控制有较高要求,针对贷款资产的衍生,监管政策也在不断发展完善中。

贷款的原理比较简单:借款人向商业银行提供信用(如抵押品、他人担保等),按照约定的时间与利率付息,等期限终了还本(或在规定期限内既还本又付息),这就是一个贷款周期。在此基础上,根据期限、用途、风险程度以及借款对象等的不同,贷款可有多种分类。

按照期限,贷款可分为短期贷款、中期贷款以及长期贷款。短期贷款的期限一般在1年或1年以内,主要用于解决借款人对短期资金的需求,具有较强的流动性,包括票据贴现以及部分个人贷款。一类比较特殊的短期贷款是隔夜回购协议,多用于银行同业之间补充准备金。中期贷款期限一般在1年以上5年以下,主要用于借款人小规模改扩建固定资产以及个人消费金融活动等。长期贷款期限一般在5年以上,主要用于借款人大型固定资产的支出、工商企业的项目贷款以及研发支出等。长期贷款的流动性最差,商业银行面临的风险也最大。

按照风险程度,贷款可分为信用贷款、担保贷款和抵押(贴现)贷款。信用贷款指银行仅通过借款人的信用状况判断贷出额度与期限,无需借款人提供任何实质性的抵押品或外部增信。担保贷款指银行以第三方信用与特定财产作为还款保证而发放的贷款。抵押贷款(包括贴现)要求客户提供具有一定价值的物品或有价证券作为担保品而发放的贷款,这是最常见的贷款方式。居民为购买商品房所申请的商业银行贷款,银行以商品房作为抵押物放款,这是典型的抵押贷款。

按照归还方式,贷款可分为一次性还本付息与分期付息、到期还本两种方式。一次性还本付息多用于短期或中期贷款,涉及的拆借资金较少;分期付息、到期还本一般用于长期贷款,可根据协议安排分月付息、半年度付息以及年付息等。

信贷资产最重要的特征是利率,利率决定了借款人的贷款成本与商业银行的利润率。贷款利率一般由商业银行的精算部门制定,综合考虑贷款人信用、贷款期限、通货膨胀率乃至汇率等多种因素,是衡量贷款质量最重要的标准。

(3)证券投资。商业银行可利用资金购买有价证券(股票、债券以及衍生品等),以获得利息、分红以及资本利得。证券投资相比于传统贷款业务风险更高,获得超额收益的可能性更大,资金使用比较灵活。整体而言,证券投资在资产业务中占比并不会太高,但对于某些中小型银行来说,证券投资是其重要的利润来源。

商业银行作为金融体系中最重要的机构,在信息、人才、技术等方面具有巨大优势,证券投资较个人投资者更专业,涵盖的品种相当广泛。现阶段,我国商业银行从事证券投资业务还有许多领域监管尚不明确,甚至还有与法律相冲突的地方,因而银行投资品种往往以债券为主,特别是政府债券与部分金融债券,投资与股权产品的比例还比较低。

**3. 表外业务**

自从20世纪70年代开始,伴随着金融技术的进步,金融非银部门的崛起以及对银行监管趋严,商业银行寻求新的利润增长点动机增强,表外业务成为当前银行资产业务中重点拓展的方向。所谓表外业务,是指商业银行不利用或不间接利用自有资金,以第三方的角色为客户提供服务的业务。国内商业银行的表外业务对应国外银行中间业务概念,已成为当前银行资产业务中增长最快的业务,远高于传统息差收入。

2022年,银保监会发布《商业银行表外业务风险管理办法》,对2011年的《商业银行表外业务风险管理指引》进行全面修订,根据新规,表外业务分为担保承诺、代理投融资、中介及其他等四大类。按照功能和性质,表外业务可分为9类:

(1)支付结算类中间业务。商业银行为客户办理因债权债务关系引起的与货币支付、资金划拨有关的收费业务。

(2) 银行卡业务。由经授权的金融机构(主要指商业银行)向社会发行的具有消费信用、转账结算、存取现金等全部或部分功能的信用支付工具。

(3) 代理类中间业务。商业银行接受客户委托,代为办理客户指定的经济事务,提供金融服务并收取一定费用的业务。

(4) 担保类中间业务。商业银行为客户的债务清偿能力提供担保、承担客户违约风险的业务,主要包括银行承兑汇票、备用信用证、各类保函等。

(5) 承诺类中间业务。商业银行在未来某日期按照事前约定的条件向客户提供约定信用的业务,主要是指借款承诺,包括可撤销承诺和不可撤销承诺两种。

(6) 交易类中间业务。指商业银行为满足客户保值或自身风险管理等方面的需要,利用各种金融工具进行的资金交易活动,主要包括金融衍生业务。

(7) 基金托管业务。有托管资格的商业银行接受基金管理公司委托,安全保管所托管基金的全部资产,为所托管的基金办理基金资金清算、款项划拨、会计核算、基金估值并监督管理人的投资运作。

(8) 咨询顾问类业务。商业银行收集和整理有关信息,结合银行和客户资金运动的记录及分析,形成系统的资料和方案,然后提供给客户。

(9) 其他类中间业务。其他类中间业务包括保管箱、鉴证等中间业务。

表外业务具有多样性,其不同的风险特征能够满足商业银行不同业务的风险偏好,契合盈利多元化的要求,同时将风险进行分散化。利息一直以来都是商业银行主要的收入来源,高度的依赖性使得银行在面临来自其他非银金融机构的竞争时不得不接受净利下滑的事实,表外业务的出现丰富了银行提供的各种产品与服务,满足了客户日益多元化的金融需求。根据《2022年度中国银行业发展报告》,以41家上市银行为例,2021年实现手续费及佣金净收入8450.3亿元,同比增长8.2%。目前虽然银行卡、结算等传统表外业务占据收入主导,但理财、托管、投行类等表外业务正得到积极发展。

表外业务具有明显的创新性,部分业务还涉及金融衍生工具的使用,新兴的大数据技术天然符合银行表外业务场景。例如,对目前收入占比最高的银行卡类业务,商业银行积极推进数字技术的应用,将大数据分析、人工智能、深度学习等手段运用到银行卡业务中,通过各类生态圈不断实现对客户需求的覆盖,数智化水平增速明显。实际上,商业银行的表外业务是应用大数据技术较多的板块之一。

### 4.1.3 我国银行现状

我国商业银行的主要监管部门是中国人民银行与国家金融监督管理总局,后者是2023年3月在原中国银行保险监督管理委员会的基础上组建的。此外,银行业协会作为自律组织对商业银行也有一定的监督作用。从整体来看,我国商业银行分为五大类:① 国有银行包括中国工商银行、中国农业银行、中国银行、中国建设银行、交通银行与中国邮政储蓄银行。② 股份制商业银行:共有12家,包括招商银行、广发银行与中信银行等。③ 城市商业银行:截至2022年6月末,我国共有125家城市商业银行。④ 农村商业银行:截至2022年6月末,我国共有1600家农村商业银行,此外农村合作银行均需改制成为农村商业银行。⑤ 其他商业银行:包括外资银行、合作社等。我国银行体系结构如图4.1所示。

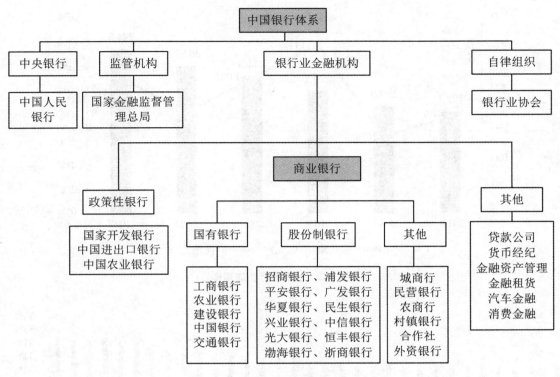

图 4.1　中国银行体系架构

商业银行内部组织架构与工商企业比较类似,均设置有决策系统、执行系统、监督系统与管理系统。其中,决策系统由股东大会、董事会以及董事会下设的相应的专门委员会组成,与一般企业相同的,股东大会是最高的权力机关,董事会决定人事任免等重要决策;执行系统是商业银行常设的执行董事会决议的业务部门,负责银行日常经营活动的具体执行,一般由管理与执行两个层面组成;监督系统是商业银行内设的监督日常活动正常进行的部门,由股东大会选举产生的监事会以及银行内部的审计等部门组成;管理系统主要是指商业银行中起管理职能的部门,从上而下对银行进行宏观－微观的控制,包括财务管理系统、人事管理系统、业务系统等。

**1. 负债端**

商业银行负债规模持续提升。近年来为支持实体经济发展,央行采取降准降息等多种政策工具维持流动性稳定在合理区间,叠加居民风险偏好下降,银行存款增长提速。如图 4.2 所示,2022 年商业银行总负债为 294.3 万亿元,较 2021 年增加 29.5 万亿元,同比增长约 11%,增幅较上年提升近 3 个百分点。

从存款结构分析,以中资全国性大型银行为例,图 4.3 显示 2022 年境内存款达 131 万亿元,环比增长 3%,同比增长 14%。境内存款中,个人存款为 69.4 万亿元,近年来占比维持在 53% 左右。由于经济环境不确定、房地产低迷等因素,个人存款中的定期存款占比明显上升。2021 年初,定期存款仅占个人存款的 31%,到 2023 年 6 月占比则上升至 38%。居民预防意识和储蓄意识增强,形成了部分超额储蓄。

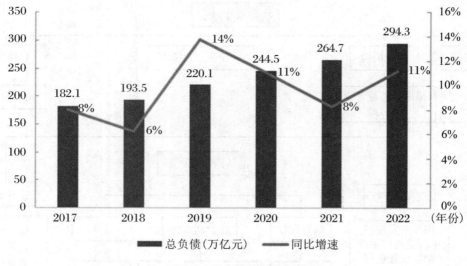

图 4.2 上市银行负债规模

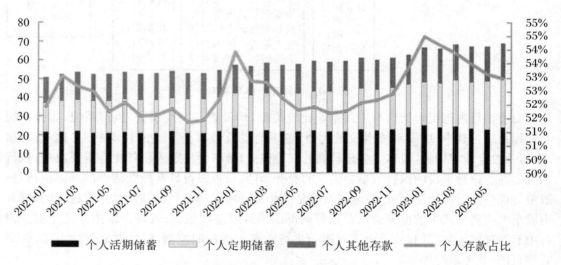

图 4.3 中资全国性大型银行境内存款(万亿元)

**2. 资产端**

银行资产规模持续扩大。由图 4.4 显示:截至 2022 年末,商业银行资产总额达到人民币 319.8 万亿元,同比增长 11%,增速较上年上升约 2 个百分点。商业银行资产在经历了 2021 年增速短暂回调后再次恢复较快增长态势。

贷款的增加是商业银行资产规模高速增长的主要原因。根据央行数据,截至 2022 年底,金融机构累计新增人民币贷款总额 21.3 万亿元,较 2021 年底增加 1.4 万亿元,上涨 7%。其中,中资大型银行 2022 年新增人民币贷款规模为 11.9 万亿元,同比增长 27%;中资中小型银行 2022 年新增人民币贷款 9.9 万亿元,同比减少 6%。

分部门来看,2022 年呈现出企业强、居民弱的特征。企业部门 2022 年中长期贷款总额达 11.1 万亿元,较 2021 年多增加近 2 万亿元,增幅达 20%。我国信贷结构持续优化,向制造业、基建、房地产和小微企业等重点领域和薄弱环节支持的长期方向不会改变。

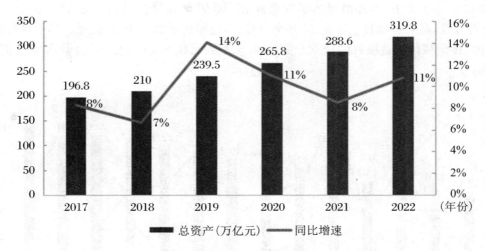

图 4.4 商业银行总资产规模

再看居民部门情况,如图 4.5 所示。2022 年居民中长期贷款总额为 2.8 万亿元,较 2021 年减少 3.3 万亿元,降幅达 55%。居民中长期贷款主要为房地产贷款,受一段时期以来房地产市场低迷等因素影响,表现较弱。2022 年居民短期贷款总额为 1.1 万亿元,较 2021 年减少 7000 亿元,降幅达 41%。居民短期贷款主要涉及个人消费等,由于受 2021 年与 2022 年疫情影响,居民收入预期较弱,支出意愿不明显,对消费信贷的需求减少。随着未来宏观经济企稳以及居民信心修复和收入增加,长期来看居民贷款有望回暖。

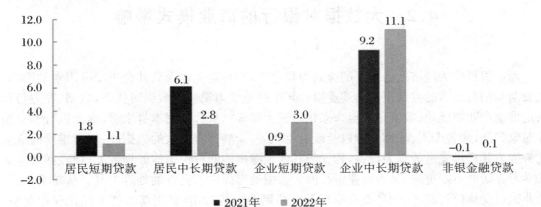

图 4.5 2022 年新增人民币贷款构成

近年来,金融机构不断加大对实体经济的支持力度,特别是普惠小微企业贷款和绿色贷款均保持同比高增,信贷结构进一步优化。图 4.6 分季度展示了 2020 年以来我国普惠小微企业贷款余额。2023 年二季度末,普惠小微贷款余额 27.69 万亿元,同比增长 26.1%,增速比上年末高 2.3 个百分点,上半年增加 3.9 万亿元,同比多增 1.16 万亿元;农户生产经营贷款余额 8.86 万亿元,同比增长 18.3%;创业担保贷款余额 2981 亿元,同比增长 14.6%;助学贷款余额 1696 亿元,同比增长 21.6%。针对贫困地区,2023 年二季度末,全国脱贫人口贷款余额 1.11 万亿元,同比增长 13.2%,上半年累计发放 4853 亿元。脱贫攻坚成果进一步稳固。

2023年二季度末,本外币绿色贷款余额27.05万亿元,同比增长38.4%,比上年末低0.1个百分点,高于各项贷款增速27.8个百分点,比年初增加5.45万亿元。其中,投向具有直接和间接碳减排效益项目的贷款分别为9.6万亿元和8.44万亿元,合计占绿色贷款的66.7%。

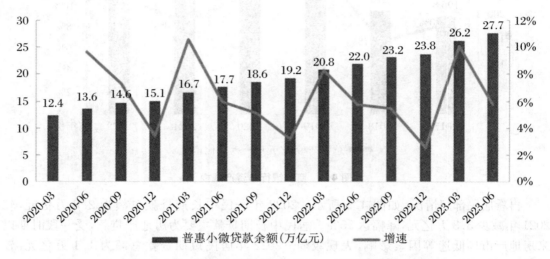

图4.6 金融机构向普惠小微企业发放人民币贷款余额

## 4.2 大数据对银行的商业模式影响

商业银行作为经济社会主要的金融力量之一,不可避免地受到社会进步等因素的影响,大数据和信息技术的发展正成为商业银行转型的重要力量。大数据时代下,数据、算力与算法是推动产业智能化、数字化乃至未来化的三大要素。从大数据本身来看,商业银行本身服务对象广泛,涵盖个人、工商企业以及政府组织等,天然拥有庞大的数据库;银行雄厚的资金优势能为其提供先进的算力设备,相比于其他金融机构能更快速地处理数据;神经网络等机器学习算法的不断更迭,又为商业银行的大数据处理提供了良好的处理工具。从需求来看,商业银行受到监管趋严、利息差收窄以及互联网金融等冲击,利用新兴技术优化现存业务、拓展表外业务迫在眉睫。数字化转型是未来商业银行发展的重要趋势,大数据技术的应用将深刻改变商业银行竞争格局。

### 4.2.1 商业银行的数据

商业银行大数据技术的快速发展是建立在其广泛的数据集与原始数据衍生出的信息基础上的。近年来,日益壮大的网络媒体正不断丰富商业银行获取数据的渠道,例如微博、微信等,这使得银行数据来源已从结构化数据逐渐扩展到非结构化数据,数据量呈现爆炸式增长态势。传统上,银行的数据一般只在后台起管理支撑作用,对前台业务影响并不大。随着大数据技术的成熟,大量结构化数据与非结构化数据能够在IT信息系统中存储、传输、转换、分析,并能为银行的特定前台业务提供有价值的信息。

**1. 数据的来源**

商业银行的数据可来自开展业务过程中接触到的各类客户资料、产品数据等,也可来自外部宏观经济环境,例如央行设置的相关利率指标。根据数据的不同来源,商业银行数据可分为内部数据与外部数据。内部数据主要包括客户数据与交易过程中自发产生的数据,而外部数据则往往来自间接渠道,其涵盖的范围也更广。

(1) 客户数据:在商业银行办理业务的所有客户的基本信息,描述了客户的特点与行为模式。客户数据可应用于客户管理系统、交易系统与资产负债系统的建设,商业银行还可以通过对客户数据的分析对客户提供个性化的金融产品并实现精准营销等。

(2) 交易与运营数据:客户通过银行网点完成金融服务过程中产生的数据,包括协议数据、介质数据、产品数据、渠道数据、事件数据以及资产数据。商业银行可以利用这些数据优化交易流程、创新产品并提高服务质量。

(3) 商业数据:主要是指经过分析整理后的研究数据,包括宏观经济数据、行业分析报告、竞争与市场价格数据、特殊定制数据、政府或上级部门的文件等。商业银行数据获取后以手工或系统的方式加载到银行系统,主要用于银行风险管理、产品研发和大数据分析提供基础。

(4) 用户行为数据:指用户在互联网上的行为数据,包括 App 应用上的点击数据、社交媒体和社交网络数据、电商平台的消费数据等。用户行为数据可以通过电商或社交媒体等渠道获取,主要为银行数据营销、产品设计、数据反馈、风险管理等提供数据支持。

(5) 供应链数据:主要是指银行同合作方之间与客户交易的相关数据。由于银行自身的供应链数据不全,无法支撑客户的供应链金融服务,因此银行通过与具有客户交易数据的提供和接收方进行合作为客户提供全面的金融服务。

**2. 数据的特征**

商业银行数据高度集中,物理层面联系紧密,但现阶段数据的逻辑集中程度不高,更多以功能作为核心。未来商业银行要实现对大数据的全面掌控,需要根据数据的不同特征选择合适架构,将数据有序组织起来。

(1) 全局性:商业银行的主要目的是创造利润,数据是为业务负责的,同银行战略紧密相关,因而具有全局性。商业银行要挖掘数据、运用数据、管理数据,就需要相关技术人员与业务人员以企业级视角理解数据,从更宏观、更全局的视角对数据进行分析。商业银行的数据贯穿了其前台与后台系统,覆盖包括业务在内的多个模块,不能仅仅从业务的视角理解银行数据。

(2) 多维性:出于不同的目的与定位,商业银行的某些模块数据来源更广泛,呈现出多维的特点。业务系统使用的数据相对比较单一,往往是最基础的交易流水以及账务数据;而出于管理目的所使用的数据不仅需要财务数据,还需要整合多个相关外围的数据,集成了产品、客户等更多信息,多维性明显。例如,对于贷款业务,在管理数据中既可以按照管理条线分类,又可以按照贷款人所属行业与贷款期限分类。

(3) 关联性:单个维度的数据展示的信息有限,对于业务解释力度较弱,商业银行可通过特殊的数据加工平台和工具对多个数据进行关联、转化和加工,整合的数据能提供更全面的信息以指导业务优化。例如,出于管理目的所使用的数据一般需要借助基础的数据平台(数据仓库),经过复杂的映射、筛选、连接、聚合等加工,形成多维度的信息。

一方面高维度的数据能够为商业银行业务经营提供更全面的有效信息,另一方面,数据维度越高,需要的算法越复杂,对基础设施的硬件要求也越高。商业银行在处理高维度数据时,在数据的组织上,尽可能选择科学合理的组织方式,即"数据模型";在保证数据正确性、有效性的基础上,要对数据质量进行监控;在数据部署上,要根据数据的分布特点选择合适的管理方法;在数据的时效性上,要充分考虑数据的生命周期。因此,数据的全局性、多维性与关联性客观上决定了商业银行开发大数据技术的难度。

### 4.2.2 商业银行大数据建设历程

如果说传统银行发展的主要推动力是日益多元化的金融需求,那么大数据时代下银行数字化变革的主要动力则是日益成熟的信息技术。实际上,银行的大数据建设历史就是银行业数字化转型的历史,也是金融科技不断发展创新的历史。我国商业银行的数字化转型与 IT 建设步调是一致的,自 20 世纪 70 年代开始一直处于快速变革中。20 世纪 70 年代,我国部分银行就引进了国外的小型机;20 世纪 80 年代初期,我国明确了银行业联机实时处理机制。1993 年,国务院颁布了《关于金融体制改革的决定》,其中指出:"加快金融电子化建设。要加快人民银行卫星通信网络的建设,推广计算机的运用和开发,实现联行清算、信贷储蓄、信息统计、业务处理和办公的自动化。金融电子化要统一规划,统一标准,分别实施。"2000 年前后,多数银行已实现数据集中,建立起了大型数据库。如今,我国商业银行基本完成了电算化、信息化与网络化建设,正朝着智能化的阶段迈进。

总体来看,我国银行业的数字化转型可分为以下 4 个阶段。

**1. 银行 1.0:物理网点**

商业银行一般在自身拥有的网点开展业务,自银行的概念产生以来,物理网点一直是商业银行进行现实活动的根据。物理网点是银行最初的形态,虽然承担的职能在不断完善之中(如从原始的存贷业务转型为营销理财业务),但本质上没有发生变化。物理网点客观上造成银行人力资源冗余,一方面增加了银行业务成本,另一方面也不能满足客户日益多元化的业务需求。

**2. 银行 2.0:电子技术**

第一阶段,ATM 机的出现。1980 年,ATM 机逐渐在世界各地银行普及,电子技术的渗透标志着银行进入 2.0 时代。ATM 机极大地扩大了物理网点辐射的范围,客户能够在想要的地点、时间找到 ATM 机并办理相关业务。ATM 机操作的业务虽然有限,但仍为银行节省了大量成本,其背后代表的电子技术力量影响深远。

第二阶段,网络银行的出现。20 世纪 90 年代,以因特网和无线互联网为核心的信息技术革命方兴未艾,全球第一家网上银行——安全第一网络银行正是在这样的背景下成立的。网络与银行业务的深度结合,使得商业银行不再局限于单个服务渠道,而是通过无线互联网为不同的客户提供各种不同的服务,客户不再局限于物理环境,而是只要有网络就能办理金融业务。

**3. 银行 3.0:移动化**

随着信息技术与银行业务更紧密地结合,商业银行数字化转型实现加速。这一阶段最明显的特征是智能手机的普及,用户处在一个超联通的世界,银行能以极低的成本甚至零成本触及客户。除必要的现金业务外,几乎所有银行业务都可通过智能手机处理。用户消费习惯被极大改变,银行的服务脱离了传统物理网点的束缚,同时这一阶段金融产品的选择权发生对调,用户成为与银行关系的主导者,"体验为王"是移动化时代下银行开展业务的重要目标。

移动化时代是信息技术革命的必然结果,这一阶段的银行比以往任何时期能接触更多数据,能更深入地使用技术影响潜在客户。同时移动化也意味着商业银行比以往面临着更激烈的竞争,例如互联网银行的崛起,通过移动端平台出售相关理财产品。支付宝等新金融科技平台的出现,拓宽了客户融资渠道。时至今日,商业银行面临的竞争格局都在不断变化中。

**4. 银行4.0:智能化**

当前银行正处于智能化阶段中,AI、大数据、云计算、区块链等新技术层出不穷,银行业务以全新的模式向其他渠道延伸,商业银行对客户的服务也不再局限于某个金融产品或某项具体服务,而是融入所有人的日常生活中。这一阶段,银行的影响无处不在,能通过更隐式的手段渗透进入几乎所有生活场景,潜移默化地改变着个人、组织乃至整个社会。

### 4.2.3 大数据对商业银行的影响

大数据技术帮助商业银行更容易采集客户信息,客户需求能以较低成本挖掘并快速实现。根据中国银行业协会数据,截至2021年末,我国银行卡累计发卡量达92.5亿张,2021年新增发卡量2.7亿张,同比增长3.0%,每天有数百亿元的交易通过银行卡进行。考虑其他不通过银行交易的业务以及在原始数据上衍生的新数据,我国商业银行每年产生的数据能达到10 PB以上。海量的数据是商业银行实施大数据技术的基础,银行的业务模式正发生深刻变化。

**1. 市场创新**

银行应用大数据可以通过收集、分析和挖掘海量的市场信息,发现市场需求和变化趋势,制定更精准和有效的市场策略。市场创新实质上就是商业银行借助前沿的大数据技术进行精细化市场开拓,去发掘以前忽略的客户需求,完善尚不成熟的细分业务。例如,银行可以利用大数据分析客户的消费习惯、偏好和信用状况,实现精准营销和个性化推荐,提高客户转化率和满意度。商业银行还可以通过供应链融资、消费金融等业务覆盖小微企业。利用大数据技术进行市场创新的能力决定了未来商业银行的竞争力,银行传统业务已经基本发展成熟,大数据时代背景下的细分赛道才是潜在的蓝海市场。

**2. 产品创新**

银行应用大数据可以通过整合、创新和优化各类金融产品,满足客户的多样化和个性化需求,提升产品竞争力和价值,结合新的营销模式开拓市场。在"体验为王"的目标导向下,客户需求是引领银行数字化转型的主要推动力,通过大数据技术优化产品设计、制造、推广,正逐渐成为商业银行核心竞争力。银行可以利用大数据开发基于互联网、移动端、社交媒体等平台的新型金融产品,如网贷、众筹、第三方支付等,拓展服务渠道和覆盖范围。银行也可以利用大数据技术优化传统金融产品的功能和体验,如信用卡、储蓄卡、理财产品等,增强产品的便捷性和安全性。

**3. 客户管理创新**

银行应用大数据可以通过建立、维护和深化与客户的关系,提高客户忠诚度和终身价值,实现客户关系管理的转型升级。例如,银行可以利用大数据构建全面和动态的客户画像,了解客户的基本信息、需求特征、行为模式等,实现客户细分和分类。银行也可以利用大数据实施个性化和智能化的客户服务,如智能客服、智能投顾、智能预警等,提升客户满意度和黏性。客户管理创新是商业银行应用大数据的基础,精准营销、企业网络图谱、客户流失预警与挽留、风险控制以及普惠金融等业务都是建立在客户管理创新基础上的。

**4. 市场营销创新**

大数据在商业银行营销中的应用,为传统的营销方式带来了革命性的变化。通过收集和分析海量的数据,银行可以深入了解客户的消费行为、偏好和需求,实现精准营销。大数据技术使得银行能够将广告和推广活动精准投放到目标客户群体,避免了资源的浪费和不必要的干扰。此外,大数据还可以帮助银行实时监测市场动态和竞争对手的举措,从而及时调整营销策略以保持竞争优势。互联网和移动技术的普及也让银行可以通过多种渠道与客户进行互动,而不再仅仅局限于线下物理网点。大数据应用于商业银行营销创新,不仅提高了营销效率和准确性,还促进了银行与客户之间的互动和信任,为银行业务的发展带来了新的机遇。

**5. 风险控制创新**

银行应用大数据可以通过完善、强化和优化风险识别、评估和防范机制,降低风险成本和损失,提高风险管理水平和效率。以往商业银行的风险控制主要依赖于历史违约数据,采用传统的风险模型,现在大数据技术能显著提高银行风控能力。大数据技术能辅助搜集小额、海量、碎片化等结构或非结构化数据,还能为银行提供诸如神经网络等更智能的风险模型,有效为银行提供风险预警。具体而言,银行可以利用大数据进行多维度和全方位的风险分析,如信用风险、市场风险、操作风险等,实现风险量化和可视化。银行也可以利用大数据进行实时和动态的风险监测和预警,如反欺诈、反洗钱、反恐怖融资等,实现风险防控和应对。

**6. 普惠金融创新**

银行应用大数据可以通过拓展并改善金融服务对象、内容和形式,促进金融资源的公平分配和有效利用,实现金融服务的普惠化和包容性。以小微企业为例,在传统信贷模式下,小微企业难以从商业银行融入资金,主要原因在于信息不对称。大数据背景下,新技术能帮助银行更便捷地取得小微企业相关信息,借助更智能的算法模型,小微企业信用能力可以比较精确地被衡量,从而降低了信息不对称。总之,普惠金融创新要求银行利用大数据为中小微企业、农村地区、低收入人群等提供更多元和更优质的金融服务,如小额贷款、农村金融等,以解决金融服务供给不足和不平衡问题。此外,银行也可以利用大数据提高金融服务的可达性和可负担性,如移动金融、云计算、区块链等,降低金融服务的门槛和成本。

## 4.3 大数据在银行业的具体应用

### 4.3.1 客户关系管理

大数据时代下,商业银行客户的主要面貌、特征发生了巨大变化。首先是客户需求多样化。随着人口结构和社会财富分配的变化,客户的消费需求、生活方式和消费行为也发生了巨大的变化。客户不再满足于传统的金融产品和服务,而是寻求更加个性化、场景化、智能化和便捷化的金融解决方案。其次是客户渠道线上化。在互联网、5G、物联网等技术的推动下,客户越来越依赖智能终端进行金融交易和服务。客户更青睐网上操作,尤其是新一代的潜在高净值客户成长于网络时代,其行为模式深刻打上了网络的烙印。2022年,中国每日人均使用智能手机时间接近5个小时,App成为银行触达客户最重要的途径。

客户需求的多样化与渠道线上化带来的直接结果就是客户数据的丰富化。现在客户产生的数据不再局限于姓名、性别、年龄等结构化客观信息,而是向更广泛的非结构化数据扩展,例如客户在社交媒体上关注理财产品时,银行需要及时捕捉到相关信息。随着客户面貌的极大变化,商业银行面临以下全新的挑战:

(1) 金融产品与服务创新。商业银行需要不断地进行产品和服务创新,打破同质化竞争,提供差异化和综合化的金融方案。同时,商业银行还要与其他金融机构和科技公司竞争,提高产品和服务的质量和效率。

(2) 渠道创新。商业银行需要打通线上线下渠道,为客户提供全渠道、无缝对接的流程体验。同时,商业银行还要调整物理网点的布局和功能,降低运营成本,提升网点效率和盈利性。

(3) 大数据能力创新。商业银行需要利用客户数据丰富化的机遇,需要建立完善的数据采集、整合、分析和应用体系,实现对客户画像、客群分类、风险评估、营销推荐等方面的精准把握。同时,商业银行还要保护客户数据的安全和隐私,遵守相关法律法规。

"体验为王"是越来越多的商业银行转型的主要思路之一,这一思路要求银行将客户需求放在首要地位。此外,客户是商业银行搜集大数据最主要的来源,而这些数据往往直接反映了银行经营的基本情况。因此,客户管理是大数据时代下商业银行实现数字化转型重要的议题之一,精准营销、风险管理、普惠金融以及征信管理等都是基于客户管理实施的。

利用大数据进行客户管理主要体现在以下几个方面:

**1. 客户画像**

客户画像是指根据客户的基本信息、行为特征、偏好需求等数据,对客户进行分析和归类,从而形成不同的客户群体和个性化的客户面貌。大数据客户画像的本质是通过算法将客户的信息与行为特征标签化为完整的客户画像体系(图4.7),跨越了数据层、算法层、标签层、应用层等不同层面。

具体而言,商业银行应用大数据进行客户画像的步骤如下:

(1) 多渠道、多维度数据整合。商业银行需要收集客户的各种数据,包括基本信息(如姓名、年龄、性别、职业、收入等)、交易信息(如存款、贷款、理财、支付等)、行为信息(如访问渠道、浏览内容、点击次数等)、反馈信息(如评价、投诉、建议等)等。这些数据可以来自银行自身的系统,也可以来自外部的合作伙伴或第三方平台。

(2) 数据分析与建模。商业银行需要对收集到的数据进行清洗,去除重复、错误、缺失或无效的数据,保证数据的质量和完整性。在此基础上,银行可利用随机森林等多种方法对清洗后的数据进行特征工程,并建立模型。从模型中发现数据中的规律和趋势,挖掘数据中隐含的知识。

(3) 标签化管理,构建客户画像全貌。客户画像最终要用标签集合来表示,通过给客户贴上不同类型的标签,可以将客户的特征和行为进行抽象和总结,从而更好地理解客户,并为客户关系管理提供有效支持。标签可以分为事实标签、模型标签和预测标签三类：事实标签描述客户的基本属性、消费属性、资源属性等；模型标签是对客户的属性和行为等进行抽象和聚类后形成的总结概括性的标签和指数；预测标签则基于前两个标签，形成对潜在的客户和客户潜在需求的整合描述。

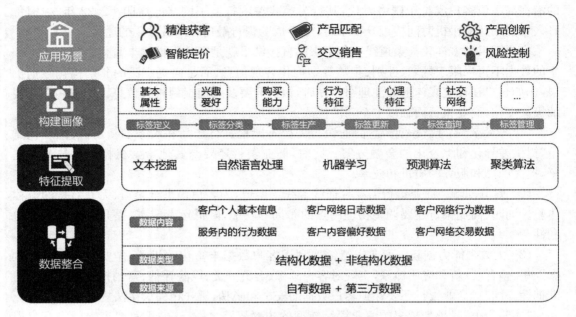

图 4.7　大数据精准描述客户画像

标签化定义了客户的贡献度、忠诚度与价值特征，细致刻画了客户的社会角色、行为偏好、信用风险等深层次特征，为精确定位客户需求与准确评估客户价值提供依据，帮助商业银行全面掌握客户动态。同时，这种标签化管理还为银行提供了更为科学和数据驱动的客户关系管理方法，为业务发展和竞争优势打下坚实基础。

**2. 客户渠道拓展**

大数据时代下，在传统渠道的基础上商业银行可充分利用大数据技术来整合各类渠道，并增加跨界渠道的合作与联盟，形成一个立体渠道体系，包括物理渠道、电子渠道以及跨界渠道，使它们相互补充和利用，以最大限度地发挥渠道效能。其中，线上和线下相融合是一个重要方向。商业银行的营销渠道功能定位将更加明晰，不同渠道之间的关联度将更紧密，渠道间的整合融通战略将成为打造核心竞争力的重要途径。

首先，大数据技术可帮助商业银行建立数据中心，统一集成各渠道系统的用户接口，对业务和产品进行排序和匹配，实现资源信息在渠道之间的共享和互通。

其次，商业银行可以开辟立体营销渠道体系。借助互联网、大数据和云计算等先进技术，银行可以进一步拓宽渠道营销的外延。大数据时代更有利于商业银行积极探索互利共赢的合作模式，开展渠道合作和渠道联盟，与知名购物网站、第三方支付平台以及其他行业（如证券、保险、基金、电信、能源等）进行战略合作，相互借助渠道链条，实现强强联合，共享客户资源和产品，增强渠道覆盖能力，奠定客户基础。这样的跨界渠道合作将有助于提升银行的市场竞争力，拓展业务边界，实现更全面的客户服务和满足不同客户群体的需求。

最后，商业银行可以有效降低渠道冗余和重复建设，提升渠道资源的利用效率，减少运营成本。同时,立体渠道体系的建设也将为银行带来更广阔的市场空间和更多的发展机遇,进一步扩大业务覆盖范围和提升市场份额。

**3. 客户发现和流失预警**

商业银行为提升客户关系管理成效,需要建立一套完整的客户流失预警机制,以更好地发现客户频繁的资金变动和流失情况。在这一过程中,大数据采集成为切入点,预先设定流失提示功能并应用于客户流失预警,从而提升预警系统的准确性和科学性。客户流失的原因多种多样,既有内部原因又有外部原因。因此,商业银行需要从多个角度,如客户销户、产品到期赎回、贷款结清等,预测客户的流失意向。同时,网点服务人员应主动与客户沟通,全面了解客户情况,以判断是否为临界流失客户。

通常情况下,客户流失的判定需要通过数据挖掘来掌握客户流失情况。此外,银行业务人员在厅堂的服务也能提供客户流失迹象的线索。因此,在建立客户流失预警机制时,重点在于科学地预测客户流失倾向,并结合流失客户的特性来进行有针对性的挽留。银行业务人员需要在日常工作中积累经验,重点收集客户流失原因,并借助大数据分析手段,为客户提供合适的银行产品,从而有针对性地挽回客户。

通过建立完善的客户流失预警机制,商业银行可以更早地发现潜在的流失客户,采取相应措施进行挽留。这样的机制不仅提高了银行客户关系管理的效率,还有助于增强客户满意度和忠诚度,为银行业务的稳健发展提供有力支持。

### 4.3.2 数字营销

大数据技术的飞速发展,使得未来的银行将是数据驱动的银行。商业银行利用大数据技术,整合内外部数据资源,采用全新沟通渠道和营销手段,提升客户体验,营销模式正发生着不可逆转的转变。

**1. 精准营销**

传统银行营销模式是粗放式的,主要依赖口碑和广告宣传。大数据技术的广泛应用使得商业银行的营销模式正逐步向更精准的方向转变。通过用户画像分析,银行能够深入了解客户的金融需求、消费习惯与行为特征,从而有针对性地推送金融产品,实现对潜在客户的精准营销。

商业银行可通过构建事件式营销模型,自动捕捉客户发生的特定事件,并根据数据分析出的客户需求为其配置相应的产品和服务,进而将营销服务信息传送至各渠道,如高低柜台等。同时,通过构建产品响应预测模型,银行可为每个客户评分,预测其接受银行主动营销某种产品的可能性,并找出最可能响应特定产品的客户群组。此外,银行还可以圈定重点客户,进行名单制管理与营销,通过数据分析找出目标客户的特征,有针对性地开展主动营销、管理和服务,以提高营销针对性,增强客户体验。

以银行理财为例,商业银行在售卖理财产品时,可通过大数据分析从客户年龄、资产和交易情况、理财产品交易情况等方面挖掘潜在客户,通过网银广告、手机短信等渠道进行精准营销。此外,商业银行根据客户行为特征主动向其推送个性化产品和服务,从而达到以客户为中心的服务效果。

**2. 远程营销**

在智能手机时代,客户更容易接受银行通过互联网进行的营销活动。因此,银行营销将向远程化、集中化的方向发展。大数据和互联网金融的发展催生了远程直销银行。近年来，部分商业银行的远程银行中心（如电子银行业务中心、电话银行中心）正逐步扩大服务范围，构建远程客户服务体系，作为传统渠道的有益补充。

相较于传统网点，远程直销银行拥有全方位、全天候的优势。通过对客户数据挖掘和商业智能技术的应用，银行搭建数字营销平台，并通过前中后台的紧密合作实现高精准、高效率和低成本的新型营销模式。随着互联网金融的发展，银行的产品和服务将更加趋向虚拟化，银行可以通过虚拟渠道向客户提供业务服务，这可能导致实体柜面的减少甚至消失。

通过远程直销银行和虚拟化渠道的发展，银行能够更加灵活地满足客户需求，提高营销效率，降低运营成本，增强客户体验。这种趋势将进一步推动银行转型，使其更好地适应数字化时代的挑战与机遇。同时，随着技术的不断进步，银行需要保持敏锐的洞察力和创新意识，不断优化服务，以保持竞争优势并持续提升客户满意度。

**3. 渠道营销**

借助于商业银行自身雄厚的资金与在资本市场超然的地位，银行可与券商、基金、资产管理公司等合作，通过其他机构横向拓展产品与服务售卖渠道。另一方面，商业银行可凭借比市场更成熟的大数据技术、更丰富的大数据案例，纵向深化营销渠道，例如，商业银行可积极开拓财富管理、智慧投顾等业务，以多种多样的形式将传统金融产品以更智能的渠道营销。工商银行的"融e联"是即时通信平台在渠道方面的创新，向个人客户提供移动金融服务。"融e联"不仅可以向客户经理及其他联系人发送图文消息，还能办理转账汇款、购买理财产品等业务，满足客户信息交流、业务办理等多种需求。

### 4.3.3 风险管理

商业银行面临多种风险，包括信用风险、操作风险、市场风险、流动性风险、利率风险、法律风险等，其中信用风险是最为主要和关键的风险。在大数据时代下，商业银行风险控制能力得到空前加强，可利用机器学习等多种模型对客户信用风险进行审慎评估。相比于传统风控方法存在的信息不对称、数据获取维度有限、人工采集成本高、效率低等问题，大数据风险管理具有明显优势。

**1. 信用风险**

信用风险是借款人或交易对手无法按时履行合约义务，导致商业银行损失的可能性。大数据可以提供更全面、更细致、更实时的客户信息，包括客户的基本资料、信用历史、消费行为、社交网络等，帮助商业银行更准确地评估客户的信用等级和还款能力，制定合理的信贷政策和额度，降低违约率和损失率。此外，大数据还提供更广泛、更深入、更动态的市场信息，包括市场环境、竞争态势、政策变化、行业趋势等，使得商业银行更及时地发现和预警信用风险，调整信贷策略和风险偏好，应对市场波动和不确定性。就风险衡量方面而言，大数据技术提供了更科学、更精准、更灵活的风险模型，包括风险量化、风险分布、风险敏感性等，帮助商业银行更有效地监测和控制信用风险，优化资本配置和资产质量，提高资本充足率和盈利能力。

中国工商银行基于数据仓库开展了内部评级、资本管理、不良客户管理等工作，取得了较好的效果。在内部评级方面，通过客户的基本信息、客户评价信息、客户持有产品等数据，对客户进行风险评级，细分客户群体，统一了全行卡、贷款等信贷业务的授信策略，实施了针对客户个体的差异化综合授信,真正实现了以客户为中心的服务理念,提升了信贷服务水平。

### 2. 操作风险

操作风险是指由于内部流程、人员、系统或外部事件的不完善或失效,导致商业银行损失的可能性。传统模式下,由于操作风险认识较为浅薄,加之缺少成熟的风险计量模型以及计量所需要的必要损失数据,国内商业银行相关模型开发困难,开发周期长,后期维护不及时,随意性、主观性较强,风险度量结果不够可靠。近年来,面对外部欺诈风险加剧的态势,国内商业银行均意识到欺诈风险的危害程度并开始更新自身风险控制体系,从风险管理战略目标、管理框架、制度建设、信息系统建设等方面开展风险管理。

大数据平台为银行建立完善的风险管理体系提供了有力的保障。一是提供了更完整、详细、及时的内部数据,包括流程设计、人员配置、系统运行、事件记录等。通过这些数据,银行能够更全面地识别和分析操作风险的来源和影响,建立更健全的内部控制体系和应急预案,有效预防和减少操作失误和事故的发生。二是提供了更丰富、有价值且可靠的外部数据,包括同业对比、监管要求、法律规定、案例分析等。这些外部数据保证银行能够更客观地衡量和评估操作风险的水平和表现,遵守合规原则和标准,并借鉴先进经验和做法。三是提供了先进、智能、自动化的风险工具,包括数据采集、清洗、挖掘、可视化等。利用大数据管理工具,商业银行能有效管理和利用数据,提升数据质量和价值,实现数据驱动的风险决策和优化,从而更有效地防范和应对操作风险。

### 3. 舆情分析

在大数据时代的背景下,网络上涌现大量非结构化数据,尤其是以文本形式为代表的信息,如新闻和社交媒体数据。其中,很多信息与商业银行相关,有效地挖掘和利用这些数据,将为商业银行提供全新的视角,及时掌握互联网上传播的潜在风险事件。

舆情风险管理的文本挖掘技术通常包含以下步骤:文本获取、预处理、分析挖掘和可视化展现。

(1) 文本获取:商业银行可以采购财经新闻、行业动态、研究报告等外部资讯信息,并开发采集工具扩大新闻媒体的采集范围,例如获取社交媒体信息如微博和论坛。采集方式包括搜索引擎、新闻网站、论坛页面适配和微博页面适配。

(2) 预处理:预处理阶段包括中文分词和文本去重,将文本数据切分成词语的集合,使机器能更好地理解文本内容。文本去重利用相似哈希算法快速计算海量文本的相似程度。

(3) 分析挖掘:在分析挖掘阶段,使用主题分析、关联分析、情感分析和分类分析等方法来挖掘文本的有用信息。主题分析,提取文本中的主要关键词和相关主题词;关联分析,通过算法处理文本,得出文本的数字特征格式;情感分析,分析文本情感,判断主观语义和情感基调;分类分析,利用分类器训练,得到不同维度下的分类概率特性;可视化展示,最后通过"词云""词汇网络""主题河流""传播途径"等可视化方式展示不同数据结果。

(4) 可视化展现:大数据为商业银行提供了更广泛、更多样、更实时的舆情信息,包括新闻报道、社交媒体、客户反馈、专家评论等,同时大数据模型能更深入、更细致、更动态地分析舆情,帮助商业银行更全面地了解和把握公众对商业银行的关注点、期待值和满意度,更准确地判断和预测舆情的走向和变化,制定合适的舆情策略和措施,增强舆情应对和危机管理的能力,最终帮助塑造并传递商业银行的品牌形象。

### 4.3.4 大数据征信与普惠金融

根据国务院《推进普惠金融发展规划(2016—2020年)》,普惠金融是指立足机会平等要求和商业可持续原则,以可负担的成本为有金融服务需求的社会各阶层和群体提供适当、有效的金融服务。小微企业、农民、城镇低收入人群、贫困人群和残疾人、老年人等特殊群体是当前我国普惠金融重点服务对象。推进普惠金融的主要难点在于信息不对称。实际上,普惠金融面向的客户本身属于金融弱势群体,他们没有稳定的担保品,相关的信息也难以获取,客观上造成了商业银行无法准确进行信用评估,直接阻碍了普惠金融的推进。其次,对于普惠金融服务的对象,商业银行往往存在征信的难题。就小微企业而言,他们数量众多、行业广泛、信息披露不规范,商业银行难以通过这种去中心化的信息进行合理的信用评价。此外,普惠金融涉及的地区往往是比较偏远的县、镇,乃至乡村一级,地理位置的不通畅也导致传统的征信信息无法搜集。

大数据技术的逐渐成熟正逐步解决上述难题。大数据与信贷业务相结合,能更广泛地搜集征信信息,辅助商业银行做出借贷决策。此外,大数据背景下客户管理、精准营销、小微企业信贷等多种业务被同时打通,整体提升了银行业务水平,能加速渗透到长尾客户。

**1. 大数据完善征信体系**

传统征信体系面临覆盖面窄、信息准确性不足的问题,尤其对于农民、缺乏金融意识的年轻人以及新兴的小型企业,传统征信无法充分收集信息并对其进行准确的信用评级。然而,大数据的应用为完善征信体系带来了新的机遇。虽然这些群体在金融领域活动较少,但商业银行仍然可以通过大量的生活路径数据捕获信息源,帮助金融弱势群体获得合理的信用评级和金融资源。例如,根据用户的还款周期等行为模式,支付宝平台通过芝麻信用为每个人赋予信用分数,不同的信用分数解锁不同的金融服务。

**2. 大数据覆盖长尾用户**

"长尾客户"指金融资产规模相对较小、贡献值较低的个人客户或小微企业客户,其显著特征是数量庞大、单个客户净值较低、贡献度与活跃度较低。长期以来,商业银行等传统金融机构遵循的是"二八定律",即把主要精力放在能带来80%价值的占比20%的客户身上。然而在大数据时代背景下,80%的"长尾用户"蓝海市场逐渐显现,对长尾客户的覆盖程度将直接决定未来银行的竞争格局。依托大数据技术,商业银行可以对互联网信息进行挖掘和分析,从客户交易信息和资产配置状况中获取数据源,精准推送服务帮助客户。这不仅降低了客户的机会成本,同时还增加了商业银行的业务量。因此,长尾客户可以更好地利用自身的金融资源,扩大自身的经济影响力,并逐步与普惠金融体系接轨。

**3. 大数据催生互联网银行**

互联网银行是一种利用互联网技术和平台,提供金融服务的新型银行。互联网银行不依赖实体网点,而是通过网上银行、手机银行、自助终端等渠道,为客户提供存款、贷款、支付、理财、保险等多种金融产品和服务。互联网银行的诞生是金融科技发展的产物,也是金融业适应互联网时代变革的体现。互联网银行的出现可以追溯到20世纪90年代,当时一些传统银行开始开展网上银行业务,利用互联网提高服务效率和扩大覆盖范围。随着互联网技术的不断进步和创新,一些非传统金融机构也开始涉足互联网银行领域,如阿里巴巴旗下的网商银行、腾讯旗下的微众银行等,这些互联网银行以大数据、人工智能、区块链等技术为支撑,打造了更灵活、更智能、更便捷的金融服务模式。

互联网银行诞生在大数据等技术的变革中,天然带有数字化基因。互联网银行擅长于包括大数据技术在内的金融科技使用,其整套产品逻辑都构建于数字技术之上,自然而然可借助数字科技手段来破解普惠金融难题。此外,基于数字平台而非人工平台,互联网银行运营成本相当低,无形中增强了其竞争力。未来,互联网银行将作为传统商业银行体系的有益补充,加速我国普惠金融的全面实现。

## 4.4 人工智能在商业银行的应用

人工智能作为新一轮科技革命的重要推动力,涵盖了计算机科学、心理学、经济学、哲学等多个学科的交叉融合,成为一个新兴学科。其主要目标是深入探究智能的本质,并致力于让机器能够以类似于人类智能的方式进行反应和学习。人工智能是新一轮科技革命和产业变革的重要驱动力。在技术层面上,大数据、区块链和人工智能等正在成为银行数字化转型的支撑力量。

### 4.4.1 应用现状

**1. 智能投顾**

智能投顾,又称机器人投顾(Robotk-advisor),最早于 2012 年由美国提出,是一种利用互联网技术为投资者提供在线财富管理服务的模式,是大资产管理时代的一种独特投资管理方式。根据现代资产组合理论,智能投顾根据个人投资者的特定风险偏好和投资目标,通过后台算法结合友好界面,为用户量身定制最优的投资组合。近年来,我国居民对投资的需求不断增加,但传统投资顾问数量有限,且服务质量参差不齐,甚至存在欺诈行为。同时,商业银行也认为雇用专业投资顾问的人工成本较高,通常只服务于高净值客户,难以满足整体市场需求。而智能投顾则能充分发挥人工智能的优势,收集消费者多方面信息,为普通投资者提供定制化的投资建议,降低投资顾问服务门槛,促进金融普惠化进程。

目前,招商银行旗下智能投顾"摩羯智投"突破 50 亿元,结合人工智能的财富顾问服务正成为银行快速崛起的新兴业务之一。银行智能投顾产品充分借助聚类分析、投资组合模型、机器学习等方法,结合多年财富管理实践经验和客户个人生活、资产信息,为客户提供智能资产组合配置服务,以实现有效风险分散。在投资者设定投资期限与风险承受等级后,智能投顾会综合考虑客户的流动性需求和风险偏好,提供相应的建议,但最终资产配置方案是否采纳仍由客户自主决定。通过这种智能投顾方式,客户可以更好地理解和控制投资计划,确保与个人情况相符的资产配置方案。智能投顾的一大优势是成本较传统投顾更低,符合更广大客户的金融需求。

**2. 智能风控**

大数据时代的风控主要特点是海量的数据整合分析,而人工智能的引入将使商业银行风控体系更为成熟。借助知识图谱,商业银行可以在客户环节充分整合关联企业信息,从而精准发现潜在风险。在综合审批环节,运用神经网络、深度学习等算法构建信用评估模型,帮助确定客户的贷款额度,并提供审批策略,以减少主观因素在信贷审批过程中带来的不良影响。而在贷后跟踪环节,利用大数据技术对内外部数据进行筛选和整合,实现对客户经营和消费行为的实时或准实时分析,进而寻找与客户行为相关的潜在联系,从而有效降低商业银行的资金风险。这些技术手段的应用有助于提升银行业务决策的准确性和效率,进一步加强风险管理和提升客户服务水平。

花旗银行在全球建立6个创新实验室,提前布局人工智能金融网络。在创业投资组合中,花旗尤其重视风险控制相关课题,通过子公司花旗风投对全球知名数据科学企业Feedzai进行战略投资,引入大数据分析,持续对多元渠道海量数据进行评估分析,及时确定欺诈或可疑行为,然后迅速提醒客户。人工智能技术提高了花旗防范商业欺诈以及控制整体风险的能力和效率,涵盖在线服务和理财业务。这项服务还可帮助第三方支付提供商以及零售商监控和保护与自身业务相关的金融消费行为。

**3. 智能服务**

智能语音机器人是商业银行客户服务中重要的人工智能应用。该聊天机器人能够实现在线虚拟对话,根据客户需求自动响应,同时在没有银行客服人员在岗的情况下模拟人机交互,即时解答客户疑问。理论上,聊天机器人比人工客服更快地响应客户需求,并提供更优质的服务。此外,聊天机器人还能处理许多重复性问题,节约大量人力资源。

智能语音机器人还能与其他人工智能技术合作。例如,结合自然语言处理技术,聊天机器人能够理解不同语言或方言。通过观察客户的行为,机器人还能积累、优化内部通用流程和系统知识,理解客户意图,以提供更符合客户心意的服务。借助内部互联网技术(IT)知识库中预设的机器学习和基于规则的判断逻辑,聊天机器人可以学习诊断问题,判断问题是否可以解决,如果无法解决,则将其传递给人工IT支持团队。

智能语音机器人的广泛应用提升了商业银行客户服务的效率与质量,为客户提供更便捷、高效、满意的服务体验。同时,机器人技术的不断进化将进一步推动商业银行客户服务的创新发展,为客户带来更多智能化的便利与支持。

### 4.4.2 应用前景

2022年底,伴随着ChatGPT正式推出,人工智能再次登顶舆论。ChatGPT上线两个月后月活数迅速破亿,其强大的内容定义和人机交互能力带来了AI技术颠覆性突破,将对各行各业产生深远影响。未来,包括大模型在内的人工智能概念、技术将广泛运用在商业银行客户关系管理、数字营销、风险管理和普惠金融等方面。目前招商银行在智能客服、流程智能化等方面,广泛应用了大模型技术用于意图识别、信息提取等具体工作,未来还将继续探索把先进技术引入银行业务。人工智能发展方兴未艾,商业银行的智能转型没有尽头。

**1. 深刻改写物理网点形态**

移动互联网时代,商业银行以物理网点为依托,借助移动设备极大地拓展获客渠道,为客户提供各种精细化服务。人工智能时代下,银行网点将在互联网形态的基础上继续深化组织变革。每个网点将被重新定义为银行规模化经营的一个结点,各个结点的员工、设备、客户等的行为可通过人工智能技术数字化,并形成庞大的数据库,每个结点将被大数据精准描绘。网点间、总分行、线上与线下大数据实时交互,由点及面交织为复杂但又逻辑完整的数据网络,在此基础上运用人工智能算法等工具多模态、多方法分析数据,形成高度抽象的商业银行经营模型与数字网络生态。也许有朝一日,商业银行的经营成果不再只依靠财务报表反映,而是通过计算机鼠标点击少数几个按钮,便能生成银行经营状况全图景。

**2. 高度赋能员工洞察力与服务力**

人工智能与员工服务相结合,大大提高员工对业务的洞察能力与对客户的服务水平。在当前智能服务的基础上,结合大模型技术的对客服务将更精准、更周到。在法律法规允许的情况下,商业银行可先通过智能机器人为客户提供通用性服务,某些简单的业务将不再需要员工参与,客户自己便可完成,大大减少银行人力成本。在通用性服务之外,由员工提供专业性服务。商业银行根据员工画像与客户需求通过 AI 技术相匹配,员工及时了解产品的最新数据、客户喜好、用户需求,与客户的最佳交互模式,结合客户的实时表情、行为分析和类 ChatGPT 技术的内容定义能力,为客户做好个性化的推荐服务和客户精准服务。

**3. 全面渗透互联网金融合作**

与我国互联网企业快速拥抱智能技术相比,商业银行无论在新技术学习效率还是在成果转化能力上都稍显不足。在国内,蚂蚁金服已成功将人工智能运用于互联网小贷、保险、征信、资产配置、客户服务等领域;智融金服利用人工智能风控系统已经实现月均 120 万笔以上的放款,常规机器审核速度用时仅 8 秒;以互联网小额信贷平台为主营业务的用钱宝公司,则利用人工智能技术建立了高质量的风控模型——用机器学习技术自动分析包含大量强特征和弱特征的数据,自动判断交易风险——大幅提高信贷业务的通过率,降低坏账率。与互联网金融公司合作,将是商业银行深度结合金融科技,加快智慧转型的重要途径。

虽然人工智能本身还处于发展的早期阶段,但在银行业务中已展现出巨大的威力。随着相关技术的成熟并落地,未来商业银行客户服务将更智能化,数据分析更准确。整合了区块链、大数据、云计算等新兴技术的人工智能将使银行再一次发生深刻变革。

# 总　　结

本章主要介绍了大数据在商业银行中的应用。商业银行是古老的金融机构之一,也是市场上资金量最大、最主要的金融机构。近十年来,大数据技术的日益成熟正在给银行业务带来深刻变化,其中最重要的影响莫过于金融业务主导方发生对调,客户为王的时代已经到来。商业银行要想在新时期保持竞争力,就必须以客户需求为导向,不断完善自身金融产品与服务。

整体来看,大数据对银行业务的影响主要体现在市场创新与产品创新,具体而言包括客户关系管理、数字营销、风险管理以及普惠金融等。客户关系管理是银行运用大数据技术创新业务的基础,银行所有业务都必须有客户参与,因而今天银行海量的大数据基本上是来自客户,最后又用于客户的。通过大数据平台,商业银行能建立起客户画像,拓展客户渠道以及对客户流失及时发出预警。大数据技术在市场营销方面的创新主要体现在精准营销、远程营销以及渠道营销 3 个方面,网络化、移动化是当今消费者主要消费习惯。风险管理是银行向来较为重视的环节,大数据技术的引入极大地增强了银行风控能力,对于信用风险以及操作风险,大数据均颠覆了传统模型,而舆论分析是大数据时期下商业银行所面临的新挑战。普惠金融是我国未来金融转型的重点方向之一,大数据与商业银行信贷紧密结合,实现对金融弱势群体的覆盖。前 20% 客户商业银行提供的服务比较相似,后 80% 长尾客户将是未来银行差异化竞争的主要方向。

时至今日,新概念、新技术、新产业仍然层出不穷,银行发展史上从来没有哪个时代能像今天一样变革如此之快。脱胎于大数据的人工智能技术当前方兴未艾,目前在金融量化交易以及智能投顾业务上已有运用。未来商业银行将使用怎样的技术改变社会,又将被社会发展改造成什么面貌,一切都还是未知数,唯一已知的,是商业银行与社会无时无刻不处于变化之中。

大数据除应用在商业银行业务中,还广泛应用于其他金融机构与金融事业。下一章,我们将学习大数据是如何应用在保险行业中。同样,我们将从保险业全貌开始了解,并认识到大数据是如何推动保险业转型的。

### 案例一:中信银行——用户行为天眼系统:全渠道的用户流量的监控、预警、分析和智能营销平台

(1)案例简介

中信银行从银行业务和技术架构出发,构建出一套快速收集行为数据,高效存储,灵活分析,多渠道营销的数据综合平台,以夯实客户数据根基,实时、高效地洞察数据,推动运营策略迭代与敏捷转型,助力实现数据驱动业务增长,精细化运营,高质量发展。基于行业整体情况和中信银行现状,信用卡中心立项自研一套全渠道的用户流量的监控、预警、分析和智能营销平台。

用户行为天眼系统是基于行业技术现状,结合中信银行业务发展需要,突破多重技术难点,创新自研的一套针对线上功能和服务的用户访问路径的行为采集、存储、统计、实时预警、分析和营销大数据系统;技术层面做到业务全渠道、全场景的标准化数据管理、精细化、多维化数据分析、共享开放、实时营销的客户经营和管理平台。

流量数据采集和存储维度实现多渠道、多维度、多端打通的高并发、高性能、高可用的数据基座;分析支持路径分析、热力分析、漏斗分析、留存分析、归因分析、分群分析等20多个分析方法和模型;营销能力上,实现客群的实时和离线圈定和更新,数据的实时共享,触达渠道的实时对接和响应。

目前系统能力进行了多次迭代和完善,在中信银行推广应用后,取得显著成效,对推动公司的数字化转型起到重要作用。中信银行信用卡中心线上渠道流量已实现全面的实时监控、实时分析、实时营销,助力卡中心业务部门全面深度洞察客户需求和价值。已对接中信银行系统数百个,覆盖20项业务,融合多端互联网媒体平台(动卡App、小程序、微信公众号、支付宝生活号、内部管理App),月均采集数据百亿级条用户端的访问行为数据,支持银行亿级活跃客户多维度便捷分析,有力支持中信银行获客、活客、客户价值挖掘和转化战略。

同时用户行为天眼系统具有较强可移植和扩展特性,可以面向银行业输出完整的技术和产品服务方案,助力中小银行数字化转型、精细化流量经营。

(2)案例成效

流程监控和实时营销模型助力营收稳步提升:分期业务通过天眼流量监控,实时获取流失客群信息,打通通过人工客服电话挽留,办理转化提升100%,月均提升近亿元分期规模,年累计增量数十亿规模;信用卡年费业务,通过天眼系统实时筛选高潜客群,针对该客群推送权益和优惠,办理转化提升5.6 PCT,月均提升超百万元收入,年累计增量数千万元收入。

每月百亿条多维度用户数据助力深度挖掘用户需求:银行App瀑布流智能商品推荐,

接入天眼系统行为数据后,增加实时反馈能力,产品点击率提升了近1倍,每年预估新增交易百亿以上;线下商户运营,通过匹配天眼系统用户LBS信息和商户LBS信息,精准筛选可营销客群,线下交易用户提升了百万数量级。

用户行为序列助力客户服务和消保工作高效开展:用户行为序列实时可视化用户线上访问路径;接入线下客服服务系统,数千名客服实时了解用户访问信息,快速定位用户受挫节点和原因,提供精准服务和方案,工作效能显著提升,用户满意度显著提升;同时针对客户投诉和客户纠纷,系统提供用户路径明细提取、视频回放等功能,消保工作开展更便利。

丰富数据和便捷分析能力助力业务降本增效:用户行为天眼系统提供20多项常用分析模型、同时支持商业BI分析工具强大能力,月均支持分析任务破万,分钟级耗时;对比历史的人工取数,以天或周为单位,简化了数据分析过程,工作效率提升数十倍以上;同时内部管理App和支撑系统也已经入天眼系统,帮助管理人员洞察内部工作流转的效能和断点,助力发现顶层管理问题,提供精确的决策依据。

——改编自金融数字化发展网:2023卓越数字金融大赛。

## 案例二:兴业银行——信用卡申请反欺诈侦测策略实施方案

### 1. 案例简介

兴业银行信用卡中心基于信用卡申请反欺诈场景及新技术应用发展趋势,通过创新应用无感知埋点、设备指纹、关联图谱、流处理技术、模糊匹配技术等人工智能关键技术,构建"引擎、数据、技术、规则"四位一体的信用卡申请反欺诈侦测策略,实现了对欺诈行为的精准打击,为消费者金融安全保驾护航(图4.8)。

图4.8 兴业银行信用卡反欺诈模型

在系统架构方面,信用卡申请反欺诈侦测策略布设于集团内企业级数字化智能反欺诈平台,该平台具有毫秒级的实时反欺诈风险防控能力,拥有强大的引擎功能。其具备双引擎技术,既支持规则引擎,又支持神经网络、随机森林和向量计算法等模型引擎;采用了流处理技术,彻底摆脱了数据库对处理性能的限制,为反欺诈策略提供了强大的算力支持。

在应用技术方面,信用卡申请反欺诈侦测策略已将数字化风控技术工具嵌入信贷全业务流程。应用光学字符识别、人脸识别及身份证云解码技术,有效解决不法分子冒名申领信用卡的问题;应用前沿的NLP深度学习技术训练而成的模糊匹配技术,提高欺诈特征识别的精准度;应用关联图谱和无感知埋点技术,实现客户关联关系和申请行为的可视化,提高欺诈侦测的广度和深度。

在数据处理方面,信用卡申请反欺诈侦测策略能实现极为复杂的风控逻辑计算,包括时间窗口移动、实时方差、集中度等。其引入了丰富的风控数据资源,融合了多维度数据。除中国人民银行征信、公安身份验证、运营商信息等传统数据外,还进一步引入设备指纹、多头借贷等客户申请行为数据,精准刻画客户行为画像,为反欺诈侦测提供"海量"数据支持。

在模型规则方面,信用卡申请反欺诈侦测策略采用"行内自研专家规则+头部互联网机构反欺诈模型"双线运行的方式,构建了包括逻辑异常预警、非法中介识别、黑名单实时校验、风险信息链式排查等全方位的欺诈防控网,实现申请反欺诈工作由人防转变为技防,在提升欺诈判断效率和风控能力的同时,进一步推动风险控制自动化进程。

2. 案例成效

通过模式创新,数字赋能等方式,兴业银行信用卡中心不断升级、优化信用卡申请反欺诈侦测策略,深入挖掘业务风险点,全面夯实反欺诈工作,信用卡申请欺诈自动侦测识别率已达到98.5%,欺诈损失率始终保持在较低水平,近3年信用卡欺诈损失率(含虚假资料)为0.01 BP,低于全行业0.03 BP的平均水平,风险控制情况良好。

——改编自金融数字化发展网:2023卓越数字金融大赛。

## 案例三:代码示例

本章我们介绍了大数据技术在银行各业务中的应用,下面我们以一个具体的案例研究如何使用Python进行实际业务处理。这里我们使用机器学习算法预测客户流失。

首先,确保你已经安装了所需的库,如果没有,可以使用以下命令安装:

```
pip install pandas scikit-learn
```

接着,我们导入相关数据库:

```
import pandas as pd
from sklearn.model_selection import train_test_split
from sklearn.tree import DecisionTreeClassifier
from sklearn.metrics import accuracy_score, confusion_matrix, classification_report
```

创建一个虚构的数据集,也可以替换为自己的数据:

```
data = {
    'Age':[25,30,35,40,45,50,55,60,65,70],
    'Income':[50000,60000,70000,80000,90000,100000,110000,120000,130000,140000],
    'TransactionCount':[5,8,10,12,15,18,20,22,25,28],
    'Churn':[0,0,0,0,1,0,1,1,1,1]  # 1表示流失,0表示未流失
}
df = pd.DataFrame(data)
```

先进行简单的数据探索:

```python
# 查看数据的基本统计信息
print("基本统计信息:")
print(df.describe())

# 查看数据的前几行
print("\n前几行数据:")
print(df.head())

# 查看每列的数据类型和非空值数量
print("\n数据类型和非空值数量:")
print(df.info())

# 检查缺失值
print("\n缺失值情况:")
print(df.isnull().sum())
```

将我们的探索数据进行可视化,为后面的建模提供依据:

```python
# 可视化一些关键特征的分布
import matplotlib.pyplot as plt
import seaborn as sns

# 设置 Seaborn 样式
sns.set(style="whitegrid")

# 绘制年龄分布
plt.figure(figsize=(10,6))
sns.histplot(df['Age'], bins=10, kde=True)
plt.title('年龄分布')
plt.show()

# 绘制收入分布
plt.figure(figsize=(10,6))
sns.histplot(df['Income'], bins=10, kde=True)
plt.title('收入分布')
plt.show()

# 绘制流失和未流失客户的比例
plt.figure(figsize=(6,6))
df['Churn'].value_counts().plot(kind='pie', autopct='%1.1f%%', colors=['skyblue','lightcoral'])
plt.title('流失客户比例')
plt.show()
```

划分测试集和训练集：

```python
# 将数据集划分为特征和目标变量
X = df.drop('Churn', axis=1)
y = df['Churn']

# 划分训练集和测试集
X_train, X_test, y_train, y_test = train_test_split(X, y, test_size=0.2, random_state=42)
```

使用一个简单的决策树模型，实际项目中可能需要尝试不同的算法和调整模型参数：

```python
# 创建决策树分类器
clf = DecisionTreeClassifier()

# 训练模型
clf.fit(X_train, y_train)

# 进行预测
y_pred = clf.predict(X_test)

# 评估模型性能
accuracy = accuracy_score(y_test, y_pred)
conf_matrix = confusion_matrix(y_test, y_pred)
classification_rep = classification_report(y_test, y_pred)

# 打印结果
print(f'Accuracy: {accuracy}')
print(f'Confusion Matrix:\n{conf_matrix}')
print(f'Classification Report:\n{classification_rep}')
```

我们还可以使用简单的逻辑回归模型，在银行等大型项目中，往往需要尝试多个模型，根据表现结果选择最贴合业务事实的模型作为我们的最终结果。其他模型还包括支持向量机（SVM）、随机森林（Random Forest）等，通常会使用交叉验证等技术来更全面地评估模型性能。

```python
rom sklearn.linear_model import LogisticRegression

# 创建逻辑回归模型
logistic_reg = LogisticRegression()

# 训练模型
logistic_reg.fit(X_train, y_train)

# 进行预测
```

```
y_pred_logistic = logistic_reg.predict(X_test)
# 评估逻辑回归模型性能
accuracy_logistic = accuracy_score(y_test,y_pred_logistic)
conf_matrix_logistic = confusion_matrix(y_test,y_pred_logistic)
classification_rep_logistic = classification_report(y_test,y_pred_logistic)

# 打印逻辑回归模型的结果
print("\n 逻辑回归模型性能：")
print(f'Accuracy：{accuracy_logistic}')
print(f'Confusion Matrix：\n{conf_matrix_logistic}')
print(f'Classification Report：\n{classification_rep_logistic}')
```

## 思 考 题

1. 商业银行有哪些业务？
2. 商业银行发展历史是什么？大数据时代下又出现了怎样的发展？
3. 请简要论述商业银行的主要业务。
4. 商业银行的数据来源是什么？有什么特征？
5. 大数据在商业银行中的应用有哪些？除了本章节中提到的应用，你还能想出其他应用领域吗？
6. 大数据在客户管理方面有哪些应用？
7. 大数据从哪些方面改变了传统银行的营销方式？
8. 商业银行会面临哪些风险？大数据是如何帮助银行进行风险控制的？
9. 互联网银行是在怎样的背景下兴起的？它们是如何推动普惠金融发展的？
10. 未来人工智能的发展还会对商业银行产生什么样的影响？

## 参 考 文 献

[1] 庄毓敏.商业银行业务与经营[M].5版.北京：中国人民大学出版社,2019.
[2] 邵理煜,黄登玺,潘学芳.商业银行大数据治理研究与实践[M].北京：机械工业出版社,2020.
[3] 张春子,张晓东.数字时代商业银行转型[M].北京：中信出版社,2020.
[4] 王松奇.银行数字化转型：路径与策略[M].北京：机械工业出版社,2021.
[5] 余宣杰,姜欣荣.银行大数据应用[M].北京：机械工业出版社,2019.
[6] 吴易璋.银行数字化风控：业务与实践[M].北京：机械工业出版社,2023.
[7] 毕马威.2023 中国银行业调查报告[R/OL].(2023-05-31)[2023-10-08] https://assets.kpmg.com/content/dam/kpmg/cn/pdf/zh/2023/05/china-banking-industry-survey-report-2023.pdf.
[8] 周小川.信息科技与金融政策的相互作用[J].中国金融,2019(15):9-15.
[9] 中国工商银行江苏省分行课题组,黄纪宪,兰强等.互联网时代国有控股商业银行渠道转型研究[J].金融论坛,2015,20(5):71-80.
[10] 周弋力,颜艳.大数据背景下商业银行客户管理策略研究[J].时代金融,2018(32):135-136.

[11] 施志晖.大数据时代背景下商业银行客户管理策略研究[J].中国管理信息化,2020,23(13):128-129.

[12] 范嵩,杨宇坤,邢京京.基于大数据的商业银行营销模式研究与设计[J].农村经济与科技,2019,30(24):129-130.

[13] 万亚明.基于大数据分析的商业银行运营风险管理研究[J].农村金融研究,2017(9):42-45.

[14] 李健旋,张宗庆.大数据时代商业银行服务小微企业的风险管控[J].河海大学学报(哲学社会科学版),2018,20(6):57-61,92.

[15] 谢东伸.商业银行普惠金融支持小微企业发展研究[J].当代金融研究,2022,5(2):83-92.

[16] 文红星.数字普惠金融破解中小企业融资困境的理论逻辑与实践路径[J].当代经济研究,2021(12):103-111.

[17] 葛延青.农村数字普惠金融发展的生态框架及实施路径探讨[J].金融理论与实践,2020(3):32-39.

[18] 李忠东,刘志华.人工智能在银行网点的创新应用及前景展望[J].中国银行业,2023(4):16-19.

# 第5章 大数据在保险业的应用

 **教学目标**

1. 了解保险行业概况。
2. 了解保险业数字化转型现状。
3. 重点掌握大数据在保险业的具体应用。
4. 了解人工智能在保险业的应用。

在前一章中,我们介绍了大数据在银行业的具体应用,并学习了大数据和人工智能对银行商业模式的影响以及人工智能在银行业的发展前景。现在,我们将目光转向金融行业中另一个极为重要的子行业——保险业。同样,我们将结合具体的公司案例和代码示例,探索大数据和人工智能在保险业中的应用。

在当今数字化和信息化的时代,大数据已经成为保险行业的一项强大资产,对行业的影响愈发显著。政府、保险公司以及消费者本身产生的大量数据为这个行业带来了前所未有的机会和挑战,这种数据的增长速度之快可谓惊人。据最新的数据统计,仅在过去5年中,全球的保险数据量呈现出爆炸性的增长趋势,政策数据、健康数据、车辆数据等源源不断地涌入保险公司的数据库,创造了一个前所未有的信息海洋。

这些数据的价值不仅在于其数量的庞大,更在于其多样性和广泛的应用。政府的政策数据,例如天气、地理信息、法规和监管数据,为保险业提供了基础数据,为风险评估、理赔处理和市场定价提供了有力支持。例如,健康数据,包括来自医疗机构、健康跟踪设备和健康应用程序的数据,已成为健康保险和生命保险领域的重要资源,使保险公司能够更好地了解客户的健康状况,继而个性化定价和风险评估。车辆数据则为车险提供了全新的可能性,通过车辆黑匣子、GPS定位和行车数据的收集,保险公司可以更精确地评估驾驶风险,制定个性化的保险政策。

此外,消费者自身产生的大量数据也对保险业产生了深远的影响。社交媒体活动、移动应用程序使用、在线购物习惯等数据成为了保险公司的宝贵资产,它们揭示了客户的行为模式、兴趣爱好和生活方式,为精准定价和个性化保险产品提供了依据。通过分析这些数据,保险公司可以更好地了解客户需求,提供量身定制的保险解决方案,从而提高客户满意度。

大数据的应用也催生了许多创新性的保险产品和服务。保险公司不再局限于传统的标准化保险政策,而是越来越多地推出个性化保险产品。客户可以根据自己的需求和风险水平购买保险,无论是针对健康、财产、车辆还是旅行等方面的保险。这种个性化的保险模式不仅提高了客户的选择权,还能够更好地满足他们的需求。

大数据还加强了保险业对风险的评估和管理。保险公司可以利用大数据的能力,更准确地衡量客户的风险水平,并采取相应的措施来降低风险。实时监测、模型分析和预测模型等工具已经成为风险管理的重要组成部分,它们帮助保险公司更好地了解潜在的风险并采取措施来降低损失。这对于降低保险公司的成本和提高效率至关重要。

欺诈检测是大数据发挥了巨大作用的另一个领域。通过分析大量的索赔数据、客户行为和模式识别,保险公司能够更容易地识别潜在的欺诈行为,减少欺诈索赔的损失。这不仅有助于保险公司保护自己的利益,还有助于降低保险费用,使诚实的客户受益。

此外,大数据还推动了保险销售和客户服务的创新。AI 客服和虚拟助手利用大数据技术提供了更高效的保险销售和客户服务。这些工具能够回答客户的问题、处理索赔、提供保险建议,全天候为客户提供支持。这不仅提高了客户满意度,还提高了销售效率。

然而,随着大数据应用不断拓展,保险行业也面临着一些挑战。数据隐私和安全问题已经成为行业的热点问题。保护客户的个人数据,确保其安全性和隐私,是一项极为重要的任务。政策和法规的不断变化也对保险公司的数据处理和存储方式提出了更高的要求。

未来,技术趋势将继续推动保险业的发展。区块链技术有望改变理赔处理和合同管理的方式,提高透明度和减少纠纷。人工智能和机器学习将继续发展,为保险行业带来更多的创新。物联网的普及将使保险公司能够更好地监测客户的风险,提供更精确的保险政策。

总之,大数据已经改变了保险业的游戏规则,未来将继续如此。只有那些能够适应这个数字时代的公司,才能在竞争激烈的市场中脱颖而出,为客户提供更好的保险产品和服务。这是一个不断发展的领域,我们可以期待在未来看到更多令人兴奋的创新和变革。大数据已经成为保险业的驱动力,它将引领这个行业走向更加智能、高效和创新的未来。本章将深入探讨大数据在保险行业的广泛应用,以及政策和技术趋势如何塑造了这个行业的未来。

## 5.1 保险行业概况

### 5.1.1 保险行业简介

谈论保险必然引发对风险的讨论,因为保险的存在依赖风险的存在。那么,风险是什么?我们可以这样定义它:风险是指在特定情境下,可能发生不确定事件或情况,对一个或多个目标的实现带来不确定性,而这些不确定性可能会导致负面影响。风险是保险企业的经营对象,保险商品就是为投保人转嫁给保险人的各类风险提供保险保障,保险商品的交易过程本质上就是保险人汇聚与分散风险的过程。

那么,什么是保险?根据《中华人民共和国保险法》第二条的规定,保险是指投保人根据合同约定向保险人支付保险费,以便在合同规定的情况下,对因特定事件造成的财产损失承担赔偿保险金责任,或者在被保险人死亡、伤残、患病或达到合同规定的年龄、期限等条件时承担给付保险金责任的商业保险行为。

从经济学的角度来看,保险是一种经济制度,用来集合同类风险,以分摊意外损失。投保人和保险人之间形成一种商品交换关系。保险业属于金融服务领域,其核心目标是通过提供经济安全和风险管理,保护个人和企业免受意外损失的影响。这个行业通过契约形式集中起来的资金来弥补被保险人的经济损失。本节将探讨保险行业的历史、主要类型、功能、市场趋势以及相关法规。

**1. 历史**

保险行业的历史可以追溯到古代文明,最早的保险形式可以追溯到中国和巴比伦,用来保护商业船只的海上贸易。保险业的现代形式在17世纪的伦敦逐渐兴起,当时出现了第一个保险公司。这个行业经历了多个阶段的演变,包括发展成为今天的复杂金融市场。

**2. 主要类型**

保险业务可以分为多种类型,其中包括人寿保险、财产保险、健康保险和再保险等。人寿保险提供在被保险人去世时支付一定金额的保险金,以支持家庭或受益人的经济需求。财产保险涵盖了车辆、住房和商业财产的损失或损害。健康保险用于支付医疗费用和医疗保健服务。再保险是保险公司之间的相互保险,用来分散风险。

**3. 功能**

保险的主要功能是提供风险管理和经济安全。通过支付保险费,个人或企业在不幸事件发生时可以获得财务支持。保险公司收集保险费,形成大规模资金池,以便在需要时支付索赔。这有助于分散风险,使被保险人能够更好地应对意外损失。

**4. 市场趋势**

保险行业一直在不断发展和创新。近年来,数字化技术的崛起和数据分析的应用对保险业产生了深远影响。智能设备、区块链技术和人工智能等技术被广泛用于风险评估、理赔处理和客户服务。此外,可持续发展和环保问题也对保险业产生了影响,推动了绿色保险和可再生能源领域的增长。

**5. 相关法规**

各国都制定了监管法规来规范保险行业,以确保保险公司的财务稳定性和保护消费者的权益。这些法规通常包括资本要求、保险产品的标准化、理赔处理流程和市场准入要求。保险公司必须遵守这些法规,否则可能面临罚款或吊销执照的风险。

总结而言,保险行业是一个关键的金融服务领域,为个人和企业提供了经济安全和风险管理的途径。随着科技的不断发展和社会需求的变化,保险行业将继续适应新的挑战和机遇,以满足不断变化的客户需求。

### 5.1.2 保险业务的具体特征

保险业务的特征在于其风险转移、合同性质、社会化和共济性质、经济支持、赔付原则、信用评级和资本要求以及多样性等方面,这些特征使其成为社会和经济体系中不可或缺的一部分。

(1) 风险转移:保险是一种金融工具,其主要功能是将个人或机构的风险转移到保险公司。保险公司承担被保险人所面临的风险,以换取保险费。这有助于个人或企业在面临不可预测的损失时分散风险,降低经济上的不确定性。

(2) 合同性质:保险合同是法律约定,明确了保险人和被保险人之间的权利和义务。合同中规定了保险费、保险期限、赔付条件等关键条款,保证了双方的权益。

(3) 社会化和共济性质:保险业有着社会化的属性,因为它可以帮助社会中的个人和企业共同分担风险。通过大规模的风险分散,保险公司可以提供稳定的赔付,并减轻单个受益人的负担。

(4) 经济支持:保险业为个人和企业提供了经济支持,以应对各种风险和意外事件,如疾病、事故、自然灾害等。这有助于维护财务稳定和可持续性。

（5）赔付原则：保险公司承诺在合同规定的情况下支付赔款。赔付原则是保险业的核心，确保被保险人在需要时能够获得赔付，以恢复其受损的财产或健康。

（6）信用评级和资本要求：保险公司需要维护足够的资本储备来支付可能的赔款。监管机构通常规定最低资本要求，以确保保险公司的稳健运营。此外，信用评级机构评估保险公司的财务稳定性，这对吸引投资和客户至关重要。

（7）多样性：保险业涵盖了多种类型的保险，包括寿险、财产险、健康险、汽车险等。不同类型的保险具有不同的特点和赔付方式，以满足各种不同的风险需求。

### 5.1.3 保险行业的特征

查理·芒格曾说过，如果你能够以3%的利率吸取浮存金，即指保险公司在理赔之前可以用于投资的现金保费收入，然后将这笔资金投资于能够带来13%收益的企业，那就是一笔非常不错的交易。事实上，保险行业正是按照这种模式运营的，这种模式具有独特的吸引力。然而，保险行业也是一个极度竞争的行业，很难建立持久的竞争优势。因此，我们对于保险行业的研究需要清楚了解保险行业的特点，以及企业自身的竞争优势。

保险行业具有双重性，既有消费性又有周期性，这种独特性质备受关注。

在负债方面，人们通过支付保险费获得金融服务，这种消费属性与社会人口结构和社会保障差距之间存在密切联系。随着人口年龄结构的演变和社会保障系统的差异，个人和家庭对各种保险产品的需求呈现多样性和动态性。此外，保险需求也受国家经济水平和人均可支配收入的影响，这意味着当社会经济情况发生变化时，保险市场可能会快速适应。行业监管在保险产品供应方面扮演关键角色，以确保市场的正常运作和保障消费者的权益。

在投资方面，保险公司的资产主要投资于债券和股票等资本市场工具。这些资产的长远表现受国家宏观经济发展水平和公司经营状况等因素的影响，呈现出明显的周期性。债券收益率受国家货币政策和债务市场的影响，而股票类资产的表现则与企业盈利能力和宏观经济景气度密切相关。因此，保险公司在投资决策时必须审慎考虑宏观经济环境的波动，以确保其资产组合的稳健性。

综合而言，保险行业的消费属性和周期属性相互交织，受到多方面因素的影响。这使得保险公司需要灵活应对不断变化的市场条件，并在风险管理和投资决策中保持敏感。同时，监管和市场监测也对保险行业的稳定运作至关重要。

### 5.1.4 保险的市场作用

保险业在现代经济体系中具有重要的市场地位，它为个人、家庭和企业提供了风险管理和经济安全的关键工具。以下是保险业市场地位的几个方面：

（1）风险转移与经济稳定性。保险业的核心功能是通过风险转移来帮助人们和企业应对意外风险。这有助于维护经济的稳定性，因为它减轻了突发事件对个人和企业的冲击，从而有助于经济持续增长。

（2）资本市场的重要参与者。保险公司通常持有大量资本，这些资本通过投资于股票、债券和其他金融工具，为资本市场提供了重要的流动性。它们的投资活动对市场价格和整体经济稳定性产生影响。

（3）长期资金供应者。一些保险产品，如人寿保险和养老金，需要保险公司承担长期责任，因此它们在为长期资金需求提供来源方面具有重要地位。这有利于资助长期项目，如基础设施建设和企业扩张。

（4）社会保障的补充。在一些国家，保险业被视为社会保障体系的重要补充，为那些不够覆盖的风险提供了额外的保障。例如，健康保险和失业保险可为人们提供重要的社会保障。

（5）创造就业机会。保险业创造了大量的就业机会，包括销售代理、理赔处理员、精算师、风险分析师等各种职位。这有助于社会的就业和经济增长。

（6）国际化和全球市场。保险业是一个国际化的行业，保险公司在全球范围内开展业务，为国际贸易和跨境投资提供了必要的风险管理工具。这也促进了国际经济合作和金融一体化。

总的来说，保险业在社会经济中具有重要的市场地位，不仅为个人和企业提供了安全保障，还在资本市场、社会保障和国际经济中发挥了关键作用。它的作用不仅体现在风险管理方面，还体现在促进经济稳定和可持续增长方面。

### 5.1.5 保险的行业竞争

**1. 中国保险行业竞争梯队**

根据 Brand Finance 最新发布的《2022 全球保险品牌价值 100 强排行榜》，中国总计有 12 家公司荣登榜单。这些公司按照全球排名和品牌价值可分为 3 个层次。具体而言，品牌价值超过 400 亿美元的唯一代表是中国平安；而品牌价值超过 100 亿美元的则包括：中国人寿、太平洋保险、友邦保险。此外，品牌价值未达到 100 亿美元的中国保险公司也在榜单上获得了认可，它们包括：中国人保、国泰人寿、新华人寿、富邦人寿、中国太平、中国再保险集团、台湾人寿以及南山人寿（图 5.1）。

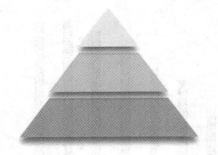

**图 5.1　中国保险行业竞争梯队**

资料来源：前瞻产业研究院。

**2. 中国保险行业市场集中度**

根据 2022 年的原保险保费收入数据，全国原保险保费总额达到了 46957 亿元。具体来看，中国平安、中国人保、中国人寿、中国太保和新华保险的原保险保费收入分别为 7691.40 亿元、6191.58 亿元、6152.00 亿元、3931.66 亿元和 1630.99 亿元。值得注意的是，中国平安、中国人保和中国人寿的市场份额均超过了 10%；从总资产角度来看，截至 2022 年末，全行业的保险公司总资产总额达到 27.1 万亿元。其中，中国平安公司的总资产高达 11.01 万亿元,占据了超过40%的市场份额。

目前我国保险行业市场集中度较高,2018—2022年,CR5始终保持在54%以上(图5.2),整体来看,市场集中度变化较小,比较稳定。

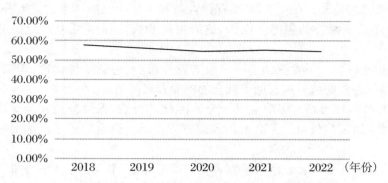

图 5.2 2018—2022年中国保险行业市场集中度CR5

图片来源:前瞻产业研究院。

## 案例:2022年中国保险行业发展现状及市场规模分析[①]

1. 中国保险保费收入稳居世界第二位

近15年来,中国保险行业总保费收入总体呈上升趋势,其中2006年和2014年保险业"国十条"和2014年"新国十条"的出台促进了保险行业的快速增长。2021年在新冠疫情和车险综合改革的背景下,原保费收入逐年递增的态势被打破,全年总保费收入为44900亿元,同比下降357亿元(图5.3)。

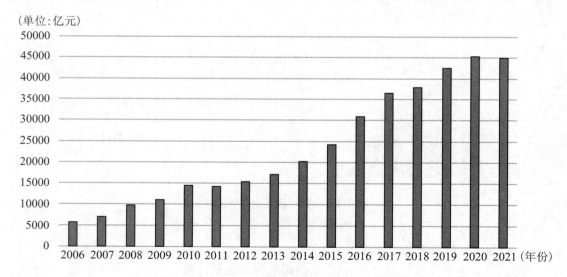

图 5.3 2006—2021年中国保险行业总保费收入

资料来源:中国银保监会、前瞻产业研究院。

---

① 内容参考《洞察2023:中国保险行业竞争格局及市场份额》(前瞻产业研究院)。

自 2017 年我国保费收入超过日本以来,已经连续 5 年占据全球第二保费市场的位置,且正逐渐拉开与日本的距离,尽管与排名第一的美国还有较大的差距,但是我国已经成为世界保险市场的中坚力量(表 5.1)。

表 5.1　2017—2021 年全球保费收入规模排名

| 排名 | 2017 年 | 保费收入 | 2018 年 | 保费收入 | 2019 年 | 保费收入 | 2020 年 | 保费收入 | 2021 年 | 保费收入 |
| --- | --- | --- | --- | --- | --- | --- | --- | --- | --- | --- |
| 1 | 美国 | 13771 | 美国 | 14694 | 美国 | 14035 | 美国 | 16088 | 美国 | 18816 |
| 2 | 中国 | 5414 | 中国 | 5749 | 中国 | 6283 | 中国 | 6447 | 中国 | 8266 |
| 3 | 日本 | 4221 | 日本 | 4406 | 日本 | 4141 | 日本 | 4185 | 日本 | / |
| 4 | 英国 | 2833 | 英国 | 3365 | 英国 | 3040 | 英国 | 3459 | 英国 | / |
| 5 | 法国 | 2416 | 法国 | 2580 | 法国 | 2478 | 德国 | 2558 | 德国 | / |
| 6 | 德国 | 2230 | 德国 | 2415 | 德国 | 2251 | 法国 | 2398 | 法国 | / |
| 7 | 韩国 | 1812 | 韩国 | 1790 | 韩国 | 1806 | 韩国 | 1894 | 韩国 | / |
| 8 | 意大利 | 1555 | 意大利 | 1703 | 意大利 | 1501 | 意大利 | 1637 | 意大利 | / |
| 9 | 加拿大 | 1195 | 加拿大 | 1279 | 加拿大 | 1270 | 加拿大 | 1409 | 加拿大 | / |

注:部分国家及地区尚未发布 2021 年保费收入数据(单位:亿美元)。

2. 中国保险收入结构失衡较为严重

从保费收入结构来看,2021 年我国人身险保费收入为 33229 亿元,占比高达 74%;财产险保费收入为 11671 亿元,占比为 26%(图 5.4)。与世界其他成熟保险市场相比,我国保险保费收入结构失衡较为严重,财产保险发展不够健全。

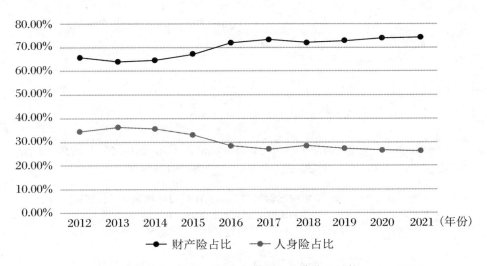

图 5.4　2011—2021 年中国总保费收入结构

资料来源:中国银保监会、前瞻产业研究院。

3. 中国保险密度与保险深度仍有上升空间

2010 年以来,中国保险密度快速增长,与全球平均保险密度的差距不断缩小。2021 年中国保险密度为 520 美元/人,而全球平均保险密度为 661 美元/人(图 5.5)。

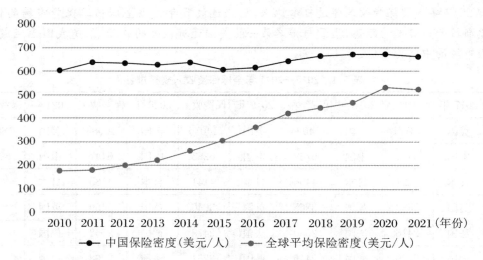

图 5.5　2010—2021 年中国保险密度与全球平均保险密度变化情况
资料来源：前瞻产业研究院。

近 5 年，全球平均保险深度总体呈小幅平稳下降趋势，而中国保险深度也呈波动下滑态势，与全球平均水平相比差距未见缩小。2021 年中国保险深度为 4.15%，全球平均保险深度为 5.96%（图 5.6），而美国、英国等发达国家的保险深度则保持在 10% 以上，中国保险深度仍然具有很大的上升空间。

图 5.6　2010—2021 年中国保险深度与全球平均保险深度变化情况
资料来源：前瞻产业研究院。

## 5.2 大数据下保险的商业模式创新

### 5.2.1 保险业的数字化转型

科技的不断进步已经对保险业带来了革命性的改变。数字化改革成为保险行业的核心转型,传统保险业务正逐渐向线上迁移。保险公司正在积极构建在线平台和移动应用,以提供便利的数字服务,包括在线购买保险、提出理赔请求以及客户支持等多项功能。与此同时,人工智能和大数据技术的广泛运用也为保险业带来了新的机遇。通过精确分析客户数据,保险公司可以更准确地制定价格和个性化保险产品,从而提高客户体验。物联网技术也在保险领域发挥着重要作用,通过连接各种传感器和设备,实时监测客户的风险信息,例如车载传感器监控驾驶行为,智能家居设备提高房屋保险风险评估的准确性。此外,区块链技术的引入提高了保险业的可信度和数据安全性,确保保险合同和理赔数据不受篡改。云计算和边缘计算技术提高了保险公司处理大数据和提供服务的效率和响应速度。最后,智能顾问和聊天机器人为客户提供更实时、便捷的保险咨询和服务。综合考虑上述科技因素的颠覆性影响,保险业正在逐步实现智能化、高效化和个性化,以提供更卓越的保险服务。

保险业的核心依赖大数定律,因此与数据密切相关。大数据不仅对数据技术本身产生影响,还改变了整个社会数据的格局,进而塑造了人们的生产和生活方式。对保险业来说,大数据带来了数量、质量和多样性等技术参数方面的显著改进,同时也颠覆了精算学的理论基础,从而全面改变了保险业务的根本结构,引发了深刻而革命性的变革。因此,保险业需要灵活适应,跟上时代的步伐,以现代数据视角重新审视保险的商业逻辑,借助新技术实现创新应用,改革经营模式。

在政策层面,保险行业正处于一个至关重要的时刻,相关政策的连续发布不仅为其发展提供了指导,还为科技赋能保险带来了新的机遇。2019年8月,中国央行颁布了《金融科技(FinTech)发展规划(2019—2021年)》,这一行动标志着中国金融科技领域的战略规划正式启动,为未来金融保险业的发展勾画了科技融合的愿景。随后,2020年1月,中国银保监会发布了《中国银保监会关于推动银行业和保险业高质量发展的指导意见》,再次明确鼓励保险机构积极创新科技保险,并突出了科技赋能保险的战略重要性。这一指导意见强调了中国监管机构积极支持保险业的承诺,鼓励业界开展与科技相关的保险产品和服务,以满足不断演变的市场需求。

2020年5月,中国银保监会发布了《关于推进财产保险业务线上化发展的指导意见》,在政策制度上鼓励保险公司更快速地进行线上化改革。这一举措鼓励保险行业更加果断地朝着科技转型的方向前进,为数字时代的变革提供政策支持。2020年8月,银保监会进一步推出了《推动财产保险业高质量发展三年行动方案(2020—2022年)》,再次提出支持财产保险公司制定数字化转型战略,加大科技投资和人才支持力度,以培育拥有科技优势的现代保险企业。这一行动方案为保险行业设定了明确的目标和发展方向,鼓励行业更积极地采纳先进科技。

政策的连续制定为保险业提供了明确的方向和政策背书,同时也拓展了科技驱动保险的广阔前景。这些政策措施为保险业在数字化时代获取竞争优势奠定了坚实的基础,促进了行业的创新和发展,更好地满足了客户需求。

### 5.2.2 保险业在云计算与大数据分析领域的创新

云计算和大数据分析是保险数字化转型的两个主要方向。关于云计算,保险公司借助云技术,将数据存储和处理移到云端服务器上。这样的举措使数据管理更加灵活和经济高效,因为公司可以根据需求灵活扩展或缩减计算资源。此外,云计算还增强了数据的安全性,有助于确保客户信息得到妥善保护。至于大数据分析,保险公司利用这一技术来处理大规模的数据,以提取有价值的信息,包括客户的风险分析、赔付模型的优化以及市场趋势的识别。通过大数据分析,保险公司能够更准确地定价保险产品、预测索赔发生率,并提升客户体验。

保险科技在云计算与大数据分析领域的创新为保险公司带来了许多优势。提高数据存储和处理效率使得保险公司能够更迅速、高效地处理数据,提供更快捷、便利的保险服务。而提供更精准的客户洞察力使得保险公司能够更加了解客户,为其提供更符合需求的保险产品和服务。这些创新帮助保险公司更好地应对市场变化,提升业务竞争力,实现持续增长。

**1. 提高数据存储和处理效率**

云计算为保险公司提供了强大的数据存储和处理能力。传统的本地数据存储和处理通常需要大量硬件设备和昂贵的维护成本,而云计算技术则允许数据存储在云服务器上,可在任何时间和地点访问和处理数据,从而显著减少了硬件投资和运维成本。此外,云计算的灵活性和可伸缩性意味着保险公司可以根据业务需求随时调整资源使用情况,提高了数据处理的效率和适应性。通过云计算,保险公司能够更迅速地处理大规模数据,加速风险评估、保单审核和理赔处理等业务流程,从而提高了客户满意度和业务效率。

**2. 提供更精准的客户洞察力**

大数据分析技术在保险业的应用愈发关键。保险公司积累了庞大的数据资源,包括客户信息、理赔记录、保险产品销售数据等。通过大数据分析,可以深入挖掘这些数据,获得更深刻的客户洞察。通过分析客户行为、需求和偏好,保险公司可以实现精准的保险产品定制,提供个性化的服务,满足客户的具体需求。此外,大数据分析还有助于识别潜在的高风险客户,进行准确的风险评估,从而更有效地管理风险和制定保费策略。大数据分析使保险公司更深入地了解客户,提供更贴近客户需求的保险解决方案,提高了客户满意度和忠诚度。

### 5.2.3 大数据对保险商业模式改革的推动

**1. 传统保险商业模式的特点**

传统保险商业模式主要是基于风险分散的原则。保险公司通过收集大量的保单,将风险分散到不同的被保险人身上,从而降低了个体风险带来的损失。这种分散风险的方法可以使保险公司更容易应对突发事件,如自然灾害或大规模事故。然而,传统保险商业模式存在一些不足之处。

第一,它通常需要大量的资本来支持业务运营。保险公司需要在预付保险赔付之前收取保费,这意味着它们必须具备足够的财务实力来支付未来的索赔。这导致了保险公司的运作成本较高,这些成本通常由保费支付。

第二,传统的保险模式存在信息不对称的问题。通常情况下,保险公司拥有更多的信息和数据,而被保险人对风险的了解相对有限。这可能导致保险公司在定价和赔付方面拥有更大的议价权,而被保险人可能无法获得公平的待遇。信息不对称也可能引发道德风险,即被保险人可能会采取不诚实的行为,以谋求更高的理赔金额。

第三,传统的保险公司运营模式存在一系列问题。其依赖大规模员工团队,管理体系粗糙,运营成本较高。根据行业研究,传统保险公司通常将总运营成本的大约30%用于支付员工工资和发放福利,这表明员工是保险公司的主要支持力量,但也导致了相对昂贵的管理和运营费用。此外,传统保险公司在销售方面也面临高昂成本。历史数据显示,保险经纪人佣金支出占到了主要经营成本之一,占总收入的约15%。这意味着保险公司不仅需要支付员工工资,还需要分配相当大一部分资金来激励销售人员。然而,这些高昂成本不仅在经济层面存在问题,还可能导致销售过程中的不当行为。鉴于销售人员面临着业绩压力,一些销售人员可能会采取不正当手段,以确保签单完成。保险业监管机构的报告指出,有一定比例的投诉涉及销售人员夸大保险责任、误导客户或隐瞒关键信息的行为。这种情况不仅对客户不公平,还对整个保险行业的信誉产生了负面影响。

第四,传统保险模式还存在一些市场不平等的问题。在某些情况下,保险公司可能会拒绝为高风险个体提供保险,这可能导致这些人难以获得保险保障,也会导致社会不公平,因为那些最需要保险保障的人可能无法获得。

所以,传统保险商业模式具有风险分散的优势,但也存在资本需求高、信息不对称、道德风险和市场不平等等问题。这些问题已经促使保险行业探索新的商业模式和技术,以更好地满足市场需求并提供更公平的保险服务。

**2. 大数据背景下新保险商业模式**

科技发展,特别是互联网、大数据和区块链技术的出现,同时,社会变革,特别是保险型社会理论和"保险+"商业模式的发展,重新定义了保险理论、产业结构、市场机制、组织形态、产品和服务模式等。面向未来,保险行业面临本质创新可能带来一些全新的商业模式:

微型保险和分时保险。微型保险和分时保险是由于移动互联网的广泛应用而备受瞩目的保险创新形式。微型保险是指保险产品的保费极为低廉,涵盖范围较为有限,主要针对特定风险和需求。与之不同,分时保险是根据客户实际的使用情况来计算保费,例如,车辆保险费用根据行驶的里程和时间段来确定。这些新兴的保险模式迎合了用户对个性化和灵活性的需求,特别适合年轻一代和移动终端用户。

互助保险。互助保险是一种去中心化的保险模式,由一群参与者组成的社群共同承担风险。当社群成员中的个体面临意外事件或风险时,社群的成员会一起出资来协助那些受损的成员。这种模式利用区块链等技术确保透明度和公平性,减少了中间环节,降低了成本,更具亲民性和社群参与感。

数据驱动的个性化定价。随着大数据和人工智能技术的不断发展,保险公司现在可以更准确地评估客户的风险水平,实现个性化的定价策略。通过分析客户的行为、历史数据等信息,保险公司能够为每位客户量身定制保险产品和相应的保费,从而提高了产品的吸引力和竞争力。

联合保险和区块链技术。区块链技术为保险业提供了更高的透明度和安全性。在联合保险模式下,区块链技术被用来智能化和去中心化合同,从而提高了交易的可信度和效率。各方直接参与合同的创建和执行,减少了中间环节,降低了交易成本。

物联网(IoT)和传感器技术：物联网技术允许物体之间相互连接和通信,而传感器技术则能够实时监测和收集数据。在保险行业,这些技术可以用于风险评估和预防措施。例如,在车辆保险中,可以使用车联网技术来监测驾驶行为和车辆状况,或者在住宅保险中,可以利用智能家居设备来检测安全问题。这些技术提供了更准确的数据,帮助保险公司更好地理解风险和客户需求。

这些新的商业模式和创新机会使得保险业更加灵活和个性化,能够更好地满足客户需求,提高服务质量和效率。随着科技的不断发展,预计将会有更多创新的保险商业模式不断涌现。

### 5.2.4 数字化转型下保险业务的未来形态

随着数字化转型的不断推进,保险业将迎来全新的未来形态。数字化技术的快速发展将深刻影响保险业务的方方面面,包括产品创新、客户体验、风险管理和运营效率等方面。

在产品创新方面,数字化转型将推动保险产品在产品创新方面朝着个性化和定制化的方向发展。通过应用大数据和人工智能技术,保险公司能够更深入地了解客户的需求和风险特征,从而为客户提供更符合其实际情况的保险解决方案。个性化的保险产品满足了客户多样化的需求,提高了保险产品的吸引力和竞争力。

客户体验将成为保险业数字化转型的重要关注点。随着移动互联网的广泛普及和数字化技术的广泛应用,保险公司将能够提供更为便捷和高效的服务。客户可以随时随地通过手机或电脑购买保险、提交理赔申请,并实时跟踪保单和理赔处理进度。数字化转型还将促使保险公司扩展多渠道的客户接触点,通过社交媒体、在线客服等方式与客户互动,提高客户满意度和忠诚度。

在风险管理方面,数字化技术将为保险公司提供更准确和全面的风险评估手段。大数据分析和物联网技术的应用将使保险公司能够更及时地监测和预测风险,从而及早采取措施进行风险预防和控制。同时,数字化转型将加强保险公司与监管机构之间的数据共享和信息披露,提高市场监管的效率和精确性。

提高运营效率也是保险业数字化转型的重要目标之一。自动化和智能化技术的应用将减少繁琐的手工操作,优化业务流程,从而降低运营成本。同时,数字化技术还将推动保险公司与供应商和合作伙伴之间的信息交流和合作,建立更紧密和高效的生态系统。

总体而言,数字化转型将使保险业更加灵活、创新和透明。保险公司将更好地适应市场变化和客户需求,提供更优质的服务,实现可持续发展。同时,数字化转型也带来了一系列挑战,如信息安全和隐私保护等问题需要得到妥善解决。只有充分把握数字化带来的机遇,保险业才能迎接未来的挑战,实现更加繁荣和稳健的发展。

## 案例：中国互联网企业的保险圈布局[①]

《2017中国互联网保险行业发展报告》中提到，"BAT等互联网巨头初涉保险布局"已经成为中国保险科技创新的4种兴起模式之首。过去几年，BAT等纷纷尝试结合自身的用户流量数据优势，通过与保险公司合作为销售端口、参与设立保险公司等方式参与保险布局。

1. 阿里：布局最深，野心勃勃

蚂蚁金服作为阿里布局整个互联网金融的"航空母舰"，其内部设立了专门的保险事业部，其对保险业的改变以及在保险市场上分一杯羹来说，可谓"野心勃勃"。2017年的9月，蚂蚁金服旗下的杭州保进保险代理有限公司获得保监会许可，经营保险代理业务，走在了"老对手"腾讯和百度的前面。看阿里布局保险业的时间轴，2013年，众安保险拿下国内首张互联网保险牌照，在保险科技领域抢占先机；2015年6月，蚂蚁金服和天弘基金发起设立信美相互人寿，主打长期养老保险和健康险业务，同年9月，蚂蚁金服成为国泰财产保险有限责任公司的大股东；2015年8月，阿里健康与太保安联开始战略合作，针对互联网的场景开放新产品；2017年以来，蚂蚁金服宣布进军保险领域路线图，陆续发布车险分、定损宝等产品；2017年7月，蚂蚁金服全资控股的杭州保进保险代理有限公司获批经营保险代理业务，自此，蚂蚁金服（间接）拥有了互联网保险牌照、相互保险牌照以及保险代理牌照。

2. 腾讯：从流量端口切入市场保险

2017年11月，腾讯正式在其微信钱包服务的九宫格中推出"微保"。微保旨在通过腾讯近9亿用户的巨大流量端口，将保险的潜在用户和场景连接。虽然晚于蚂蚁金服的布局，但腾讯期望通过场景化和流量端口相结合奋起追赶。腾讯在保险业布局很早之前就开始了，2012年，腾讯财付通与中民保险网共同推出"保险超市"，早于众安保险的成立；2015年，腾讯网有了保险产品销售专区；2015年7月，和泰人寿获得筹建批复，腾讯的全资子公司北京英克必成科技有限公司与中信国安成为并列的最大单一股东；2017年，腾讯控股的微民保险代理有限公司获批经营保险代理业务。

3. 百度：期待弯道超车

"百度早已经在BAT的竞争中落入下风"的论调早已不再新鲜，相较于阿里与腾讯，百度对互联网金融的布局起步确实稍晚，但是依靠自己的流量优势，百度走了一条不同于阿里与腾讯的路径，即百度更倾向于合资成立或控股保险机构而非全资成立，依靠后者积累的经验，快速切入市场，期待实现"弯道超车"。2015年，百度与安联保险、高瓴资本共同发起成立百安保险公司，拟经营旅行险、健康险和互联网金融险等业务，但至今未获得批复；2016年6月，百度子公司——百度鹏寰与太平洋保险控股子公司——太保产险拟共同发起设立一家股份制财产保险公司，但也尚未得到批复；经过前两次"涉保"碰壁，2017年10月，其子公司——百度鹏寰资产管理（北京）有限公司对黑龙江联保龙江保险经纪有限责任公司完全控股，后者为百度带来首张保险经纪牌照。

4. 京东：姗姗来迟的搅局者

京东在2013年初涉保险，1月与多家保险公司展开战略合作；2015年，保险作为第六大业务板块并入京东金融体系；2017年，京东展示了进军保险业的野心，宣布正在申请保险牌

---

[①] 许闲.保险科技创新运用与商业模式[M].北京：中国金融出版社，2018.

照或会通过战略投资进军保险。刘强东还强调,京东不会发展任何机构和保险公司,遍布全国的12万名快递员就是京东最大的财富,而快递员未来很可能同时承担保险的客户服务或现场查勘的职责。

5. 其他物联网巨头:跃跃欲试,虎视眈眈

除了以上4家互联网巨头外,其他的互联网公司对保险市场同样是虎视眈眈,做着不同的尝试和努力。例如,2013年10月众安在线财产保险股份有限公司成立时,携程作为股东参股;苏宁易购2012年设保险频道,联合中国平安、中国太平洋及泰康人寿等上线了多款保险产品,并有意向设立自己的寿险公司和财险公司;网易也建立了网易保险平台,于2011年12月正式上线。除上述几家外,小米、国美及唯品会等一众门户、旅游和电商类平台均跃跃欲试,表5.2为以"BATJ"为代表的互联网巨头竞逐保险业的布局。结合自身的生态特征涉足保险业。互联网正和保险衍生出更多新的故事。

表5.2  以"BATJ"为代表的互联网巨头竞逐保险业的布局

| 公司名称 | 保险业务布局概览 |
| --- | --- |
| 阿里 | 众安保险、国泰财险、信美相互人寿、杭州保进保险代理有限公司 |
| 腾讯 | 众安保险、和泰人寿、香港英华杰、微民保险代理 |
| 百度 | 百安保险、黑龙江联保龙江保险经济 |
| 京东 | 京东保险 |

## 5.3  大数据在保险业的具体应用

### 5.3.1  大数据时代的三大思维变革

数字化时代下,数据处理变得更加容易、更加快速,人们能够在瞬间处理成千上万的数据。大数据分析引领了我们信息理解和社会建构方式的三个重要转变:

(1) 更多的数据。在大数据时代,我们有机会分析更多的数据,有时候甚至能够处理与特定现象相关的所有数据,而不再依赖随机采样。概括来说即"样本=总体",我们现在应该分析所有的相关数据,而不仅仅是少量的采样数据。随机采样是在以前技术条件有限时不得已的一种选择。它的优点是,在当时的环境条件下,能用最少的数据获得最多的信息。但这种分析方法也有一个很难克服的缺陷,就是它很难呈现出全部数据中隐藏的一些细节信息。所以,当技术条件的进步使我们已经能够获得并处理海量数据时,随机采样这种分析方法也就没有什么意义了。

(2) 更杂的数据。大数据背景下,数据变得如此之多,以至于我们不再过于追求数据的精确度,反而更注重数据的多样性。在"小数据"的情境下,最基本、最重要的要求是降低错误率和确保数据质量。由于数据采集量较少,我们必须确保所记录的数据尽可能准确。但当我们面对大量新类型的数据时,精确性就不再如此重要,我们同样可以揭示事物的发展趋

势。大数据让我们不再过分强调数据的精确性,甚至很难实现数据的精确性。

(3) 相关关系而非因果关系。前两个转变驱使着第三个转变,即我们不再一味追求查找因果关系,而更专注于相关关系。如果数百万份电子医疗记录显示橙汁和阿司匹林的特定组合可以治疗癌症,那么找出确切的药理机制就没有这种治疗方法本身来得重要。同样,只要我们知道什么时候是购买机票的最佳时机,就算不清楚机票价格波动的原因也无所谓了。大数据告诉我们"是什么"而不是"为什么"。

### 5.3.2 保险业大数据应用的四大发展阶段

保险业的数据应用发展经历了多个阶段,从手工数据收集到数字化转型与智能化应用,这一过程不断推动着行业的创新和发展。各个阶段的演进如下:

(1) 手工数据收集阶段。早期的保险业主要依赖手工操作,使用纸质表格和文件来记录客户信息、保单数据和理赔记录。这个阶段的数据处理相对简单,但容易出现错误和遗漏,效率有限。

(2) 电子数据处理阶段。随着计算机技术的发展,保险公司逐渐引入电子数据处理系统。计算机被用于管理客户信息和保单数据,提高了数据处理的速度和准确性。这个阶段的数据应用主要是基于简单的数据库和软件应用。

(3) 大数据分析阶段。随着互联网的普及和数据存储技术的提高,保险业进入了大数据分析阶段。保险公司开始积累大量数据,包括客户行为、社交媒体数据、传感器数据等。通过大数据分析和人工智能技术,保险公司可以更深入地挖掘数据,提高风险评估的准确性,优化产品定价和理赔处理,提供个性化的保险服务。

(4) 数字化转型与智能化应用阶段。目前,保险业正处于数字化转型和智能化应用的阶段。保险公司积极应用云计算、区块链、物联网等新兴技术,实现数据的全面数字化和智能化应用。数字化转型提高了数据处理的速度和效率,使保险服务更便捷。智能化应用推动保险公司在风险管理、产品创新和客户体验等方面取得突破性进展。

这些不同阶段的演进反映了保险行业对数据应用的不断迭代和创新,为保险公司提供了更多的机会和竞争优势,同时也改善了客户体验和风险管理水平。

### 5.3.3 大数据在保险中的应用领域

(1) 精算与定价领域的应用。近年来,我国保险公司和保险科技企业纷纷开展了人工智能在保险精算和定价领域的创新与探索。如人工智能保险顾问方面,太平洋保险公司的"阿尔法保险"等智能保险顾问,利用自然语言处理和机器学习技术,能够与客户进行对话,回答保险相关问题,提供保险建议,协助客户选择适当的保险产品;智能保险机器人,泰康保险的"TKer"和类似的智能机器人可用于多个领域,包括精算和定价。可以帮助精算师和定价团队更快速地处理数据,进行模型开发和风险评估。这加速了定价和产品开发的进程,也能够更好地应对不断变化的市场需求;机器人版的精算师,信美相互保险的"精算师阿信"等类似系统可以用于智能精算。这些系统可以分析庞大的数据集,识别潜在的风险因素,自动建立精算模型,进行风险定价。这提高了精算师的效率,降低了定价和风险评估的时间和成本。

(2) 承保与核保领域的应用。首先,人工智能已经在承保系统领域发挥了巨大作用。这些智能承保系统使保险公司能够根据不同保险产品的要求和特性,针对每个产品设置相应的承保条件和规则。例如,在人寿保险中,针对被保险人的健康状况,智能系统会根据具体情况提供不同的选择项,并自动将投保信息传送至智能审核系统。另外,在汽车保险领域,人工智能可通过识别车辆的 VIN 码、行驶证、车牌号、车型、发动机号以及行驶里程等多种信息,实现自动验车和承保流程。这些自动化的步骤简化了流程、提高了效率,使客户享受更为便捷的服务。其次,我们也看到人工智能应用于核保系统。这种系统包括风险的分类、分组和量化分析,不同标的风险之间的相关性分析以及承保标的与承保条件之间的关联分析。然而,为了构建这一智能核保系统,需要大量、高质量的基础数据和专业领域的培训。在初期,需要人工的介入、培训和引导,以建立智能核保系统的知识库和审核规则。这将有助于实现专业、精准和高效的自动核保流程,从而解放人力资源、削减运营成本,同时有效地减少"逆选择"和道德风险。

(3) 理赔领域的应用。首先,基于图像识别的智能化保险定损已经成为一项革命性的技术。与传统繁琐的定损程序不同,这种智能化定损只需经历 4 个简单步骤,包括上传证件照片、事故现场照片、图像定损以及用户确认,即可完成整个定损过程。在这一过程中,人工智能充当了定损专家的"大脑"和"眼睛",通过云端算法识别事故照片,并将结果直接传送至保险公司的后台系统,确保准确的定损结果。这一全新的定损模式不仅更为迅速、简单和高效,还显著提升了客户体验,有效地减少了企业成本,同时极大程度地减少了人工操作可能引发的工作失误和不当行为风险。其次,基于人工智能的数字化核赔理赔模式正在逐渐改变保险理赔领域。这种模式结合了大数据和相关算法,利用保险理赔管理规则引擎,对各种理赔案件进行智能审核、校验和处理。特别是在小额、高频、碎片化的互联网保险理赔案件中,该模式发挥了巨大的作用。它自动搜索历史数据,完成定损数据计算任务,并进行审核理赔。在经过人机互检后,快速进行核赔和理赔,协助保险从业人员高效、准确、经济地处理理赔事件。这一数字化处理方式实现了核赔、理赔的高效化和精确化,全面提升了保险理赔的质量和服务水平。

### 5.3.4 保险业大数据应用实践

保险业在大数据应用方面取得了显著进展。大数据技术的广泛应用,使保险业能够更好地理解客户需求,提高风险评估准确性,加强欺诈检测,优化理赔处理,提升客户体验,为保险行业的发展带来了新的方向(图 5.7)。以下是大数据技术给保险业各方面带来的优化。

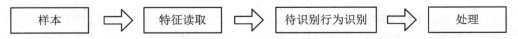

图 5.7 以大数据分析为基础的风险管理流程

(1) 个性化定价和保险产品创新:通过大数据分析客户行为和历史数据,许多保险公司能够提供个性化的保险定价和保险产品。例如,一些汽车保险公司利用车载传感器数据和驾驶行为分析,为驾驶行为良好的客户提供更优惠的保费,激励客户驾驶更安全。类似地,健康保险公司也可以利用智能手环或健康 App 数据来了解客户的健康状况,为客户量身定制保险方案。

(2) 精准风险评估:大数据技术使得保险公司能够更准确地评估客户的风险。通过分析大量的数据,包括天气数据、地理信息、医疗记录等,保险公司可以更全面地了解客户所处的风险环境,从而更精准地制定风险评估模型和保费定价策略。

(3) 欺诈检测与预防:大数据分析对保险欺诈的检测和预防也起到了重要作用。保险公司可以通过分析客户的历史数据和行为模式,识别出异常的索赔请求和欺诈行为。这样,保险公司能够更加有效地防范欺诈,保障业务的稳健和可持续发展。

(4) 理赔处理优化:大数据应用也帮助提高了理赔处理的效率。通过自动化和智能化技术,保险公司可以更快速地核实理赔信息,降低理赔处理的时间和成本。例如,图像识别技术可以帮助保险公司快速定损,无需人工干预,提高了理赔处理的效率和客户满意度。

(5) 客户体验升级:大数据应用改善了客户体验,使得保险购买和理赔申请更加便捷。通过在线渠道,客户可以快速获取保险报价、购买保单,无需繁琐的纸质办理手续。同时,在线理赔平台使得客户可以实时追踪理赔进度,获得更好的服务体验。

### 5.3.5 大数据在不同险种中的应用

**1. 车联网在车险中的应用**

车联网技术的应用在定价和风险评估方面具有重要潜力。通过安装在车辆上的传感器和设备,保险公司能够实时监测车辆的行驶情况,包括驾驶习惯、速度、驾驶方式等数据。这些数据提供了更准确的信息,有助于制定个性化的保险费率,以更精确地反映每位驾驶者的实际风险水平。这种个性化定价模式能够奖励安全驾驶者,降低高风险驾驶者的保险费用,提高公平性。

此外,车联网技术还提高了事故管理和索赔处理的效率。在发生事故时,车辆上的传感器可以自动传输有关事故的数据,如碰撞位置、强度以及潜在责任方给保险公司。这缩短了索赔处理的时间,减少了纠纷和不必要的调查。实时数据也有助于确定事故责任,提供证据,从而更公平地解决索赔问题。

在中国,车联网技术的发展吸引了众多行业参与者,包括电信运营商、OBD设备制造商、汽车制造商、保险公司和IT服务提供商。然而,这也带来了合作模式的挑战。与欧美市场不同,中国的车险市场整体盈利情况相对薄弱,因此,降低保费可能会导致行业亏损的风险。因此,保险公司需要充分发挥车联网技术的优势,如更准确的风险评估、欺诈检测以及提供增值服务,以在综合成本率和客户满意度方面取得质的提升,这将是推广UBI车险的关键路径。

**2. 穿戴式设备在健康险中的应用**

穿戴式设备在健康险领域的应用正逐渐显现出许多潜在的优势和创新。首先,这些设备可以实时监测被保险人的生理数据,如心率、血压、步数和睡眠质量,为保险公司提供了有力的健康数据。这些数据可以用于更准确的健康评估,有助于保险公司确定保费定价。其次,穿戴式设备可以激励被保险人采用更健康的生活方式。通过提供健康建议、设定目标和提醒,它们可以鼓励用户采取积极的健康行为。与被保险人合作,设定健康目标,并提供奖励或折扣,以激励健康行为,这种健康奖励机制可以融入保险产品中,从而激励更多的人关注健康。再次,穿戴式设备还有助于风险管理和预防。通过分析用户的生理数据,保险公司可以及早发现潜在的健康风险,采取早期干预措施,如提供健康咨询,以减少未来的索赔成本。最后,这些设备可以与紧急响应系统集成,以提高被保险人的安全。当检测到紧急情况,如心脏病发作或摔倒,设备可以自动发出求救信号,加速救援过程,减少紧急医疗支出。

需要注意的是,应用穿戴式设备引发了一系列与数据隐私和伦理问题相关的讨论。法律风险和伦理风险仍然是一个挑战,需要相关法律法规的进一步完善。保险公司必须确保在采集、存储和使用健康数据方面遵守法规和伦理标准,同时保护被保险人的隐私权。因此,相较于个人穿戴设备的数据,保险公司更倾向于获得来自医疗机构和体检中心的电子病例数据,以用于理赔和产品定价,因为这些数据通常受到更严格的法律和伦理约束。

### 3. 智能家居在住宅保险中的应用

智能家居技术在住宅保险领域的应用正逐渐扩展,为保险行业带来了许多新的机会和潜在优势。智能家居设备,如智能门锁、安全摄像头、入侵检测器和烟雾探测器,可以帮助提高住宅的安全性。保险公司可以鼓励客户安装这些设备,并提供折扣或奖励,以促进安全措施的采用。这有助于减少盗窃和火灾等风险,从而降低索赔率。通过技术支持,智能家居设备可以生成大量数据,保险公司可以利用这些数据更好地了解住户的生活方式和风险因素。这有助于更准确地定价保险,制定个性化保险政策,并提供客户定制的建议。并且,当发生损失时,智能家居设备可以提供有关事件的详细数据,帮助保险公司更快速、准确地处理索赔。这有助于减少争议和降低索赔处理成本。然而,智能家居技术在住宅保险中的应用也涉及一些隐私和数据安全的问题。保险公司需要确保客户的隐私得到妥善保护,同时遵守相关法规和法律。这可能需要采取数据加密和安全措施,以确保数据不被未经授权的访问或滥用。此外,透明的数据使用政策和明智的数据共享实践对于建立客户的信任和遵守法律法规也是至关重要的。

总的来说,智能家居技术为住宅保险带来了更多的风险管理和数据支持的机会。它可以提高住宅安全性、降低损失风险、提供更好的客户体验,同时为保险公司提供更多的数据和洞察。随着这一领域的不断发展,智能家居和住宅保险之间的合作将继续扩展和深化。

## 阅读资料一:保险业大数据应用两个具体的事件[①]

当谈到保险业的大数据应用实践,许多公司都在利用大数据技术来提升业务效率、改善客户体验、增强风险管理能力等方面取得了显著的成果。以下是两个具体公司的例子:

1. Ping An Insurance Group(中国平安保险集团)

作为中国较大的保险集团之一,Ping An 在大数据应用方面处于领先地位。该公司通过自有的金融科技公司 Ping An Technology(平安科技)开展大数据分析和人工智能技术的研发与应用。通过对庞大的客户数据和市场数据进行分析,Ping An 能够为客户提供个性化的保险产品和服务。

在风险管理方面,Ping An 利用大数据技术来评估客户的风险水平,并基于此制定风险管理策略。例如,在车险领域,Ping An 通过车载传感器数据和驾驶行为分析,为客户提供驾驶行为评分,并根据评分调整保费。这种个性化定价的方法在车险行业取得了显著的成功。

此外,Ping An 还通过大数据应用优化理赔流程。利用图像识别和自然语言处理技术,Ping An 能够快速核实理赔信息,加速理赔处理的速度,提高客户满意度。

2. Lemonade(美国 Lemonade 保险公司)

Lemonade 是一家以数字化为核心的保险科技公司,其业务模式和客户体验都与传统保险公司有很大的不同。Lemonade 运用大数据分析和人工智能技术来实现快速保险购买

---

① 张娓. 大数据时代下保险公司的创新之路[M]. 重庆:重庆大学出版社,2020.

和理赔处理。

该公司的保险购买过程完全在线完成,通过对客户提供的信息和历史数据进行实时分析,Lemonade能够在几分钟内为客户提供个性化的保险报价,并完成保单签订过程。这种高效的保险购买体验吸引了许多年轻客户。

在理赔方面,Lemonade采用区块链技术和人工智能来实现智能理赔处理。客户可以通过手机App提交理赔申请,Lemonade利用大数据技术对申请进行实时分析,快速核实信息,实现快速理赔。同时,该公司还采用了防欺诈算法,帮助自动检测和防范潜在的欺诈行为。

通过这些大数据应用实践,Lemonade在保险业引入了更加数字化、智能化的服务模式,为客户提供更便捷、高效的保险体验。

这些公司的实践表明,大数据应用对保险业的转型和创新产生了积极影响。借助大数据技术,保险公司能够更好地了解客户需求,优化产品和服务,提高风险管理能力,实现更高效的业务运营。这些创新和实践有望为保险业带来更加灵活、智能和个性化的发展。

### 阅读资料二:运用机器学习模型预测索赔发生的可能性和索赔金额

当涉及复杂的大数据应用时,保险公司可以使用机器学习模型来预测索赔发生的可能性和索赔金额。以下是一个稍微复杂的案例,演示如何使用Python和Scikit-learn库来构建一个索赔预测模型以及如何评估其性能。

案例说明:假设我们有一个包含大量历史索赔数据的数据集,其中包括被保险人的年龄、性别、车辆类型、驾驶历史等信息以及每次索赔的发生与否和索赔金额。我们的目标是构建一个机器学习模型,根据被保险人的个人和车辆信息来预测他们是否会提交索赔以及索赔金额的大小。

```python
'''python
import pandas as pd
from sklearn.model_selection import train_test_split
from sklearn.ensemble import RandomForestClassifier, RandomForestRegressor
from sklearn.metrics import accuracy_score, mean_squared_error

# 读取CSV文件,假设文件名为insurance_claims_data.csv
df = pd.read_csv('insurance_claims_data.csv')

# 分割数据集为训练集和测试集
X = df.drop(['Claim_Status', 'Claim_Amount'], axis=1)
y_claim = df['Claim_Status']
y_amount = df['Claim_Amount']

X_train, X_test, y_train_claim, y_test_claim, y_train_amount, y_test_amount = train_test_split(
    X, y_claim, y_amount, test_size=0.2, random_state=42)

# 构建索赔发生的分类模型
claim_model = RandomForestClassifier(n_estimators=100, random_state=42)
```

```
claim_model.fit(X_train,y_train_claim)

# 预测索赔发生
claim_predictions = claim_model.predict(X_test)

# 计算分类模型的准确性
claim_accuracy = accuracy_score(y_test_claim,claim_predictions)
print("索赔发生预测准确性:",claim_accuracy)

# 构建索赔金额的回归模型
amount_model = RandomForestRegressor(n_estimators = 100,random_state = 42)
amount_model.fit(X_train,y_train_amount)

# 预测索赔金额
amount_predictions = amount_model.predict(X_test)

# 计算回归模型的均方误差
amount_mse = mean_squared_error(y_test_amount,amount_predictions)
print("索赔金额预测均方误差:",amount_mse)
"""
```

这个复杂的案例中,我们首先导入了数据并将其分割成训练集和测试集。然后,我们构建了两个不同的模型:一个用于预测索赔是否会发生(二元分类模型),另一个用于预测索赔金额(回归模型)。我们使用了随机森林算法,并评估了分类模型的准确性和回归模型的均方误差。

这个示例演示了如何使用机器学习和大数据技术来分析保险数据,以便更好地理解索赔的潜在模式和趋势。通过这种方式,保险公司可以更好地制定策略,降低风险,提高客户满意度以及改进索赔处理过程。

## 5.4 人工智能在保险业应用的现状和前景

### 5.4.1 人工智能在保险业的应用现状[①]

**1. 人工智能的发展现状**

人工智能的应用基于大数据,也可以与区块链相辅相成。2010 年以来,深度学习的发展推动语音识别、图像识别和自然语言处理等技术取得了惊人的突破,加之大数据时代加成,人工智能取得了爆发式发展,商业化、全球化浪潮席卷而来。随着机器学习、知识图谱、

---

① 本小节内容参考:张宁. 保险科技中的大数据与人工智能[M]. 北京:经济科学出版社,2021.

自然语言处理、计算机视觉、人机交互、生物特征识别、虚拟现实、增强现实等关键技术的重大发展,越来越多的行业可以实现自动化处理,人工智能产业链也得到了长足的发展。其中,基础设施层(A端)主要有基础数据提供商、半导体芯片供应商、传感器供应商和云服务商;应用技术层(B端)主要有语音识别、自然语言处理、计算机视觉、深度学习技术提供商;行业应用层(C端)主要是把人工智能相关技术集成到自己的产品和服务中,然后切入特定场景。

人工智能产业主要分为核心业态、关联业态、衍生业态3个层次。随着人工智能技术的成熟,国际巨头纷纷布局行业应用,积极寻找人工智能落地场景,B、C端同时发力。例如,Google全面开花,几乎覆盖所有行业;亚马逊重点关注智能家居、云服务、电商及传统零售业变革;微软、Apple、Facebook则专注于利用AI技术提升用户体验。从行业大类分布来看,行业应用层的企业占比最大,为56.03%;其次是应用技术层的企业,占比达31.04%;基础设施层的企业占比最小,仅为12.93%。随着人工智能技术的发展,人工智能与场景深度融合,应用领域不断扩展,行业应用公司比重不断提升。麦肯锡预计,到2025年全球人工智能应用市场规模总值将达到1270亿美元,而我国预计超过4000亿元,人工智能会迎来突飞猛进的产业化发展。人工智能进阶发展将表现为以下3个方面:一是智能服务呈现线上线下的无缝融合;二是智能化应用场景从单一向多元化发展;三是人工智能和实体经济的深度融合将进一步加快。

在公司战略的层面,人工智能可以看成一个"元细胞",也可以理解为增强的API(应用程序接口)。公司凭借此种形式思考公司引入人工智能的战略可以过滤掉各种技术细节,使得宏观管理关注于人工智能的价值目标。保险公司人工智能融入模式的大致流程为:人工智能元细胞通过派生辅助承接公司的业务,完成相关业务往来,同时通过派生,对股东相关业务进行承接,类似地针对监管和客户进行人工智能层面的操作。风险管理流程如图5.8所示。

**图 5.8 风险管理流程**

**2. 人工智能对保险行业的影响**

人工智能和机器学习正在快速发展,并广泛应用于各行各业。随着人们生活中越来越多的元素变得互联,保险公司可利用的数据不断增长,人工智能的应用也变得更加广泛。基于用户数据进行大数据分析的保险公司,能够获取多维度数据,反映个体风险特征,并与传统保险承保理赔数据融合。这样的分析能力使得保险公司能够提供有针对性的产品,并提升产品定价的准确性。人工智能在保险业的应用则实现了业务线上化和人力解放。通过机器学习技术对客户数据进行分析,人工智能能够精准地识别客户需求,并建立智能化的算法模型。这样的智能化水平提升了保险行业核心环节的效率,优化了保险企业的成本结构,从而提高了盈利水平。

随着腾讯、阿里、京东等互联网巨头相继进军保险业,传统保险业正面临前所未有的冲击。科技创新逐步颠覆了保险业的商业模式,改变了保险业的运营方式。人工智能对保单生命周期产生了深远影响,可以替代多个处理环节,如保单录入、核保、收付费、理赔和保全等,从而在降低成本、提高效率方面具有巨大的变革潜力。

人工智能对核心业务的影响也不可忽视。保险产品设计基于大数法则,而人工智能技术可以帮助或替代精算师分析海量数据,设计出精确、特征鲜明的产品。同样,在理赔和理算环节,采用人工智能技术来识别图像、进行精准匹配,可以极大提升客户满意度。在产品销售环节,人工智能可以提供更加标准化、专业化的服务,避免销售误导和潜在风险。在风险控制方面,基于大数据的人工智能应用可以在身份核实、征信和反欺诈方面发挥出人力无法达到的程度。在资金运用环节,借助专家系统和智能投顾,人工智能可以做出更为精准的判断。客户服务方面,机器人客服可以替代传统客服人员,解决大部分常规问题。在智能查询方面,机器人客服甚至比人工客服更加准确、高效。此外,人工智能技术还可以基于广泛的数据基础实现对客户的个性化分析,找出最适合的保险产品和增值服务,实现以客户为中心的目标,提供更好的用户体验。通过人工智能,保险公司能够更好地满足客户的个性化需求,为他们提供更加定制化的保险解决方案。

### 5.4.2 人工智能在保险行业的应用前景

保险行业丰富的数据资源为人工智能的应用提供了诸多场景,相应地,人工智能也为保险业价值链重构发挥着重要的作用。

(1) 替代简单重复性操作。机器学习可以应用于自动化处理保单契约录入、核保和收费等重复性人工操作。同时,人工智能技术,包括语音识别和智能分析,以及人脸识别技术,可以用于改进智能客服领域。智能客服系统的应用可以显著减少大量耗费时间和精力的重复性人工工作,从而降低运营成本。

(2) 满足客户个性化需求。通过应用人工智能技术,保险公司能够通过数据分析建立客户画像,对客户特征进行深入分析,制定专门的产品和服务,以向客户提供最匹配的市场活动和精确的推广,从而实现卓越的客户体验。利用聊天机器人和虚拟助手,保险公司可以实现全天候的客户支持。这些 AI 系统可以回答日常问题,提供保险建议,甚至协助客户完成购买流程,提高客户满意度。经过深度学习和大量模拟运算,AI 现在能够充当"AI 保险规划师",根据用户提供的个人信息,为他们量身定制适合的保险方案。例如,蚂蚁保于 2023 年 4 月 12 日推出了业内首个 AI 智能保险配置工具,名为"省心配",该工具基于"HRAAM 模型",依据用户的年龄、居住城市、月收入和负债情况等数据,能够模拟匹配成千上万种保险配置方案,并最终筛选出最佳选项。

(3) 改进产品设计缺陷。人工智能可以改善产品体验,用于在线产品设计和内容推荐,以便为客户打造个性化、碎片化的保险产品。通过多维度的大数据分析,保险公司可以更准确地评估产品的风险,提高风险定价的能力,实现差异化的定价策略,从而促进产品创新和个性化定制。

(4) 变革保险销售模式。人工智能能够简化产品购买流程,标准化销售流程和话术,提升客户体验,减少销售误导,同时显著降低市场营销成本。特别是智能交互机器人,能够与客户互动,并运用知识图谱高效且相对准确地了解客户情况。它还可以筛选客户信息、查询保单、核查费率等,从而提高客户满意度,实现最大化客户价值。AI 客服目前是保险行业中广泛应用的人工智能场景之一,综合了语音识别、语义理解、语音合成、光学字符识别(OCR)、人脸识别、电子签名等多种 AI 技术,用于提供广泛的客户服务。这包括对保险种类、保险期限、保险条款、保费等方面的咨询以及处理繁琐的客户咨询和业务处理任务,例如外呼和回访等。

(5) 发挥智能决策作用。在核保、理赔、投顾等领域,人工智能可以实现智能决策,从而有效控制风险。智能投顾的核心在于充足的数据积累与算法模型,它可以根据客户的风险承受能力、投资风格和理财需求,应用智能算法和投资组合优化理论等模型,为客户提供最合适的投资建议,引导客户更恰当地购买保险。在核保环节,首先进行在线核保的筛查,然后对筛查后的保单进行人工核保,这既可以简化核保流程、提高核保效率,又能相对宽松地满足承保条件,提高了常见非标人群的投保便捷性。在理赔环节,基于图像识别技术,能够快速查勘、核损、定损和反欺诈识别,与传统的人工核损流程相比,极大地节省时间,提高理赔效率,降低欺诈索赔的可能性。使用智能理赔风险输入、加工和预警输出,可以定义风险规则进行筛查,完善理赔风险闭环管理机制。

总的来说,保险业自身正处在发展和变革的进程中,传统业务发展面临瓶颈,必须通过模式创新、产品创新、服务创新等方式走创新发展的道路。在人工智能飞速发展的时代,保险行业要抓住机遇,依靠新思维、新技术,发挥经济"助推器"和"稳定器"的作用。

### 5.4.3 人工智能在保险业的具体应用

LexisNexis 的调查结果显示,人工智能在不同保险领域的应用程度有所差异。在车险领域,人工智能的应用最为广泛,占比达到 68%;其次是人身险和商业相关保险,应用比例分别达到 65% 和 60%;而在家财险领域,人工智能的应用相对较初级,只有不到一半的家财险(49%)采用了人工智能。为了确定风险损失等信息,保险公司利用物联网、大数据等技术收集相关数据。

**1. 人工智能在人身保险领域的应用**

人身保险是以人的生命或身体作为保险标的的保险,包括人寿保险、健康险和意外险。在人身保险领域,人工智能的一个典型应用是利用深度学习模型改进寿险保单的定价和风险评估。其中,递归神经网络(Recurrent Neural Networks,RNN)和长短期记忆网络(Long Short-Term Memory,LSTM)是常用的模型。这些模型能够有效处理序列数据,例如医疗记录或个人历史健康数据。通过分析这些数据,人工智能可以识别潜在的风险因素,并更准确地评估个人的寿险风险,从而为保险公司提供更精确的定价策略。

例如,平安寿险在理赔服务方面已经构建了以闪赔和预赔为核心的立体化服务体系,提供从客户出险到赔付的全流程专业服务。其中,他们推出了智能闪赔和智能预赔两项创新服务。

智能闪赔是在 2017 年推出的服务,针对传统理赔模式中存在的时效长、手续繁琐等问题,平安寿险利用互联网前沿技术进行流程创新与优化,结合人脸识别、OCR + NLP、医院联网和智能理赔模型等新科技技术,实现了极速、极简的理赔服务。在标准案件 3 天赔付、到标准案件2天赔付的基础上,平安寿险首创了闪赔服务,从提交申请到理赔审核再到理赔款到账,最快只需要1分钟多的时间,截至2019年9月,将近40%的理赔客户在30分钟内获得理赔款。

智能预赔是在2020年推出的服务,针对就诊过程中的困难和压力,平安寿险提前将理赔环节置于住院治疗中,打破了传统理赔需要客户出院后申请赔付的模式。通过构建理赔客户画像和大数据模型,综合分析客户的疾病情况、保单等信息,预测赔付金额,并提前给付部分款项,以缓解客户治疗期间的资金压力。

这些创新服务利用了人工智能和大数据技术,提高了理赔服务的效率和便捷性,为客户提供了更好的保险体验。

**2. 人工智能在汽车保险领域的应用**

车险人伤理赔是车险领域的一部分,但与车辆物损理赔有本质不同,实际上属于一种责任险。人伤理赔与车辆物损理赔的核心区别在于人身伤害赔偿的不确定性,这一差异也使得人伤理赔工作变得复杂和需要专业知识。通过人工智能技术,可以有效解决目前车险人伤理赔领域存在的问题。特别是自2020年新冠疫情发生以来,保险公司积极响应防疫政策,取消了不必要的人工查勘,取而代之的是采用人工智能查勘。理赔员、客户以及责任方通过内嵌智能平台进行在线沟通,通过视频、语音以及图像技术等智能手段实现多方交流。这一进展提高了效率,使理赔更加高效和智能。

(1)信息收集——智能识别。车主可将身份证、驾驶证、银行卡等证件照片上传至保险公司的理赔系统,随后点击OCR智能识别功能,系统将自动辨识和提取证件上的关键信息,例如身份证号码、银行卡账号等,无需进行传统的手动录入和重复校对,只需检查自动提取的信息是否准确。以身份信息为例,用户将身份证正反面拍照上传至系统,系统将自动提取身份证号码、出生日期、籍贯等重要信息并自动填写。此外,即使客户或责任第三方难以亲自前来处理理赔事务,仍可通过上传清晰的证件照片发送给理赔员,从而节省了传统的上门提交资料所需的时间。

(2)信息获取——智能解析。这些信息大致可以分为两类:一类涉及个人信息,如姓名、性别、年龄、账户信息以及户籍等;另一类则涉及伤情信息,包括诊断、手术类型、治疗方式、误工时间、伤残等级等。在信息获取领域,保险公司和科技企业已经深入研究并实际运用了一些先进技术。例如,通过身份证识别技术和银行卡识别技术,可以在几秒钟内准确获取当事人的姓名、性别、年龄和银行账户信息,准确率几乎达到100%;此外,使用OCR文字识别技术,还可以识别病历中的伤情诊断和治疗信息以及医疗费用清单中的费用信息。未来的发展需要在已经取得的进展基础上进一步研究、完善和优化,以实现对个人信息和伤情信息的智能全面获取,从而解放人工,提高效率。

(3)定损——智能图像分析。人工智能提供各种服务,模仿人类的功能和工作方式。这包括信息和图像识别等出色的功能。此外,人工智能还能够跟踪人体信息并进行检测,以分析特定数据的属性,以判断某一主体的最终损伤程度。例如,员工和客户如果只受到浅表损伤,只需通过拍照和上传来完成智能分析。如果损伤属于非浅表性质,那么就需要上传诊断报告或相关图像,系统将自动识别诊断和赔偿数据,通过对这些信息的智能分析,以智能的方式提供报价并协助理赔员处理相关的理赔工作。

(4)自动报案——防止风险。在事故发生的第一时间,车载传感器会自动为客户进行报案。这一系统整合了车辆和人员损伤领域的科学知识,可以预测车辆的损害程度以及人员的伤情情况。客服人员能够通过智能报案平台迅速了解事故详情,并主动与客户联系。同时,系统还会根据事故信息估计车辆和人员的受伤情况,然后及时安排救援和急救措施。这种方式使保险公司能够将传统的被动式服务转变为未来的主动式服务,有效减少"黄牛"在保险公司介入事故之前的风险。

(5) 理赔——在线视频理赔。在报案完成后,车主无需前往现场办理相关事务,而可以选择通过视频通话的方式进行理赔。理赔人员也会利用视频通话来核查文件和获取必要的资料,以尽快赔付事故损失。如果事故导致人员受伤,双方也可以通过视频通话进行协商,以达成最终的赔偿协议。对重大案件,仍会派遣查勘员前往现场进行调查,同时负责车主的情绪调解和管理工作。

(6) 风控模型——反欺诈。通过风险控制模型和大数据模型,我们能够建立风险控制规则,并访问客户档案中的信用记录和历史索赔数据。对于存在问题和疑点的案件,需要采用人工审核的方式进行处理,以提高风险控制水平和保险公司的服务质量。近年来,保险欺诈行为不断演变,包括"人为事故欺诈""车辆碰撞欺诈""车辆与固定物碰撞欺诈""维修车间涉嫌欺诈"等一系列专业的、规模化的作案模式。人工智能可以在应对这一难题方面提供帮助。根据东财网数据,在引入智能风险控制模型之前,我国每发生3起交通事故就有一起涉嫌欺诈行为,而最终导致保险公司赔付的欺诈案件超过50%。这些欺诈行为每年给我国各大保险公司带来数十亿元的损失。引入智能风险模型后(图5.9),此类欺诈事件逐渐减少,保险公司能够更好地掌握真相和事实,以保护自身权益。

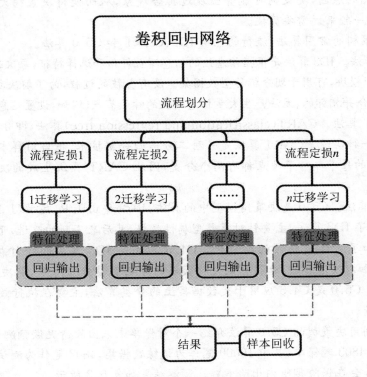

图 5.9 量化定损流程示例

## 案例:决策树机器学习预测保险单出险索赔[①]

决策树(decision tree)是常用的机器学习方法之一,即使在深度学习火热的今天,它仍然是数据分析中常用的分析方法之一,并且在预测结果方面排在前列。

本质上,决策树是一种有监督的学习方法,以树状图为基础,输出一系列简单的结果。或者说,其实是利用了一系列 if-then 语句来形成各种规则,最后输出结果。具体到车联网中,我们用它做这样的事情:根据已有的样本数据(10000),来获得一棵决策树,并对其他的数据来进行分类,判断其是否会在保险期间进行出险索赔。

决策树在数据挖掘领域的主要作用是利用一系列规则对数据进行分类,它通过在特定条件下提供特定值来完成分类过程。一般来讲,决策树分为分类树和回归树两种,分类树对离散变量做决策树,回归树对连续变量做决策树。

决策树的学习往往分为以下几个过程:首先,特征选择。从训练数据众多的特征中,根据一定的选择标准来选择一个作为当前节点的属性,如何选择特征有着很多不同量化评估标准,从而衍生出不同的决策树算法。其次,决策树生成。根据选择的特征评估标准,从上至下递归地生成不同的节点,直到数据集已经被完全地分到了叶子节点之下。就结构来说,递归结构是最容易理解的方式。最后,剪枝。因为在实际的操作中,由于数据量太小以及可能存在错误数据的原因,决策树可能会出现过拟合现象,从而使得决策树无法对数据的预测,因此决策树一般来说需要剪枝。

具体到决策树的常用算法,流行的包括 ID3、CART 和 C5.0 算法。

(1) ID3 算法。ID3 算法是根据信息论的信息增益评估和选择特征,每次选择信息增益最大的特征做判断模块,可用于划分标称型数据集。没有剪枝的过程,为了解决数据过度匹配的问题,可以裁剪合并相邻的、无法产生大量信息增益的叶子节点(例如,设置信息增益阈值)。

(2) CART 算法。CART(classification and regression tree)算法,即分类回归树算法,它是决策树的一种实现。CART 算法是一种二分递归分割技术,把当前样本划分为两个子样本,使得生成的每个非叶子结点都有两个分支,因此 CART 算法生成的决策树是结构简洁的二叉树。

(3) C5.0 算法。C5.0 是决策树模型中的算法:1979 年由 J.R.昆兰(J.R.Quin-lan)发现提出,并提出了 ID3 算法,主要针对离散型属性数据,其后又不断的改进,形成 C4.5,它在 ID3 基础上增加了对连续属性的离散化。C4.5 算法是 ID3 算法的修订版,采用收获率(gain ratio)来加以改进方法,选取有最大收获率的分割变量作为准则,解决了 ID3 算法过度配适的问题。C5.0 是 C4.5 应用于大数据集上的分类算法,主要在执行效率和内存使用方面进行了改进。

下面我们利用决策树的 C5.0 算法介绍一个对保单未来出险情况做预测的应用实例。

实际选用 14803 笔保单,其中 10000 笔作为训练数据集,4803 笔作为测试数据集。目标是预测保单是否会在保险期限内出险索赔。预测结果如表 5.3 所示。

---

[①] 张宁.保险科技中的大数据与人工智能[M].北京:经济科学出版社,2021.

表 5.3 预测结果

| 可能情况 | | 预测结果 | | |
|---|---|---|---|---|
| | | 未出险 | 出险 | 合计 |
| 实际情况 | 未出险 | 3260 | 366 | 3626 |
| | 出险 | 795 | 382 | 1177 |
| | 合计 | 4055 | 748 | 4803 |

测试集数据 4803 笔,出险保单数为 1177 笔,出险保单占总数据集的 1177/4803 = 24.51%,未出险保单占比为 1 - 24.51% = 75.49%。

实际出险保单 1177 笔,实际出险且预测结果为出险的保单 382 笔,准确度为 382/1177 = 32.46%。

实际未出险保单 3626 笔,实际未出险且预测为未出险的保单 3260 笔,准确度为 3260/3626 = 89.91%。

全部保单预测的准确度为(3260 + 382)/4803 = 75.83%。从全部保单的准确性来看,与全部未出险保单占比基本相同。但对出险保单的预测提高了 7.95 个百分点(32.46% - 24.51% = 7.95%),对未出险保单的预测的准确性提高了 14.42 个百分点(89.91% - 75.49% = 14.42%)。

从上述分析来看,机器学习技术确实能够对保单品质进行更为有效的区分,从而提升经营效益。另外,精算模型对数据数量和数据的时间周期相对较长,短期趋势往往会被忽略,而且精算模型并不太适合用于分类结果预测方面。统计方法则存在同样类似的情况,在出现新趋势的初期,很难判断是属于偶然因素还是发展趋势。机器学习模型则可以根据数据的不断更新而自动更新模型参数,进而有效弥补精算模型和统计方法的缺陷。

## 案例:用 Python 中的人工智能库(TensorFlow)构建简单的保险理赔图像识别模型

以下是一个简单的示例,展示了如何使用 Python 中的人工智能库(TensorFlow)来构建一个简单的保险理赔图像识别模型。请注意,这只是一个基本的示例,实际应用中需要更多的数据和模型优化。

```python
"'python
# 导入所需的库
import tensorflow as tf
from tensorflow import keras
from tensorflow.keras.preprocessing import image
from tensorflow.keras.applications.inception_v3 import InceptionV3, preprocess_input, decode_predictions
import numpy as np

# 下载并加载预训练的图像分类模型
```

```
model = InceptionV3(weights = 'imagenet')

# 加载测试图像
img_path = 'insurance_claim.jpg'   # 你的保险理赔图像文件路径
img = image.load_img(img_path, target_size = (299,299))   # 将图像调整为 InceptionV3 模型
的输入尺寸
x = image.img_to_array(img)
x = np.expand_dims(x, axis = 0)
x = preprocess_input(x)

# 使用模型进行图像分类
predictions = model.predict(x)

# 解码预测结果
decoded_predictions = decode_predictions(predictions, top = 5)[0]

# 输出预测结果
for (imagenetID, label, score) in decoded_predictions:
    print("Label:{},Score:{:.2f}%".format(label, score * 100))
"""
```

在这个示例中,我们使用了 InceptionV3 模型,该模型经过预训练,可以识别图像中的不同物体。你需要将一个理赔图像的文件路径('img_path')替换为你实际使用的图像文件。代码将加载图像,对其进行预处理,然后使用模型进行图像分类,最后输出识别结果和相应的置信度分数。

在实际应用中,你可以根据需要使用更大规模的图像数据集来训练自己的图像分类模型,以适应特定的保险理赔场景。此外,你还可以整合其他数据,如文本信息或保险单据,以提高理赔处理的自动化程度。请注意,这只是一个简单的示例,实际应用可能需要更多的工作和优化。

## 总　　结

本章主要探讨了大数据技术在保险行业的应用。大数据技术的崛起正在彻底改变保险行业的格局与运作方式。保险业作为金融领域的重要组成部分,正面临着大数据带来的革命性变革。随着信息技术的不断发展,保险行业已经开始积极采用大数据技术,以更好地满足客户需求、提高风险评估精度、优化产品设计、改善理赔流程以及创新营销手段。

首先,大数据技术为保险行业带来了更准确的风险评估和定价能力。通过分析海量数据,保险公司可以更加精确地评估客户的风险水平,为客户提供个性化的保险产品和定价方案,提高了保险业务的盈利能力和客户满意度。其次,大数据还为保险公司提供了更高效的理赔处理能力。传统上,保险理赔流程繁琐、耗时,而大数据技术的应用可以实现自动化理赔审核、快速索赔处理,大大提高了理赔效率,降低了理赔成本,同时也提升了客户体验。另

外,大数据还为保险行业带来了创新的产品设计和营销手段。通过对客户行为数据的深入分析,保险公司可以开发出更加贴近客户需求的产品,并利用个性化营销策略精准触达目标客户群体,提高了产品销售率和市场竞争力。

然而,随着大数据技术的广泛应用,保险行业也面临着一些挑战。首先是数据安全和隐私保护问题,海量的客户数据可能会面临泄露和滥用的风险,保险公司需要加强数据安全管理,建立健全的隐私保护机制。其次是数据质量和分析能力的提升,保险公司需要加强数据清洗和挖掘技术,确保数据的准确性和可靠性,并提升数据分析的能力,实现更深层次的洞察和决策。所以,大数据技术的应用为保险行业带来了巨大的机遇和挑战。保险公司需要不断加强技术创新和管理能力,积极应对挑战,把握机遇,实现持续创新和发展。

在传统金融业之外,量化投资在金融市场中的地位也日益重要起来。下一章我们将探讨大数据技术在量化投资领域的应用,深入探讨大数据如何为投资决策提供更为精准的支持和指导。

## 案例:行稳致远,保险企业数智化转型制胜策略(节选)

麦肯锡在2023年1月发布的报告《行稳致远,保险企业数智化转型制胜策略》中谈到:在内外部环境不断影响下,中国保险行业开始告别旧模式。经过30年高速扩张后,增长瓶颈已经到来,而新业务模式还未完全成型。保险企业应当更加苦练"内功",由"粗放型"的业务增长转变成为"精细化"的效益提升,我们认为建设数字化能力是这种转变的关键。同时,从《"十四五"数字经济发展规划》《银行保险业数字化转型的指导意见》到最近成立的国家数据局,国家也在通过一系列顶层设计与政策,不断支持企业深化数字化应用,保险企业更应抓住这一契机,深度融合业务、数据和技术,持续深入推进以数据驱动的数字化转型,这是拉动保险企业高质量发展的重要引擎。

展望2030年,保险行业将从事后"评估与服务模式"加速向"可预测、个性化和生态化模式"转变。数据能帮助险企更好地了解客户,进而打造更具有吸引力的产品和服务;此外数据也能帮助险企显著提升运营效率,因此险企数智化转型势在必行。

立足当下,国内险企数字化转型尚处于起步阶段,需直面业务和技术两方面的挑战。就业务层面而言,险企往往缺乏基于业务战略的数据治理与应用策略,险企业务端在数据驱动的转型中参与度不够。就技术层面而言,其瓶颈在于缺乏兼具业务知识与技术能力的复合型数据人才。

虽然大部分险企已意识到大数据应用所带来的巨大业务价值,但数智化转型成效并不尽如人意。麦肯锡调查显示,仅27%的险企有明确且可持续的数智化转型蓝图;仅33%的险企能较好地将来自(大)数据的洞见,融入日常业务流程中并持续创造业务价值;其结果就是仅有17%的险企认为其实现了最初的转型目标。究其根因,我们认为主要在于战略设计、用例试点与推广以及基础能力建设三大方面有待改善。

一、战略设计上数据与业务衔接不紧密

国内大部分险企的数智化转型往往面临投资巨大、技术领先,但是业务价值和获得感偏低的问题。过去几年,头部险企在数据领域的相关投入逐年攀升,主要体现在以下3个方面:其一是除自研外,耗费巨资引入了一系列大数据技术产品和服务;其二是以合资或购买的方式,与国内科技巨头合作共建保险行业大数据应用;其三在人员方面,为了承接这些技术在险企内部落地,头部保险机构相继成立数据部门或科技子公司,规模普遍超过百人,甚至数百人。

但当险企将这些先进技术应用到具体业务场景时,业务端对此的获得感和参与度并不强,究其原因在于转型往往由科技部门主导,缺乏业务部门参与且与业务战略衔接不够紧密,与业务端的应用需求存在一定差距,导致类似数据应用场景在落地过程中,未能与业务端充分协作。此外,在进行数据应用创新的过程中,没有明确评估和量化业务场景创新对业务带来的价值,导致转型成功的标准与业务端的感受不一致。

二、用例试点与推广过程中缺乏变革管理

在进行大量的数据应用场景建设后,险企后续的可持续运营与变革管理成为转型难点。我们认为,数智化转型的关键在于"转型"。包括险企在内的一众领先金融机构在推进大数据利用时,常常发现即使基于业务战略制定数据战略,其落地过程也是困难重重、进退维谷。这往往是由于机构没有充分意识到"转型"所需的变革管理并为之做足准备,包括业务模式和终端用户习惯改变等。

以前文提到的营销价值环节的大数据用例落地为例,从基于用户画像标签进行保险产品匹配,到通过不同渠道分流触达客户并同步优化营销路径等场景,均需要将大数据嵌入到现有业务流程中,并对其进行持续优化。更进一步来说,大数据应用部署还将促使原有运营模式向数据驱动的运营模式转变,同时带来业务重构。实践表明,成功的数智化转型,需要在变革管理上投入两倍于技术开发的时间。

三、基础能力建设不足,缺乏体系化人才引进与培养方案

由于数智化转型的关键在于业务经营模式"转型",这意味着我们不仅仅需要技术型人才(如数据工程师、数据科学家和前端应用工程师)来进行数据清洗、开发统计模型和算法、开发数据产品等,还需要内嵌业务的数据治理人员,以确保数据治理与安全;更需要大数据用例开发和变革管理团队,来确保业务价值最大化以及转型的成功推进。目前,我们看到大部分险企往往只注重技术型人才的培养,而忽视了对业务侧数据人才(包括数据治理、数据用例开发与变革管理)的培养,从而导致大量数智化转型因为"最后一公里"而前功尽弃。

## 思 考 题

1. 保险行业面临着哪些潜在的风险和挑战?如何应对这些挑战并保持行业的可持续发展?
2. 保险行业与其他金融行业之间存在哪些联系和相互影响?它们之间的合作如何促进创新和市场发展?
3. 在全球范围内,不同国家和地区的保险市场存在着差异。你认为这些差异是如何产生的?它们对跨国保险公司的运营和战略决策有何影响?
4. 保险市场面临的风险和挑战是什么?如何应对保险欺诈行为的增加?
5. 科技创新对保险业的商业模式有何影响?保险公司如何利用科技创新改变其产品设计、销售渠道和客户关系管理?
6. 人工智能、大数据和机器学习等技术如何改变保险产品的定价和风险评估方法?这些技术如何提高保险公司的盈利能力和客户满意度?
7. 传统保险公司如何改变商业模式和竞争格局?它们如何利用新兴技术和数字化渠

道来吸引和服务客户?

8. 大数据如何改变保险业的风险评估和定价策略?保险公司如何利用大数据分析客户的个人信息和历史数据来更准确地评估风险并定价保险产品?

9. 大数据如何应用于保险欺诈检测和反欺诈措施?保险公司如何利用大数据分析来识别潜在的欺诈行为并减少欺诈损失?

10. 人工智能如何改变保险产品的设计和定制?保险公司如何利用人工智能技术来分析客户需求、预测风险,并提供个性化的保险产品和服务?

11. 人工智能如何改善保险客户体验和服务?保险公司如何利用人工智能技术,如智能助理、聊天机器人和语音识别等,与客户实时互动,提供个性化建议和解答问题?

## 参 考 文 献

［1］ 中国保险行业协会.保险基础知识［M］.北京:中国金融出版社,2020.
［2］ 许闲.保险科技创新运用与商业模式［M］.北京:中国金融出版社,2018.
［3］ 前瞻产业研究院.洞察 2023:中国保险行业竞争格局及市场份额［R/OL］.(2023-06-25)［2023-11-17］.https://www.qianzhan.com/analyst/detail/220/230625-dfa6bd7e.html.
［4］ 前瞻产业研究院.2022 年中国保险行业发展现状及市场规模分析 国内保险密度和深度仍有待提高［R/OL］.(2022-10-11)［2023-11-17］.https://bg.qianzhan.com/trends/detail/506/221011-979fbfe4.html.
［5］ 朱进元,殷剑峰.转型与发展:从保险大国到保险强国［M］.北京:社会科学文献出版社,2015.
［6］ 王玮.人工智能在保险行业的应用研究［J］.金融电子化,2019,1(1).
［7］ 未来智库.保险+AI 专题报告:看好保险+AI 大模型的受益机会［R/OL］.(2023-06-29)［2023-11-18］.https://zhuanlan.zhihu.com/p/640440502.html.
［8］ 深源恒际.人工智能在车险人伤理赔中的十八大应用场景［R/OL］.(2021-12-20)［2023-11-18］.https://mp.weixin.qq.com/s/VEURgKBd41DzYiLnZ_u06A.html.
［9］ 宏瓴科技.人工智能在车险人伤理赔中的应用［R/OL］.(2022-11-18)［2023-11-18］.https://mp.weixin.qq.com/s/UBaDT4Z5jqeYQjCGb8r0DQ.html.
［10］ 张宁.保险科技中的大数据与人工智能［M］.北京:经济科学出版社,2021.
［11］ 张娓.大数据时代下保险公司的创新之路［M］.重庆:重庆大学出版社,2020.
［12］ 张雁云,吴晓军,徐愈,陈静.大数据对保险业改革创新与保险监管影响研究［M］.北京:中国金融出版社,2016.
［13］ 维克托·迈尔-舍恩伯格·肯尼斯.库克耶.大数据时代［M］.盛杨燕,周涛,译.杭州:浙江人民出版社,2013.
［14］ 职行财大.行业介绍之保险篇［R/OL］.(2020-04-28)［2023-11-18］.https://mp.weixin.qq.com/s/XKSTrUrg6Kw7JO9j1PSmJg.html.
［15］ 王和.大数据时代保险变革研究［M］.北京:中国金融出版社,2014.
［16］ 杨农,刘绪光,王建平.保险机构数字化转型［M］.北京:清华大学出版社,2022.
［17］ 王和.保险的未来［M］.北京:中信出版社,2019.

# 第6章 大数据在量化投资中的运用

教学目标

1. 了解量化行业的概念和分类。
2. 了解量化投资行业发展现状和趋势。
3. 了解量化投资行业的大数据来源和特点。
4. 掌握大数据对量化投资行业的具体应用。
5. 了解人工智能在量化投资行业中的应用前景。

上一章对保险行业进行了简单介绍,学习了保险行业的基础知识,借此引出了大数据技术在保险行业中的应用。本章将学习大数据在量化投资行业中的应用以及人工智能对量化投资行业的影响。

## 6.1 量化投资概览

本节我们将学习量化投资行业的基础知识,包括概念、特点、市场现状以及应用前景等。

### 6.1.1 量化投资的概念及特点

量化投资,顾名思义,是区别于纯主观投资的一种投资方式。将金融市场的数据进行标准化或者当作时间序列处理,使用数学、物理学、统计学的相关学科模型进行建模,先采用历史数据去检验模型的正确性和适用性情况,根据回测结果确定投资的相关比重分配,通过定量化的方法进行分析,并结合信息科技领域相关技术,为投资活动提供主要参考。假设市场是弱有效市场或者半强有效市场,是量化交易的前提之一,量化投资包括选股量化、量化择时、算法交易、期货和期权金融衍生品交易、量化对冲、高频交易等主要领域,其中多数属于主动型投资策略。

量化投资与传统投资的区别可以分为以下几点:

**1. 代表人物**

詹姆斯·西蒙斯的大奖章基金费前收益率是66%,年化收益率为39%,是量化投资领域最为成功的投资者;沃伦巴菲特的伯克希尔哈撒韦公司在1965—2018年的年均净值增长率为21%,是主观交易领域的佼佼者。

## 2. 分析方法依据模型

量化基金的判断主要依据相关数理模型,如上文提到的詹姆斯·西蒙斯出身于美国纽约州立大学石溪分校的数学系,在微分领域曾经有过不俗的贡献,该公司团队将相关数学理论应用于量化投资,通过发现市场的微观变化,捕捉信号进行交易,当然,由于量化策略的保密性,其数学模型和相关算法无从得知,研究者们只能推断其可能将隐含马尔科夫模型等用于识别交易信号;沃伦巴菲特以 1 万美元起家,成就了金融市场的传奇故事,其交易更多的依据自己多年来在市场上积累的丰富投资经验,判断企业的相关情况,把握市场运行规律,并将其应用于金融投资领域。

## 3. 定量分析和定性分析

量化投资更多侧重于使用大量数据,将多层次多方面的信息进行整合分析,得出影响当前和今后市场变化的主要因素,对于多种信息,往往采用定量分析的方式,以便能够更好地描述和运用这些信息,毕竟,大量的信息仅仅靠人去处理显然力不从心,借助机器的力量是一种快速且有效的方式,而要使这些信息能够被机器识别,赋予权重,并定量分析是一个不错的方法;对主观交易而言,更看重公司或者企业的基本面情况,同时会综合考虑宏观经济的走势,对两者进行结合,分析当前市场的状态,去预测未来可能的股价变化。这种方式更侧重于定性分析,将分析划分为多个维度,综合考量多个维度信息,得出可能的坐标范围。

## 4. 偏向短期和偏向长期的投资风格

量化投资更偏向于短期投资,发现市场当前定价的不合理,在获利后及时退出,或者利用不同市场之间存在的套利空间进行交易。而主管交易一般投资周期比较长,大部分主观交易者可能会在熊市末期买入,此时公司市值也处于低位,长期投资者会一直持有该公司,可能会一直等到牛市结束才会考虑卖出公司股票。

## 5. 投资标的选取的集中程度

量化交易采用算法寻找被错误估值的标的,相对于主观交易者,可以寻找到数量众多的标的,买入被选中的标的,进行分散化投资,而对于主观交易来说,选择过多的标的往往会导致资金分散,他们往往会优中选优,充分调研和观察公司各种情况后,不断缩小自己的选择范围,从而找到其中某只或者某几只标的来持有。

## 6. 风险事件处理

在面对风险事件时,量化交易可以通过分散化投资来降低风险,或者通过其他对冲手段可能降低持有标的风险,但降低风险并不代表没有风险,美国长期资本管理公司曾经是著名的量化对冲基金,依据过去的历史数据,构建数学模型用于国际市场的债券交易,但小概率事件的发生最终让这家公司濒临破产而被收购;类似的时间也发生在 2020 年的文艺复兴公司上,由于受新冠疫情影响,公司也出现了亏损。而对于主观交易者来说,可能面临着系统性风险或者公司业绩不及预期遭到其他投资者抛售的风险。

## 阅读资料:P-Quant 和 Q-Quant 的比较[①]

在金融工程领域,存在着两个需要不同高阶量化技术的独立分支:对衍生品定价的

---

① 海通证券,冯佳睿. 量化研究新思维(二)——P vs Q:金融工程两大分支的异同.

Q-Quant,其目标是推断现在(extrapolate the present),对风险和组合进行量化管理的 P-Quant,其核心是对未来建模(model the future)。

### 1. Q-Quant 之衍生品定价

衍生品定价的目标是为给定的金融产品确定市场公允价值,例如对奇异期权(exotic options)、抵押贷款证券(mortgage backed securities, MBS)、可转债,等等。一旦这些金融产品的公允价值被确定,卖方交易员就可以对其做市。因此,衍生品定价是一个非常重要而又复杂的"推断"过程,核心工作是获取某一金融产品当前的公允市场价值,这也是卖方的主要工作。

衍生品定价由 Bachelier 于 1900 年提出,他在其学位论文中首次将最基本,同时也是极具影响力的随机过程——布朗运动,应用于期权的定价。但这一理论一直没有引起足够的关注。直到 Merton(1969)以及 Black & Scholes(1973)将第二个极具影响力的随机过程——几何布朗运动,引入期权定价。而下一个推动 Q-Quant 发展的里程碑,则是 Harrison 和 Pliska 提出的资产定价基础理论。他们认为,如果证券当前的价格 $P_0$ 是无套利空间的,当且仅当描述该证券价格未来变化的随机过程 $P_t$ 的数学期望等于 $P_0$,即

$$P_0 = E[P_t \mid I_0], \quad t \geqslant 0$$

满足上式的过程被称为"鞅"(martingale),该式的经济意义在于鞅并不对风险给予回报。因此,证券价格所满足的随机过程的概率测度被称为是"风险中性"(risk neutral)的,通常用字母 Q 表示,而这也是"Q-Quant"这一名称的由来。此外,由于上式对任意时刻 $t$ 均成立,所以对衍生品定价的随机过程自然也都是建立在连续时间的框架之上的。

另外,当金融工程师对特定衍生产品定价时,是对每一个证券单独定价的,因此本质上 Q-Quant 中的问题都是低维的。

校准是 Q-Quant 所面临的主要挑战。因为一旦一个连续时间随机过程模型被校准后用于一系列已经流动的证券,那么它也应当被用于对类似的新上市衍生品进行定价。

处理连续时间 Q 过程的主要量化工具为随机微积分和偏微分方程。在过去的几十年间,这些高阶技术吸引了大量的数学家、物理学家和工程师投身于衍生品定价这一领域。

### 2. P-Quant 之风险与组合管理

风险与组合管理定位于在某一个给定的投资范围内,对市场价格建立概率分布模型。这一真实的概率分布通常用字母 P 表示,以区别于衍生品定价中的"风险中性"测试 Q。基于真实分布,买方的主要工作就是确定证券仓位以改善组合的收益-风险特征。

风险与组合管理的量化理论起源于 Markowitz(1952)的均值-方差体系。随后,Treynor(1962)、Mossin(1966)、Sharpe(1964)、Lintner(1965)和 Ross(1976)建立了资本资产定价模型(CAPM)和套利定价理论(APT),使得该领域有了突破性发展。

上述理论都为理解证券市场提供了非凡的洞见,但是他们都假设概率分布 P 是已知的。但在实际操作中,P 必须从可获得的市场信息中通过估计得到,而估计的信息主要来源于历史价格的变化以及其他一些金融变量,这些都是在离散的时间点上采集并记录的。

估计(estimation)是 P-Quant 所面临的主要挑战,对离散时间序列的分析需要高阶的多元统计和计量经济学的技术。值得注意的是,在风险和组合管理中,估计市场上所有证券的联合分布函数非常重要,每个证券不可能像在 Q-Quant 中那样被单独考虑。因此,诸如线性因子模型等降维技术,在 P-Quant 中扮演着核心角色。

表 6.1 列示了 Q-Quant 和 P-Quant 两者的差异。

表6.1  Q-Quant 和 P-Quant 差异

|  | Q-Quant | P-Quant |
|---|---|---|
| 目标 | 推断现在 | 对未来建模 |
| 数学环境 | 风险中性概率测度 Q | 真实概率测度 P |
| 随机过程 | 连续时间鞅 | 离散时间序列 |
| 数据维度 | 低 | 高 |
| 数学工具 | 随机微积分、偏微分方程 | 多元统计分析 |
| 面临的挑战 | 校准(Calibration) | 估计(Estimation) |
| 业务定位 | 卖方 | 买方 |

3. P-Quant 和 Q-Quant 的共通点

前文对比展示了 P-Quant 和 Q-Quant 在理论上的诸多差异,但在实际中,两者的共通点不胜枚举,在多个领域都有着频繁的交叉。

首先,风险溢价方面,从数学意义上讲,风险中性测度 Q 和真实概率测度 P 只是对同一个金融变量的同一个可能结果赋予了不同的权重。从一种概率权重到另一个的转移就是所谓的风险溢价,而反过来说,也正是人们对风险溢价的认知在原则上允许了这两种测试的转换。然而,正确估计风险溢价至今仍然是一个极具挑战性的工作。

其次,在随机过程中,随机过程不论在 P-Quant 还是在 Q-Quant 中,都是量化模型的支柱。虽然 Q-Quant 关注的是连续时间的风险中性过程,而 P-Quant 以离散时间的过程为主,但相同的数学模型在这两个领域都有广泛的应用,只不过假设条件和名称可能有所区别。表6.2 总结了这些随机过程的主要特征。

表6.2  随机过程的主要特征

|  | 离散时间(P-Quant) | 连续时间(Q-Quant) |
|---|---|---|
| 基础假设 | 随机游走 | Levy(Brownian、Poisson) |
| 自相关性 | ARMA | Ornstein-Uhlenbeck |
| 波动率聚集性 | GARCH | 随机波动率模型 |

最基本的离散时间随机过程是随机游走,它是一系列服从 Bernoulli 且满足独立同分布的随机变量在时间上的和。随机游走是风险和组合管理中,对利率和股票的对数价格建模的基准假设。在连续时间的情况下,随机游走变成了 Levy 过程,而布朗运动就是最著名的一类 Levy 过程,也是期权定价的基础。类似地,泊松过程作为另外一类最简单的 Levy 过程,被广泛应用于信用产品的定价中。

对随机过程建模面临的第二个难点问题是自相关性。当金融序列不是一系列独立变量的和时,就会存在自相关。在离散时间中,标准的建模工具是自回归移动平均模型(auto-regressive-moving-average,ARMA),它深受买方计量经济学家的推崇和喜爱。而 ARMA 过程的连续时间形式就是 Ornstein-Uhlenbeck 及其相关的过程。其中 Vasicek(1977)以及 Cox & Ingersoll & Ross(1985)命名的两类特殊的 Ornstein-Uhlenbeck 过程,是卖方债券定价业务的核心工具。

证券价格的第三个重要特征是波动率聚集:高波动或低波动倾向于聚集在一起出现。

在离散时间的情形中,买方的 P-Quant 金融工程师用 GARCH 及其变型捕捉这一特征;而在卖方的 Q-Quant 业务中,对波动率的聚集性建模最主要的方法则是随机波动率模型。

其次,在数值方法方面,上述讨论的这些理论上的随机过程在实际应用中都必须通过数据形式呈现出来,而实现这一目标的两类最流行的数值方法就是分类树(Trees)和蒙特卡洛模拟。

分类树本质上是一个可能的结果不断膨胀的随机过程,今天的状态将导致明天多种可能的结果,其中的每一种结果又会引发后天的多种可能,并以此类推。由此可见,使用分类树方法,结果的数量会随着时间的推移而增长。

对蒙特卡洛模拟而言,每一种随机过程可能产生的结果数量,也称为路径,在模拟过程中是保持不变的。

分类树的计算效率比较低,通常在面临重要决策时使用;而蒙特卡洛模拟只在需要获得随机过程分布的时候应用。因此,在 P-Quant 风险与组合管理中,分类树被用来设计动态策略,而蒙特卡洛模拟则被用作管理风险,例如计算在险价值(VaR)。在 Q-Quant 衍生品定价环节,分类树可被用来以美式期权定价,因为它可以在到期日之前行权;而蒙特卡洛模拟常被用来对亚式期权定价,因为该类型期权的行权价为到期日前某一段特定时间段内标的资产的平均价格。

再次,在对冲方面,对冲是 P-Quant 和 Q-Quant 直接交叉的又一个典型案例。

对冲的目标是保护某一给定头寸的收益免受一系列风险因子的影响。因此,对冲是一个 P-Quant 的概念。

但是,为了确定买入或卖出对冲工具的数量,投资者必须计算给定头寸和对冲工具对风险因子的敏感性。而这些敏感性就是众所周知的希腊字母(Greeks)。最基础的希腊字母就是写在给定证券上的衍生品的对冲比 Delta 值,它也是衍生品对标的资产价格变化的敏感性。Delta 值告诉投资者需要卖空多少标的以保护所写的衍生品价值免受标的资产价格波动的影响。希腊字母是从 Q-Quant 的定价模型中计算得到的,随后在 P-Quant 中被用来进行对冲。

最后,关于统计套利方面,在统计套利领域,Q-Quant 也已渗透到了 P-Quant 之中,两者相互交叉应用的具体步骤如下:

第一步,Q-Quant 中的模型被用来寻找当前证券价格中的定价误差。

第二步,被错误定价的证券价格最终会收敛于 Q-Quant 模型的预测值。因此,P-Quant 中的预期收益,或者称为 alpha,就可以通过比较当前的错误定价和 Q 模型的预测价格来确定。

如果 alpha 是正的,则建立多头头寸,即买入定价错误的证券;反之,则建立空头头寸,即卖空定价错误的证券。

## 4. 总结

本文简要介绍了金融工程两大分区——Q-Quant 和 P-Quant 所要解决的问题,以及使用的数量化工具和面临的挑战。具体来说,前者的目标是对衍生品进行定价,难点在于运用连续时间的随机过程完成模型的校准;后者则是为了风险和组合管理而生,难点在于精确估计证券价格的真实概率分布。两者虽然看似大有不同,却也存在着诸多交叉的成分,例如,对风险溢价的定义,所使用的随机过程模拟和数值方法,在对冲和统计套利上的互相转换,等等。

### 6.1.2 金融大数据与量化交易的结合及其意义

近年来,随着信息技术的飞速发展,金融行业也在迅速转型。金融大数据和量化交易作为其中的两大亮点,正逐渐成为金融领域的重要支撑。它们的结合,不仅可以提供更全面的市场信息、增强投资决策的科学性,还可以实现交易的自动化和高效化,并加强风险控制和管理。下面将从以下 4 个方面详细探讨金融大数据与量化交易的意义。

**1. 提供更全面的市场信息**

金融大数据的应用使得海量的市场数据可以得以搜集、整理和分析。这些数据包括历史行情、公司财务数据、宏观经济指标等。通过对这些数据进行深入挖掘和分析,可以得到更全面、准确的市场信息。这对投资者来说,意味着可以更好地了解市场的动态,掌握市场的脉搏。投资者可以通过对市场数据的研究,发现潜在的投资机会,并做出更明智的投资决策。

**2. 增强投资决策的科学性**

量化交易是一种基于数学模型和统计分析的交易策略。通过运用金融大数据和量化模型,投资者可以将主观的决策转化为客观的规则。这种规则可以对市场进行系统性的分析和预测,从而提高投资决策的科学性和准确性。量化交易的模型可以基于历史数据和统计分析,识别出市场的规律和趋势,从而提供有价值的投资信号。投资者可以根据这些信号进行交易,降低人为因素对投资决策的影响,提高投资的成功率。

**3. 实现交易的自动化和高效化**

金融大数据和量化交易的结合,使得交易可以实现自动化和高效化。通过将交易规则编码成算法,交易可以在计算机程序的控制下进行,避免了人为的情绪和主观判断对交易的干扰。自动化交易系统可以根据预设的交易策略,自动执行买入和卖出的操作,实现快速、准确的交易。这不仅可以提高交易的效率,还可以降低交易的成本和风险。

**4. 加强风险控制和管理**

金融市场的风险是无法避免的,但是通过金融大数据和量化交易的结合,可以加强对风险的控制和管理。量化交易的模型可以对市场的风险进行系统性的分析和评估,帮助投资者识别和控制潜在的风险。同时,交易的自动化执行也可以减少人为因素对交易决策的影响,避免由于情绪波动而做出错误的决策。这可以提高投资组合的稳定性和风险调整收益率,为投资者提供更好的风险管理工具。

综上所述,金融大数据与量化交易的结合具有重要的意义。未来,随着技术的不断进步和应用的深入,金融大数据和量化交易将在金融行业发挥越来越重要的作用。投资者应积极学习和应用这些技术,以提高自身的投资能力和竞争力。

## 6.2 金融大数据的来源与处理

本节我们将学习量化投资行业的大数据来源与处理,包括金融大数据主要来源、数据处理等。

### 6.2.1 金融大数据的主要来源[①]

**1. 宏观经济数据**

宏观经济数据是量化投资中重要的数据来源之一,其包含了国家或地区整体经济状况的各项指标,对制定宏观经济政策以及企业投资和运营都具有重要的参考价值。在量化投资中,宏观经济数据能够帮助投资者更好地了解经济走向,把握市场机会,宏观经济数据主要包括以下内容:

(1) 国内外经济指标:如 GDP、CPI、PPI、利率、汇率、货币供应量、进出口数据等。

(2) 政策变化:如货币政策、贸易政策等。

举例而言,假设某投资者正在考虑香港股票投资,他(她)可以通过关注香港官方发布的 GDP 等重要经济指标来了解香港经济总体情况;同时还需要关注相关政策的变化,例如香港货币政策、贸易政策等,以便把握投资机会,可以帮助投资者更全面地了解香港经济状况。

常见的宏观经济数据分析方法包括但不限于以下几种:

一是趋势分析。根据历史数据变化趋势,分析数据是否呈现上升、下降或震荡等形态,判断未来可能的走势。

二是周期分析。根据宏观经济波动周期性变化的特点,预测未来经济发展趋势。

三是影响因素分析。通过研究宏观经济指标受到的各种因素影响程度,寻找与其他金融市场、政策等因素之间的关联性。

通过对宏观经济数据的深入分析,如图 6.1 所示,如分析 GDP 和 PMI 的数据变化情况,投资者可以更好地观察市场宏观的变化趋势,对当前经济所处的状态进行分析,当 GDP 增长速度较快,并且 PMI 处在高位时,市场是处于繁荣状态,可以根据市场的运行情况结合自己的量化标的产品,制定更为科学的量化投资策略。

以下是一些获取宏观数据的途径:

(1) 国家统计局:国家统计局是中国政府主管统计工作的机构,提供了大量的宏观经济数据,如 GDP、CPI、PPI、财政收支等数据。数据通常以月度、季度或者年度为单位发布,可以从国家统计局网站上获取,图 6.2 给出了国家统计局网站的展示,特别是数据模块的所在位置,读者可以登录国家统计局网站(http://www.stats.gov.cn/)查阅相关数据,图 6.3 给出了对这些经济指标的解释,读者可以点击了解,包括指标的计算公式、发布频率、相关指标都给出了权威的解释,对读者进一步了解数据含义、更好地应用数据有很大的参考意义。

(2) 政府部门:政府部门也通常会发布有关宏观经济状况和政策动态的公告和文件,例如财政部、中国人民银行、国家发改委和省市各级发改委等机构。投资者可以关注政府公告和文件,了解政策动态和预测宏观经济走势。

(3) 第三方数据供应商:第三方数据供应商如 wind、彭博新闻社、同花顺等通常提供了大量的宏观经济数据,如国内外的经济指标、政策法规等。这些数据供应商还可提供专业的分析工具,帮助投资者更好地理解和利用宏观数据,图 6.4 展示了同花顺的 ifind 界面下的宏观数据展示和分析情况,以 GDP 数据为例,软件可以展示 GDP 的最新数据、分项数据、数据预测、增长情况和利空利多判断等数据,不仅能够让读者第一时间查阅到相关数据,更能基于数据库给出一些专业的判断。

---

[①] https://mp.weixin.qq.com/s/OdZWL6MWiCnADB5rxYo2cw.

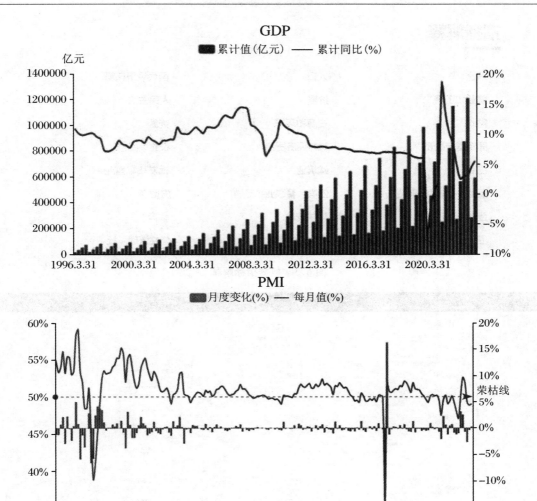

图 6.1 GDP 和 PMI 变化数据(续)

图 6.2 国家统计局网站

## 指标解释

| | | |
|---|---|---|
| 综合 | 人口 | 国民经济核算 |
| 就业和工资 | 价格 | 人民生活 |
| 财政 | 资源和环境 | 能源 |
| 固定资产投资 | 对外经济贸易 | 农业 |
| 工业 | 建筑业 | 批发和零售业 |
| 运输、邮电和软件业 | 住宿、餐饮业和旅游 | 房地产 |
| 金融业 | 科学技术 | 教育 |
| 卫生和社会服务 | 文化和体育 | 公共管理、社会保… |

图 6.3　数据指标解释

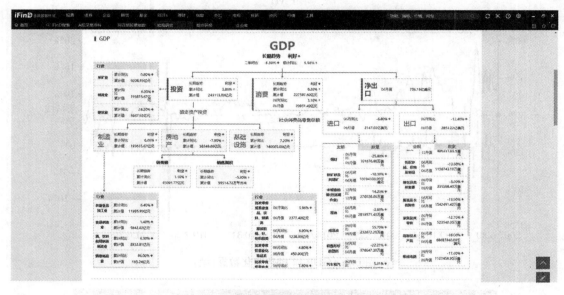

图 6.4　同花顺宏观数据界面

获取宏观数据需要投资者跟踪各类数据来源并保持高度关注宏观经济状况和政策动态。同时，投资者还需评估各数据来源的权威性和可靠性，并选择适合自身需求的数据获取方式和处理方法。

### 2. 公司财务数据

上市公司财务数据是衡量一家公司经营状况和财务健康的重要指标。这些数据包括公司的资产负债表、利润表和现金流量表等。每个上市公司都需要按照规定的时间表披露其财务数据，以供投资者、分析师和其他利益相关者参考。

上市公司财务数据一般具有规则的发表时间和特点。根据相关法规和规定，上市公司通常需要按照季度和年度披露财务数据。季度报告通常在季度结束后的 30 天内发布，而年度报告则需要在年度结束后的 60 天内发布。这些时间表确保了及时向公众提供准确的财务信息，以便投资者做出明智的投资决策。

在进行基本面量化时,上市公司财务数据具有重要的用处。基本面量化是一种投资策略,通过分析公司的基本面数据来选择投资组合。基本面数据包括财务数据、行业数据和宏观经济数据等。上市公司财务数据是基本面量化的核心,投资者可以利用财务数据来评估一家公司的盈利能力、财务稳定性和成长潜力,从而做出投资决策。

基本面量化的简单介绍如下:基本面量化是一种系统化的投资方法,通过利用财务数据和其他基本面指标来选择投资组合。它基于的理论认为,公司的真实价值可以从其基本面数据中得出。基本面量化的目标是寻找被低估或高估的股票,并通过投资这些股票来获得超额收益。基本面量化通常涉及大量的数据分析和模型构建,以帮助投资者做出决策。

在基本面量化中,上市公司财务数据是重要的数据来源之一。投资者可以分析财务数据,比较不同公司的财务表现,评估其盈利能力、财务稳定性和成长潜力。常用的财务指标包括净利润、营业收入、资产负债比率等。通过对这些指标的分析,投资者可以了解一家公司的整体财务状况,并做出相应的投资决策。

综上所述,上市公司财务数据在股票市场中扮演着重要的角色。它们的发布时间和特点决定了投资者能够及时获取可靠的财务信息。财务数据对股票价格有着重要的影响,投资者可以利用财务数据进行基本面量化,以帮助他们做出明智的投资决策。基本面量化是一种系统性的投资方法,投资者可以通过分析上市公司财务数据和其他基本面指标来选择投资组合,以追求超额收益。因此,了解和正确运用上市公司财务数据对投资者来说至关重要。

上市公司财务数据还可以用于进行趋势分析和比较分析。趋势分析是通过观察财务数据的变化趋势来评估一家公司的经营状况。投资者可以比较不同时间段的财务数据,例如季度或年度,以了解公司的盈利能力、成长趋势和财务稳定性。比较分析则是将一家公司的财务数据与其竞争对手或行业平均水平进行比较,以评估其相对优势或劣势。这种分析可以帮助投资者识别潜在的投资机会或风险。

上市公司财务数据还可以用于衡量公司的风险水平。投资者可以通过分析财务数据中的风险指标,如负债比率、偿债能力和流动比率等,来评估一家公司的财务风险。这些指标可以提供关于公司财务稳定性和偿债能力的重要信息,帮助投资者评估投资风险并做出相应的决策。

上市公司财务数据还可以用于预测未来的财务表现。投资者可以通过分析历史财务数据和相关的市场因素,利用各种财务模型和方法来预测一家公司未来的盈利能力和财务状况。这种预测可以为投资者提供关于公司前景和股票价格走势的重要参考,帮助他们做出投资决策。

除了投资者,上市公司财务数据还对其他利益相关者具有重要意义。例如,债权人和供应商可以根据财务数据评估一家公司的偿债能力和信用状况,从而决定是否与其进行合作。政府监管机构也会利用财务数据来监督和评估上市公司的合规性和健康状况。此外,媒体和分析师也经常使用财务数据来撰写报道和研究报告,为公众提供关于上市公司的信息和评估。

上市公司的财务数据获取途径:上市公司的原始财务数据获取可以通过上市公司的官方网站,上市公司会每季度进行数据的披露。也可以通过一些第三方软件,如 wind、彭博新闻社、同花顺等。这些软件对相关财务数据进行了整理,同时可以提供所在行业和可比企业的财务数据,为数据对比提供了参照。

### 3. 行情和市场数据

行情数据反映了证券市场中各种证券的价格、交易量和涨跌幅等信息。在量化投资中，行情数据能够帮助投资者更好地了解市场走势和资产定价情况，把握投资机会。行情数据主要包括以下内容：

股票市场数据：如股票价格、成交量、涨跌幅等。

债券市场数据：如债券价格、收益率等。

商品期货数据：如商品价格、成交量、合约规格等。

常见的行情数据分析方法包括但不限于以下几种：

技术分析：通过对历史行情数据的图表分析和技术指标计算，寻找短期市场波动趋势和长期走势方向。

量价分析：通过对成交量和价格之间的关系进行分析，判断市场趋势和买卖压力。通过对行情数据的深入分析，投资者可以更好地把握市场机会，制定更为科学的量化投资策略。

市场数据包含了证券市场中的盘口数据、挂单数据、成交数据等，对于投资者分析市场情况和制定投资策略具有重要的参考价值。市场数据主要包括以下内容：

盘口数据：反映了当前市场上买卖双方的订单情况，包括最新报价、买入量、卖出量等信息。

挂单数据：反映了市场上各种价格下待成交的买单和卖单的数量和金额等。

成交数据：记录了市场上某个时间段内成交的证券价格、数量和金额等信息。

举例而言，假设某投资者正在考虑进行股票投资，他（她）可以通过关注该股票的盘口数据和成交数据来了解市场状况和该股票的交易活跃度；同时还需要考虑挂单数据，以把握市场机会。

常见的市场数据分析方法包括但不限于以下几种：

盘口分析：通过对盘口数据的分析，预测市场行情走势，发现市场机会。

成交量分析：通过对成交量和成交价格的分析，判断市场趋势和市场参与者的情绪变化。

市场深度分析：通过对挂单数据的分析，了解市场上各价格区间下的买卖量和买卖意愿，并据此制定投资策略。

通过对市场数据的深入分析，投资者可以更好地把握市场机会，制定更为科学的量化投资策略。

证券交易所是获取行情数据和财务数据的较好途径。

不同国家或地区也会有不同的证券交易所，这些交易所每日都会公布各种市场指数、股票行情、申报情况等数据。例如，中国内地的股票市场主要交易所是上海证券交易所和深圳证券交易所，港股市场则主要有香港联交所等。投资者可以通过证券交易所的官方网站或相关金融信息服务商获取行情数据。

交易所是金融市场中重要的组成部分，它提供了一个交易平台，使投资者能够买卖股票、债券、期货等金融工具。交易所的交易数据是投资者进行决策的重要参考依据，对于了解市场情况、分析趋势具有重要意义。

上海证券交易所成立于1990年，是中国最早的证券交易所。它是中国股票市场的重要组成部分，也是全球市值较高的交易所之一。上海证券交易所的交易数据包括股票的交易价格、成交量、成交额等信息。投资者可以通过上海证券交易所的交易数据来了解股票的市场表现，制定投资策略。

深圳证券交易所成立于 1991 年，是中国第一家创业板交易所。它是中国股票市场的重要一员，也是全球知名的交易所之一。深圳证券交易所的交易数据包括股票的行情信息、涨跌幅、换手率等指标。投资者可以通过深圳证券交易所的交易数据来了解股票的市场表现，把握投资机会。

香港交易所（Hong Kong Stock Exchange，简称 HKEX）是中国香港地区的主要交易所，也是世界上最大的亚洲股票市场。它成立于 1891 年，总部位于香港。香港交易所的交易数据包括香港股票、债券、衍生品等金融工具。它的交易时间为工作日上午 9:30 至下午 4:00。

除了证券交易所，还有几大商品交易所也是重要的交易场所。其中，上海期货交易所是中国最早成立的商品期货交易所。它的交易数据包括期货合约的开盘价、收盘价、持仓量等指标。投资者可以通过上海期货交易所的交易数据来了解期货市场的走势，进行期货投资。另外，还有中国金融期货交易所、大连商品交易所和郑州商品交易所等重要的商品交易所。它们分别提供金融衍生品、农产品期货和能源化工品期货的交易平台。这些交易所的交易数据包括各类期货的价格、成交量、持仓量等信息。投资者可以通过这些交易所的交易数据来了解各类商品的市场状况，制定相应的投资策略。

不同交易所的交易时间也有所差异。上海证券交易所和深圳证券交易所的交易时间一般是工作日的上午 9:30 至 11:30 和下午 1:00 至 3:00。而商品交易所的交易时间则根据不同品种有所不同，一般包括白天交易时间和夜盘交易时间。投资者需要根据交易所的交易时间来安排交易计划，把握好交易机会。

总之，交易所交易数据对投资者来说具有重要的参考价值。投资者可以通过交易所的交易数据来了解市场的情况，分析趋势，制定投资策略。同时，了解交易所的交易时间也是投资者必备的知识。

除了上述提到的交易所，还存在其他一些重要的国际交易所，它们在全球范围内具有广泛的影响力。

伦敦证券交易所（London Stock Exchange，简称 LSE）是世界上较大的证券交易所之一，也是欧洲较大的交易所。它成立于 1801 年，拥有超过 300 多年的历史。伦敦证券交易所的交易数据涵盖了全球范围内的股票、债券、ETF 等金融工具。它的交易时间为工作日的上午 8:00 至下午 4:30。

纽约证券交易所（New York Stock Exchange，简称 NYSE）是美国最大的证券交易所，也是全球最大的股票交易所之一。它成立于 1792 年，总部位于纽约。纽约证券交易所的交易数据包括美国股票、债券、REITs 等金融工具。它的交易时间为工作日上午 9:30 至下午 4:00。

东京证券交易所（Tokyo Stock Exchange，简称 TSE）是日本最大的证券交易所，也是亚洲最大的交易所之一。它成立于 1878 年，总部位于东京。东京证券交易所的交易数据包括日本股票、债券、投资信托等金融工具。它的交易时间为工作日上午 9:00 至下午 3:00。

除了股票交易所，还有一些专门的商品交易所。芝加哥商品交易所（Chicago Mercantile Exchange，简称 CME）是全球较大的衍生品交易所，成立于 1919 年，总部位于芝加哥。CME 的交易数据包括期货合约、期权合约等金融衍生品。它的交易时间根据不同品种有所不同。

伦敦金属交易所（London Metal Exchange，简称 LME）是全球最大的金属期货交易所，成立于 1877 年,总部位于伦敦。LME 的交易数据包括铜、铝、锌、镍等金属期货合约。它的交易时间为工作日上午 11:40 至下午 5:00。

上述交易所的交易数据对于全球投资者来说具有重要意义。投资者可以通过这些交易所的数据,了解全球市场的动态,制定投资策略。同时,了解不同交易所的交易时间也有助于投资者合理安排交易计划,把握投资机会。

总的来说,交易所交易数据是投资者进行决策的重要参考依据。不同交易所提供的交易数据包括股票、债券、期货等金融工具的价格、成交量、持仓量等信息。投资者可以通过分析交易数据,了解市场情况,把握投资机会。同时,了解不同交易所的交易时间也是投资者必备的知识。

**4. 非结构化数据**

非结构化数据包含了丰富的文本、图片和声音等信息,通常不易以结构化方式保存。在量化投资中,非结构化数据可以帮助投资者更好地理解市场状况、公司业绩和行业趋势,从而制定更为科学的投资策略。非结构化数据主要包括以下内容:

公告及报告:如上市公司公告、行业报告等。

新闻报道:如新闻、评论、分析等。

研究报告:如机构研究报告、分析师报告等。

投资者可以通过关注相关公司公告、新闻报道了解该公司的业绩、市场状况等信息,以便把握市场机会。

常见的非结构化数据分析方法包括但不限于以下几种:

文本挖掘:通过对文本数据的分析,提取其中的关键词、情感倾向等信息,判断市场态势和公司业绩。

自然语言处理:通过对文本数据进行自然语言处理,识别其中的实体、事件等信息,以便更好地理解市场状况和公司业绩。

非结构化数据的获取途径较多,有不少金融网站对数据进行整理,同时也对非结构化数据进行了整理,如"金十"数据,市场咨询板块。

**5. 另类数据**

另类数据是量化投资中相对较新的一种数据来源,它是指那些传统金融数据不包含或难以量化的信息,如社交媒体数据、气象数据、地理空间数据等。在量化投资中,另类数据可以帮助投资者更好地把握市场机会、预测市场波动趋势和控制风险。另类数据主要包括以下内容:

社交媒体数据:如微博、Twitter 等社交媒体平台上的用户发布的消息和评论等。

气象数据:包括温度、湿度、气压等气象因素及其变化趋势。

地理空间数据:如人口密度、交通状况、经济发展水平等与地理位置有关的信息。

其他数据:如消费数据、网络活动数据、足球比赛数据等。

投资者可以通过关注社交媒体上用户对相关公司或产品的评价和讨论来了解市场反应和情绪;同时还可以关注天气预报和地理空间数据,以便估计某些公司或行业的销售量和生产率等。

## 阅读资料：一些数据 API 接口

以下是一些免费的量化数据 API 接口，其中大部分提供了丰富的实时和历史市场数据，包括股票、期货和外汇等以及技术指标和财务数据。

（1）tushare：tushare 是一个开源的 Python 财经数据接口包，提供了全面的股票、基金、期货等市场数据，以及基本面、财务、宏观等数据。用户可以通过 pip 安装 tushare，然后在 Python 代码中调用相应的 API 来获取数据。[1]

（2）新浪财经：新浪财经提供了全面的股票、基金、期货等市场数据，可以用于各种编程语言和工具中。用户可以通过向相应 API 发送请求来获取实时和历史数据。[2]

（3）聚宽：聚宽是一个专业的量化投资平台，提供了全面的股票、基金、期货等市场数据，以及研究工具和策略实现服务。用户可以通过注册并获取 API Key 后，在 Python 等编程语言和工具中调用相应的 API 来获取数据。[3]

（4）Akshare：AKShare 是基于 Python 的财经数据接口库，目的是实现对股票、期货、期权、基金、外汇、债券、指数、加密货币等金融产品的基本面数据、实时和历史行情数据、衍生数据从数据采集、数据清洗到数据落地的一套工具，主要用于学术研究的目的。[4]

AKShare 的特点是获取相对权威的财经数据网站公布的原始数据，通过利用原始数据进行各数据源之间的交叉验证，进而再加工，从而得出科学的结论。

（5）天勤：TqSdk 提供的功能可以支持从简单到复杂的各类策略程序。提供当前所有可交易合约从上市开始的全部 Tick 数据和 K 线数据、支持数十家期货公司的实盘交易；支持模拟交易；支持 Tick 级和 K 线级回测，支持复杂策略回测，提供近百个技术指标函数及源码；用户无须建立和维护数据库，行情和交易数据全在内存数据库，无访问延迟无强制框架结构，支持任意复杂度的策略，在一个交易策略程序中使用多个品种的 K 线/实时行情并交易多个品种。[5]

（6）通达信：通达信是市场上比较知名的股票交易软件，而通达信量化交易软件则是在通达信的基础上添加了量化交易功能。通达信量化交易软件主要包括策略编写模块、回测模块和实盘交易模块。通过策略编写模块，用户可以自定义编写自己的交易策略，通过回测模块，可以模拟历史行情进行测试和验证，最终通过实盘交易模块进行实际交易。同时，该软件支持多种编程语言，包括 C++、Python、Java 等，可以满足用户在开发量化策略方面的不同需求。[6]

（7）米筐[7]：RQData 是一个基于 Python 的金融数据工具包。它为量化工程师们提供了丰富整齐的历史数据以及简单高效的 API 接口，最大限度地免除了数据搜索、清洗的烦恼。这样的数据服务是整个 Ricequant SDK 的基础，取决于客户的需求，它可以独立使用

---

[1] https://www.tushare.pro/.
[2] https://finance.sina.com.cn/.
[3] https://www.joinquant.com/.
[4] https://akshare.akfamily.xyz/.
[5] https://www.shinnytech.com/.
[6] https://www.tdx.com.cn/.
[7] https://www.ricequant.com/.

而不依赖 Ricequant SDK 的其他组件，Ricequant 提供的每日更新的数据包括：

① 中国 A 股：基本信息；过去 10 多年以来历史日、分钟、tick 行情、其他市场数据；实时 tick、分钟行情；上市以来的所有财务数据。

② 场内基金，如 ETF、LOF：基本信息；过去 10 多年历史日、分钟、tick 行情；实时 tick、分钟行情；ETF 每日市场数据。

③ 可转债：基本信息；历史日、分钟、tick 行情；实时 tick、分钟行情。

④ 中国期货（股指、国债、商品期货）：基本信息；历史日、分钟、tick 行情；实时 tick、分钟行情。

⑤ 中国期权（ETF、股指、商品期权）：基本信息；历史日、分钟、tick 行情；股指、商品期权的实时 tick、分钟行情。

⑥ 国债逆回购：基本信息；历史日、分钟、tick 行情；实时 tick、分钟行情。

⑦ 现货（上金所）：基本信息；历史日、分钟、tick 行情；实时 tick、分钟行情。

### 6.2.2 金融大数据的处理

当进行股票量化投资研究时，数据预处理和数据清洗是非常重要的步骤。这里将介绍量化投资数据预处理和数据清洗的基本流程和方法，并提供一些实用的技巧和工具。在进行股票量化投资研究之前，首先需要获得所需的数据。

目前，市场上有许多数据服务商提供了全球各大股票交易所的实时和历史行情数据，可以通过 API 调用或直接下载方式获取。此外，还可以通过爬虫等方式从互联网上抓取股票数据。无论采用哪种方式，都需要注意所获取数据的准确性和完整性。

**1. 数据预处理**[①]

在得到原始数据后，需要对数据进行预处理，这样才能在量化投资研究中更好发挥作用。数据预处理与数据清洗的操作很类似。数据预处理基本涵盖了数据去重、数据填充、数据转换、数据归一化等环节，通过将原始数据进行整理和转换，在应用于量化投资研究中更具有实用性。而数据清洗则更多地着眼于解决数据中的噪声、异常值、错误等问题，以提高研究的准确性。两者都是数据预处理的重要组成部分，需要配合使用才能得到较为可靠的结果。

数据预处理包括以下几个步骤：

（1）数据检查。在获得量化投资数据后，我们需要对数据整体情况进行检视，以初步获取数据质量情况。具体来说，需要检查以下几个方面：

数据完整性：检查数据是否完整，是否有缺失值或异常值等。

数据类型：检查数据类型是否正确，是否需要进行转换或标准化等，在实际操作中，数据类型可能有 int、float、object 等多种类型，在实际使用中，根据是否需要保留小数位，是否需要进行运算操作等设置合适的数据类型。

数据格式：检查数据格式是否一致，例如日期、时间等格式是否统一，日期格式种类多，结合时间的日期格式种类更多，在实际应用中，要分辨日期格式是以字符串或者数字类型存在，在后续操作过程中，按照日期进行切片会因为数据格式的不同而产生较大差异。

---

① https://mp.weixin.qq.com/s/giO114tGH9Bh5spQwSbk5w.

数据分布:检查数据分布是否符合预期,是否存在偏离或异常情况等。

(2) 数据去重。由于市场数据通常以分时、日线等周期形式出现,同一时间段内可能存在多条记录,需要进行数据去重操作。可以通过选择最新或最早的记录作为唯一记录,或计算平均值、中位数等方式来合并同一时间段内的记录。

同时也要注意,在一些高频数据中,由于每一秒可能产生多条数据,在实际应用中,如果只是将采集周期的时间确定为秒级,但实际一秒可能采集了多条数据,此时数据的去重如果是针对秒级的情况,可能会将一些数据去除掉。

(3) 数据填充。在进行股票量化投资研究时,往往需要使用连续的数据序列。然而原始数据中可能存在缺失值或异常值等情况,需要进行数据填充操作。常用的数据填充方法包括线性插值、均值填充、前向填充、后向填充等。

(4) 数据转换。为了更好地应用于量化投资研究中,有时需要对原始数据进行转换操作。例如,可以将价格序列转换为收益率序列,将时间序列转换为周期序列等。这种转换操作可以使数据更加平稳和规律,减少噪声和异常点的影响。

**2. 数据标准化与归一化**

(1) 数据标准化。数据标准化通常是指将原始数据转换为均值为 0,方差为 1 的标准正态分布数据。这种标准化方法可以消除数据之间的量纲影响,并增加特征值之间的可比性和稳定性。数据标准化的数学公式如下:

$$z = \frac{x - \mu}{\sigma}$$

其中,$x$ 表示原始数据,$\mu$ 表示数据的平均值,$\sigma$ 表示数据的标准差,$z$ 表示标准化后的数据。在 Python 中,我们可以使用 Scikit-learn 库中的 StandardScaler 类实现数据标准化。

(2) 数据归一化。数据归一化通常是指将原始数据缩放到 0 和 1 之间的区间,使得所有特征值具有相同的重要性和权重。这种归一化方法可以消除数据之间的比例影响,并增加特征值之间的可比性和稳定性。数据归一化的数学公式如下:

$$x' = \frac{x - x_{\min}}{x_{\max} - x_{\min}}$$

其中,$x$ 表示原始数据,$x_{\min}$ 表示数据的最小值,$x_{\max}$ 表示数据的最大值,$x'$ 表示归一化后的数据。在 Python 中,我们可以使用 Scikit-learn 库中的 MinMaxScaler 类实现数据归一化。

需要注意的是,在进行数据标准化和归一化时,我们需要结合实际应用场景和数据特征来选择合适的方法和参数,以提高数据处理的准确性和有效性。同时,还需要对处理后的数据进行进一步分析和处理,例如排序、筛选或合并等操作,以满足数据分析和决策的需求。

**3. 数据异常检测**

在原始数据中,可能存在一些异常点或错误值,如缺失值、离群点、错误记录等。这些异常点会对股票量化投资研究产生影响,因此需要进行数据异常检测操作。可以通过统计学、机器学习等方法来识别和处理。

(1) 基于统计学的异常检测。基于统计学的异常检测方法是一种常见且简单的异常检测方法,适用于数据分布较为单一、偏离情况不太明显的场景。其主要思路是通过计算数据的均值、方差、标准差、偏度、峰度等统计指标,来判断数据点是否偏离正常范围。常见的统计学异常检测方法包括 Z-score 方法、箱型图法等。

例如,我们可以使用 Z-score 方法来检测股票收益率的异常值。具体步骤如下:计算股票收益率的均值和标准差。

对每个数据点进行 Z-score 转换,即将原始数据减去均值后除以标准差,得到一个新的标准化数据集。根据设定的阈值(通常设为 3)来判断数据点是否为异常值。

(2) 基于机器学习的异常检测。基于机器学习的异常检测方法是一种更为高级和复杂的异常检测方法,适用于数据分布较为复杂或存在多重偏离情况的场景。其主要思路是通过构建模型来判断数据点是否符合正常规律。常见的机器学习异常检测方法包括 K-近邻算法、支持向量机、聚类算法等。

例如,我们可以使用 K-近邻算法来检测股票收益率的异常值。具体步骤如下:将原始数据集划分为训练集和测试集。

使用训练集训练一个 K-近邻模型,并将测试集中的数据点代入模型进行预测。

根据预测结果来判断数据点是否为异常值。值得注意的是,在进行异常检测时,我们需要对异常值的定义和阈值进行精细的设定,以便更好地识别和处理异常值。同时,还需要结合实际应用场景和数据特征来选择合适的异常检测方法和参数,以提高异常检测的准确性和有效性。

(3) 箱型图。箱型图是一种基于统计学的异常检测方法,也是常用的数据分析和可视化工具之一。其主要思路是将数据按照四分位数(Q1、Q2、Q3)划分为四个区间,然后根据上限和下限来判断数据点是否为异常值。通常情况下,该方法被广泛应用于连续变量或数值型特征的异常检测。

下面介绍一下使用箱型图进行异常值检测的具体步骤:

① 需要准备待检测的数据集。

② 绘制箱型图并计算相关指标:

上边缘:第三个四分位数(Q3) + 1.5 倍的四分位距(IQR);

下边缘:第一个四分位数(Q1) - 1.5 倍的四分位距(IQR);

四分位距(IQR):第三个四分位数(Q3) - 第一个四分位数(Q1);

中位数:第二个四分位数(Q2)。

③ 检测数据点是否为异常值:如果数据点大于上边缘或小于下边缘,则为异常值;如果数据点在上下边缘之间,则为正常值。例如,我们可以使用箱型图来检测股票收益率的异常值。

需要注意的是,在使用箱型图进行异常检测时,我们需要结合实际应用场景和数据特征来选择合适的阈值和指标,以提高异常检测的准确性和有效性。同时,还需要对异常值进行进一步分析和处理,例如修正、删除或转换等操作,以避免这些异常值对模型和策略的影响。

总之,量化投资数据预处理和数据清洗是量化投资中非常重要的一环,能够提高数据质量和可靠性,从而为量化模型和策略的制定和实施提供更好的支持和保障。在实践中,我们需要结合实际应用场景和数据特征来选择合适的方法和策略,并对数据进行细致和全面的分析和处理,以满足量化投资决策和实现的需求。

## 阅读资料:gplearn 因子挖掘工具[①]

遗传规划(genetic programming)是演化算法(evolutionary algorithm)的分支,是一种

---

① https://gitee.com/futurelqh/symbolic-regression/tree/master/gplearn。

启发式的公式演化技术。遗传规划从随机生成的公式群体开始,通过模拟自然界中遗传进化的过程,来逐渐生成契合特定目标的公式群体。作为一种监督学习方法,遗传规划可以根据特定目标,发现某些隐藏的、难以通过人脑构建出的数学公式。传统的监督学习算法主要运用于特征与标签之间关系的拟合,而遗传规划则更多运用于特征挖掘(特征工程)。

在量化多因子选股领域中,选股因子的挖掘是一个关注度经久不衰的主题。在以往的因子研究中,人们一般从市场可见的规律和投资经验入手,进行因子挖掘和改进,即"先有逻辑、后有公式"的方法,常见的因子如估值、成长、财务质量、波动率等都是通过这种方法研究得出的。随着市场可用数据的增多和机器学习等先进技术的发展,我们可以借助遗传规划的方法在海量数据中进行探索,通过"进化"的方式得出一些经过检验有效的选股因子,再试图去解释这些因子的内涵,即"先有公式、后有逻辑"的方法。以上两种方式对应于选股因子研究方法中的"演绎法"与"归纳法",都有一定的存在基础。而后者的优势在于可以充分利用计算机的强大算力进行启发式搜索,同时突破人类的思维局限,挖掘出某些隐藏的、难以通过人脑构建的因子,为因子研究提供更多的可能性。

```
第一步,获取训练集数据:
train_data = df[(df.datetime<'2020-08-01')]train_data = train_data.reset_index(drop=True)
train_data.head(3),train_data.tail(3),train_data.shape
第二步,定义运算函数:
def _ts_resid(x1,x2,n):
    with np.errstate(divide='ignore',invalid='ignore'):
        try:
            if n[0]==n[1] and n[1]==n[2]:
                u'''need:(list1,list2,number)    return:number
                前 n 期样本 A 对 B 做回归所得的残差 '''
                list1 = x1.flatten().tolist()
                list2 = x2.flatten().tolist()
                n = int(n[0])
                list1 = np.array(list1[-n-1:]).reshape(-1,1)
                list2 = np.array(list2[-n-1:]).reshape(-1,1)
                linreg = LinearRegression()
                model = linreg.fit(list1,list2)
                res = list(linreg.intercept_)
                res = np.array(res+[0]*(len(x1)-len([linreg.intercept_]))).flatten()
                return res
            else:
                return np.zeros(x1.shape[0])        except:
            return np.zeros(x1.shape[0])
def _corr(data1,data2,n):
    with np.errstate(divide='ignore',invalid='ignore'):
        try:
            if n[0]==n[1] and n[1]==n[2]:
                window = n[0]
```

```
                    x1 = pd.Series(data1.flatten())
                    x2 = pd.Series(data2.flatten())
                    df = pd.concat([x1,x2],axis = 1)
                    temp = pd.Series()
                    for i in range(len(df)):
                        if i<= window-2:
                            temp[str(i)] = np.nan
                        else:
                            df2 = df.iloc[i-window+1:i,:]
                            temp[str(i)] = df2.corr('spearman').iloc[1,0]
                    return np.nan_to_num(temp)
                else:
                    return np.zeros(data1.shape[0])
        except:
            return np.zeros(data1.shape[0])
```

第三步,使用运算函数:

```
ts_beta = make_function(function = _ts_beta,name = 'ts_beta',arity = 3,wrap = False)
beta = make_function(function = _beta,name = 'beta',arity = 2,wrap = False)
ts_resid = make_function(function = _ts_resid,name = 'ts_resid',arity = 3,wrap = False)
user_function = [SEQUENCE,ts_cov,ts_lowday,ts_highday,ts_adv,ts_wma,ts_mean,_abs,rank,
ts_scale,ts_delta,ts_delay,ts_sma,ts_std,ts_rank,ts_sum,corr,ts_min,cube,square,ts_
argmaxmin,ts_argmax,ts_argmin,ts_min,ts_max,ts_beta,beta,ts_resid,resid]
```

第四步,模型训练:

```
function_set = init_function + user_function
population_size = 5000
generations = 100
random_state = 5
est_gp = SymbolicTransformer(
                            feature_names = fields,
                            function_set = function_set,
                            generations = generations,
                            metric = my_metric,
                            population_size = population_size,
                            tournament_size = 30,
                            random_state = random_state,
                            verbose = 2,hall_of_fame = 100,
                            parsimony_coefficient = 0.0001,
                            p_crossover = 0.4,
                            p_subtree_mutation = 0.01,
                            p_hoist_mutation = 0,
                            p_point_mutation = 0.01,
                            p_point_replace = 0.4,
```

```
                n_jobs = 8)
X_train = np.nan_to_num(X_train)
y_train = np.nan_to_num(y_train)
est_gp.fit(X_train, y_train)
```

| | fitness | expression | depth | length |
|---|---|---|---|---|
| alpha_10 | 0.156346 | sin(cube(close)) | 2 | 3 |
| alpha_9 | 0.325947 | mul(low, sin(money)) | 2 | 4 |
| alpha_7 | 0.383441 | sub(add(ts_sum(_abs(min(close, money)), SEQUEN... | 5 | 57 |
| alpha_6 | 0.388041 | sub(inv(ts_std(volume, 0.670)), div(min(open, ... | 3 | 11 |
| alpha_8 | 0.388041 | sub(ts_lowday(min(close, high)), ts_sum(low, hi... | 3 | 11 |
| alpha_5 | 0.404158 | min(cube(sin(close)), corr(ts_scale(open, volu... | 3 | 14 |
| alpha_4 | 0.834534 | sin(mul(open, high)) | 2 | 4 |
| alpha_3 | 6.596452 | log(square(sin(low))) | 3 | 4 |
| alpha_2 | 6.71933 | inv(sin(high)) | 2 | 3 |
| alpha_1 | 12.384383 | log(sub(add(rank(inv(low)), ts_rank(div(close,... | 5 | 27 |

图 6.5　gplean 因子挖掘展示

## 6.3　金融大数据在量化投资策略中的应用

本节我们将学习金融大数据在量化投资策略中的具体应用，包括策略的评价指标简介、单因子策略和多因子策略的开发等。

### 6.3.1　金融大数据在策略开发中的应用

**1. 因子评价指标简介**[①]

因子 IC 和 IR 值是评价因子有效性和稳定性的常用指标。在量化投资领域，通过对因子进行分组测试和回归法分析，可以评估因子对股票收益的预测能力。

分组测试是一种常用的方法，它将股票按照因子值的大小进行分组，然后统计每组在下一个周期的收益情况。通过观察每组的收益率是否存在单调性特征，可以初步判断因子的有效性。如果每组间的收益差异越大，说明因子的有效性越好。

回归法是另一种常用的评价因子有效性的方法。它通过将因子的值与股票收益率进行线性回归分析，得到回归系数，即该因子的因子收益率。同时，回归法还可以获得因子收益率的显著性水平（$t$-test），其中，$t$ 值序列绝对值平均值是判断因子显著性的重要指标。

---

[①] https://mp.weixin.qq.com/s/MChL9dHP0grK7lIk6RgiGg。

(1) 评估指标①。单因子模型的评估是衡量模型有效性的重要指标,常用的评估方法包括 IC、IR 等指标。下面将介绍具体的评估方法:

① IC(信息系数):IC 是评估因子预测准确度的指标,其取值范围为 -1 到 1 之间。当 IC 值为正时,表示因子的预测值与实际值之间存在正相关性;当 IC 值为负时,表示因子的预测值与实际值之间存在负相关性;当 IC 值为 0 时,表示因子的预测值与实际值之间不存在相关性。通常,当 IC 值大于 0.05 时,表明因子具有一定的预测能力。

② IR(信息比率):IR 是评估因子收益与风险之间关系的指标。IR = IC 的多周期均值/IC 的标准方差,代表因子获取稳定 Alpha 的能力。整个回测时段由多个调仓周期组成,每一个周期都会计算出一个不同的 IC 值,IR 等于多个调仓周期的 IC 均值除以这些 IC 的标准方差。所以,IR 兼顾了因子的选股能力(由 IC 代表)和因子选股能力的稳定性(由 IC 的标准方差的倒数代表)。IR 值越大,表示因子的收益与风险之间的关系越好。通常,当 IR 值大于 0.5 时,表明具有一定的收益能力。

③ R-squared:指标 R-squared 指标是衡量模型拟合度的指标,表示因子与股票收益率之间的变异程度。R-squared 值越高,表示模型的解释能力越强,对股票收益率的解释程度越高。

④ $t$ 检验:$t$ 检验是评估因子统计显著性的指标。当 $t$ 值大于 2 或小于 -2 时,表示因子的统计显著性较高。当 $t$ 值在 -2 到 2 之间时,表示因子的统计显著性较低。在进行 $t$ 检验时,需要注意样本量的大小和是否符合正态分布的要求。

(2) 因子的稳定性。IC 的稳定性是衡量因子与股票收益率之间相关性的指标,可以通过纵向时间稳定性和横向基于其他因子稳定性的方法进行评判。

① 时间稳定性:IC 值在不同时间段内的稳定性。如果同一个因子在不同时间段内的 IC 值相对稳定,那么说明该因子的相关性比较稳定,具有较好的时间稳定性。

② 基于其他因子的稳定性:如 IC 值在不同行业或者市值挡位下的稳定性。一般情况下因子会在某些行业或者和其他因子的组合上有更好的结果,这也是多因子模型产生的原因,比如估值因子在大市值的股票上有更好的效果。

(3) 因子衰减。因子衰减是指在单因子模型中,随着时间的推移,因子与股票收益率之间的相关性出现逐渐减弱的现象。因子衰减可能是由于市场环境的变化、投资者行为的改变、公司基本面的变化等多种因素导致的。因子衰减对量化投资策略的有效性和泛化能力具有重要影响。如果因子衰减严重,模型的预测能力会大大降低,投资决策的准确性也会受到影响。因此,研究因子衰减的原因和规律,并采取相应的措施来应对因子衰减现象,是量化投资中的重要课题。为了应对因子衰减,量化投资者可以采取以下措施:

① 持续监测因子与收益率之间的相关性,及时发现因子衰减的现象。

② 不断更新因子,增加新的因子,减少因子的使用周期,以保持模型的有效性和泛化能力。

③ 采用多因子模型,通过多个因子的综合分析,来提高模型的有效性和泛化能力。

④ 采用动态权重策略,根据市场变化和因子表现的情况,动态调整因子权重,以适应市

---

① https://mp.weixin.qq.com/s/mOmRR4SHkNSTLSOxTmSzGQ.

场的变化。

当评价因子的有效性和稳定性时,还可以考虑以下几个方面的内容:

① 因子的市场中性:市场中性是指因子与整个市场或特定市场指数之间的相关性。一个有效的因子应该具有较低的市场相关性,即在市场上升或下降时,因子的表现不会受到市场波动的显著影响。通过计算因子与市场指数的相关系数或回归分析,可以评估因子的市场中性。

② 因子的风险调整收益:除了考虑因子的绝对收益表现,还应该关注因子的风险调整收益。风险调整收益考虑了因子的波动性和风险水平以及其对超额收益的贡献。常用的风险调整收益指标包括夏普比率、信息比率和 Treynor 比率等。

③ 因子的时间稳定性:一个有效的因子应该在不同时间段内保持稳定的表现。通过分析因子在历史不同时间段的表现、回报分布和统计性质,可以评估因子的时间稳定性。如果因子在不同的市场环境下保持稳定的预测能力和收益表现,说明其具有较好的时间稳定性。

④ 因子的经济逻辑:评价因子有效性时,还应该考虑因子的经济逻辑。一个有效的因子应该与公司的基本面因素或宏观经济因素相关联,具有合理的经济解释性。通过对因子与相关经济指标或财务数据的相关性分析,可以判断因子的经济逻辑是否合理。

⑤ 因子的交易成本和可操作性:在实际应用中,除了因子的预测能力和收益表现,还应该考虑因子的交易成本和可操作性。一个有效的因子应该能够在实际交易中被有效执行,并且交易成本较低。因此,评估因子的交易成本和可操作性对于量化策略的实施和执行至关重要。综上所述,评价因子的有效性和稳定性需要综合考虑因子的市场中性、风险调整收益、时间稳定性、经济逻辑以及交易成本和可操作性等方面。

通过综合分析这些因素,可以更全面地评估因子的质量和适用性,从而指导量化投资策略的设计和优化。

### 6.3.2 基于金融大数据的单因子策略

在量化投研中,单因子模型是一个重要的分析工具,其可以帮助投资者解决股票选取、组合构建、风险控制等问题。本书将从单因子模型的理论基础、构建方法、应用、评估和改进等方面进行详细介绍,旨在帮助读者了解和掌握单因子模型的相关知识,提高投资决策的科学性和准确性。

**1. 单因子模型的理论基础**[①]

在量化投研中,单因子模型是一种用于量化分析股票收益率的基本方法。其基本理论基础可以追溯到 CAPM 模型和 Fama-French 三因子模型。CAPM 模型认为,个股的收益率是由市场整体收益率和个股与市场的协方差之比所决定的,而 Fama-French 三因子模型则在此基础上增加了规模因子和价值因子。单因子模型则是在以上模型的基础上,只考虑单因子对股票收益率的影响,忽略其他因子的影响。单因子模型的理论基础可以用如下公式进行表示。

---

① https://mp.weixin.qq.com/s/f_eo7yvuHBoCJEL0bi039A

$$R_i = \alpha_i + \beta_i F_i + \varepsilon_i$$

其中,$R_i$ 表示个股 $i$ 的收益率,$F_i$ 表示单个因子的收益率,$\alpha_i$ 表示个股 $i$ 的超额收益率,$\beta_i$ 表示个股 $i$ 对因子 $F_i$ 的敏感程度,$\varepsilon_i$ 为误差项。通过上述公式,我们可以看到单因子模型是基于线性回归模型进行构建的。而单因子模型的核心就是确定一个适当的因子,用于解释股票收益率的波动。

因此,对于单因子模型而言,因子的选择是至关重要的。单因子模型是通过研究某个因子对股票收益率的影响,从而找到表现优异的股票,构建投资组合。与多因子模型不同,单因子模型只考虑单个因子对股票收益率的影响,忽略其他因素。因此,单因子模型的构建相对简单,计算和解释也比较方便。但是,由于其只考虑了单个因子的影响,因此可能存在一定的局限性,这也是多因子模型被提出的原因。与单因子模型相比,多因子模型考虑了多个因子对股票收益率的影响,具有更加全面和准确的解释能力。但是,多因子模型的构建和计算相对复杂,需要考虑多个因子之间的相关性和权重分配等问题。

**2. 单因子模型的构建**

单因子模型的构建流程包括因子的选取、数据的获取、数据的处理、回归分析和策略的实施等步骤。下面将介绍具体的构建方法和步骤:

(1)因子的选取。因子的选取是单因子模型构建的关键,需要选择与股票收益率相关性较高的因子。常用的因子包括市盈率、市净率、ROE、PEG、股息率、市销率等。投资者可以根据自身的偏好和投资策略来选择因子。例如,价值投资者通常会选择市盈率、市净率等价值因子,而成长投资者则会选择 PEG 等成长因子。

(2)数据的获取。获取因子数据和股票数据是构建单因子模型的重要步骤。数据可以通过各种途径获取,如证券交易所、数据提供商、财经网站等。在获取数据时,需要注意数据的准确性和完整性。

(3)数据的处理。数据的处理是指将原始数据进行清洗和处理,剔除异常值和缺失值,从而保证数据的稳定性和可靠性。常用的数据处理方法包括去极值、标准化、中性化等。

(4)回归分析。回归分析是单因子模型的核心步骤,通过线性回归模型来计算股票收益率与因子之间的关系。回归分析可以使用多种工具和软件进行,如 Excel、Python、MATLAB 等。在回归分析中,需要注意模型的拟合度和显著性检验等问题。

(5)策略的实施。策略的实施是指将单因子模型应用到实际投资中,选择符合模型要求的股票进行投资。投资者可以根据模型的结果,选择表现优异的股票进行投资,以获得更高的收益。总之,构建单因子模型需要进行因子的选取、数据的获取、数据的处理、回归分析和策略的实施等步骤,需要投资者具备一定的统计学和计算机技能。在构建单因子模型时,常见的因子包括市场因子、风格因子和行业因子。

**3. 单因子分析实操**

(1)载入聚宽因子库。

```
import pandas as pd
import jqfactor_analyzer as ja
```

(2)进行文件配置。

```
import jqdatasdk
jqdatasdk.auth('username','password')
```

(3) 获取 5 日平均换手率因子 2018-01-01 到 2018-12-31 之间的数据(示例用从库中直接调取)♯ 聚宽因子库数据获取方法如下。

```
from jqfactor_analyzer.sample import VOL5
factor_data = VOL5
```

(4) 对因子进行分析。

```
far = ja.analyze_factor(
factor_data, ♯ factor_data 为因子值的 pandas.DataFrame
quantiles = 10,
periods = (1,10),
industry = 'jq_11',
weight_method = 'avg',
max_loss = 0.1
)
```

其中,quantiles 代表分组数,总共分为 10 组,periods 为分析周期,选择 1 日和 10 日两种。

(5) 生成统计图表。

```
♯生成统计图表
far.create_full_tear_sheet(
demeaned = False, group_adjust = False, by_group = False,
turnover_periods = None, avgretplot = (5,15), std_bar = False
)
```

| factor_quantile | min | max | mean | std | count | count % |
|---|---|---|---|---|---|---|
| 1 | 0.00000 | 0.30046 | 0.071722 | 0.057387 | 6993 | 10.056951 |
| 2 | 0.08846 | 0.49034 | 0.199736 | 0.067157 | 6966 | 10.018121 |
| 3 | 0.14954 | 0.65984 | 0.312329 | 0.090353 | 6919 | 9.950528 |
| 4 | 0.22594 | 0.80136 | 0.428496 | 0.111216 | 6948 | 9.992234 |
| 5 | 0.30904 | 0.99400 | 0.560756 | 0.131716 | 6980 | 10.038255 |
| 6 | 0.38960 | 1.23760 | 0.706267 | 0.162805 | 6911 | 9.939023 |
| 7 | 0.49008 | 1.56502 | 0.886324 | 0.200458 | 6940 | 9.980729 |
| 8 | 0.68760 | 2.09560 | 1.146994 | 0.261086 | 6926 | 9.960595 |
| 9 | 0.92082 | 3.30790 | 1.663797 | 0.429544 | 6961 | 10.010930 |
| 10 | 1.42098 | 40.47726 | 4.348296 | 3.683444 | 6990 | 10.052636 |

图 6.6 单因子分析展示

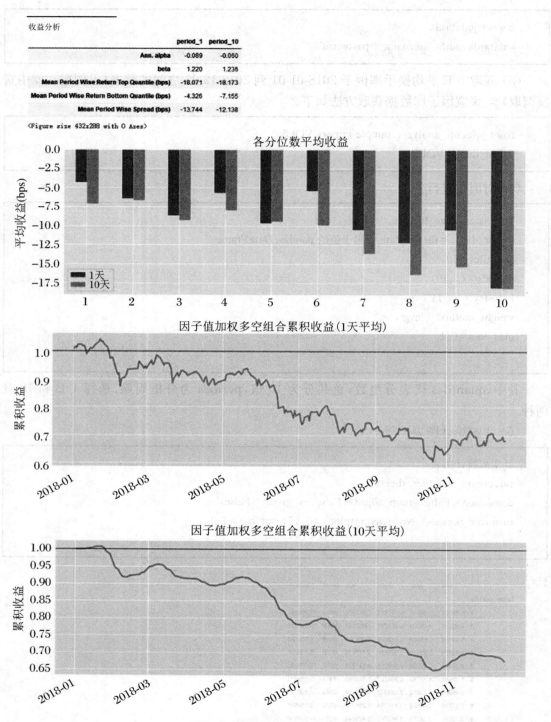

图 6.6 单因子分析展示(续)

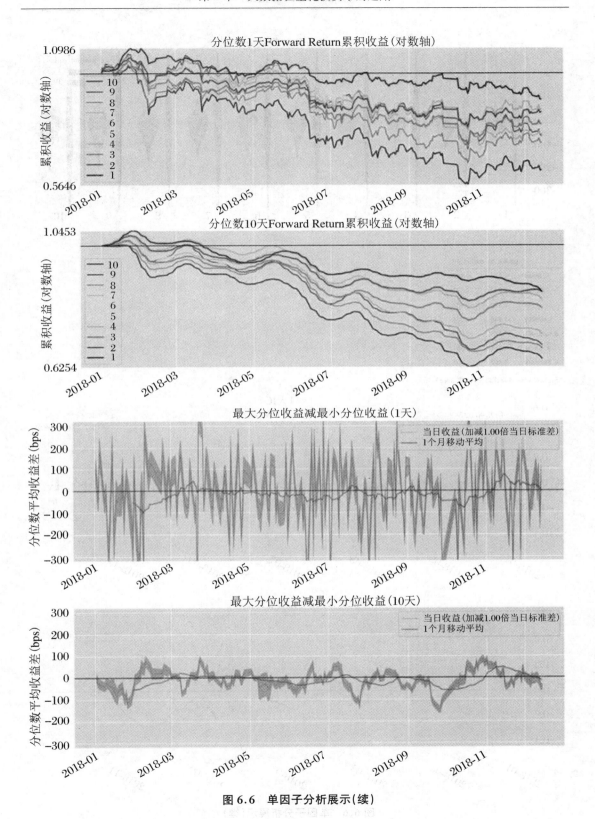

图 6.6 单因子分析展示（续）

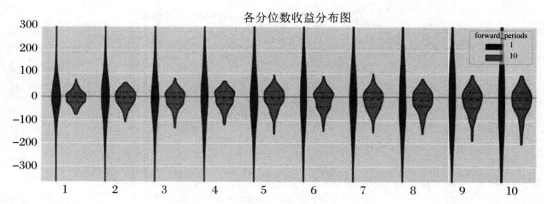

IC分析

|  | period_1 | period_10 |
| --- | --- | --- |
| IC Mean | -0.027 | -0.082 |
| IC Std. | 0.213 | 0.177 |
| IR | -0.128 | -0.463 |
| t-stat(IC) | -1.948 | -7.064 |
| p-value(IC) | 0.053 | 0.000 |
| IC Skew | 0.251 | 0.054 |
| IC Kurtosis | -0.403 | -0.505 |

<Figure size 432x288 with 0 Axes>

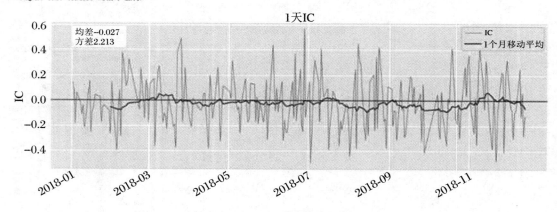

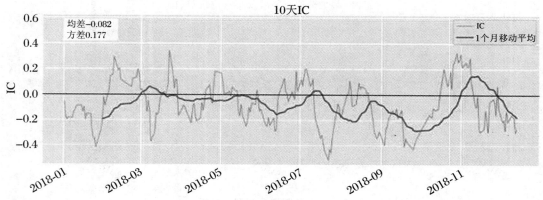

图 6.6　单因子分析展示(续)

第 6 章 大数据在量化投资中的运用

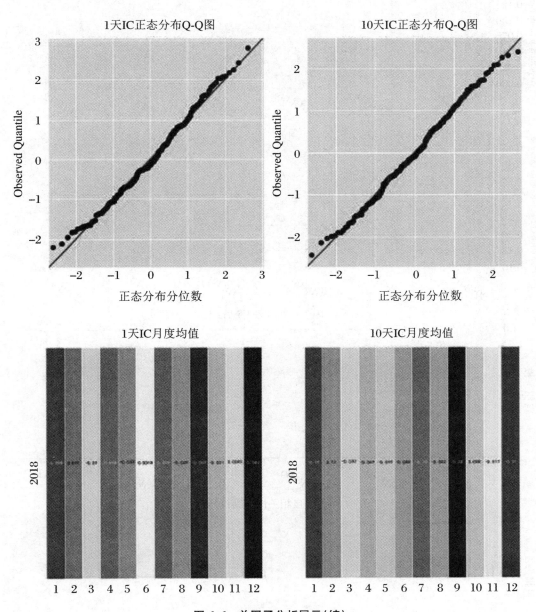

图 6.6 单因子分析展示(续)

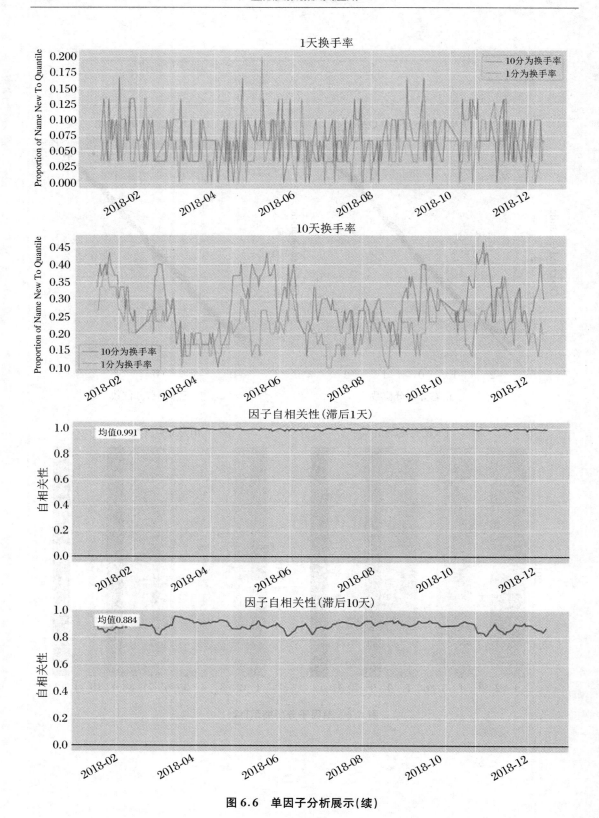

图 6.6 单因子分析展示(续)

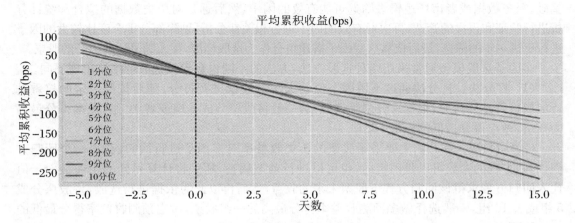

图 6.6 单因子分析展示(续)

**4. 单因子策略的局限性**

单因子策略虽然在一定程度上可以提高投资决策的准确性,但也存在一些局限性。

首先,单因子策略只考虑了单一因子的影响,忽略了其他可能的因素。金融市场的价格走势受多种因素的影响,单因子策略很难全面考虑到所有因素的影响。

其次,单因子策略很容易受到市场风险和噪声的影响。金融市场的波动性和不确定性使得单因子策略的预测结果可能存在误差。

最后,单因子策略需要大量的数据分析和建模工作,对投资者的技术要求较高。缺乏相关知识和经验的投资者可能难以正确地应用单因子策略。

金融大数据的应用为投资者提供了新的思路和工具来优化投资决策。单因子策略作为一种基于金融大数据的投资策略,可以帮助投资者分析市场数据,预测资产价格的走势。然而,单因子策略也存在一些局限性,投资者在使用单因子策略时需要充分考虑这些限制,并结合其他方法和工具进行综合分析和决策。

虽然本小节对单因子策略进行了简要介绍,但是投资者在实际应用中仍需深入研究和实践,以便更好地利用金融大数据来指导投资决策。随着科技的不断发展和金融市场的变化,单因子策略也将不断演进和壮大,为投资者带来更多的机会和挑战。

### 6.3.3 基于金融大数据的多因子策略

**1. 多因子模型**

多因子模型是量化投资策略中应用较为广泛的模型之一,建立在投资组合、资本资产定价(CAPM)、套利定价理论(APT)等现代金融投资理论的基础上。多因子模型假设市场是无效或弱有效的,通过主动投资组合管理来获取超额收益。多因子选股的核心思想是,市场影响因素是多重的并且是动态的,但是总会有一些因子在一定时期内能发挥稳定的作用,因此好的因子意味着长期稳定的收入,发现高质量的因子是每位量化投资者的一致愿望。

**2. 构建多因子模型方法**[①]

多因子模型量化交易的逻辑就是基于多因子选股模型,首先依据经典的金融市场理论

---

① https://mp.weixin.qq.com/s/f_eo7yvuHBoCJEL0bi039A。

基础、财务数据或者市场逻辑去筛选可能有效的因子,然后通过对历史数据的拟合和统计分析进行验证和再次的筛选,再次对有效的因子进行相关性分析,剔除部分重合度比较大的因子进行更进一步的筛选,最后依靠这些因子搭建组合作为选股标准,买入满足这些因子的股票。

多因子选股模型通常采用两种选股方法,方法的不同也会导致选股的结果出现不同。

(1) 打分法。打分法通过不用因子值的大小对股票进行打分,随后按照一定的权重进行加权得到整体得分,根据总分来筛选股票,一般将股票分成5组或者10组,做多得分最高的一组,做空得分最低的一组。

(2) 回归法。回归法主要采用股票的历史收益率对多因子进行回归,获得一个回归方程,回归方程的参数可以是固定的,也可以进行动态调整,随后将计算得到的当前最因子值代入回归方程求得该回归方程下股票未来的收益,然后再以此为依据进行选股,将股票分成5组或者10组,一般选择做多预测收益率得分最高的一组股票,做空预测收益率得分最低的一组股票。

**3. 构建多因子模型步骤**[①]

实践中,多因子量化选股可以分为5个步骤,分别是因子选择、因子有效性检验、因子筛选、模型的实现以及模型的评价和改进。

(1) 因子选择。因子选择是构建多因子模型的第一步,影响股票收益率的因子多种多样,实际中并没有标准的分类方法,但一般可以分为以下几类:

① 估值因子:市盈率、市净率、市现率、市销率、股息率等。

② 成长因子:营业收入增长率、净利润增长率、每股收益增长率、净资产增长率等。

③ 盈利能力因子:净资产收益率、资产收益率、销售利润率、毛利率等。

④ 规模类因子:总市值、流通市值、自由流通市值等。

⑤ 动量因子:前1个月涨跌幅,前2个月涨跌幅,前3个月涨跌幅,前6个月涨跌幅等。

⑥ 波动因子:前1个月波动率,前1个月振幅等。

⑦ 交投因子:前期换手率、量比等。

⑧ 分析师预测因子:预测当年净利润增长率,主营业务收入增长率,最近1个月预测净利润上调幅度,最近1个月上调评级占比等。

⑨ 风格因子:大盘股与小盘股收益差,贝塔,强势股与弱势股收益差,高估值股与低估值股收益差等。

因子选择的不同,也会导致实际在调仓过程中出现不一样,若所选择的都是基本面因子中的财务因子,那么实际操作时,调仓频率会以季度调仓为主。而在一些采用动量等交易数据为主要因子的模型中,调仓频率可以更频繁,可以用日为单位进行调仓,但同时,频繁的调仓也会导致在实际操作中,交易成本的大幅提高,从而降低因子收益。[②] 因子编写示例如下:

```
class ATR_1_month(Factor):
    ''' 过去 20 个交易日日内真实波幅均值 '''
    name = 'ATR1M'
    max_window = 22
    dependencies = ['close', 'high', 'low']
```

---

① https://mp.weixin.qq.com/s/f_eo7yvuHBoCJEL0bi039A.

② https://mp.weixin.qq.com/s/Tq7niEitM-vRP27tXXUiBA.

```
        def calc(self,stock):
            High = stock['high'].shift(1).iloc[1:]
            Low = stock['low'].shift(1).iloc[1:]
            Close = stock['close'].shift(1).iloc[1:]
            tmp = np.maximum(High - Low, np.abs(Close.shift(1) - High))
            TR = np.maximum(tmp, np.abs(Close.shift(1) - Low))
            return TR.iloc[-20:].mean()
    class ATR_3_month(Factor):
        ''' 过去60个交易日日内真实波幅均值 '''
        name = 'ATR3_momth'
        max_window = 62
        dependencies = ['close','high','low']
        def calc(self,stock):
            High = stock['high'].shift(1).iloc[1:]
            Low = stock['low'].shift(1).iloc[1:]
            Close = stock['close'].shift(1).iloc[1:]
            tmp = np.maximum(High-Low, np.abs(Close.shift(1)-High))
            TR = np.maximum(tmp, np.abs(Close.shift(1)-Low))
            return TR.iloc[-60:].mean()
    class DELTAROE(Factor):
        ''' 单季度净资产收益率-去年同期单季度净资产收益率 '''
        name = 'DELTAROE'
        max_window = 1
        dependencies = ['roe','roe_4']
        def calc(self,stock):
            return (stock['roe'] - stock['roe_4']).iloc[0]
```

(2) 因子有效性检验。详情参见单因子检测部分。

(3) 因子筛选。通过上文的学习,我们可以筛选出多个因子中的有效因子,下一步需进行因子筛选,从中剔除冗余因子。为什么要剔除冗余因子?主要是因为许多不同的因子可能在构造时采用的内在驱动因素是相同的或者是类似的,这使得这些类似因子对股票的收益率的影响有可能是相似的,可以类比在统计学中需要解决多重共线性的问题,在多因子的筛选中,只需要在同类因子中选择收益最好的因子或者是区分度最高的因子,而将其他类似的因子进行剔除。比如,在财务类因子中,静态市盈率(PE)与滚动市盈率(PETTM)有很强的相似性,在进行因子筛选时,可能就需要将某个因子进行剔除,同时,初学者在刚开始进行量化交易入门时会经常接触的双均线模型,在众多的均线中也存在很强的相似性,也需要进行筛选,从而保留区分度最高的因子。因子筛选的流程可以简单进行如下归纳:

① 若现在有 $k$ 个因子,回测周期可分为 $m$ 个月,股票均分为 $n$ 个组合,那对于 $m$ 个月中的每一个月,根据 $k$ 个因子中的某个因子值的大小,股票可以被分为第1到第 $n$ 共 $n$ 个组。

② 然后,我们建立一种规则为各个组打分:比如该股票因子值越大,则其所在的组别就越靠前,越往前的组别得分越高,如此,我们可以为这个月的该因子下每只股票进行打分。

③ 由于不只有这一个因子,我们对这个月的所有因子下的股票都按照规则进行打分,

则同样股票因为因子不同,得分不一样,从而我们可以算出这个月不同因子间的得分相关系数矩阵。

④ 事实上,由于一共有 $m$ 个月,我们最终能够得到 $m$ 个相关系数矩阵,将这些相关系数矩阵相加后取均值作为最终的各因子间的相关系数矩阵。

⑤ 我们选取一个阈值,将得分相关系数矩阵中大于该阈值的元素所对应的因子只保留与其他因子相关性较小、有效性更强的因子,而其他因子则作为冗余因子剔除(图 6.7)。

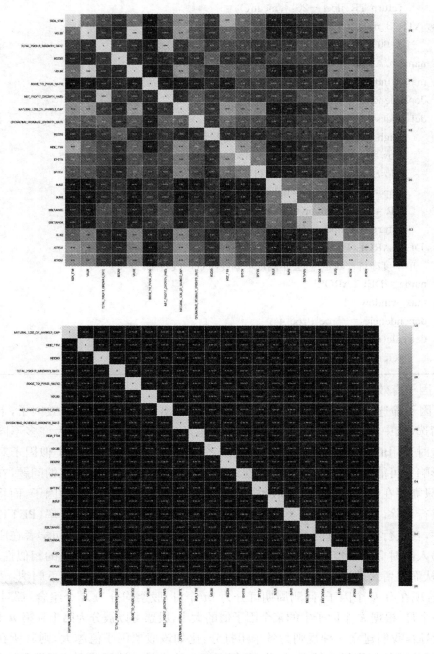

图 6.7　因子相关性展示

由图 6.7 可以看出，因子间所有相关系数都小于 0.25，说明所选因子间的相关性很低，可不用剔除因子。

（4）模型的实现。这里，我们首先采用同花顺的 ifind 模块，搭建一个基本面多因子的回测模型，我们选用了 3 个基本面因子，分别是投资回报率、市净率、市销率作为样例因子，回测 2020 年 5 月到 2023 年 5 月的沪深 300 成分股数据（图 6.8）。

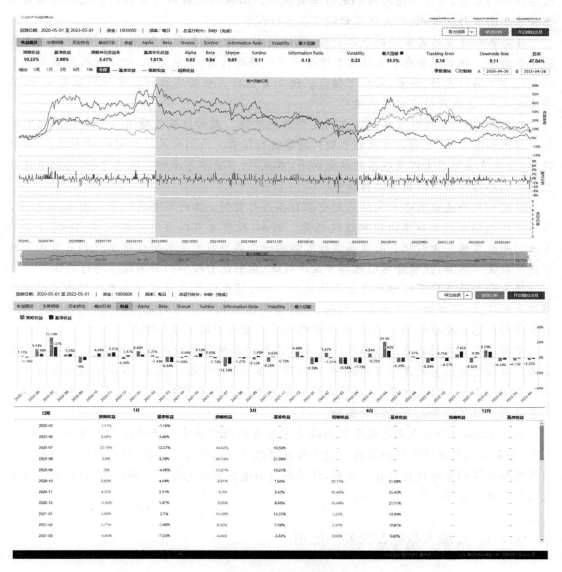

图 6.8　多因子分析展示

本部分从多因子模型的理论背景入手，对量化多因子投资的原理与主要步骤进行了说明与演示，回测结果显示，由 ROA、PCTTM、TAGRT 构造的等值加权因子筛选出的股票在 2021 年度获得了一定的超额收益，进一步说明了多因子模型的有效性。但在真实的交易中，由于市场风格的变化，很难找到长期有效的因子，所以对交易员的金融直觉与市场敏感性有很高的要求，除了高效利用截面或是时间序列的历史数据，不断通过基本面和技术面的分析，引入深度学习，机器学习的因子挖掘算法也正成为量化领域的发展趋势。

## 阅读资料：择时与截面选股简介

择时和截面选股是在股票投资中常用的两种策略。择时是指根据市场的整体走势预测股票价格的涨跌，并在合适的时机进行买卖操作。而截面选股则是根据股票之间的相对价值和基本面进行选择，选取表现较好的股票进行投资。

择时策略注重的是市场的整体走势，通过技术分析、基本面分析等方法，判断股票市场的涨跌趋势。择时投资者会关注股票市场的宏观经济数据、政策变化、行业发展趋势等因素以及股票价格的走势、图表、指标等信息。他们会根据这些信息来判断市场的短期走势，从而决定买入、卖出或持有股票的操作。

与之相对，截面选股策略更注重的是个股的选择。截面选股投资者会分析股票之间的相对价值和基本面，选取具有较好表现的股票进行投资。他们会关注公司的财务状况、盈利能力、行业地位等因素以及股票的估值水平、市盈率、市净率等指标。通过分析，他们会选择具备较高潜力和价值的股票进行投资。

择时和截面选股策略在实际应用中都有各自的案例。择时策略的一个典型案例是根据技术分析指标来判断市场的短期涨跌趋势。例如，投资者可以通过均线交叉、MACD指标等来判断股票的买卖时机。而截面选股策略的一个典型案例是根据估值水平和基本面分析来选择股票。例如，投资者可以选择市盈率较低、盈利能力较强的公司股票进行投资。

择时和截面选股策略都有各自的优缺点。择时策略的优点是可以在市场短期波动中获得较高的收益，适合短线投资者。然而，择时需要准确判断市场的走势，对投资者的分析能力和市场敏感度要求较高。同时，择时策略也容易受到市场风险和噪声的影响。

截面选股策略的优点是可以选择具备较高潜力和价值的股票进行投资，适合中长期投资者。截面选股注重的是个股的选择，可以降低市场整体风险。然而，截面选股需要准确分析个股的基本面和估值水平，对投资者的研究能力和选股技巧要求较高。同时，截面选股也容易受到个股风险和行业风险的影响。

总的来说，择时和截面选股是股票投资中常用的两种策略。择时注重市场整体走势的判断，而截面选股注重个股的选择。投资者可以根据自己的投资风格、风险承受能力和市场情况选择合适的策略进行投资。同时，择时和截面选股策略也可以结合使用，以提高投资的成功率和收益水平。

### 6.3.4 金融大数据在交易的应用

配对交易[①]是一种常见的交易策略，它基于统计学和市场行为理论，通过寻找相关性较高的金融资产，利用它们之间的价格差异进行交易。这种策略的核心思想是，当两个或多个资产之间的价格关系偏离其长期均衡时，存在一定的回归趋势。因此，通过买入相对被低估的资产并卖出相对被高估的资产，可以获得收益。

配对交易的步骤可以分为以下几个关键步骤。

---

① 丁鹏. 量化投资. 策略与技术[M]. 北京：电子工业出版社，2016.

一是策略制定。首先,需要选择适合的交易策略。这包括确定配对资产的选择标准,例如行业、市值、相关性等。同时,还需要确定交易的时间框架和风险控制策略。

二是数据收集与分析。在确定配对资产后,需要收集相关的历史价格数据,并进行详细的数据分析。这包括计算资产之间的相关系数、协整关系等统计指标,以及观察价格之间的趋势和波动性。

三是交易信号生成。根据数据分析的结果,生成交易信号。一种常见的方法是使用统计模型,例如协整模型或线性回归模型,来预测价格的回归趋势。当价格偏离其均衡水平时,产生交易信号。

四是交易执行。根据生成的交易信号,执行交易。这包括买入被低估的资产并卖出被高估的资产。同时,需要注意交易的时机和交易成本,例如手续费和滑点。

五是监控与调整。一旦交易执行,需要密切监控资产价格的变动,并根据市场情况进行调整。如果价格继续偏离均衡水平,可能需要进行交易调整或平仓操作。

配对交易的常用方法有很多种,以下是一些常见的方法:

均值回归:这是一种基于价格偏离均值的方法。当价格偏离其均值时,认为价格会回归到均值水平,因此通过买入被低估的资产并卖出被高估的资产来获得收益。

统计套利:这是一种基于统计学方法的套利策略。通过计算配对资产之间的相关系数和协整关系,确定价格关系的稳定性,并利用价格差异进行交易。

基本面配对:这是一种基于基本面分析的方法。通过比较配对资产之间的基本面指标,例如财务指标、市场地位等,来确定价格关系的偏离程度,并进行交易。

配对交易策略的回测是评估策略有效性的重要步骤。回测是通过使用历史数据来模拟交易策略,并评估其在过去的表现。回测可以帮助交易者了解策略的盈亏情况、风险水平和稳定性,并进行优化和调整。

总结起来,配对交易是一种利用金融资产之间的价格关系进行交易的策略。它可以通过寻找价格偏离均衡的资产,并利用价格差异来获得收益。配对交易的步骤包括策略制定、数据收集与分析、交易信号生成、交易执行和监控与调整。常用的配对交易方法有均值回归、统计套利和基本面配对等。回测是评估配对交易策略有效性的重要步骤,可以帮助交易者优化和调整策略。在配对交易中,投资者通常会使用一些技术指标和工具来辅助他们做出交易决策。下面介绍一些常用的配对交易指标和工具。

(1) 相关系数。相关系数是衡量两个变量之间线性关系强度的统计指标。在配对交易中,投资者可以使用相关系数来评估两个资产之间的相关性。如果两个资产的相关系数高,则它们之间的价格关系比较稳定,适合进行配对交易。

(2) 协整关系。协整关系是指两个或多个时间序列之间存在稳定的长期均衡关系。在配对交易中,投资者可以通过计算资产价格的协整关系来判断它们之间的价格差异是否具有回归趋势。如果资产之间存在协整关系,就可以利用协整关系进行配对交易。

(3) 均值回归指标。均值回归指标是衡量价格偏离均值程度的技术指标。在配对交易中,投资者可以使用均值回归指标来判断资产价格是否偏离其长期均值,并根据价格回归的预期进行交易决策。

(4) 波动率指标。波动率指标是衡量资产价格变动幅度的技术指标。在配对交易中,投资者可以使用波动率指标来评估资产价格的波动性,从而确定交易的风险水平和止损位。

(5) 技术图表分析工具。配对交易者通常会使用各种技术图表分析工具,例如移动平均线、布林带、相对强弱指标等,来观察价格走势和市场趋势,并进行交易决策。

(6) 财务分析工具。在配对交易中,投资者可以使用财务分析工具来评估配对资产的基本面情况。这包括分析公司的财务报表、盈利能力、成长潜力等指标,以便判断资产之间的价格关系是否符合基本面逻辑。以上是一些常用的配对交易指标和工具,它们可以帮助投资者进行更准确和有依据的交易决策。然而,投资者在使用这些指标和工具时应该注意,它们只是辅助工具,不能完全代替投资者的判断和决策能力。同时,配对交易也存在风险,投资者应该合理控制风险,并做好风险管理。

我们参考公众号"量化豚豚"[①]的内容,搭建了古井贡酒和金种子酒之间的配对交易模型,限于篇幅,只简单展示结果,代码详见附录文件(图6.9)。

<h3 style="text-align:center">阅读资料:WonderTrader 交易系统简介[②]</h3>

WonderTrader 是一个基于 C++ 核心模块的,适应全市场全品种交易的,高效率、高可用的量化交易开发框架。

从数据落地清洗到回测分析,再到实盘交易、运营调度,量化交易所有环节全覆盖,WonderTrader 依托于高速的 C++ 核心框架,高效易用的应用层框架(wtpy),致力于打造一个从研发、交易到运营、调度,全部环节全自动一站式的量化研发交易场景。

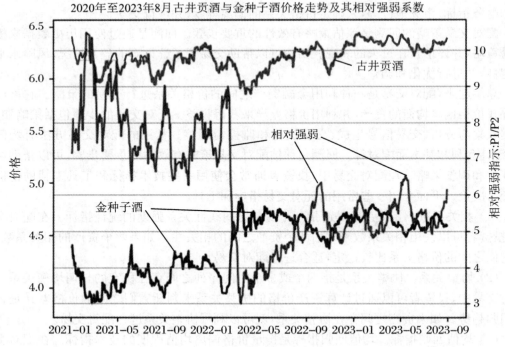

图 6.9  配对交易展示

---

① https://mp.weixin.qq.com/s/XiEq5zcIRHg1zkLfYTWcrw.
② https://wtdocs.readthedocs.io/.

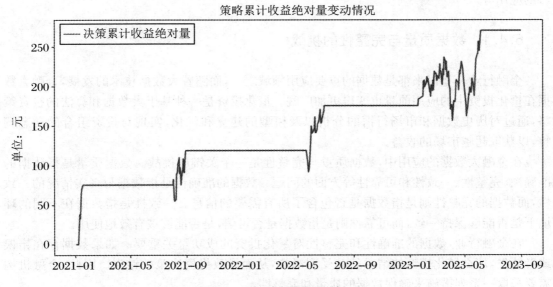

图 6.9 配对交易展示(续)

WonderTrader(图 6.10)于 0.9 开启了一个新的 UFT 引擎,针对超低延时交易的需求,经过一系列的优化以后,实现系统延迟在 175 纳秒之内。

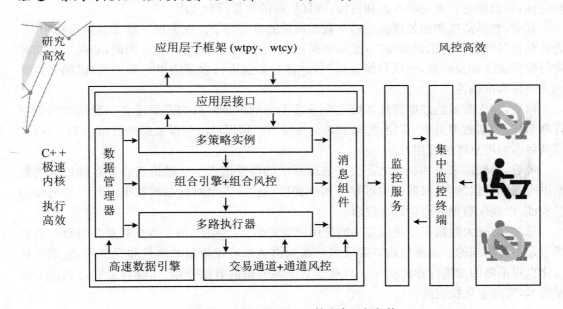

图 6.10 WonderTrader 的实盘运行架构

## 6.4 金融大数据在量化投资中的应用前景

本节我们将学习金融大数据在量化投资策略中的应用前景,包括数据应用挑战、机器学习的应用等。

### 6.4.1 数据质量与完整性的挑战

金融行业一直以来都是数据的重要应用领域之一,而随着大数据技术的发展,金融大数据在量化投资中的应用前景也变得更加广阔。量化投资是一种基于大数据和算法的投资策略,通过对历史数据和市场行情的分析以及模型的建立和优化,实现对投资组合的动态调整,以获取超越市场的收益。

在金融大数据的应用中,数据质量与完整性是一个关键的挑战。数据质量是指数据的准确性、完整性、一致性和可靠性等方面的问题。数据的准确性是指数据与真实情况的一致性,而数据的完整性则是指数据是否包含了所有需要的信息。一致性是指数据在不同的环境下是否能够保持一致,而可靠性则是指数据是否可信,是否能够被有效地使用。

在金融行业,数据的准确性和完整性对量化投资的成功至关重要。如果数据存在错误或者缺失,那么量化模型的结果就会受到影响,从而导致投资决策的错误。因此,金融机构需要采取一系列措施来确保数据的质量和完整性。

首先,建立数据质量管理体系是非常重要的。金融机构需要制定一套严格的数据采集、存储和处理的规范,确保数据的准确性和完整性。同时,需要建立一套数据质量评估的方法和指标,对数据进行定期的检查和验证,确保数据的质量符合要求。

其次,数据清洗和预处理也是确保数据质量的重要环节。在数据采集和存储过程中,可能会存在各种各样的错误和噪声,比如数据丢失、重复、不一致等问题。因此,金融机构需要进行数据清洗和预处理,识别和修复错误,并且对数据进行合理的填充和插值,以确保数据的完整性和准确性。

再次,建立高效的数据管理系统也是非常关键的。金融机构需要建立一套高效的数据管理系统,包括数据采集、存储、传输和查询等环节。这样可以确保数据的及时性和一致性,提高数据的可靠性和可用性。

最后,数据的来源和获取也是决定数据质量的重要因素。金融机构需要选择可信的数据供应商和数据源,确保数据的可靠性和准确性;同时,需要对获取的数据进行严格的筛选和验证,以确保数据的质量符合要求。

总之,金融大数据在量化投资中的应用前景是非常广阔的,但是数据质量与完整性的挑战也是不可忽视的。金融机构需要采取一系列措施来确保数据的质量和完整性,从而保证量化投资策略的准确性和成功率。只有建立了高质量的数据基础,才能够更好地利用大数据技术,实现量化投资的目标。

### 6.4.2 机器学习的应用

机器学习在金融领域的应用越来越广泛,尤其是在量化交易中,随着传统单因子模型和多因子模型存在的局限性,尤其是在非线性方面,机器学习的作用也日渐突出。量化交易是通过利用大规模数据和复杂算法来执行交易策略的一种方法。本节主要探讨机器学习在量化交易中应用的主要方面以及其对交易决策和市场预测的重要影响。

**1. 机器学习在交易策略的开发中的应用**

（1）数据处理和特征提取。机器学习在量化交易中的第一步是处理大量的市场数据，并从中提取有用的特征。这些特征可以包括技术指标、基本面数据、市场情绪等。机器学习算法可以自动地从这些特征中学习和发现模式，为后续的交易决策奠定基础。

（2）模型训练和优化。通过使用机器学习算法，交易员可以训练和优化交易模型，以预测未来市场走势和价格变动。这些模型可以基于监督学习、无监督学习或强化学习等不同的算法方法。通过不断地调整和优化模型参数，交易员可以提高交易系统的性能和稳定性。

（3）交易信号生成。机器学习模型可以根据市场数据和特征生成交易信号。这些信号可以是买入、卖出或持有的建议，也可以是风险管理和资产配置方面的决策。交易员可以根据这些信号来执行交易策略，并在市场中获取利润。

**2. 机器学习在市场预测中的应用**

（1）趋势预测。机器学习模型可以对市场趋势进行预测，帮助交易员识别出潜在的买入或卖出机会。通过分析历史数据和市场指标，机器学习模型可以学习并预测未来市场的走势。

（2）市场情绪分析。机器学习可以用于分析市场参与者的情绪和情感，从而帮助交易员理解市场的情绪和预测市场的短期波动。通过分析新闻、社交媒体和市场评论等数据，机器学习模型可以捕捉市场参与者的情绪信号，并作为交易决策的参考。

**3. 机器学习在交易执行中的应用**

（1）交易执行算法。机器学习可以用于开发和优化交易执行算法，以提高交易的执行效率和成交价位。通过分析市场流动性和订单簿数据，机器学习模型可以预测市场的执行成本，并帮助交易员制定最佳的交易执行策略。

（2）交易成本分析。机器学习可以用于分析交易成本的变动和影响因素。通过对交易历史数据和市场情况的分析，机器学习模型可以识别出交易成本的主要来源，并帮助交易员优化交易策略以降低成本。

总之，机器学习在量化交易中的应用正不断推动着金融市场的发展和创新。通过利用机器学习算法和大数据分析技术，交易员可以更准确地预测市场走势、优化交易策略，并实现更好的风险管理和交易执行效果。然而，机器学习在量化交易中仍面临一些挑战，如数据质量、模型解释性和风险控制等方面。随着技术的不断进步和应用经验的积累，相信机器学习将在量化交易领域会发挥越来越重要的作用。

### 6.4.3 ChatGPT 赋能量化交易

ChatGPT 是当下很火的一个人工智能语言工具，主要通过训练对已有信息的收集，采用 Transformer 模型，对信息进行标准训练，完成多种功能。随后，ChatGPT 的模式被许多大语言模型模仿，本书引用了一个类似 ChatGPT 模型的训练结果，对量化交易的应用进行拓展，主要是采用问答形式，对一些技术分析的描述进行量化，提出自己的需求之一：开盘价接近或低于前一棒的收盘价，收盘价高于开盘价，并且高于前一棒的收盘价，下尾线长度约为棒线高度的 1/3 或者 1/2，上尾线较短或者不存在。与前一条或者前面多条棒线没有重叠。编写代码如下：

```python
import pandas as pd
import ta
# 读取数据
data = pd.read_csv('data.csv')
# 添加指标
data['ema20'] = ta.trend.ema_indicator(data['close'], window = 28)
data['height'] = data['high'] - data['low']
data['lower_shadow'] = data['low'] - data[['open','close']].min(axis = 1)
data['upper_shadow'] = data['high'] - data[['open','close']].max(axis - 1)
# 筛选满足条件的 K 线
cond1 = (data['open']<data['close'].shift(1))&(data['close']>data['open'])&(data['close']>data['close'].shift(1))
cond2 = (data['lower_shadow']>=data['height']/3)|(data['lower_shadow']>=data['height']/2)
cond3 = (data['upper_shadow']<data['lower_shadow'])|(data['upper_shadow'] - 8)
cond4 = data[['open','high','low','close']].shift().rolling(window = 2).apply(lambda x:(x[0]<x[2])&(x[1]>x[3])).any(axis = 1))
result = data[cond1 &cond2 &cond3 &cond4]
```

需求之二:突破棒有一个很大的多头趋势实体,尾线很短或没有尾线。棒线越大,突破越可能成功。如果大突破棒线的成交量是近期棒线平均成交量的 10 到 20 倍,那么坚持买入和测量运动形成的概率将有所增加。编写代码如下:

```python
# 计算近期棒线平均成交量
def calculate_average_volume(data, period):
    volumes = [bar.volume for bar in data[-period:]]
    return sum(volumes)/period
# 判断是否符合突破条件
def is_breakout(data, index, period):
    # 判断棒线越大,突破越可能成功
    bar = data[index]
    if bar.close - bar.open<(bar.high - bar.low) * 0.5:
        return False
    # 判断尾线很短或没有尾线
    if bar.close - bar.low<(bar.high - bar.low) * 0.2:
        return False
    # 计算大突破棒线的成交量是近期棒线平均成交量的 10 到 20 倍
    average_volume = calculate_average_volume(data, period)
    if bar.volume<10 * average_volume or bar.volume >20 * average_volume:
        return False
    return True
# 主程序
def main(data, period):
```

```
for i in range(period,len(data)):
    if is_breakout(data,i,period):
        #符合条件,买入
        print("买入:",data[i].close)
```

## 总　　结

　　本章主要讲解了大数据在量化交易中的应用,首先简单介绍了量化交易的相关基础知识以及扩展阅读关于 P-quant 和 Q-quant 区别,同时对量化交易所需要的大数据的类型和来源进行分析,并在此基础上引入了单因子和多因子模型介绍量化交易情况,随后拓展了金融大数据在量化交易中配对交易方面的应用,并结合机器学习和 ChatGPT 讲解了目前大数据在量化交易应用的一些最新情况。

## 思　考　题

　　1. 请查阅关于 P-quant 和 Q-quant 的相关资料,结合自己的理解,分析两者的应用场景。

　　2. 查阅资料,熟悉上述平台,下载沪深两市的日线数据,并根据前几章内容,绘制 K 线图,并在副图上添加成交量柱状图。

　　3. 选择沪深某板块数据,选择最近一年的分钟数据,生成单因子策略,并在此基础上生成多因子策略,分析因子有效性。

# 第 7 章 大数据在资产管理行业的应用

**教学目标**

1. 了解资产管理行业的概念和分类。
2. 了解资产管理行业发展现状和趋势。
3. 掌握大数据对资产管理行业的具体影响。
4. 了解人工智能在资产管理行业中的应用前景。

上一章我们首先介绍了量化交易的基础知识,借此引出了大数据技术在量化交易中的应用。本章我们将学习大数据在资产管理行业中的应用以及对资产管理行业产生的深刻影响。

## 7.1 资产管理行业概述

本节我们将学习资产管理行业的基础知识,包括定义、范围、特点、市场现状以及未来发展趋势等。

### 7.1.1 资产管理行业的定义和范围

资产管理行业是金融领域中的一个重要部门,旨在为个人、机构和企业管理和增值资产。它涵盖了广泛的资产类别,包括股票、债券、房地产、期货、外汇等。资产管理公司通过提供投资建议、资产配置、风险管理和财务规划等服务,帮助客户实现其投资目标和财务需求。

资产管理行业的范围非常广泛,涵盖了不同层级和类型的投资者。个人投资者可能寻求获得长期稳定的回报并实现财务目标,机构投资者可能需要专业的资产配置和风险管理服务,而大型企业可能需要更复杂的资产组合管理和财务规划建议。

资产管理行业还包括不同类型的机构,如独立资产管理公司、银行的资产管理部门、保险公司的资产管理部门等。这些机构通常由一支专业团队组成,拥有丰富的金融知识和专业技能,以帮助客户实现他们的投资目标。从具体资产管理机构来看,中国资产管理机构主要分为以下几类(表 7.1):

(1)商业银行理财。商业银行利用自有和吸收的资金,设计投资组合并发行理财产品,提供资产管理和投资增值服务,以赚取收益差价的业务。如中国银行、工商银行及其他银行理财机构等。

（2）公募基金。基金管理公司依法募集投资者资金，进行证券投资组合管理运作，以分散投资降低风险、获得投资增值收益的开放式证券投资基金。如华夏基金、易方达基金等。

（3）银行信托。银行的全资子公司或控股子公司，以承办信托业务为主要业务。可开展集合资金信托计划、物业信托等业务。如中信信托、中国信托。

（4）证券公司资产管理。证券公司利用自有或托管资金设立投资组合并发行资产管理产品，提供资产管理服务。如券商子公司专户理财。

（5）保险资产管理。保险公司利用保费和自有资金进行投资运作，其中自有资金投资受限于规定比例。如寿险或财险公司的资产管理业务。

表 7.1 不同资产管理机构介绍

| 机构类型 | 资金来源 | 投资工具 | 运作模式 | 投资者门槛 | 流动性 | 监管 |
| --- | --- | --- | --- | --- | --- | --- |
| 银行理财 | 银行自有资金、客户存款 | 债券、货币市场工具等 | 委托资产管理 | 较低 | 中等流动性 | 中国银保监会 |
| 保险资产管理 | 保费、保险公司自有资金 | 债券、股票、股权等 | 自有资产管理 | 较高 | 低流动性 | 中国银保监会 |
| 信托计划 | 个人、机构资金 | 不动产、债权、股权等 | 委托资产管理 | 较高 | 中低流动性 | 中国银保监会 |
| 公募基金 | 个人、机构投资者 | 股票、债券等 | 自有资产管理 | 低 | 高流动性 | 中国证监会 |
| 私募基金 | 合格投资者 | 不动产、股票、股权等 | 自有资产管理 | 高 | 中低流动性 | 中国证监会 |
| 基金专户 | 机构资金 | 定制资产组合 | 委托资产管理 | 高 | 低流动性 | 中国证监会 |
| 基金子公司 | 机构资金 | 定制资产组合 | 委托资产管理 | 高 | 低流动性 | 中国证监会 |
| 券商资产管理 | 个人、机构资金 | 债券、货币市场工具等 | 委托资产管理 | 中等 | 中等流动性 | 中国证监会 |

资料来源：wind。

资产管理行业的服务范围十分广泛，涉及投资产管理、财务规划等多个方面。作为专业的资产管理机构，它们需要向客户提供全面、专业的资产管理与财富增值方案。

具体来说，资产管理公司会制定长期的投资理念与策略，并根据大类资产的预期收益率与风险水平，选择恰当的投资品种与工具，构建投资组合。投资品种可包括债券、股票、银行理财产品等固定收益类资产以及私募股权、不动产信托等另类投资。资产管理人还要持续跟踪投资组合的运行状况，监测各类资产的表现是否符合预期，并进行动态调整来优化风险收益匹配。一方面，资产管理人还要监控市场环境变化，防范组合出现风险，确保资产安全；另一方面，资产管理公司需要密切关注宏观经济状况、行业政策、证券市场变化等信息，分析其对不同资产的影响，识别新的投资机会和潜在风险，以便及时调整投资策略和资源配置方向。例如，根据经济周期调整权益类资产的配置比例。资产管理人还需针对不同类型客户的资产规模、风险偏好、流动性需求等因素，制定个性化的投资方案，实现资产的保值增值。

除投资管理外，资产管理机构还需要向客户提供专业的财务规划与咨询服务，包括税收筹划、养老保障配置、子女教育规划、遗产传承等。资产管理人要以客户整体资产与需求出发，提供高质量的财富管理解决方案。随着客户需求日益多元化，机构还可拓展家族财富管理、海外资产配置等增值服务，不断提升资产管理的广度与深度。充分发挥专业能力，是资产管理公司实现客户资产保值增值的关键。

2012年，原保监会、证监会等监管机构接连发布《保险资金投资有关金融产品的通知》《基金管理公司特定客户资产管理业务试点办法》等资产管理政策，适当放松了资产管理机构投资领域限制，理财、信托、券商资产管理、基金、保险资产管理等资产管理机构相互链接，大资产管理元年自此开启。伴随着居民财富快速增长与利率市场化进程不断推进，以银行理财为代表的刚兑型资产管理产品（如银行理财、报价型券商集合计划、预期收益型基金专户、融资类集合信托计划等）满足了居民大部分的中低风险理财需求，以权益公募基金为代表的风险资产满足了部分居民高风险高收益的投资需求，大资产管理行业规模不断扩大。

### 7.1.2 资产管理行业的特点和业务模式

资产管理行业作为金融领域中的一个重要组成部分，具有独特的特点和业务模式。了解资产管理行业的特点和业务模式，有助于我们更好地理解其运作机制和发展趋势。

首先，资产管理行业是专业化的。它要求从业人员具备丰富的金融知识和专业技能，包括市场分析、投资组合管理、风险评估等。这是因为资产管理公司需要对各类资产有深入的了解，并能够为客户提供专业的投资建议和服务。

其次，资产管理行业的业务范围广泛。资产管理公司的客户群体包括个人投资者、机构投资者、企业等不同类型的投资者。个人投资者通常有个性化的投资需求，而机构投资者可能需要更专业的资产配置和风险管理服务。资产管理公司需要根据不同客户的需求，提供定制化的投资解决方案。

再次，资产管理行业通常以收费方式运营。资产管理公司收取管理费用和绩效报酬作为主要的收入来源。管理费用通常是按照资产规模的一定比例收取，绩效报酬则是根据投资业绩的表现来计算。这种收费模式激励资产管理公司为客户创造稳定的投资回报。

最后，资产管理行业还注重风险管理和合规性。由于资产管理公司需要管理客户的资金，风险管理成为其重要的职责之一。资产管理公司需要建立有效的风险管理体系，通过分散投资、定期审查和监控市场风险，降低投资风险并保护客户的利益。同时，资产管理行业还要遵守各项法律法规，确保合规运营。

资产管理行业的业务模式主要包括以下几个方面：

一是投资建议和策略制定。资产管理公司会组建专业的研究团队，通过定量和定性分析，对宏观经济、股票及债券市场、国内外政策等方面进行深入研究，以扎实的研究结果支撑投资建议和策略制定。研究人员结合统计模型、情绪分析等多种方法，对市场走势进行判断，找出可获得Alpha的潜在机会。同时结合客户的具体情况，判断其风险偏好、流动性需求、税收考量等因素，制定出基于客户需求定制的投资策略方案，为其资产配置和投资决策提供专业支撑。

二是资产配置和投资决策。在投资策略框架指导下，资产管理人会根据客户资金规模、风险承受能力等因素，对其资产进行优化配置。如匹配适合的股票、债券资产组合，平衡风险收益；确定主要投资地区与行业；采用适当杠杆水平等。资产配置要兼顾获取收益、控风险和保持流动性等多方面考量。在具体投资决策上,资产管理人会选择估值合理、基本面优质的标的,结合组合资产范围控制投资,确保单项投资规模适中、风险可控。

三是资产组合管理。资产管理人会持续跟踪资产组合内各类投资品种的运行状况,通过财务和非财务指标判断其业绩表现,并与业绩基准进行对比。根据市场环境变化,适时对资产组合进行再平衡,如变更债股配比,调整行业及地区配置,优化组合收益风险匹配。资产管理人还会关注组合内不良资产,进行处置或转换,防止单项风险扩散。同时对投资绩效进行归因分析,判断产生收益或损失的原因,持续优化组合管理方案。

四是风险管理。资产管理公司高度重视投资风险管理。通过量化和非量化手段,识别市场风险、信用风险、流动性风险等各类潜在风险。在进行风险评估时,会考虑资产规模、组合相关性、持仓集中度等因素,并进行压力测试,评估极端情况下的损失。公司采取防范措施控制风险敞口,如设置止损线、投资品种上限等。同时建立自动化风险监测系统,对异常情况进行预警,以便机构及时采取应对措施,将潜在损失降到最低。

五是客户服务和财务规划。资产管理公司通过定期报告使客户全面了解投资组合运行情况及收益状况,同时提供投资建议和市场预测,帮助客户深入理解投资活动。客户可以随时通过客户经理、投资顾问得到详细解释和咨询解答。资产管理人还会根据客户家庭情况、资产规模、风险偏好等因素,提供养老规划、子女教育规划、税收筹划等全方位财富管理和财务规划服务,助力客户实现财务目标。

### 7.1.3 资产管理行业的市场现状

随着国民财富快速积累和居民投资理财意识提高,中国资产管理行业规模将继续保持增长态势。按照监管要求,行业增速将逐步放缓至更加稳健的水平。预计未来 5 年,行业规模复合增速可达到 10% 左右,行业将成为资本市场中的重要力量。

根据 wind 数据显示,2017—2022 年,资产管理行业规模从 115 万亿元上升到 167.01 万亿元;行业总规模增长了 30.87 万亿元(图 7.1),在这 6 年里,行业规模复合增长率约为 8.5%。

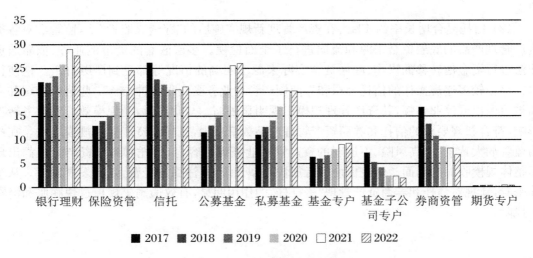

图 7.1 资产管理市场规模情况

其中,增速最快的前 2 名分别是公募基金和保险资产管理。

(1) 公募基金复合增长率超过 20%。资产管理新规实施后,严格了银行理财、信托等银行外资产管理产品的要求,使其面临业务转型压力。与此形成对比的是,公募基金作为证券市场上的产品,原本就处于标准化的净值化管理之下。在新规推动资产管理产品回归本源的大背景下,公募基金净值化运作的优势进一步凸显。与银行资产管理产品相比,公募基金以市场化方式运作,有效满足了投资者对透明、规范的需求。另一方面,公募基金可进行更广泛的权益类投资。在股票市场连续每年牛市的带动下,权益型公募基金表现优异,吸引了大量投资者的资金配置。在净值化管理能力和权益投资优势的双重作用下,公募基金的资产管理规模实现了快速扩张,成为资产管理行业中增长极迅速的领域之一。资产管理新规的实施推动了公募基金行业的进一步成熟与发展。

(2) 保险资产管理复合增长率约为 17%。与其他银行资产管理产品不同,保险资产管理的资金主要源自保险公司的保费收入,这部分资金原本就存在专款专用的要求,不与其他业务混同。保险资产管理只能投资于规定的金融工具,面临的多层嵌套风险较小。此外,在资产管理新规出台之前,监管部门对保险资金的使用就有非常严格的规定,限制高风险投资。可以说,保险资产管理在产品设计和风险控制方面已经与新规主要精神接轨。因此,资产管理新规对保险资产管理业务的影响有限,没有带来重大冲击与调整。保险资产管理可继续坚持稳健的投资理念,提供相对保守的产品。在新规推动去杠杆和防风险的总基调下,保险资产管理正符合投资者的稳健需求。因此,在资产管理新规实施后的几年时间里,保险资产管理规模保持了持续扩大的趋势,成为资产管理行业增长速度较快的领域之一。

增速最慢的前两名是银行理财和信托。

(1) 银行理财复合增长率约为 5%。资产管理新规发布初期,由于需符合新的监管要求,各银行暂停推出新产品,导致理财规模明显下滑。但随后,银行业积极应对新规带来的影响,加快理财业务转型步伐,探索新模式。通过丰富理财产品类型,创新投资方向,强化风控体系,理财业务逐步与新规要求达成融合。近几年,在规范转型的同时,银行理财规模实现了稳步增长,反映出银行理财逐步走出新规带来的阵痛期,实现平稳健康发展。可以看出,通过主动作为、深入转型,银行业已初步适应新监管环境,理财业务将迎来新的发展机遇。

(2) 信托复合增长率约 4%。在资产管理新规实施后的"穿透式监管"下,监管层对各类资产管理产品的底层资金来源和流向进行了全面检视。多层嵌套的资金池业务、依靠通道非法进行资金池转移的操作、底层资金实际来源不明确的情况等都受到严厉打击。这使得以往存在较多违规操作的信托公司和券商资产管理业务受到很大冲击。一些信托公司和券商被迫退出或停业整顿,其资产管理规模出现明显萎缩。与此同时,受规模效应和业务转型影响,符合新规要求的信托和券商资产管理产品数量减少,也导致资产管理规模缩水。在严格监管的大背景下,高风险、不透明的资产管理业务无处容身,信托和券商资产管理都出现了整体规模收缩的局面。这也促使两者加快转型升级,专注稳健经营,走出发展困境。从整体来看,新规对信托和券商资产管理"去杠杆"的作用明显,有效遏制了规模过快膨胀和潜在的风险。

### 7.1.4 资产管理行业的发展趋势

随着经济发展和社会进步,资产管理行业也在不断地变化和升级,呈现出一些新的发展趋势。

(1) 行业增速回归理性是大势所趋。随着我国经济结构优化升级和高质量发展的总基调,作为资本市场重要力量的资产管理行业也面临着新的发展阶段。在此背景下,行业增速回归理性是大势所趋。从国家发展层面来看,我国正致力于经济去杠杆,防控金融风险。资产管理行业作为资本市场的重要组成部分,也需要配合国家政策,控制贡献杠杆率的增量。同时,在经济下行压力加大的环境下,稳增长也需要资产管理行业保持定力,而不是短期刺激。从市场环境来看,在资产管理新规推动下,各类机构正逐步回归资产管理业务本源,降杠杆、防风险成为主基调。可以预见,在多重因素影响下,资产管理行业增速将逐步回归理性,步入中高速增长的通道。这有利于行业实现高质量发展。这既是监管指导方向,又是市场规律和社会需求的必然结果。通过转型升级,资产管理行业将在新的发展阶段焕发活力。

(2) 公募基金等标准化产品成为市场主流,而高杠杆的非标准化产品将逐步退出市场。首先,公募基金作为在证监会监管下的开放式证券投资基金,本身就具有产品标准化、运作透明的特点。基金产品需要披露清晰的投资策略、组合信息,运作严格遵循净值化管理要求。这正契合资产管理新规对产品进行分类、明确风险等要求。其次,与银行理财、券商资产管理等相比,公募基金可进行更广泛的股权等权益类投资,有助于为投资者获取长期稳定收益。在去杠杆但又需合理配置资产的宏观背景下,公募基金的灵活性进一步凸显。同时,非标准化的高杠杆资产管理产品,由于不透明、风险难控,在防范金融风险的大环境下,它们将逐步退出市场,让位于风险可控、具有透明度的产品。可以看出,在新监管政策指引下,公募基金将成为资产管理行业的主流产品和方向。行业也在这一趋势下逐步回归产品本源,走向规范化发展。这是资产管理行业从粗放到细致、从量的扩张到质的提升的重要特征。

(3) 各类资产管理机构将加快数字化、智能化转型,科技驱动的新型资产管理模式成为趋势。随着科技革命和产业变革的不断深入,数字化转型已经成为各行各业必然的发展趋势。面对日新月异的技术和客户需求,资产管理机构也正积极拥抱科技创新,致力于通过数字化、智能化转型,构建具有科技驱动性的新型资产管理模式。具体来看,资产管理机构将积极运用云计算、大数据、人工智能等前沿技术来全面推进智能投顾、智能运营和智能监管。可以预见,经过数字化、智能化转型后,资产管理机构将形成以技术为驱动的全新模式。在这种模式下,资产管理业务实现全流程电子化,运营效率大幅提升;投资决策更加精准化;客户服务更加个性化;风控合规更加智能化。这不仅将提升资产管理机构的核心竞争力,还将为投资者提供更优质的产品和服务,推动整个资产管理行业向规范、高效的方向转型升级。当然,在推进科技创新应用的同时,资产管理机构还需注重技术与业务深度融合,并保障数据安全与隐私保护,以保证数字化转型的顺利推进。

(4) 资产管理产品的投资理念趋于保守和稳健,固定收益类产品成为投资者的重点关注方向。具体来看,股票市场的波动性增大,使得高风险的权益类资产管理产品的预期收益下降。同时,在宏观杠杆率控制的大环境下,高杠杆投资也面临更多约束。因此,降低风险、保证本金安全的固定收益类产品更加符合投资者的需求。固定收益类资产管理产品主要投资于债券、货币市场工具等,能为投资者提供稳定的债券息差收益。与此同时,资产管理机构也在产品设计和风险管理上更加审慎。通过调整组合资产配置比例、选择优质债券资产等方式,将产品的风险调整至更低等级。资产管理机构普遍设置了更为谨慎的风险预算,风险管控要求更高。合规运作和内部控制也得到加强。在销售端,销售人员将重点推介低风险的固定收益类产品,使投资者对产品风险有清晰准确的理解。这些举措将推动资产管理产品的风险收益特征更加合理,风险可控性更强,从而维护投资者权益。可以看出,在新发展阶段,稳健理念和固收配置将是主导,这也将促进行业健康发展。

(5) 资产管理机构正在加强开放平台建设,通过开放接口与第三方合作,实现产品和渠道创新。面对数字化转型的浪潮,资产管理机构正在加快开放平台建设,并与外部机构形成开放式合作。这种开放合作的模式,是实现产品和渠道创新的重要途径。具体来看,资产管理机构可以提供 API 接口,与大数据、云计算、人工智能等科技公司进行对接。借助对方的算法和模型,实现投资决策、产品设计、营销方面的创新。开放合作是实现资产管理创新的重要途径。在加强开放平台建设的同时,资产管理机构还需注重用户体验、风控合规等方面的把控,以保证开放创新在稳健运营基础上推进。

(6) 资产管理行业将出现规模效应和集中化趋势,集中度将持续提升。随着行业竞争的深入和监管要求的提高,资产管理行业正出现明显的规模效应和集中化趋势,少数头部企业的市场占有份额将持续提升,行业集中度将显著增强。具体来看,由于资产管理业务需要大规模资金支持,只有大型机构才能提供广泛的产品线和高效的服务。同时,在数字化转型过程中,大规模数据和强大技术优势将进一步提升大型机构的竞争力。与此同时,监管部门提出了更高的准入门槛和业务规范要求,一些小型、经营不善的机构将面临退出。可以预见,在多重因素作用下,资产管理市场将出现"头部企业取得优势,中小企业受挤压"的格局。为适应这一趋势,中小企业需要提升专业能力,关注细分领域,实现差异化发展。整个行业也将在竞争推动下实现优胜劣汰,细分领域将成为新的增长点。

(7) 净值化产品转型。资产管理新规的实施和风险防控的要求,正在推动资产管理行业加速向净值化转型。这既是监管要求,又是回归行业本源的需要,资产管理产品走向净值化是大势所趋。具体来看,新规要求资产管理产品应当进行公平的定价和披露净值信息,这将促使银行理财、券商资产管理等非标准化产品向公募基金净值化的方向转变。更重要的是,净值化能够提高资产管理产品的透明度和风险可控性,投资者可以清楚看到产品的定价依据和风险收益特征,且可以按照净值进行申购赎回,这有助于保护投资者权益,避免隐性风险。综合来看,在监管要求、市场需求、技术发展共同推动下,资产管理产品将以开放式净值型产品为主流方向转型升级。这标志着行业正走上规范发展的新路径。当然资产管理机构也需注意净值披露的即时性和准确性,保证平稳过渡。

## 7.2 大数据对资产管理行业的影响

本节我们将通过介绍大数据在资产管理行业的特点引出大数据技术对资产管理行业产生的种种影响。

### 7.2.1 大数据在资产管理行业的特点

金融大数据是指在金融行业中产生和积累的海量、高增长、多样化的数据集合。它来源于金融市场的交易数据、客户数据、产品数据、监管数据等,具有数据量巨大、类型复杂、增长迅速的特征。

金融大数据应用于资产管理行业后,主要表现为以下特点:

(1) 数据量极大。金融大数据应用于资产管理行业后,显著的特点之一是数据量极大[5]。这些数据主要来自海量的市场交易数据、各类基金的运营数据、庞大的客户账户数据及监管部门的数据等。可以看出,资产管理业大数据具有极大的数据量积累,这需要先进的IT基础设施进行存储、管理和计算,以实际发挥大数据的价值。数据量的巨大也带来挑战,如何提炼关键信息将是资产管理机构需要解决的难题。

(2) 结构复杂。金融大数据应用在资产管理行业后的另一显著特点是结构复杂。资产管理的数据来源既包含结构化数据,又包含非结构化数据,这给处理和分析带来挑战。结构化数据方面主要包括市场交易数据、基金运营数据、财务数据以及监管报告数据。而非结构化数据主要有新闻报道、用户社交平台上的各类文字图像、电子邮件及纸质材料等。可见,资产管理行业的数据类型非常丰富,包含多种结构化和非结构化数据,对这些异构数据进行有效整合,提取有用信息,是应用大数据分析的重要基础和难点。也需要各种数据采集和处理技术的支持。

(3) 数据量增长迅速。金融大数据应用于资产管理行业的一个突出特点是数据增长迅速。每日、每月持续产生的动态数据呈爆炸式增长态势。市场每天产生上亿条的各类交易数据,这部分动态数据的快速积累带来了计算和存储的挑战。与此同时,随着投资者数量和交易活跃度的增加,各类基金的申购赎回数据也在快速增长。除了业务数据外,外部市场数据、舆情数据也在加速积累。如高频产生的新闻报道、社交数据需要企业实时采集,用以辅助投资决策。但这类外部数据的获取和处理也很挑战数据处理能力。可以预见,随着移动互联网、物联网、人工智能的发展,将出现更多新类型的结构化和非结构化数据。这必将以更快的速度产生和积累,使得资产管理业的数据增速持续保持高位。要应对快速增长的数据,资产管理企业需要建立先进的信息技术基础设施,如云计算和存储系统来管理海量数据。同时在数据处理和挖掘方面应用机器学习等前沿技术,以在复杂、快速变化的数据环境中保持竞争力。

(4) 数据噪声大。金融大数据具有噪声数据较多的特点,这给资产管理企业的数据应用带来挑战。首先,市场交易数据中存在大量重复、错误的数据,这些重复数据和错误数据如果不经过清洗,会影响实际的数据分析质量。其次,外部采集的部分数据可能包含与业务无关的内容,如新闻报道中或多或少存在一些无关信息,这部分属于冗余数据和噪声。再次,部分结构化数据中的某些字段可能由于采集错误或处理失误,出现了异常或不合理的值,这些脏数据同样影响分析结果。最后,像社交评论等非结构化数据往往表达主观看法,可靠性不高,区分噪声信息需要自然语言处理技术。可以看出,在资产管理业大数据环境下,如何应对噪声数据是一个关键问题。处理巨量的数据时,必须先进行数据清洗,通过删除、校正的方式降低冗余与错误数据对分析结果的影响。同时,还需要利用模型算法提高对有效信息的识别能力,降低噪声干扰。只有处理好噪声数据,才能从大数据中挖掘真知。

(5) 对数据处理的实时性要求更高。金融大数据应用于资产管理对实时性的要求极高。首先,投资交易决策需要实时的数据支持。例如,高频交易就对市场数据的秒级响应提出了需求。其次,客户服务也需要实时数据传输。如当客户提出问题时,客服需要操作系统返回该客户近期交易数据、资产配置数据等,以便提供服务。再次,监控风险也需要大数据的实时监测。通过对实时流数据的统计分析,可以发现异常交易模式,实现风险预警。最后,多个业务系统之间需要实时数据交互与共享。如投资系统需要实时调用客户资产数据;销售系统需要及时了解新产品数据。可以看出,资产管理对大数据具有极强的实时性需求。这需要建立高效稳定的大数据技术架构,实现数据的高速采集、传输和计算。也需要使用流式计算等技术框架,对持续生成的数据进行实时处理。只有这样,大数据才能充分发挥其在资产管理各业务环节中的支撑作用。

(6) 规模效应明显。金融大数据具有明显的规模效应,这也体现在资产管理行业的应用中。这是因为数据量积累越大,支持建立的模型就越强大,大数据环境下可以收集更多样本,建立更复杂的算法模型,如多个维度的深度学习模型。这可以带来更准确的分析和预测。其次,客户数量越多,就可以构建更精确的用户画像和用户行为模型。这可以更准确定位和迎合客户需求,提供个性化服务。再次,交易记录数据积累越丰富,可以更深入研究资产定价和行为模式,并据此建立更优异的投资策略和资产配置规则。最后,大数据团队规模越大,可以包含更多的专业人才,提高数据应用和模型创新的能力。可以看出,大数据对资产管理企业的支持能力在很大程度上依赖数据规模积累。只有不断扩大数据规模,才能发挥大数据的最大效用。因此,资产管理企业需要高度重视数据的积累和治理。

综上所述,金融大数据应用于资产管理行业后,主要表现出数据量极大、结构复杂、增长迅速、噪声大、实时性需求高以及规模效应等突出特点。虽然海量、高增长、异构混合的数据为资产管理业提供了丰富的信息来源,但也带来了存储、处理、计算等技术挑战。资产管理企业需要建立高效稳定的 IT 基础设施,采用各种数据库、分布式计算等前沿技术来应对数据爆炸式增长。同时,通过数据清洗、建模算法、语义分析等手段应对数据的杂乱、冗余和噪声,提高有效信息的利用率,并构建实时分析能力满足业务对时效性的要求。随着数据规模的不断扩大,资产管理企业可以建立更精密的模型,提供更优化的投资策略、资产配置和个性化服务。大数据分析的规模效应将越来越明显。总之,大数据为资产管理行业提供了巨大的信息优势,但也带来挑战。企业需要不断加大技术投入和算法创新力度,在应对大数据难点的同时,挖掘其中的商业价值。

### 7.2.2 大数据对资产管理行业投资决策方式的影响

大数据技术的应用使资产管理企业投资决策产生了全方位的改变,具体体现在:

(1) 海量信息支撑决策。大数据为投资决策提供了全面、多维的信息支持,投资者可以调取更丰富的数据进行研判,降低信息不对称。传统依赖单一信息源的决策已不适应大数据时代。

(2) 量化模型驱动决策。大数据环境下可以利用历史数据,构建各类预测模型、算法交易模型等。这些量化模型可以分析大量样本,发现规律,并辅助投资决策制定和调整,使决策更具科学性。

(3) 情绪分析引导决策。借助大数据技术的文本分析和语义理解能力,可以感知市场情绪和舆论走向,作为决策的重要参考因素之一。

(4) 组合优化决策。大数据支持更多维度的资产配置和组合优化模型,以获得最优收益风险匹配。

(5) 高频决策支持。大数据技术提供了微秒级响应的实时数据,支持高频交易等投资决策对速度和时间因素的考量。

(6) 分类决策支持。大数据允许对客户进行细分,构建个性化投资决策方案。

可以看出,大数据全方位改变了投资决策形态,使之从依据经验,向依据模型和数据演进。这也使投资决策实现了从定性走向定量、从人工走向自动化等重要转变。大数据的应用将助推资产管理领域的智能决策新模式。

## 7.2.3 大数据对资产管理行业营销方式的影响

大数据技术的应用使资产管理企业实现了从传统营销方式向智能精准营销升级,具体体现在以下几个方面:

(1) 可以通过大数据采集并分析用户信息、交易行为、社交数据等,构建精细化的用户画像,对目标用户进行细分,提升营销对焦度。

(2) 依托大数据处理海量异构信息的能力,企业可以实时监测用户浏览网页、查询记录等数据,进行精准触达,提供个性化推荐。

(3) 企业可以利用大数据比对不同营销渠道带来的客户质量差异,优化渠道投入,将资源集中在最具 ROI 的渠道。

(4) 可以利用机器学习等技术,训练出用户响应模型,根据模型结果调整推广内容,最大化提升用户转化率。

(5) 大数据支持企业进行多维度的客户价值评估,区分重点客户和普通客户,进行差异化互动。

(6) 企业可以利用大数据技术进行营销结果的监测和评估,追踪每次活动的效果,优化下一轮活动方案。

(7) 大数据还可以检测可能的哑变量,发现更多影响用户决策的隐藏因素。

可以看出,大数据营销让资产管理企业从消费者角度出发,实现个性化互动和闭环操作,有利于提升用户满意度和获得更高商业价值,实现精准营销的目标。

## 7.2.4 大数据对资产管理行业运营方式的影响

大数据技术的应用使资产管理企业实现了从传统人工操作向智能运营的转型升级,具体体现在以下几个方面:

(1) 构建大数据平台,对企业内各类结构化和非结构化数据进行集中式存储、处理和分析,形成了数据驱动的智能运营体系。

(2) 利用机器学习等技术开发智能投顾系统,实现自动化的投资建议、组合优化、组合调仓等,显著提升了投资运营效率。

(3) 使用图像识别、语音识别、自然语言处理等技术,建立智能客服机器人,实现24小时自助式客户服务,降低了运营成本。

(4) 利用云计算技术,构建高度灵活、可扩展的 IT 运营体系,通过虚拟化和分布式计算提升了数据处理能力,增强了运营的稳定性。

(5) 应用算法交易策略进行智能交易,根据大数据分析判断市场时机,使交易决策科学化。

(6) 利用大数据实现对实时交易的监控,通过异常交易检测、欺诈识别等方式进行智能风控。

(7) 建立数据中台,实现业务系统间的数据互联共享,支持业务链条之间的快速协同。

可以看出,在大数据支持下,资产管理企业正在加速实现从人工流程到智能运营的转变,运用智能技术降低运作成本、控制运营风险,全面提升了运营效率。这标志着智能时代的来临。

### 7.2.5 大数据对资产管理行业投资者体验的影响

大数据技术的应用使资产管理企业能够为客户提供更加丰富的参与形式和体验,主要体现在:

(1) 通过 App、小程序等移动端工具,投资者可以随时随地查阅账户资产、进行交易等自助操作。这带来更加便捷的客户体验。

(2) 企业可以利用大数据和人工智能技术,为用户提供个性化的投资建议、组合优化乃至聊天式的智能投顾服务。这实现了人工服务的虚拟化。

(3) 投资者可以通过模拟交易系统进行虚拟投资操作,验证投资策略。这增强了投资的参与感和体验感。

(4) 企业可以基于大数据构建 VR、AR 等场景化体验。投资者可以身临其境地进行虚拟投资,提升互动和参与度。

(5) 企业可以利用大数据进行用户兴趣分析,向他们推送个性化的研报、视频等内容,实现精准的内容推荐。

(6) 投资者可以在社交、内容平台上获得资产管理服务企业的定制化服务,扩大了服务触点。

(7) 大数据支持企业进行在线投资知识讲座、投资竞赛等,丰富投资者的学习和参与途径。

综上所述,大数据技术的出现和应用,对资产管理行业产生了深远的影响。大数据为资产管理企业提供了强大的信息处理能力,使得资产管理业的运营方式和商业模式发生了重大变革。大数据的应用为投资决策提供了更科学、全面的信息支持,使传统依靠经验的决策方式向数据驱动的方式转变。同时,大数据使资产管理企业能够更好地采集和分析客户数据,实现精准营销。此外,大数据技术还优化了资产管理的运营流程,降低了成本和风险。大数据深刻影响并革新了资产管理行业的经营模式和运作方式。它也推动着资产管理产业向着更智能化、数据化的方向转型升级。

## 7.3 大数据在资产管理行业的具体应用

本节将通过一些业界的实例了解大数据在资产管理行业的具体应用,我们将分别从公募基金、保险资产管理以及银行理财三个行业展开讲解,最后将通过一段代码给大家展示一个资产管理行业比较新颖的投资策略。

### 7.3.1 大数据在公募基金行业的应用

本节将聚焦华夏基金数字化转型的某些重点方向(图7.2),分别在智能化投研和数字化营销两个领域展开大数据在公募基金行业的应用。

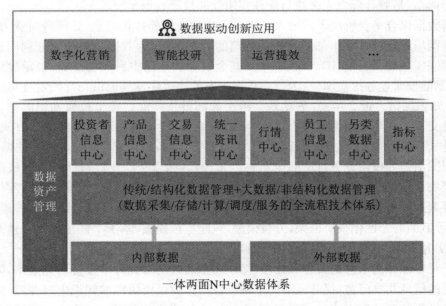

**图 7.2 华夏基金数据体系**

资料来源:中国证券业投资协会。

**1. 智能化投研**

在投研数字化转型方面,华夏基金组成跨部门团队实施投研一体化工程,致力于打造流程一体化、服务一体化、决策一体化的智能化平台;成立了AI Lab,统筹AI算法模型及人才资源,与投研部门密切合作开展了一系列专题研究,充分利用人工智能前沿技术助力投资决策;依托大数据、NLP等技术,构建集成的全市场数据,利用知识图谱将孤立的数据信息进行关联,增强资产价值的深度挖掘和风险监控能力,提升信息获取和决策效率。

具体来说,在智能化投研创新领域,华夏基金首先针对碎片化、多源化的投研数据进行了深度整合,面向业务端提供一站式投研数据分析平台,打通数据到业务的最后一公里服务。同时,基于整合的数据,华夏基金在知识图谱、基本面量化等投研创新应用方面也做了积极的探索和尝试。

(1) 投研数据聚合平台。投研行为高度依赖丰富的数据与信息。其中,结构化数据的比例极少,大部分以半结构化、非结构化形式杂乱分布。投研工作场景中往往存在数据碎片化、多源化、数据无法共享流动、技术能力和适配性要求高等痛点。因此,投研数据聚合平台(iData)在华夏基金应运而生。

作为华夏基金面向投资研究核心业务搭建的一站式大数据平台,iData着眼于行业数据库,力争解决数据的一致性、及时性、准确性、权威性等问题。联合外部科技厂商,通过自建投研数据中台,将内外部多源异构的投研数据进行统一归集、梳理、融合与输出;对外联通各券商、数据服务商,对内服务基金经理、研究员、数据分析人员等,让数据金矿触手可及。

在数据上,平台深度整合了各行业数据需求,将20类多源异构数据结构化入库,沉淀为几万个常用指标,有效盘活投研数据资源,提升数据流转和共享效率;在功能上,通过统一入口,提供一系列便捷高效的数据分析工具,助力数据价值的深度挖掘;在技术上,依赖高性能、无代码的数据操作台,融合人工智能算子,快速实现数据处理工作。打通了多数据提供方与使用方在数据定义、数据维护、数据应用等维度的差异与壁垒,构建海量数据的闭环管理与融合体系,是兼具理念先进性与业务实用性的投研数据平台。

投研数据聚合平台解决了投研人员当下面临的数据碎片化严重、处理费时费力、缺乏规范标准等困境,打破以往IT部门与业务部门的数据藩篱,为数据资源的充分利用和管理跟踪奠定了坚实基础。目前,iData已在华夏基金自建的数据中台成功部署,稳定提供数据服务,切实赋能投研业务提质增效,为行业数据生态的规范化发展提供先行探索与实践经验。

(2) 知识图谱。近2年来,华夏基金携手外部科技厂商打造了投研知识图谱。以提升投研信息交互和共享效率为出发点,将上下游产业链、投资逻辑通过可视化的方式表达,形成产业链、宏观、行业、个股动态跟踪框架,沉淀投资智库,助力资产价值的深度挖掘。

知识图谱是为投研业务打造的全新生产力工具,涵盖了产业链、投研逻辑、底层图谱等丰富的模块,同时配备了全量数据集和可视化交互功能。将产业链、行业、个股、实体、产品、关联方等繁杂的信息统一转换为有序的智能化关联。投研人员可以通过平台搭建可编辑、可更新、可追溯的个性化投研框架,分析模型,风险监控模板,基于个性化的投资体系实现历史回测、实时跟踪、指标预测等智能化场景,为投资决策提供有效支撑。

基于对多源异构信息的聚合和处理,知识图谱有效助力提升了投资研究效率,降低了跨行业研究的信息共享门槛,提升风险的早预见性。作为投资研究的知识中枢神经,知识图谱是智能化投研转型过程中不可或缺的一环,为AI技术在投资研究中的落地应用奠定了基础,是实现投资研究系统化、自动化、智能化的必由之路。

(3) 基本面量化。在境外,机器学习等AI技术在投资研究的应用已经有了较长时间的探索。AI量化投资工具被越来越多的资产管理公司运用,不仅应用于纯量化策略的构建,还被用来辅助基本面研究,如处理海量另类数据、股票KPI预测等,进而达到辅助投资决策的目的。

华夏基金正就可解释机器学习在基金业务领域的落地应用进行积极尝试。与境外领先的人工智能公司携手,引入基于大数据的基本面量化投资平台。将可解释AI技术作为一种辅助性的投资工具,集中应用在辅助评估海量数据集、动态股票筛选、提高投资效率等领域。

不同于以往的暗箱操作,可解释算法提供了对不同变量如何相互作用的因素,有助于解释机器学习为何会做出决策,从而让使用者对机器学习模型有更深入的了解,进而来辅助基本面投资策略中的因素分析、模型构建,增强投资观点生成、进行风险预警等,为基本面研究提供现代化的数据挖掘和机器学习工具。

**2. 数字化营销**

在数字化营销方面,华夏基金正逐步推进数字化服务体系建设,利用数据技术手段,科学、细致、深入地进行投资者投前、投中、投后的分析挖掘,全面了解投资者在投资过程中的困惑、障碍、习惯、心理和行为。基于客户深入洞察,推动精准化、千人千面的数字化客户服务,针对广大的个人客户提供更个性化的财富配置方案、更具温度的关怀和陪伴,针对机构客户提供更定制化、更专业、更高效的一体化解决方案。其中,智能营销平台的建设是营销数字化转型中具有代表性的一环,华夏基金与多家厂商携手打造了一套全流程智能化营销解决方案。

智能营销平台 MIPS 是为华夏基金进行投资者精细化营销和陪伴式服务打造的。全面采用自助式分析工具,提供必要的数据基础和大数据分析能力,实现从营销策略配置到客户触达,再到效果分析闭环式的智能运营模式,支持多业务部门进入智能化、数字化的营销时代。

### 7.3.2 大数据在保险资产管理中的应用案例

在今天数字化转型浪潮之下,对于中小保险资产管理机构而言,根据自身实际情况找到一条适合的转型路径是顺应趋势、增强优势的必选动作。百年保险资产管理有限责任公司(简称公司)作为中小保险资产管理公司的一员,经过前期的经验积累,逐步探索出一条以信息化基础平台搭建为起始点、以科技赋能业务发展为突破点、以数字化转型目标全面实现为落脚点的"三步走"转型路径。目前公司已经初步完成了基础平台搭建,同时在科技赋能业务方面也已取得一定成效,正朝着数字化转型的清晰目标奋力迈进。公司对大数据应用如下:

**1. 推动业务系统化建设,为信息化转型夯实基础**

公司历经数年发展,信息化建设同步经历了从无到有、由简至繁、优化迭代的过程。当前信息化部署已涵盖业务前台、中台、后台、产品端及发行端,所涉及业务系统包括但不限于前台的 O32、非标、COP、电子传真系统,中台的风控绩效系统,后台的估值系统、反洗钱系统,销售端的直销系统、资金清算系统,发行端的 TA 份额登记系统,资讯支持的财汇、大智慧、万得以及投前支持的投研、信评等系统,初步建立起全资产、全平台、全线上、电子化的信息化管理平台。此平台不仅大幅提升了业务人员的工作效率,更是显著增强了投资流程的透明度,使得各环节绩效一目了然,助力整体投资行为的合规性提升。当前此平台已经成为信息化基础建设的重要支柱,未来将进一步支撑公司新业务、新系统、新科技等方面的使用、优化及更新迭代。

**2. 构建数据资产统一标准,促进治理与应用能力的持续升级**

2018 年以来,随着系统与配套管理体系的建设与完善,各系统数据的结构愈发复杂,且由于管理平台的数据标准化程度较低,导致各业务环节对同一数据的理解出现偏差,数据使用成本随之增加。此外,银保监会提出了对数据管理的相关指引,明确了数据安全、识别、管控等相关标准,要求各金融机构逐步统一监管标准化数据报送口径。基于内外部需求,公司积极布局数据中心建设:一是构建了清晰的数据流与数据架构图,实现了业务数据的可溯源性,提升了业务数据的使用效能,很大程度上消除了各业务环节的理解偏差;二是通过数据中心快速定位系统数据源头，且评估数据修改对系统内、系统间或将造成的影响，解决了从制度到落地的过程问题，既做到了数据管控，又切实做到了数据资产从"盘"到"治"到"规"再到"用"的实际赋能。一方面，数据中心为公司数据的可控性、安全性、保密性、高质量性等筑牢了坚实地基；另一方面，也为公司充分贴合监管要求提供了可靠支撑，从而高效助推数字化转型的工作进程。

**3. 建设数智驱动能力，加速业务数字化进程**

在深化增效降本方面，公司采用RPA技术搭建运营操作机器人，RPA（Robotic Process Automation，全称为机器人流程自动化）以高效解决重复性、流程性工作，节约人工成本，提高准确率。当前公司在运营管理工作中，已上线清算条线机器人和核算条线机器人，其中清算条线机器人着重解决各业务系统在清算流程和单据发送方面的自动化问题，核算条线机器人着重解决估值账务处理、账务核对、数据发送方面的自动化问题。通过统一的机器人管理平台，业务人员可对各类机器人的任务执行情况进行实时监控、科学调度。

在深挖数据价值方面，公司以提升运营工作标准化水平、量化运营工作绩效为导向，引入BI（Business Intelligence）工具，对运营管理工作相关数据进行分析及评价。运营管理工作主要包含事务性执行工作、流程性操作工作、监管数据报送工作及账务管理工作，诸如清算交收、系统每日流程跑批、核算做账、报表报送等。BI工具首先通过抓取及分析各类工作数据，制定出运营工作的系列执行标准，而后可凭借标准对各类工作进行实时监控、异常预警，为运营管理工作提供全景图。当前公司已完成对200余条运营管理相关业务系统的指标梳理，且实现了运营管控驾驶舱全界面监控，为公司业务的健康运作保驾护航。

**4. 挖掘文本数据价值，试点人工智能赋能业务**

公司在日常运营中会产生结构化数据及非结构化数据信息，对结构化数据的处理能力已基本成熟。针对如何挖掘非结构化数据价值，如合同、财务报表、存单票据等大量信息，公司基于OCR技术，搭建了智能识别平台，通过智能提取文本文件的关键要素，将要素存储在数据库中，再进一步结合业务需求实现赋能。当前公司已完成了财务报表相关的数据智能识别与分析：对同一主体发布的季度财务报告数据进行提取，依据会计准则对财务数据进行数据落库，再基于BI软件，根据时间维度与会计维度，将识别后的财务数据进行整合与叠加计算，为业务人员日常使用财务数据提供了便利，解决了频繁查找财务报表及手工录入财务数据等痛点。

**5. 夯实科技基础架构，推进技术数字化转型**

在打通全链条监控通道，实现业务智能监控方面，公司建立了基于自动化运维的360°监控平台，通过对zabbix告警、NPM-cola流量、业务系统日志等信息的实时CDC捕获，建立起相应的业务预警规则，同时引入AI智能技术，实现业务系统智能预警，做到AI感知业务异常。

在搭建零信任会话通道，实现系统安全保障作业方面，公司完成了零信任环境的搭建。零信任系统通过单包认证技术对外部认证和内部访问分别进行用户权限甄别，在强化边界侧防御渗透攻击的同时，对用户终端安全防护能力进行实时监测，如发现防护能力低于安全基线时将强制下线，切实做到对所有访问终端的"零信任"。

在建立一体化开发基站、实现需求高效实施交付方面，公司完成了低代码框架的搭建和自动化测试平台的规划。其中低代码框架着重解决了开发人员技术不统一、代码重复开发的问题，为团队高效协同开发提供了有效的技术依托。自动化测试平台则通过对测试任务的拆解,形成脚本任务,统一平台角度来管理测试计划,一方面替代了技术人员的重复测试任务从而缩短交付周期,另一方面显著提升了测试工作的质量。

**6. 锚定科技业务融合,提升业务支持能力**

科技与业务的融合是实现各类新兴技术落地的关键。一方面,公司将基于现有各类业务系统框架的实际应用需求进行建设,以投研一体化平台、运营管理平台为两大支点,持续推动公司各类业务能力优化与提升。投研一体化平台是公司强化投研体系的基础,未来将注重以下两点:一是整合现有的投研相关系统;二是重点建设流程优化、业绩建模、数据可视化、风险预警等方面,为形成投研正向循环、投研能力提升提供数字化保障。运营管理平台是公司提升运营能力的关键,未来将进一步沉淀经验,优化整合产品管理、账户管理、运营流程管控、运营监控、信息披露等功能,实现平台化能力输出,为运营工作降本增效做好坚实的后盾。另一方面,公司将在前期自动化运维、自动化测试等基础之上,持续夯实内功,不断推进技术服务能力的数字化转型,遵循ITIL与ISO 20001等服务标准,构建IT与业务高度协作的生态环境,实现科技与业务的深度融合。

**7. 推进应用平台化整合,优化各环节数字化水平**

公司历经多年的系统建设,各类应用已基本满足日常的业务需求。但当前核心业务系统仍以外部采购为主,因此实现各类系统的平台化整合、打通应用孤岛将是未来的工作重点之一。现阶段公司已启动统一开发框架的规划设计工作,未来将陆续在微服务研发平台基座、数据平台等领域进行整合,从而实现业务全流程的一体化应用。平台化、一体化将会是未来系统建设和数字化转型的关键趋势,需要做好整体规划,稳步推进,扎实建设。

**8. 构筑数据管理体系,深入挖掘数据价值**

数据是数字化转型的基础与核心,未来公司一方面将进一步夯实数据中心的服务枢纽地位,不断完善数据模型框架,深入结合大数据、人工智能等技术应用,持续为投研分析、信息披露、风控管理、运营服务等业务提供支撑。另一方面,公司将稳健推进数据治理工作,沉淀吸纳过往的数据治理经验,逐步实现业务数据化、数据资产化、资产服务化的目标。

### 7.3.3 大数据在银行理财子公司中的应用

大鹏数据智能平台是招银理财为应对资产管理新规、抓住行业竞争机遇和践行数据中台理念而构建的重要平台。2018年资产管理新规要求银行理财产品实现净值化管理,对底层数据的精细度、准确度和时效性提出更高要求。为满足新规的数据需求,招银理财计划建造一个"精、准、快"的数据平台,打通产品端与资产端的数据,支持合规风控和监管报数。招银理财调研了摩根大通、高盛、贝莱德等境内外优秀资产管理机构后发现,这些机构正在利用大数据和人工智能技术构建专业化、自动化、智能化的金融服务。

同时,招银理财追求数据中台理念,致力于解决上游业务数据库和外部数据孤岛问题。通过统一的数据平台,辅以数据治理功能,构建银行理财专业的数据模型,为业务提供快速支持。

基于招商银行的数据仓库和数据湖建设经验,招银理财于2019年初发布了《资产管理大数据平台总体规划报告》,旨在打造新一代可承载大数据和人工智能应用的统一数据平台,不断提升投资研究和客户服务能力。

大鹏数据服务平台的长远规划,凸显了招银理财对数据精确性、时效性和应用能力的重视。这一平台将使招银理财更好地适应市场变革,提升竞争力,并引领资产管理行业发展方向。

**1. 大鹏展翅,创新驱动数据管理**

大鹏诞生于技术领先的新一代数据基础设施之上,采用分布式数据架构,具有去中心化、低成本快速扩展、高容错性、系统高可用等优势,截至2022年底已有80个节点,数据存储量达1.3 PB。此外,大鹏还自主研发了一套基于K8s容器云的大数据作业调度系统,基于消息中间件的异步作业调度关系,作业类型可按需求随时扩展,目前支持Sftp文件下载、Sparksql、存储过程、Kettle、Sqoop、Python、自定义Jar等作业类型,每天支持1.7万个作业约2万次执行,同时配备完善的作业告警机制,作业可通过短信、即时通信工具、邮件等通知作业负责人、数据区负责人、全局管理员,确保数据故障及时得到解决。

依托招商银行资产管理部多年的业务经验,大鹏数据平台开创了国内首套针对银行理财业务的数据模型,形成了一套完整的数据资产管理体系。

模型采用E-R建模与维度建模相结合的方式,通过E-R建模将市场主流资讯数据进行清洗整合,形成OneID、OneModel、OneService三个一范式,发布资讯数据模型20多个,利用事件驱动技术将数据处理时效提升到分钟级;通过多源数据比对发现数据错误、提升数据质量;通过维度模型装载理财产品、债券、股票、基金等核心业务数据;通过自主研发的资产穿透逻辑可以灵活方便地获取每个产品下各层级投资标的信息,为下游35个应用区供数。

数据模型的应用屏蔽了上游系统更新对下游数据应用的影响,使招银理财可以在核心业务系统持续更新的过程中不间断合规风控、经营分析、监管报数等数据应用,同时避免数据处理重复开发。

在人工智能等先进技术的应用方面,招银理财力求从现有业务中挖掘场景,将新技术融入成熟的工作流程中,实现效率与效益的双重提升。

招银理财是国内首家将卫星遥感数据、地理时空数据、夜光数据等另类大数据应用到金融投资领域的金融机构,借助机器学习、人工智能、卫星遥感等技术,寻找夜光和多维金融数据之间的量化关系,建立全球近百个地区的数据体系,分析并监测全球各地区的夜光强弱变化,预判这些地区经济发展的趋势,并据此推出了夜光全球指数、夜光复工指数和夜光策略指数。

另一个典型应用是将NLP技术应用到债券交易中。国内债券市场交易仍以OTC方式为主,了解市场上的报价、成交信息对交易员和投资经理都十分重要。交易员在QTrade软件上与交易对手的聊天记录中蕴含了大量市场报价、成交信息。以往,交易员只能人工识别、记录这些信息,覆盖面小、准确度低,耗费大量人工。招银理财利用NLP技术,从聊天记录中识别出债券代码、交易方向、交易对手、交易数量等重要信息,极大提升交易信息的覆盖度与准确度,同时节约了人力。机器学习模型应用于交易对手推荐与一级票面利率测算,将原本交易员分析思路模型化,提升了交易员平均工作效率。

**2. 大鹏培风,优化升级扶摇而上**

自荣获融城杯金融科技创新十佳案例以来,大鹏平台在技术、模型、数据治理、应用等方面进行着持续的优化与创新。

(1)技术迭代升级。2022年,大鹏平台的底层框架从Cloudera的CDH升级至CDP,升级后平台性能提升明显,作业运行时间整体减少了20%,同时CDP集群中包含了Flink、Atlas、Spark 3.0等30多个组件服务,可支持应用扩展。基于Flink的流数据处理能力,大鹏在部分场景下搭建了批流一体化数据仓库,将数据时效从T-1日提升到了实时,解决了离线数据与实时数据不一致的问题,也减少了离线数据与实时数据重复开发的资源消耗。

(2) 模型优化拓展。近几年,招银理财对操作型系统进行了大规模升级,在纯自研的核心系统基础上吸收、融入赢时胜的FA模块、恒生O45的交易模块等行业中主流的资产管理系统模块。以此为契机,大鹏的数据模型对新、旧系统的数据资产进行了整合,内容扩展了50%,并且提升了核心数据模型的规范性。自2022年以来,招银理财的自营业务规模不断扩大,投资收益率也不断增长。自营业务在公司的重要性不断提高,为应对该趋势,大鹏构建了一套自营业务维度模型,已支持下游监管报数、合规风控、业务分析等应用。

(3) 数据治理补强。大鹏平台过往数据质量问题的原因总结有4点:第一,数据口径没有统一;第二,历史数据质量问题;第三,数据管理单轮驱动;第四,数据治理文化不强。针对这些原因,大鹏通过"数据资产分工确权+One2One查漏补缺+自动化数据质量监测"来构建一套长效的数据治理机制,将监测、考核、整改有机结合起来,形成正向循环。

其中,One2One数据治理是大鹏平台推出的一项特色活动,秉持"人人使用数据,人人发现问题,人人参与治理"的理念,通过积分、排名等措施鼓励公司每位员工发现数据问题、反馈数据问题、解决数据问题,通过"大家来找茬"的方式持续提升数据质量。

(4) 应用突破创新。近年来,大鹏首先提升了数据服务能力,为用户搭建一站式的数据服务门户——灯塔数据平台(简称"灯塔"),激发数据生产力,提升数据创造价值的效率。

灯塔数据平台的核心是解决两个问题:第一,把公司的数据"说"清楚,说清楚有什么数据、怎么用、谁维护、谁使用、创造了什么价值等核心问题。将数据的生产者与消费者在平台上对接,激发更多的数据价值;第二,将数据从能用提升至敢用、好用,通过数据预处理,准备精品数据资产,再为用户提供便捷的自助分析工具,来降低应用数据的门槛。

灯塔上线了专题数据分析与自助分析模块,通过主题宽表的建设外加Tableau自助分析工具,为用户提供高效、便捷、准确的数据分析"原料"和工具,并创造性地开发出工作簿市场、工作簿共享(协作、只读、复制)等功能,提高数据挖掘的深度和价值,让所有灯塔用户的数据分析都能够被持续地复用与分享。截至2023年6月,上线了交易、产品、合作机构、风险等6个专题数据分析场景,15个主题共计47张自助分析宽表,灯塔用户自主创建的分析工作簿近100个,2023年以来主题宽表下载次数超过4600次,工作簿访问次数超过3000次。达到了让用户有数用、爱用数、敢用数的目标。另一个大鹏平台的应用创新,是基于大数据与人工智能的债券预警监测,该功能的定位是收集、评估、处理企业和资产维度的各类风险预警信号,应用于投前风险排查和投后风险监控预警。功能上线后推送并处理了6万多条风险舆情、一万多条债券异常交易信号,提前约6.6个月命中70%的风险主体,利用NLP技术过滤67%"低效/无效"舆情,减少20%~50%的工作量。

**3. 大鹏图南,不断演进终至南冥**

作为银行理财行业的先行者,招银理财也在不断观察行业动态,深入思考科技建设如何持续赋能理财业务。

第一,银行理财行业对数据治理的要求在不断提高,各家机构都需要建立长效治理机制。从外部看,银保监会在2022年下发《中国银保监会办公厅关于印发银行业金融机构监管数据标准化规范(2021版)的通知》,暨EAST系统5.0规范,要求金融机构切实推进数据治理。

从内部来看,资产管理新规发布后,对资产管理业务的精细化管理要求不断提升,在合规风控、风险监测、经营分析、投资决策等场景上对数据范围、数据质量、数据时效都提出了高要求。因此，公司内部对高质量数据的需求也日益增加。

招银理财的数据治理工作仍处于起步阶段，目前的工作集中在数据治理系统建设上，包括已上线的大鹏数据平台、数据治理模块以及创新的One2One数据治理机制。但是，以上措施只能解决浅层的数据质量问题，越来越多的深层数据质量问题与公司业务管理息息相关。

第二，理财子公司的投入研发能力重要性凸显，科技力量可以为其添砖加瓦。资产管理新规后，银行理财产品相对于公募基金产品在资金池、非标资产、期限错配等制度上的优势下降，要维持以往的稳健收益需要更多依赖投研能力。理财子公司的投研体系建设时间短，普遍还不成熟，在此阶段需要借助更多科技力量加快建设进程。同时，金融科技正在发生一些变革，科技力量在投研能力建设中可以有更多发挥：一方面，大数据革命为资产管理数智化提供原料；另一方面，人工智能正由感知智能向认知智能迈进。

招银理财在制定HARBOR架构规划之初，就充分考虑了投研能力建设的需求，将未来两个阶段的建设重点定义为"分析型平台"和"决策型平台"，提出并精细数智化建设全流程的工作范式，针对重点业务场景，组建业务+科技融合战队以应对挑战。

高质量数据是一切分析的基础。未来，大鹏平台将持续做好数据治理，确保数据资产质量的同时在数据分析上不断发力。在数据创造价值的道路上，大鹏将不断丰满羽翼，直至南冥。

## 代码展示：一个简单的"固收+"量化策略

所谓"固收+"，就是以固定收益类资产提供基础收益，在控制波动的前提下，适度通过股票、打新、定增、可转债等资产增强组合收益弹性，是资产管理行业比较新颖的投资策略。

债券端选择中债企业债AAA财富(1～3年)指数，权益端选择国证价值指数。

测试范围为2013年1月1日—2023年5月26日。模型选择风险预算模型，将风险预算比例设置为"债：股＝1：5"（更好的选择是使用市场择时等方法动态调整预算比例）。模型求解使用的是遗传规划。

权益端可以使用指数、基金或者自行构建策略，这里为了方便演示所以选取国证价值。最终得到的"固收+"组合在债基的基础上增厚了收益。

```python
import numpy as np
import pandas as pd
import geatpy as ea
from tqdm import tqdm
import matplotlib.pyplot as plt
import seaborn as sns
import warnings
warnings.filterwarnings('ignore')
sns.set(style="darkgrid")
```

```python
plt.rcParams['font.sans-serif'] = ['SimHei']    # 显示中文标签
plt.rcParams['axes.unicode_minus'] = False      # 显示正负号
def annual_return(excess,freq):
    '''
    年化收益
    '''
    if freq == 'day':
        n = 250
    elif freq == 'week':
        n = 12*5
    elif freq == 'month':
        n = 12
    total_ret = (excess.iloc[-1,:] / excess.iloc[0,:]) - 1
    exp = n/len(excess)
    ann_ret = (1 + total_ret) ** exp - 1
    return ann_ret
def annual_vol(excess,freq):
    '''
    年化波动
    '''
    if freq == 'day':
        n = 250
    elif freq == 'week':
        n = 12*5
    elif freq == 'month':
        n = 12
    return (excess / excess.shift(1) - 1).fillna(0).std() * np.sqrt(n)
def max_drawdown(excess):
    '''
    最大回撤
    '''
    acc_rets = excess / excess.iloc[0] - 1
    max_drawdown = (1 - (1acc_rets) / (1 + acc_rets.expanding().max())).max()
    return max_drawdown
def analysis(excess,freq = ['week','month','day']):
    result = pd.concat([annual_return(excess,freq) * 100, annual_vol(excess,freq) * 100, max_drawdown(excess) * 100], axis = 1)
    result.columns = ['年化收益','年化波动','最大回撤']
    result['信息比率'] = result['年化收益'] / result['年化波动']
    for k in ['年化收益','年化波动','最大回撤']:
        result[k] = str(round(result[k][0],2)) + '%'
    return result
```

```python
Bond = pd.read_csv('.\数据\中债企业债 AAA 财富(1~3 年)指数.csv',index_col = 0).sort_index()
Bond_Ret = Bond.pct_change().dropna(axis = 0)
Bond_Ret.columns = ['ret']
指数 = pd.read_csv(".\数据\国证价值.csv",index_col = 0).dropna(axis = 0)
datelist = 指数.index.tolist()
Asset_0 = pd.concat([Bond.loc[datelist].pct_change(),指数],axis = 1).dropna(axis = 0)
Asset_0.columns = ['债','股']
# 债券端:中债企业债 AAA 财富(1~3 年)指数
# 权益端:国证价值指数
(Asset_0 + 1).cumprod().plot(figsize = (10,4))
Portfolio_Weight_风险预算 = pd.DataFrame()
# 风险预算比例,和为 1
budget_propotion = [1,5]
budget_propotion = [budget_propotion[0] / sum(budget_propotion),budget_propotion[1] / sum(budget_propotion)]
# 计算区间 N 年
N = 52 * 2
for i in tqdm(range(N,len(Asset_0) + 1)):
    asset = Asset_0.iloc[i - 52 * 2:i]
    asset_cov = asset.cov()
    sigma_11 = asset_cov.iloc[0,0]
    sigma_12 = asset_cov.iloc[0,1]
    sigma_22 = asset_cov.iloc[1,1]
    # 定义问题
    class MyProblem(ea.Problem):
        def __init__(self):
            name = '风险预算模型'
            M = 1
            Dim = 2
            maxormins = [1]
            varTypes = [0,0]
            lb = [0.8,0]
            ub = [1,0.2]
            lbin = [1,1]
            ubin = [1,1]
            ea.Problem._init_(self,
                              name,
                              M,
                              maxormins,
                              Dim,
                              varTypes,
                              lb,
```

```python
                    ub,
                    lbin,
                    ubin)

    # 目标函数
    def evalVars(self, Vars):
        sigma = [sigma_11, sigma_12, sigma_22]
        a = budget_propotion[0]
        b = budget_propotion[1]
        x1 = Vars[:, [0]]
        x2 = Vars[:, [1]]

        PCR1_numerator = sigma[0] * x1 ** 2 + sigma[1] * x1 * x2
        PCR2_numerator = sigma[2] * x2 ** 2 + sigma[1] * x1 * x2
        PCR_denumerator = sigma[0] * x1 ** 2 + 2 * sigma[1] * x1 * x2 + sigma[2] * x2 ** 2

        f = ((PCR1_numerator / PCR_denumerator) - a) ** 2 + ((PCR2_numerator / PCR_denumerator) - b) ** 2
        CV = np.hstack([x1 + x2 - 1.0,
                        -(x1 + x2 - 0.99)])

        return f, CV
problem = MyProblem()
algorithm = ea.soea_EGA_templet(problem,
                ea.Population(Encoding = 'RI', NIND = 50),
                MAXGEN = 200,
                logTras = 10)

res = ea.optimize(algorithm,
            verbose = False,
            drawing = 0,
            outputMsg = False,
            drawLog = False,
            saveFlag = False,
            dirname = 'result',
            seed = 123)

porti_wt = pd.DataFrame(res['Vars']).T
porti_wt.columns = [asset.index[-1]]
porti_wt.index = ['债','股']
Portfolio_Weight_风险预算 = pd.concat([Portfolio_Weight_风险预算, porti_wt], axis = 1)
Portfolio_Weight_风险预算_GA = Portfolio_Weight_风险预算.T
```

```
Portfolio_Weight_风险预算_GA.index.name = 'date'
x = Portfolio_Weight_风险预算_GA.index
plt.stackplot(pd.to_datetime(x), Portfolio_Weight_风险预算_GA['股'],Portfolio_Weight_风险预算_GA["债"],
              labels = ['权益权重','债券权重'])
plt.legend(loc = 'upper left')
plt.title('风险预算模型')
plt.margins(0,0)
plt.show()
风险预算净值_GA = (Portfolio_Weight_风险预算_GA * Asset_0.shift(-1)).dropna(axis = 0).sum(axis = 1)
fig,ax = plt.subplots(figsize = (14,5))
x = 风险预算净值_GA.index
ax.plot(pd.to_datetime(x),(风险预算净值_GA + 1).cumprod(),label = '固收 + 策略')
ax.plot(pd.to_datetime(x),(Asset_0.loc[x,'债'] + 1).cumprod(),label = '纯债基')
plt.legend()
# 风险预算_GAresult = analysis((风险预算净值_GA + 1).cumprod().to_frame('风险预算'),freq = 'week')
# 风险预算_GAresult
```

## 7.4 人工智能在资产管理行业的应用前景

人工智能技术有着广泛的应用,本节将介绍人工智能在资产管理行业的应用前景。

### 7.4.1 人工智能技术提升研究效率

人工智能技术在另类数据处理、信息整合和信息检索上具有远远高于人类的效率。J.P.Morgan 在 2016 年部署了可以自动筛选商业贷款合同的软件,该软件每秒钟可以筛查 1.2 万份商业贷款合同。如果用人工处理的话,这些合同需要耗费律师和信贷员 36 万个小时的工作。

近年来,资产管理机构积极推动科技金融的发展,用人工智能技术来提升资产管理中的研究效率。

一方面,资产管理机构通过人工智能阅读研究报告和公司报表,在这方面,人工智能获取信息的效率远高于人类。而且,人工智能技术擅长从网络新闻、影像文件等各种渠道获取信息,这些另类信息可以给资产管理公司的投研部门提供支持。相比于传统的分析师实地调研,通过人工智能阅读公司报告和从其他另类数据中获取信息,能够大幅提升工作效率与准确度。可以预期的是,随着人工智能技术应用成本的降低,这类技术将得到普遍应用,大幅降低研究员在信息获取和分析方面花费的时间。另一方面,人工智能技术具有强大的信息整合和学习功能,可以协助研究员完成不同的研究需求。例如,通过人工智能方法,研究员可以查询与当前市场环境最相似的历史场景;人工智能方法通过数据挖掘,可以在不同的宏观事件或公司事件发生之后提供有效的投资建议。

AlphaSense 是一家服务金融投资的科技公司,它在 2010 年推出了一款服务专业投资机构的搜索引擎 AlphaSense。该搜索引擎采用自然语言处理技术,从公司报告新闻和研究报告中整合投资信息。通过该搜索引擎,研究人员可以更加方便地寻找与投资有关的关键信息。

Aladdin 平台是 BlackRock 开发的一款资产管理平台。Aladdin 通过自然语言处理技术阅读新闻、公司研究报告等不同的文件,并且将文件中的信息与可能涉及的公司和行业联系起来,给研究人员提供投资建议。

此外,人工智能技术可以对获取到的信息进行深入挖掘,将不同的信息关联、整合起来,构建知识图谱,并且通过自然语言处理技术实现人机交互。服务研究工作知识图谱本质上是语义网络,是一种基于"图"的数据结构,通过知识图谱建立起不同实体和事件之间的关系。通过机器学习和知识图谱,可以建立起每个上市公司和与其关联度最高的上下游公司、行业、宏观经济之间的关系。如果某公司发生了高风险事件,可以及时预测未来有潜在风险的关联行业和公司;如果宏观经济或者政策有变化,也可以及时发现投资机会。

知识图谱是 Kensho 的核心技术。Kensho 公司成立于 2013 年,专注于通过机器学习及云算法搜集和分析数据,把长达几天时间的传统投资分析周期缩短到几分钟,能够分析海量数据对资本市场各类资产的影响,并通过自然语言处理技术理解和解答复杂的金融问题。Kensho 能取代部分人类知识密集型的分析工作并且从数据中学习新的知识,提供快速化、规模化、自动化的分析结果。Kensho 智能分析软件的主要特点有:

(1) 高效的数据整理与强大的数据分析能力。Kensho 具有海量的数据储存与超级计算的能力,能对各种结构化与非结构化的数据(包括有史以来所有资产价格数据以及全球发生的所有大事件数据)进行计算与分析。

(2) 自然语言平台,直观的用户体验。Kensho 深受青睐的原因还在于其搭建的自然语言平台,直观简洁是 Kensho 的一大优点,它通过人机交互的模式与用户进行交流,用户只需要用简单正确的英语进行提问,Kensho 就能给你提供精确的回答。

(3) 基于人工智能算法,拥有强大的学习能力。Kensho 运用人工智能的算法,具有强大的机器学习能力,能够根据各类不同的问题积累经验,并逐步获得成长。Kensho 的计算机系统能够让 Kensho 以极快的速度读取亿万条数据或信息,在分析数据的过程中不断地进行学习,并不断地优化其分析结果,变得更加智能。

另外,人工智能技术能够加速投研工作的自动化和智能化。目前人工智能方法已经用于撰写新闻和公司的营收报告。通过自然语言处理技术,人工智能为卖方机构和买方机构撰写研究报告也是值得期待的。

### 7.4.2 人工智能技术改革交易

从交易层面来讲,自动交易能够显著提高投资策略的执行效率、降低冲击成本,并且在一定程度上提高投资组合的收益。20 多年前,自动交易最早应用于美国权益市场,目前几乎无处不在。自动化和智能化的程序正在不断取代高盛等机构的交易员,低成本而且高效地完成交易任务。

自动交易大致分为决策型交易和执行型交易。决策型交易是量化投资策略的一部分，使用计算机程序，寻找市场上的各种交易机会，做出交易决策。程序化的决策型交易在市场中自动监测交易信号，并且迅速实施投资决策。

执行型交易一般是指算法交易，强调交易订单的执行，即负责快速、低成本地实现相关订单执行和成交。为了减少市场波动和冲击成本对交易产生的不利影响，机构投资者通常通过算法交易将需要进行交易的订单拆细，即把规模较大的交易拆分成若干小规模交易，并且在合适的时机分别对其进行分散交易，从而降低相关交易成本。使得整个交易过程中价格可以达到最优水平。传统的自动交易中，机器根据程序员事先设定的算法，监测交易信号并且执行交易。人工智能时代的自动交易包含了自动化和智能化，更强调从市场数据中学习，通过对大量历史数据的学习，构建预测模型，优化交易算法，获得最佳的交易表现。深度学习等新型方法可以发掘市场中的交易机会和不同的市场模式，进而获得超额收益。

人工智能和自动化交易的普及正在改变传统的交易模式。近年来，华尔街的部分交易员已被自动化程序替代。2000 年，高盛位于纽约的股票交易柜台有 600 个交易员。而如今，只剩下 2 个交易员，剩余的工作由机器包办（数据来自《麻省理工科技评论》）。

### 7.4.3 人工智能技术增强风险管理

信贷评分和银行的欺诈监测是较早应用人工智能技术的金融领域。蚂蚁金服的芝麻信用通过分析大量的网络交易及行为数据，可对用户进行信用评估。这些信用评估可以帮助互联网金融企业对用户的还款意愿及还款能力进行分析，继而为用户提供快速授信及现金分期服务。

随着人工智能技术的发展，相关的技术也开始应用于资产管理行业中资产管理机构，人工智能技术已经开始用于合规、风险管理等工作。英国公司 Intelligent Voice 向投资银行出售基于机器学习的语音转录工具，可以用来监控交易员的电话，以发现内幕交易等不正当行为。

在投资组合的风险管理中，采用人工智能技术进行数据分析，通过模型对市场可能发生的风险进行预警，同时，针对不同投资者的资产组合进行特定的情景分析。

AlgoDynamix 是一家投资组合风险分析公司，其目标是协助风险投资公司和银行识别财务以及投资上的异常及破坏性事件。该公司利用自行开发的 AlgoDynamix 引擎对全球金融交易所的数据进行分析，对未来可能的市场异常进行示警并对事件发生前后价格变动进行预测。这一引擎是由基于"深度数据"的算法所构建，能够实时扫描来自多个市场的主要数据源，并通过分析这些市场中的参与者（买方及卖方）的动态行为，对其共同特征进行聚类与集群识别。目前，AlgoDynamix 推出了 ALDX PI 以及 RAP 平台两种产品。前者用于帮助用户进行更好的资产分配决策，后者则用于帮助用户识别市场近期可能存在的风险。BlackRock 的 Aladdin 系统可以为资产管理行业提供风险管理。

一方面，Aladdin 系统可以基于庞大的数据库进行风险因子的监测和压力测试等。Aladdin 基于其数据中心存储的大量历史数据，将预测细化到每一天。通过蒙特卡洛测试，模拟金融市场可能的各种变化，检查客户投资组合中资产可能出现的走势。

另一方面，与传统的风险管理不同的是，Aladdin 系统每天进行大量的定制化情景分析——针对每一个投资者的资产组合，回答诸如此类的一系列问题："通货膨胀对我的组合有什么影响?""原油或者天然气价格的变化有什么影响?""欧洲经济的不景气会产生什么后果?"通过这些情景分析,可以帮助客户对全球的事件进行预测、分析和反应,增强客户的风险管理能力。

此外,Aladdin 可以通过分析各类资产的相关性以及特定条件下这种相关性对资产价格的联动影响,来构建可以有效分散风险的投资组合。当发生某些特定情景时,资产之间的相关性可能会改变,Aladdin 将会通过数据分析,协助基金经理及时进行组合优化,控制风险。

### 7.4.4 人工智能技术推动产品设计和业务模式发展

**1. 基金产品创新**

随着互联网和人工智能技术的发展,一些新型的产品和业务模式被设计出来,包括公募基金指数产品和一些新的资产管理业务模式。以广发百发大数据指数和南方大数据指数为代表的大数据基金是 A 股市场中产品创新的先行者。而在海内外,有一些依托人工智能的基金产品正开始上市交易。

2017 年 10 月,EquBot 公司发行了人工智能 ETF 基金 AI Powered Equity ETF(AIEQ)。该基金基于 IBM 的人工智能平台 Watson,每天对美国上市的股票进行分析,包括企业公告文件、财报、新闻等多方面的数据分析,建立预测模型,构建一个包含有 40 到 70 只股票的组合。然后由基金经理在此基础上优化股票的权重。

与此同时,国内的富国基金推出了富国研究量化精选基金,该基金在数据抓取、因子提炼、组合优化等过程中全方位采用人工智能技术,而且具备"自学"能力,根据市场环境不断进行优化更新。

按照美国证券交易委员会(SEC)2017 年底披露的文件显示,BlackRock 在计划推出一系列追踪其自创指数的 ETF。该 ETF 的主要特点是在跟踪指数的设计上,BlackRock 通过机器学习的方法将上市公司分成不同的类别,例如医疗健康、金融消费品和科技等,按照不同的类别分别构建 ETF 指数。由于某些上市公司业务覆盖的多样化,一个公司有可能成为多个板块的成分股,同时,随着企业经营模式的变化,这些板块的组成也会随之发生变化。与传统的行业划分相比,这种对上市公司分类的方法存在一定的合理性。

**2. 智能投顾**

近年来,一批依托人工智能的新业务模式涌现出来,智能投顾是其中最热门的一种类型。海内外目前有一大批初创公司、互联网公司和传统金融机构已经涉足智能投顾领域。

目前,国外的机器人投顾产品走在了世界前列,主要包括 Wealthfront、Betterment、Future Advisor、Personal Capital、LearnVest、SigFig、Motif Investing 等。虽然这些产品在投资门槛、收取费用上有所不同,但它们都是根据现代投资组合理论,利用交易所上市基金(ETF)组建投资组合。

3 个因素推动了国外机器人投顾的发展。第一,机器人投顾的低成本、低门槛、易操作的优势彻底改变了高净值客户才能获得财富管理的传统局面,同时它又是基于互联网的在线理财服务,迎合了当下个人投资者的需求;第二,量化投资和大数据技术的发展,使得机器人投顾的大数据存储、批量处理以及高速运算等功能得以实现;第三,国外机器人投顾的迅速发展也离不开国外 ETF 市场的成熟和完备。一方面国外投资者对被动投资产品的接受度较高,投资于 ETF 的机器人投顾产品拥有市场。另一方面,数量众多、产品多样的 ETF 市场为机器人投顾提供了丰富的投资基础。

目前,国外机器人投顾产品的主要功能是通过了解用户的投资目标、风险承受能力和风险偏好,提供给用户个性化的最优投资组合,投资标的主要是 ETF 基金,并且提供后续的组合跟踪、资产再平衡、节税等服务。在实现这个功能的过程中,构建投资组合的模型是产品的核心竞争力和区别所在。此外,国外主流机器人投顾产品在投资门槛、收费模式上也有所区别,并且增加了许多创新性的服务吸引投资者。

国内在机器人投顾方面处于迅速发展阶段,目前已经有为数不少的机器人投顾产品。国内机器人投顾分为 3 类:第一类是独立的第三方智能投顾产品,比如弥财,类似国外的产品 Wealthfront,主要为用户解决如何建立与风险匹配的分散化投资组合的问题;第二类是传统金融机构的产品,比如平安一账通和广发证券贝塔牛,主要依托机构自身的产品资源和客户优势发展智能财富管理平台;第三类是互联网公司的财富管理应用,比如百度股市通、蚂蚁聚宝、胜算在握,这些产品在互联网金融的浪潮中产生,并且各具特点,比如百度选股通基于大数据选股,蚂蚁聚宝从余额宝延伸出来打造更加丰富和大众的投资平台,胜算在握基于量化模型为用户推荐黑马股票、优化操作计划。

### 7.4.5 人工智能技术提升产品营销能力

人工智能用户画像和智能客服等技术可以提升资产管理机构的产品营销水平。首先,通过用户画像,可以更好地了解用户的风险偏好,理解用户的理财目标和对资金的需求,据此,给用户设计更合适的产品和服务。其次,通过人工智能客服,可以有效地降低资产管理机构销售部门的人力成本。

**1. 人工智能用户画像**

资产管理行业需要了解用户的风险偏好。目前,风险测评的主要方法是通过调查问卷的方式,根据用户的回答计算风险偏好。这样评估投资者的风险偏好存在一些问题。一方面,用户可能对自己并不是非常了解,而且对投资风险和收益的认识不够深入,问卷调查回答的内容可能并非自己的客观情况;另一方面,用户可能认为风险偏好的测评不重要,粗略作答甚至随便填写。因而,通过调查问卷获取的用户信息存在大量"噪声",基于这样的问卷获得的风险评估可能并不准确。

通过提取客户投资交易等核心数据,分析其投资习惯、品种偏好以及风险承受能力等深度信息,进而有针对性地对其开展产品营销活动,从而提高营销成功率。

广发证券从 2015 年开始,基于各条业务线所积累的海量用户数据以及大数据的运算能力,逐渐建立了以基础信息、交互数据、交易信息维度为主的用户画像模型,为用户构建了超过 400 项基础标签以及各类衍生数字标签。通过可视化页面,展示客户的风险偏好、投资经验、资产回报、收益情况、客户生命周期状态、账户分析等指标,并且持续根据用户在各个终端的点击、交易等交互日志等数据进行动态跟踪和持续的自我修订。

除了金融机构积累的用户数据,其他日常生活中的用户行为数据也可以用来评估用户的行为。Sqreem 通过人工智能技术获取和分析投资者的行为数据,帮助资产管理机构从投资者的行为中预测投资者最需要的产品和服务。例如,Sqreem 给高净值客户建立了详细的个人信息档案,绘制了高净值客户的年龄、兴趣、交易行为、购物记录、社交活动等方面的信息,包括他们平常使用哪家银行。基于这些信息,Sqreem 可以发现各种模式,并且让销售部门跟进客户的需求。目前,BlackRock、富国银行、汇丰银行和瑞士联合银行等都是 Sqreem 的客户。其中,瑞士联合银行早在 2014 年就采用 Sqreem 的人工智能技术向高净值客户提供定制化的投资建议。

**2. 人工智能客服**

通过自然语言处理和其他相关的人工智能技术,可以构建智能机器人客服,服务客户。

智能客服是一种能够使用自然语言与用户进行交流的智能自动服务软件系统,通常包括交互前端、智能引擎和管理后台 3 个部分。

交互前端是机器人的"感觉器官",负责为用户提供服务窗口和操作界面。智能引擎是机器人的"思考器官",负责针对用户提出的需求,进行语义分析和处理,该部分是决定机器人表现是否智能的关键。管理后台是机器人的"运动器官",负责分析用户服务需求后,从后台快速索引至对应的服务内容。

智能客服利用统一的运维管理平台,能够有效融合多种渠道,与用户进行智能化人机交互,真正实现成本低(一次性投入,后期释放大量人力资源)、效率高(可 24 小时运营,同时处理量极大,无需等待)、体验好(不受负面情绪干扰)的客户服务。此外,通过数据的积累和知识的学习,能够不断提升用户体验。

智能客服本质上是一个聊天机器人,例如,微软小冰通过语音识别、语音合成自然语言处理技术等手段与用户交互,从事先积累的人类对话库和互联网资料库中查找最有可能匹配的回答。类似地,百度在 2015 年发布了集成个人搜索助理和智能聊天功能的度秘;亚马逊在 2014 年发布了可以和用户聊音乐的智能音箱 Echo;苹果在 2011 年发布了 iOS 语音助理 Siri。

从 2015 年底以来,蚂蚁金服 95% 的远程客户服务已经由大数据智能机器人完成,蚂蚁金服通过大数据挖掘和语义分析技术来实现问题的自动判断和预测。目前,蚂蚁金服已经积累了近千个经验专家知识调动库、模型库。最初,从发现和识别问题到快速调度客户服务解决问题需要 50 分钟,而现在只需要 1.6 分钟就做到策略智能调度响应。

一方面,在资产管理行业,智能客服可以协助客服和销售部门与投资者沟通,节省资产管理机构的人力成本;另一方面,智能客服积累的数据可以完善投资者的用户画像信息,提供更加合理的投资建议。

## 总 结

本章主要介绍了大数据在资产管理行业的应用,资产管理行业是金融领域中的一个重要部门,旨在为个人、机构和企业管理和增值资产。随着国民财富快速积累和居民投资理财意识提高,中国资产管理行业规模将继续保持增长态势。

大数据技术的应用使资产管理企业产生了全方位的改变,投资决策方式、营销方式、运营方式及投资者体验等都发生了翻天覆地的变化。大数据为资产管理行业提供了巨大的信息优势和便利,但也带来挑战。企业需要不断加大技术投入和算法创新,在应对大数据难点的同时,挖掘其中的商业价值。其中各类金融机构都在各显神通加大自己大数据技术应用的投入,以保证自己在这个大数据和人工智能与金融业深度绑定的时代能够继续勇立潮头。

下一章我们将讲述大数据技术在互联网金融中的应用,了解大数据对互联网金融行业带来的影响。

## 阅读资料

麦肯锡 2020 年 12 月 28 日发布的《全球资产管理行业数字化转型战略蓝图与实践》报告中预计,到 2025 年,中国资产管理市场整体管理规模将升至 196 万亿元,2019—2025 年均管理资产增速将超过 9%。同时,结构性变化将进一步持续,以公募基金为代表的主动管理先发优势类机构将保持 14% 以上的年化增长率,其中公募基金将以 18% 的年复合增长率领跑市场增量管理资金净流入;以银行理财为代表的积极推动主动管理的资产管理机构将在未来 5 年逐渐重拾增长。

麦肯锡全球资深董事合伙人曲向军认为,未来 3~5 年将是中国资产管理行业竞争冲刺的阶段。而要在大资产管理各个赛道脱颖而出,领先资产管理机构不仅要具备转型的决心、清晰的战略和商业模式,还要大幅提升专业能力。其中,资产管理科技和数据应用能力无疑已成为中国领先资产管理公司目前关注的热点。

《全球资产管理行业数字化转型战略蓝图与实践》指出,中国资产管理机构整体的数字化转型才刚刚起步,数字化水平还比较落后,集中体现在以下 5 个方面:一是在客户管理、投资研究、组合风险管理、业绩归因、定制化客户报告等环节仍然存在大量的手工流程;二是以外部系统采购满足分散的需求为主,导致系统竖井林立,不同业务流程在不同系统之上运转,互相割裂;三是系统之间的数据尚未完全打通,数据标准、数据来源和更新时效不统一,无法有效通过数据应用实现赋能;四是科技治理模式以被动接单、外包开发为主,科技团队规模普遍较小,承接大量运营类、报表类等低价值开发工作;五是科技数据人才占比普遍低于 10%,部分甚至低于 5%,投入不足,组织整体数字商较低,业务提不出高价值科技需求。

结合全球经验和中国资产管理公司数字化战略探索现状,《全球资产管理行业数字化转型战略蓝图与实践》对中国领先资产管理公司提出五大建议:一是制定与业务战略高度一体化的"3+1"数字化战略转型蓝图,并分步推动落地:包括现有业务数字化赋能、建立创新商业模式、金融科技开放创新三大支柱和一套涵盖科技平台和科技治理、大数据规模化应用和科技数据组织人才体系的基础能力;二是建立起科技业务高度融合共创的科技治理体系,打造端到端资产管理科技平台,链接端到端业务流程,打通系统竖井;三是以推动数据案例落地为重点,逐步实现大数据规模化应用,同时建立起配套的数据治理和数据后台体系;四是打造金融科技开放创新平台,建立资产管理和财富管理金融科技加速器和投资基金,规模化引入和应用外部创新;五是加强科技数据人才储备,通过内外部培训体系提升组织数字商,推动敏捷开发模式落地,推动科技组织进一步专业化、敏捷化。

资料来源:麦肯锡:预计到 2025 年中国资产管理市场整体管理规模将达 196 万亿元,中证网(cs.com.cn)。

## 思 考 题

1. 资产管理行业的分类有哪些?
2. 资产管理行业的特点是什么?
3. 资产管理行业现状和发展趋势?
4. 大数据对资产管理行业有哪些影响?
5. 大数据在资产管理行业有哪些具体的运用?
6. 复现一下书中展示的公募基金投资策略代码。
7. 人工智能在资产管理行业应用前景如何?

## 参 考 文 献

[1] 华夏基金.基金业数字化转型专题:华夏基金数字化转型探索与实践[R/OL].(2022-11-07)[2023-11-20]. https://www.amac.org.cn/industrydynamics/huiYuanDongTai/202211/t20221107_14147.html.

[2] 招银理财.深度:招银理财数字化转型"乘风起"[R/OL].(2023-06-21)[2023-11-20]. https://www.sohu.com/a/687890705_120000911.html.

[3] 张书君.大数据技术在互联网金融营销中的应用探析[J].经济师,2022(5):108-109.

[4] 孙广芝,等.金融行业的规模、特征和发展水平:基于注册大数据的前向分析[J].情报工程,2019,5(1):4-13.

[5] 卜勇.百年保险资产管理:中小保险资产管理公司数字化转型的思考与实践[R/OL].(2023-02-21)[2023-11-20]. https://mp.weixin.qq.com/s/AXv788uxjClX9ZFQW5Z6jw.

[6] 中国支付清算协会金融大数据研究组.金融大数据创新应用[M].北京:中国金融出版社,2018.

[7] 涂子沛.大数据:正在到来的数据革命以及它如何改变政府商业与我们的生活[M].桂林:广西师范大学出版社,2015.

[8] 卢克·多梅尔.人工智能:改变世界,重建未来[M].赛迪研究院专家组,译.北京:中信出版社,2016.

# 第 8 章　大数据在互联网金融行业的应用

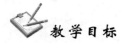
**教学目标**

1. 了解互联网金融行业的概念和分类。
2. 了解互联网金融行业发展现状和趋势。
3. 学习掌握大数据对互联网金融行业的具体影响。
4. 了解人工智能在互联网金融行业中的应用前景。

通过前几章的内容介绍和学习,我们了解到大数据在传统的银行业、保险业、资产管理业的应用,也学习到大数据在新兴的量化交易领域的应用。计算机技术应用的拓展,对传统金融行业带来了巨大革新与冲击,由此发展起来的互联网金融也成为金融领域的一大分支。本章我们将学习大数据在互联网金融行业中的应用以及对互联网金融行业产生的深刻影响。

## 8.1　互联网金融行业概述

本节我们将学习互联网金融行业的基础知识,包括概念、分类、发展现状以及发展展望。

### 8.1.1　互联网金融行业的概念

互联网金融行业是金融领域中的一个重要组成部分,是以互联网为载体进行的金融业务活动,是伴随着互联网和计算机技术在金融领域的拓展应用应运而生的一个金融行业分支,是互联网与金融融合的新兴金融模式。互联网金融借助互联网和移动通信技术,实现资金融通、支付和信息中介功能,并通过第三方支付、P2P 网贷、众筹、数字货币、信用评价审核、信息化金融机构、网络证券交易和智能理财等多种模式进行运作,提高金融体系的效率和服务质量。从广义上讲,具备互联网理念和精神的金融业态统称为互联网金融。借助网络平台搭建和标准化、自动化流程,金融服务机构可以实现以较低的交易成本和服务成本、较广的服务覆盖面、较高的反馈应答效率、针对性的解决方案为客户提供高质量服务和产品。与此同时,金融服务机构也实现了以较低成本获取海量客户数据信息的功能,以便后续提供更好、更安全、更个性化的服务。另外,海量数据信息的实时监控和大数据分析,也为金融服务机构提供了更加敏感和安全的风险管理体系,加强金融服务机构风险识别与控制能力。

传统上一般把互联网金融分为三大类。第一类是金融互联网,也就是实现传统金融业务的在线化,例如网上银行、网上保险、线上开户与交易、第三方支付、移动支付等;第二类是基于互联网的新金融服务和产品形式创新,典型的包括互联网信托、互联网信贷、众筹融资、供给链金融、社交化选股投资平台等;第三类是基于电子商务、广告销售等平台的互联网金融生态圈,电子商务平台和广告销售平台已经形成覆盖面广、信任性强、互动频繁、黏性高的生态圈,基于此形成的互联网金融圈比传统的金融业务产业链条更为严密和结实。

"目前,国内互联网金融行业中百度、阿里巴巴、腾讯和京东处于领先地位。例如,阿里巴巴凭借旗下淘宝、天猫、支付宝等平台上的用户数据,有效地解决了电子商务中的支付和信用问题、小额贷款中信用风险和信息不对称问题,同时提高了小额贷款的业务效率和效能,有力地推动了我国互联网金融的发展。"图8.1显示了目前互联网金融行业产业链格局,包括提供支持的基础设施层、中间的业务层以及终端的用户层。

图 8.1　互联网金融行业产业链全景图

资料来源:资产信息网、千际投行、广发证券发展研究中心。

"互联网金融行业产业链由基础设施层、业务层和用户层构成。基础设施层包括支付清算体系、金融IT设施、征信系统,其中支付清算体系与征信系统的主要提供商具有政府背景,如中国银联、中国人民银行等;金融IT设施则主要由'硬科技'公司主导,包括中科曙光、浪潮信息等。互联网公司在产业链中更多集中在业务层,如支付领域的支付宝、财付通,投资理财领域的蚂蚁财富、东方财富等。"

## 8.1.2　互联网金融行业的分类

互联网金融行业作为金融领域中的一个新兴业态,随着社会与经济金融的发展和技术更新迭代,也逐渐衍生出多种细分领域。本节将主要介绍第三方支付、互联网理财、互联网供应链金融、互联网消费金融4个方面的内容,帮助读者对互联网金融的运作方式和逻辑有个大概认识。

**1. 第三方支付**

第三方支付是互联网金融中最主要的模式,具有中介性、虚拟性和信用担保性。在我国,第三方支付发展的时间相对比较短,没有太多基础。1999年,随着电脑技术的初始普及,理论意义上的我国第一家第三方支付企业——首信易支付成立,但受多方面因素影响,其并没有在第三方支付上取得大的成功。直到2008年,第三方支付才真正开始发力。到2016年底,第三方支付中,单移动支付的交易规模就已经达到惊人的58万亿元。从最初的摸爬滚打到现阶段成为一个真正的创新行业,第三方支付的发展可谓是历经艰辛。从开始的信息不对称和安全性等问题受制和质疑,到现在成为正规的和被广泛认可和接受、应用的支付方式,第三方支付的进步有目共睹。

2010年中国人民银行颁发的《非金融机构支付服务管理办法》规定,第三方支付的业务范围包括网络支付、银行卡收单、预付卡发行和受理,以及央行规定的其他支付服务。从目前的发展情况来看,第三方支付的核心业务为支付业务。一方面,第三方支付积极融入各大网络平台,开展线上支付服务业务;另一方面,第三方支付积极开展移动支付业务,为广大微小商客户和个人客户提供便捷的移动支付服务,同时也提供行业解决方案。当前,我国的第三方支付主要有两种模式:支付网关模式和信用中介模式。在支付网关模式中,第三方支付充当支付网关,不具有系统内部交易功能,其与合作银行的网银系统对接,为广大用户提供统一的支付结算服务。在信用中介模式下,第三方支付企业通过自身平台同合作银行建立联系,为交易双方提供信用担保,维护双方权益。

支付网关模式的基础通道是电子商务,或者是其他的应用需求场景,基于此会产生大量的固定使用客户,并且很大程度上集中于使用互联网支付。使用此支付模式的典型平台有"支付宝"和"财付通",在淘宝网或其他线上购物平台上,第三方支付作为支付渠道提供服务,在其发展壮大后还能进行其他方式的营销和宣传。从理论上来说,信用中介模式适用于频繁交易的公司,其存在大量的结算业务,这种方式能够提供更加便捷的支付方式,节省时间,提高企业交易效率。图8.2展示了第三方支付的支付网关模式流程图。

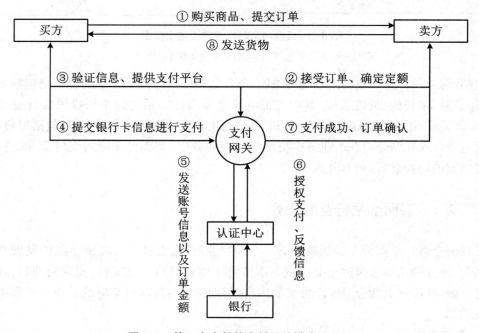

图8.2 第三方支付的支付网关模式流程图

资料来源:孙杨,苗家铭,陈惠民.商业银行大数据挖掘与应用[M].北京:经济管理出版社,2018.

**2. 互联网金融理财**

随着互联网金融的快速发展,以余额宝为代表的互联网理财产品冲击着传统金融理财产品,迅速成为研究的热点问题。近几年,余额宝在国内的大力运用和发展壮大,众多互联网理财产品也如雨后春笋般在金融市场上迅速涌现,使得广大投资者在选择金融理财方式时,不再局限于传统的银行理财方式,有了更多的选择和投向。对比商业银行理财业务,互联网金融理财以其便利性和灵活性的优势,吸引了更多的用户。

当前,互联网金融理财产品主要有两类:一类是传统金融机构结合互联网技术推出的理财产品,例如中国银行的"活钱宝"、招商银行的"朝朝宝"等;另一类是互联网企业凭借自身强大的云计算能力、先进的移动互联网技术推出的互联网金融理财产品,如余额宝、财付通等。银行等金融机构推出的互联网金融理财产品以政府信用作为支撑,且具有安全性高、申赎方便等优点,塑造了良好的口碑和形象,但起购金额较高,将一部分用户拒之门外。虽然互联网公司依托强大的技术力量,推出的理财产品购买门槛较低且使用方便,余额宝等更可以被直接作为支付手段,但互联网企业涉足金融行业难免存在对资本市场理解不足、风控合规等环节不到位等问题。

**3. 互联网供应链金融**

供应链金融来源于供应链管理,是一种新型的融资方式。按照美国供应链专业协会的定义:"供应链管理包括规划和管理供应采购、转换(即生产加工)和所有物流活动,尤其是渠道成员之间的协调和合作,这些成员包括供应商、中间商、第三方提供商、客户。从本质上讲,供应链管理是对企业内外供应和需求的全面整合。"香港利丰研究中心认为:"供应链管理就是把供应链管理最优化,以最小的成本完成从采购到满足最终客户的所有流程,要求上述工作流程、实物流程、资金流程和信息流程均有效率地运行。"可见,现代供应链管理的目标就是实现"7R 原则",即:以正确的价格来提供正确的商品,并在正确的操作成本前提下,在正确的时间将正确的质量、正确的数字送到正确的地点。2006 年 6 月,深圳发展银行首次提出了供应链金融的概念,同时,它还推出了多款供应链金融产品。此后,供应链金融在我国迅速发展。

从供应链金融的网络结构来看,供应链金融的 1.0 版本主要是商业银行作为供应链金融的主体,产业供应链的参与各方与银行之间形成资金借贷关系。其中,银行并没有真正参与供应链运营的全过程,只是依托供应链中核心企业的信用来延伸金融服务。供应链金融的 2.0 版本则是供应链金融服务的提供者逐渐从单一的商业银行转向供应链中的各个参与者。也就是说,供应链中的生产企业、流通企业、第三方或第四方物流、其他金融机构(如保理、信托、担保等)都可能成为供应链金融服务的提供方。供应链各参与主体与核心企业间形成了序列依存关系。

互联网供应链金融是供应链金融的 3.0 版本,其服务的提供主体是互联网供应链构建者本身,也就是供应链流程的建设者和管理者,也是规则的制定者,其能够通过掌握多维复杂且高度融合的信息流来管控金融风险。互联网供应链金融并不是对传统供应链金融的颠覆,而是在其基础上的拓展和创新。如图 8.3 所示,在"互联网+"时代,它通过铺设一张"网",制造更多的"节点"来对物流、资金流、信息流、商流进行交叉验证,控制金融风险,并在一定程度上解决了传统供应链金融交易信息电子化不足导致信用评估缺失等问题,填补信息盲区,更好地服务供应链参与者。互联网供应链金融往往呈现出平台化、高度关联化的网络结构特征。焦点企业往往也需要对横向价值链流程、纵向价值链流程以及空间价值链流程进行全方位、复杂化及互动化的管理。

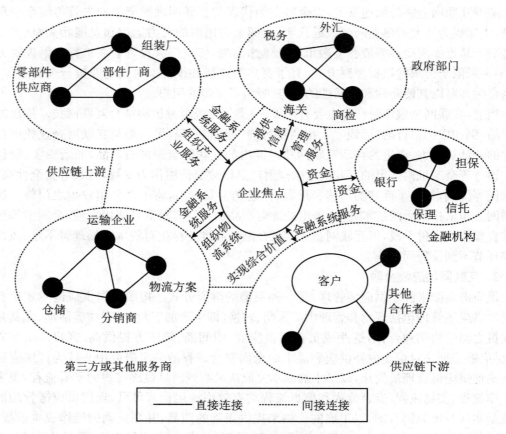

**图 8.3 互联网供应链金融的网络结构**

资料来源：宋华.互联网供应链金融[M].北京：中国人民大学出版社，2017：84.

#### 4. 互联网消费金融

互联网消费金融主要是指金融机构利用互联网和相关信息技术为消费者提供消费金融产品和服务的方式。其主要表现为将以往的消费金融业务过程网络化、电子化、信息化，并对放贷、风控流程和业务模式等方面进行改造和创新。在电子科技的帮助下，消费金融运营效率递增，服务模式得到更新，传统消费金融模式的痛点得到解决，互联网消费金融被许多年轻用户接受和青睐。

互联网消费金融具有额度较小、普惠性、高效、广泛应用大数据的特征。首先其与传统消费金融模式对比，互联网消费金融的额度更小，一般在 3000~30000 元，其针对的对象一般为大学生、刚入职工作的白领和新时代的农民等低收入群体，在受众群体上更具有普惠性。同时，提供的消费场景多样，如购物租房、旅游、教育等。再次是其具有高效性，高效性主要表现在两个方面：一方面，传统消费金融在发放小额贷款时往往需要抵押和担保，流程较为复杂，而新型互联网消费金融无须任何抵押和担保，电商平台、银行及 P2P 公司可根据消费者的消费信息及人民银行的征信报告迅速放贷；另一方面，客户只要在手机上下载一个 App 或者在平台上注册自己的信息，点击申请就可以得到贷款，无须在线下到消费金融公司或者银行签订纸质合同。最后是其与大数据技术紧密结合，需要广泛运用大数据技术，银行、大型互联网金融公司及消费金融公司依据平台中消费者的行为数据对客户进行分类，针对性地推出适合消费者的信贷产品,同时,对客户大量的消费数据进行分析,可以迅速得出放款的额度,有利于自身风险的控制。

### 8.1.3 互联网金融行业的发展现状

随着互联网的发展和应用拓展,互联网金融行业也迎来了高速发展期,并且已经成为当今经济社会的一个重要组成部分。尤其是在中国和全球范围内,互联网金融的发展日益完善,并逐渐地取代了传统的金融机构成为消费者和投资者理财的首选。从全球范围来看,结合互联网高效性、规模化、普惠性的优势,实现金融资源更有效的配置已是大势所趋,但各国的发展路径略有不同,也就形成了不同的互联网金融生态。

自20世纪90年代末期互联网进入中国以来,中国互联网行业发展迅速。网络普及率不断提高,互联网企业在国内涌现,特别是BAT三大巨头成为中国互联网业界最主要的代表。现阶段的中国互联网金融取得了长足的进步,并且,当前也处于快速发展的阶段,从早期的网红理财产品"嘉盛宝"到现在的"余额宝","财付通"等金融产品,中国互联网金融走上了一条创新与风险并存的道路。

目前中国互联网金融的业务主要包括以下几种模式:

(1) P2P网络借贷:P2P借贷模式指出借人和借款人在网络平台上直接交易,实现了借贷信息的高效匹配。

(2) 众筹:通过互联网平台向大众募集资金,一些初创公司、项目或个人会通过众筹获得一些资金支持。

(3) 第三方支付:第三方支付平台是为用户提供各种支付服务的平台,客户可以更加方便快捷地完成支付。

(4) 移动支付:移动支付是指通过移动设备完成各种支付,极大地满足了消费者在不同消费场景的支付需求。

目前,中国互联网金融市场进入竞争的高峰期,各家平台在资金、渠道、技术和人才等方面通过不断竞争来获取更大的市场份额和更高的用户黏性。行业巨头诸如蚂蚁金服、京东金融、百度金融等在行业内处于领先地位,同时也存在不少创新型平台,如分众金融、德邦证券等。随着人工智能、大数据、区块链等技术的不断发展,互联网金融将更多地依赖科技支持。这将使互联网金融平台更加智能和便利,从而改变金融用户的需求和使用习惯。

互联网金融是中国金融改革的一个重要方向,也是中国未来经济和金融的一个重要组成部分。随着政府不断加大监管力度、技术不断提升和市场环境的不断完善,中国互联网金融的发展前景依然广阔。中国互联网金融将会利用互联网科技的优势,打造更完善的金融服务模式,满足不同用户的需求,成为中国经济增长和社会发展的重要推动力。

美国的传统金融体系经过长期发展,产品和服务较为完善,而且金融机构自互联网诞生之初就开始了自发的信息化升级,金融的互联网化从整体上巩固了传统金融机构的地位。例如,美国信用卡市场较为成熟,2012年人均持有1.2张信用卡,其方便快捷的特征抑制了第三方支付的发展。同时,银行业积极推动自主创新,信用卡的移动支付、手机银行等业务在2012年增速分别达到24%和20%。这不但没有冲击银行的地位,而且提高了传统业务的覆盖率。

与美国不同,日本的互联网金融由网络企业主导,并形成了以日本最大的电子商务——

乐天为代表的涵盖银行、保险、券商等全金融服务的互联网金融企业集团。乐天公司是于1997年成立的电子商务企业,它于2005年通过收购建立了乐天证券,开始打造互联网金融业务。利用其规模巨大的电商客户群,乐天证券建立当年就成为日本开户数第三位的券商。当前,该公司是稳居日本第二位的网络券商,主营业务涵盖股票、信托、债券、期货、外汇等。由于其电商7成交易都是通过信用卡来支付,乐天2005年开始进入信用卡行业,利用其消费记录作为授信依据。2009年乐天又开办网络银行,目前乐天银行是日本最大的网络银行。2012年乐天金融共贡献了1564亿日元的营收,占该集团总收入的30%。

英国是借贷的发源地,全球第一家提供金融信息服务的公司始于2005年3月英国伦敦的一家名为Zopa的网站。Zopa为不同风险水平的资金需求者匹配适合的资金借出方,而资金借出方以自身贷款利率参与竞标,利率低者胜出。而这一信贷模式凭借其高效便捷的操作方式和个性化的利率定价机制常常使借贷双方共同获益。至此之后,Zopa得到市场的广泛关注和认可,其模式迅速在世界各国复制和传播。2008年金融危机发生后,主导信贷市场的大银行都提升了资本金充足率,对中小微企业的服务不足。在此背景下,英国借贷以及众筹等互联网金融发展迅猛,为解决小微企业及个人创业者融资难题发挥了较大的作用。

法国的互联网金融业以第三方支付、众筹、在线理财、网上交易所、小额信贷等服务类型为代表。在第三方支付方面,PayPal在法国占据48%的市场份额。为此,法国巴黎银行、兴业银行和邮政银行等三大银行于2013年9月共同研发了新型支付方式,以争夺在线支付市场;在信贷领域,法国仍处于起步阶段,有营利和非营利两种模式,其中非营利模式的代表是Babyloan,用户可以选择感兴趣的项目或个人进行公益投资,贷款人不收取利息;在众筹方面,法国起步较晚,但发展速度很快,2013年法国境内通过众筹共筹集了8000亿欧元,相比2012年翻了一倍。

德国的网络借贷处于发展初期,目前该市场主要由Auxmoney和Smava两家公司垄断,它们均成立于2007年。德国的公司普遍都不承担信用风险。在Auxmoney上,由贷款人承担所有风险;而在Smava上,贷款人可采用两种方式规避风险:一是委托Smava将不良贷款出售给专业收账公司,通常可收回15%~20%的本金;二是同类贷款人共同出资成立资金池来分担损失。第三方支付在德国发展较快,2011年德国网上支付金额占全国商品零售额的7%,其中31%的交易是借助第三方支付完成的。

### 8.1.4 互联网金融行业的发展展望

随着计算机和通信技术的发展与应用,以及监管对该行业的趋严态势,互联网金融行业也在不断探索新形式与新业态,呈现出一些新的发展趋势,本节我们将对互联网金融行业的发展提出如下展望。

**1. 宏观审慎的行业监管是大势所趋**

2021年是国内众多互联网企业,尤其是互联网平台型企业遭遇监管部门有史以来最为严厉的政策监管的一年。无论是年初在"强化反垄断和防止资本无序扩张"的背景下,市场监管总局对互联网平台企业反垄断的处罚,还是年中"双减政策"出台、对侵犯客户数据隐私的App集中下架,以及年底海外市场对中概股的调查和国内资本市场设置"红绿灯",对互联网平台型企业而言,监管部门的初心和使命始终没变:规范发展、聚焦主业、回归常态。从整体来看,在宏观审慎的监管政策导向下,不管是国内监管部门围绕"数据安全""信息保护"

"反垄断"领域出台的各种细致政策,还是海外无差别对所有互联网企业的调查,规范数字经济发展,治理互联网企业在金融、信息领域的乱象,对互联网垄断和不正当竞争行为进行处罚成为全球共识。未来持牌经营、合规经营、反垄断和防止资本无序扩张是互联网金融监管的核心,也是今后互联网金融类平台企业可持续发展的关键。可以肯定的是,针对科技巨头尤其是互联网平台类型企业的监管规则将会更为完善,执法也将更为常态化,跨部门的监管协同也将进一步加深。

**2. 探索金融元宇宙新模式**

2021年底,元宇宙概念爆发,随着全世界科技巨头和互联网企业的踊跃入局,"元宇宙"概念快速渗透到各领域,国内如腾讯、阿里巴巴等互联网巨头也纷纷进场,带动了金融机构新一轮的模式探索。"银行、保险等金融机构跃跃欲试,积极探索金融元宇宙的应用模式,为客户提供更加优质便捷的沉浸式金融服务体验。金融行业在经历了互联网金融时代的去伪存真、金融科技时代的科技探索后,对金融元宇宙的需求与渴望,使得2021年成为金融元宇宙爆发的元年。金融元宇宙时代也是继PC金融触网、金融线上化、互联网金融和金融科技时代后,又一个全新的时代。金融元宇宙将金融行业与元宇宙概念有机结合,通过底层技术支撑、前端应用设备等实现信息流及现金流的快速交换,在保障金融安全的前提下,嵌入场景应用为客户提供更加便捷的沉浸式金融服务体验。目前金融机构纷纷探索如何通过元宇宙为客户提供优质金融服务,促进数字金融市场发展,未来将有越来越多的金融机构加入进来,探索元宇宙背景下金融业务新模式,用数字化的方式重构全球金融基础设施,消除不必要的金融中介,让每个人都能低成本、高效率的使用数字金融服务,真正实现全球普惠。"

**3. 从消费领域到产业领域的互联网金融转型升级**

传统的互联网金融主要在消费领域提供金融产品和服务,随着金融服务领域的拓展和政策导向,互联网金融未来也有一次服务对象升级的过程,也就是从TOC向TOB转变。2021年,在政策的引导下转向,产业互联网成为中国互联网行业从"虚"向"实"转变的信号。前期,消费领域的互联网金融过多地关注个人投资者的信贷、投资、消费以及支付等金融需求,往往容易出现个人杠杆率提升的风险。个人金融业务呈现无限扩张的趋势,并不能体现互联网金融的全面性。进入2022年,国家发展和改革委员会等部门联合印发文件,同意在京津冀、长三角、粤港澳大湾区、成渝、内蒙古、贵州、甘肃、宁夏启动建设国家算力枢纽节点,并规划了10个国家数据中心集群,8个国家算力枢纽节点和10个国家数据中心集群完成批复,"东数西算"工程正式启动,产业领域互联网金融的发展随着需求而来。"东数西算"将成为今后互联网平台企业开拓产业金融发展的一个重要方向。产业领域的互联网金融已经成为数字经济的一个重大领域,而最快转型到产业领域的互联网金融公司,今后一定会成为数字经济与产业发展的融合代表,实现新一轮的大发展。

## 8.2 大数据对互联网金融行业的影响

大数据的特点主要体现在数据量极大、结构复杂、数据量增长迅速、数据来源多样、数据噪声大、对数据处理的实时性要求更高、规模效应明显等方面,这些特征在前文内容中已有详细介绍,本节将不再赘述。本节我们将首先分析大数据与互联网金融的重要关系以及大数据分析技术对互联网金融行业发展战略的重要性,进而探究大数据分析技术对互联网金融行业产生的种种影响。

### 8.2.1 大数据对互联网金融的重要性

数据是"互联网+"的基础,只要有互联网的应用,就会产生海量的数据沉淀,形成大数据。金融行业一直是大数据的重要产生者和消费者。金融系统中涉及的账户、交易、价格、风控、投资分析等都可以成为数据的来源。同时,金融行业也高度依赖数据,依赖数据进行风险测量,依赖数据进行产品定价。因此,可以认为金融业是数据驱动的行业。互联网金融的发展,产生了数量大、结构复杂、格式多样、时间和空间多维度的大数据流,同时也对数据分析的实时性、准确性、定制化等方面提出了更高要求。

在互联网金融环境中,大数据作为一种重要的核心资产,对它的分析和使用,将会极大地帮助金融机构更好地了解客户,与客户建立更良好的客户关系,同时可以根据数据分析进行精准营销,大数据分析技术日益成为互联网金融发展的利器。在互联网金融大环境下,通过对数据的收集、规整、分析和挖掘,以数据信息为基础建立客户经理工作管理平台,推动客户的精准营销,建立端到端的营销管理流程,帮助金融机构更好地服务客户和开拓市场。在与客户建立初步合作意向后,通过大数据分析技术建立客户风险评级模型,充分评估客户的信用风险水平,帮助金融机构准确定位客户的风险等级,提高风险识别和风险管理能力。

近几年,互联网金融迅速发展,并不断出现新的模式和应用,互联网金融自然产生大数据,它是大数据应用极为广泛的领域,而大数据分析技术是互联网金融的重要技术支撑。人们在网上活动的信息都会形成数据,运用大数据分析技术对数据进行收集、整理、挖掘、分析和深度应用,从而实现互联网金融产品、技术、营销和风险的创新管理。目前,大数据对互联网金融的影响主要体现在精准营销、风险管理、信用评价等方面。

### 8.2.2 大数据对互联网金融行业营销方式的影响

大数据及大数据技术的应用给传统的互联网金融营销模式带来了巨大变革。互联网公司可以运用大数据技术对客户在互联网上记录的交易、支付、评价等行为数据信息进行挖掘分析,根据客户的特征、需求和偏好细分客户群体,对客户进行分类管理,针对每一个类别的客户定向投放广告和定制产品,从而实现精准营销。可以看出,大数据营销让互联网金融企业从消费者角度出发,实现个性化互动和闭环操作,有利于提升用户满意度和获得更高商业价值,实现精准营销的目标。

推荐系统(Recommender System),是指建立在海量数据挖掘基础上的一种高级商务智能系统,它是一种把用户提供的推荐信息作为输入,然后将这些信息进行聚合、处理,最后把相关信息投放给合适的客户的信息服务。形象地讲,推荐系统就是用来在用户的兴趣与被推荐物品之间所搭起来的一座桥梁。例如,当客户在逛淘宝时,发现淘宝的主界面会出现用户购买过、收藏过、浏览过的商品或相关商品。这种对用户的商品推荐就是由推荐系统运作形成的。

推荐系统主要包括3个部分:输入模块、推荐引擎模块、输出模块。

输入模块又被称为用户模块,这里的用户指的是信贷产品的购买者和潜在购买者。在系统中,输入模块的主要作用是负责收集和更新用户的信息。具体而言又包括两大部分,一部分是用户的基本特征信息,包括年龄、性别、职业、收入等;另一部分是用户的行为信息,包括显性信息(如评分、评论等)和隐性信息(用户浏览网页的停留时间、点击率、客户转化率等)。

推荐引擎模块又称客户推荐算法模块,它是整个推荐系统的核心部分。该模块通过算法对输入模块所采集的数据进行分析处理,之后再将结果输出。推荐算法的好坏直接影响到整个系统的效率和效果。常见的推荐算法主要有协同过滤推荐、基于内容的推荐、基于知识的推荐等。

(1) 协同过滤推荐(Collaborative Filtering Recommendation)。它是推荐系统中应用较早和较为成功的技术之一。它一般采用最近邻技术,利用用户的历史喜好信息计算用户之间的距离,然后利用目标用户的最近邻居用户对商品评价的加权评价值来预测目标用户对特定商品的喜好程度,系统从而根据这一喜好程度来对目标用户进行推荐。协同过滤的最大优点是对推荐对象没有特殊的要求,能处理非结构化的复杂对象,如音乐、电影。

(2) 基于内容的推荐(Content-based Recommendation)。它是信息过滤技术的延续与发展,它是建立在项目的内容信息上做出推荐的,而不需要依据用户对项目的评价意见,更多地需要用机器学习的方法从关于内容的特征描述的事例中得到用户的兴趣资料。在基于内容的推荐系统中,项目或对象通过相关特征的属性来定义,系统基于用户评价对象的特征,学习用户的兴趣,考察用户资料与待预测项目相匹配的程度。用户的资料模型取决于所用的学习方法,常用的有决策树、神经网络和基于向量的表示方法等。基于内容的用户资料需要有用户的历史数据,用户资料模型可能随着用户的偏好改变而发生变化。

(3) 基于知识的推荐(Knowledge-based Recommendation)。在某种程度上是可以看作一种推理技术,它不是建立在用户需要和偏好基础上推荐的。基于知识的方法因它们所用的功能知识不同而有明显区别。效用知识是一种关于一个项目如何满足某一特定用户的知识,因此能解释需要和推荐的关系,所以用户资料可以是任何能支持推理的知识结构,它可以是用户已经规范化的查询,也可以是一个更详细的用户需要的表示。

输出模块是一个将推荐结果展现给客户的一个模块,它包含多种形式,例如建议、预测、个体以及评分,等等。例如,互联网用户在"淘宝"主页上发现自己喜欢的商品以及浏览过的商品,这就是一种界面化的建议。

### 8.2.3 大数据对互联网金融行业风险管理的影响

大数据改变了传统的互联网金融风险管理方式和效率。金融创新和金融风险相伴相生,互联网金融在提高金融效率的同时,也带来了一些难以防范的风险。市场风险、信用风险、流动性风险、法律风险、操作风险等都有不同程度的暴露,且交织在一起。例如,P2P网贷公司倒闭、老板跑路、拆标等的恶意欺诈,资金池、非法集资等违法事件频繁发生。在大数据时代,运用大数据技术能够及时发现风险暴露,采取措施加以规避和防范,大数据技术的应用使互联网金融企业实现了从传统风险管理方式向智能风险管理的升级。

大数据在两方面为风险管理带来新的可能。一是如何充分利用大数据的潜在价值,结合金融机构内部的自有数据,尝试更准确、更全面地评估客户的风险情况;二是对于个人信贷业务,由于具有客户群庞大、单户授信金额偏小的特点,风险管理的效率就显得尤为重要。

因此利用大数据的优势尝试去补充或减少某些线下风险调查的环节，提升风险管理的效率就特别重要。

在流动性风险的防范方面，余额宝通过对支付宝的大数据（如客户数量、流量转化率、客户评价等）进行挖掘分析，总结出大量客户申购赎回情况、客户结构、客户行为规律，据此预测出客户下一次申购赎回的时间，从而做出预案以化解流动性风险。

在客户流失方面，支付宝根据客户开启和注销账户的数据建立了流失预警模型，进而采取相应的措施争取和留住客户。在系统性风险的防范方面，监管部门通过对大数据的挖掘分析，对互联网技能进行实时预警，及时处理突发事件，防止系统性风险的发生。

最后，大数据时代的到来引发了对涉足互联网金融客户信用评价的变革。客户的信用评价不仅包括对评价对象静态信息的分析，还包括对动态信息的分析和挖掘，同时这也是最重要的。征信机构可以通过大数据技术对客户的注册登记信息（静态信息）以及他们在网络上的购物、支付、投资、生活、公益等数据（动态信息）进行分析挖掘，形成用户的行为轨迹，通过交叉检验，对客户的真实身份进行识别，进而建立信用评价模型，对客户进行分类，再提供针对性的服务。例如，阿里巴巴基于淘宝商户的数据，对其电商生态圈内潜在的客户提供纯信用贷款。阿里和腾讯拟推出的"虚拟信用卡"，用户可以实现网上申请，经过对用户交易大数据核查，即可授予一定的信用额度。微众银行通过大数据技术对贷款人的银行储蓄、贷款数据、信用卡数据、社交数据等进行挖掘分析，从而对贷款人进行信用评估，并据此授予贷款人一定的贷款额度。阿里的芝麻信用、腾讯的征信产品、微信的公众号个人信用评分等都是互联网个人征信的开始。

## 8.2.4 大数据对互联网金融行业运营方式的影响

大数据的发展和相关技术的应用也带来了互联网金融领域模式和平台的创新，按照大数据服务所处的环节，可以把大数据金融划分为平台金融模式和供应链金融模式。建立在B2B、B2C或C2C基础上的现代产业，通过在平台上凝聚的资金流、物流、信息流组成了以大数据为基础的平台金融，例如阿里金融以及未来可能进入这一领域的电信运营商；建立在传统产业链上下游的企业通过资金流、物流、信息流组成了以大数据为基础的供应链金融，譬如京东金融平台、苏宁易购的供应链金融模式。

**1. 平台金融模式**

平台金融模式是基于电商平台基础上形成的网上交易信息与网上支付形成的大数据金融，通过云计算和模型数据处理能力而形成的信用或订单融资模式。与传统金融依靠抵押或担保的金融模式相比，不同之处在于：阿里小贷等平台金融模式主要基于对电商平台的交易数据、社交网络的用户交易与交互信息和购物行为习惯等的大数据进行云计算来实时计算得分和分析处理，形成网络商户在电商平台中的累积信用数据，通过电商所构建的网络信用评级体系和金融风险计算模型及风险控制体系，实时向网络商户发放订单贷款或老信用贷款，批量、快速、高效，例如阿里小贷可实现数分钟之内发放贷款。

**2. 供应链金融模式**

供应链金融模式是企业利用自身所处的产业链上下游（原料商、制造商、分销商、零售商），充分整合供应链资源和客户资源，提供金融服务而形成的金融模式。京东商城、苏宁易购是供应链金融的典型代表，其以电商作为核心企业，以未来收益的现金流作为担保获得银行授信,为供货商提供贷款。京东商城作为电商企业并不直接开展贷款的发放工作,而是与其他金融机构合作,通过京东商城所累积和掌握的供应链上下游的大数据信息库,来为其他金融机构提供融资信息与技术服务,把京东商城的供应链业务模式与其他金融机构实现无缝连接,共同服务于京东商城的电商平台客户。在供应链金融模式中,电商平台只是作为信息中介提供大数据金融服务,并不承担融资风险及防范风险等,通过供应链金融进行信息流、资金流、物流、商流的"四流"整合。

综上所述,大数据技术的出现和应用,对互联网金融行业产生了多方面的影响。大数据为互联网金融企业提供了海量的分析数据来源和可靠依据,大数据技术为互联网金融企业提供了强大的信息处理、分析和挖掘能力,使得互联网金融业的营销方式、风险管理途径、运营方式和商业模式发生了重大变革,在加强科学管控风险的同时提高了服务效率和资源使用效率。大数据使互联网金融企业能够更针对性地采集和分析客户数据,从而实现精准营销;优化风险管控,降低经营风险;通过业务和平台、模型的创新实现业务高效运作。大数据深刻影响并革新了互联网金融行业的经营模式和运作方式,它推动着互联网金融产业向着更智能化、数据化的方向转型升级,也推动着我国智慧金融健康可持续发展。

## 8.3 大数据在互联网金融行业的具体应用

本节我们将学习大数据在互联网金融行业的不同细分领域的具体应用,将分别从第三方支付、网络借贷、互联网理财、互联网供应链金融、互联网消费金融五大主要互联网金融细分领域展开讲解。最后我们将通过一个基于 Python 的经典信用评分模型代码给大家展示大数据分析技术在互联网金融信用评估中的具体应用。

### 8.3.1 大数据在第三方支付中的应用

第三方支付是指以第三方机构作为中介,在电子商务和移动支付中进行交易的方式。在支付服务中,数据来源于转账付款、信用卡还款、水电煤气缴费、电视缴费、教育缴费、手机充值、机票订购和火车票代购等支付服务数据。大数据的应用在这一领域中发挥了重要的作用,为支付行业带来了诸多的机遇和挑战。

首先,大数据在第三方支付中的应用极大地增强了支付机构的风控能力。随着第三方支付实现的功能越来越多、业务规模越来越大,第三方支付欺诈行为日益成为比较严重的经济问题。第三方支付平台可以对用户的身份信息、支付行为等信息进行评估,提前预警潜在风险,采取相应的措施降低风险,也可以通过大数据技术,对交易数据进行实时监测和分析,提前预警异常交易和欺诈行为。平台可以根据交易金额、交易频率、交易时间等因素,对交易进行分类和标记,判断其支付行为是否存在异常,识别出可疑交易和欺诈行为,及时采取措施,保护用户资金安全。利用回归分析、预测技术、分类方法、关联规则挖掘和异常检测等数据挖掘工具进行欺诈检测,自动化地发现客户账户中异常的、可疑的交易成为可能。通过大数据分析,支付机构可以对用户的支付行为进行实时监测和分析,识别潜在的风险,从而及时采取相应的措施来防范欺诈和洗钱等违法行为。

其次,大数据应用可以帮助支付机构更好地了解用户需求。通过大数据技术,可以对用户进行精准画像,了解用户需求和偏好,从而为用户提供更加个性化和适合的服务。例如,在用户进行支付时,系统可以根据用户的支付行为、支付偏好、消费习惯、地理位置等因素,为用户推荐合适的优惠活动和产品,提高用户满意度和忠诚度。同时,平台还可以通过用户画像分析,发现潜在的用户群体和市场机会,为业务拓展提供支持。

最后,大数据应用还可以帮助支付机构进行市场分析和商业决策。通过分析大数据,支付机构可以更敏锐地察觉市场行情、竞争对手和用户需求的变化趋势,从而制定更加有效的商业策略。例如,支付机构可以通过分析用户的消费数据和地理位置信息,优化线下支付场景布局,提高支付覆盖率和用户体验。

然而,大数据应用在第三方支付中也面临一些挑战和风险。一是数据隐私和安全问题。大数据的分析和应用需要大量的个人和交易数据,因此支付机构必须加强对数据的管理和保护,确保用户的隐私不被泄露和滥用。二是数据质量的问题。大数据应用的准确性和可靠性取决于数据的质量,而现实中海量数据存在较多脏数据和干扰数据、随机数据等,支付机构需要建立完善的数据收集、清洗和验证机制,确保数据的准确性和完整性。

综上所述,大数据在第三方支付中的应用具有重要的意义。通过大数据的分析和应用,支付机构可以提升风险控制能力、提供个性化的服务、优化商业决策,从而为用户提供更加安全、便捷和优质的支付体验。然而,支付机构在应用大数据的过程中也需要注意数据隐私和安全的保护以及数据质量的保证。只有在合理、安全、可靠的前提下,大数据应用才能充分发挥其在第三方支付中的价值。

### 8.3.2 大数据在网络借贷中的应用

在融资服务中,数据来源于平台注册信息、经营范围、经营者基本资料、个人偏好等静态信息,也来源于企业在线交易信息、经营状况、财务报表和客户满意度等与信用相关的动态信息。此外,数据还来源于用户网页浏览记录、社交网络上发布的文本、图片、视频等信息。互联网金融数据类型如表8.1所示。

表8.1 不同数据类型介绍

| 数据类型 | 数据描述 |
| --- | --- |
| 支付服务数据 | 结构化数据,包括成交量、成交价格、成交金额、付款金额、转账金额和账户余额等 |
| 融资服务数据 | 结构化数据,包括融资金额、融资成本、借贷利率和信用评分等 |
| 用户与企业数据 | 非结构化数据,用户方面包括注册信息、个人偏好、浏览记录、评价信息和投诉信息等,企业方面包括股本结构、运营状况、利润表、现金流量表和资产负债表等 |

资料来源:张云,韩云.大数据金融[M].北京:中国财政经济出版社,2020.

**1. P2P网站中的个性化推荐**

个性化推荐是指根据用户的兴趣特点和购买行为,向用户推荐其可能感兴趣的信息和商品。在 P2P 网站中，随着信贷规模不断扩大，信贷产品数量和种类快速增长，贷款者往往需要耗费大量的时间和精力才能找到合适的信贷产品。而浏览大量无关的信息和产品无疑会降低用户的使用体验，使淹没在信息过载问题中的消费者不断流失。

为了解决 P2P 网站中的这一问题，个性化推荐系统是一个可行的解决思路。在海量数据挖掘的基础上，构建一个基于个性化推荐系统的高级商务智能平台，可以通过电子商务网站为其客户提供个性化的决策支持和信息服务。一般 P2P 网站有大量的信贷产品，用户常常感到难以入手，如果有一种信贷产品选购的助手，能根据客户的兴趣爱好推荐其可能感兴趣的信贷产品，可以有效提高客户的满意度。

在 P2P 网站中，使用个性化推荐的最大优点在于：一方面可以获取信贷产品的特点，如主要贷款人的特征和借款记录，信贷产品的期限、风险和收益；另一方面又可以获取用户的特点，如客户的产品浏览记录、个性化需求和兴趣偏好、客户的个人属性、客户过去的贷款行为和贷款记录等，从而为贷款客户做出个性化推荐。此外，系统给出的推荐是可以实时更新的，即当系统中的信贷产品库或用户特征库发生改变时，给出的推荐序列会自动改变，这就大大提高了 P2P 贷款的简便性和有效性，同时也提高了 P2P 平台的服务水平。总体来说，一个成功的 P2P 网站个性化推荐系统的作用主要体现在以下 3 个方面：

（1）将 P2P 平台的浏览者转化为使用者。一般的，P2P 平台的浏览者在浏览过程中并没有投资或贷款的欲望，而个性化推荐系统能够推荐他们感兴趣的信贷产品，从而形成有效的客户转化。

（2）提高 P2P 平台的交叉销售能力。个性化推荐系统在贷款客户的选择过程中向用户推荐其他有价值的信贷产品，用户能够从系统提供的推荐列表中找到自己确实需要但在购买过程中没有想到的信贷产品，从而有效提高 P2P 平台的交叉销售。

（3）提高客户对 P2P 平台的忠诚度。与传统的贷款模式相比，P2P 平台使得用户拥有越来越多的选择，用户更换信贷产品极其方便，只需要点击一两次鼠标就可以在不同的 P2P 平台之间跳转。个性化推荐系统可以分析客户的贷款习惯，根据客户需求向用户提供有价值的信贷产品。高质量的推荐系统可以使用户产生依赖。因此，个性化推荐系统不仅能够为用户提供个性化的推荐服务，而且能促进 P2P 平台与用户建立长期稳定的关系，提高客户忠诚度，防止客户流失。

个性化推荐系统具有良好的发展和应用前景。目前，许多 P2P 网站都不同程度地使用了各种形式的推荐系统。在大数据环境下，个性化推荐系统能够有效地保留客户，提高 P2P 网站的服务能力，为其带来巨大的经济效益。

**2. 基于 VITA 系统的信贷产品匹配机制**

VITA 金融服务推荐系统是匈牙利 Fundamental 信贷协会开发的一种基于知识的推荐技术。VITA 能够帮助销售代表与客户在销售过程中进行交互，可以提高销售代表的工作业绩，降低开发和维护相关软件的整体费用。通过该工具，可以构建一个基于知识的推荐技术。其知识获取平台可以通过图形用户界面开发推荐系统知识库和推荐过程定义功能。

这种知识获取平台也适用于 P2P 平台。目前 P2P 遇到的最大挑战就是金融行业信贷产品的增多与难以满足的客户的个性化借贷需求的矛盾。一方面，客户面临如此众多的信贷产品无所适从；另一方面，P2P 工作人员也很难为每一个客户选择最适合他们的信贷产品，也很难解释将这些产品推荐给用户的原因。因此，推荐系统的供应商的主要目标是提高推荐的整体工作效率，这就需要提高算法的准确度；同时还要提高客户的黏度，让客户有兴趣持续使用某个 P2P 平台，这就需要工作人员能够处理极为复杂且频繁变化的推荐知识库。基于知识的推荐技术能够改善这种情况，因为它能高效地挖掘并维护知识库。

将 VITA 系统用于 P2P 的产品推荐，其目标主要有以下两点。一是提高贷款成交数。在相同的时间内，提高成功融资产品的数量。二是有效的软件开发和维护。新技术应该能改善配置知识库的开发工作。

而最终的 VITA 支持平台可自动实现对大量历史交易数据的学习，并实时更新配置知识库，并将新知识应用于信贷产品和客户投资需求的映射。更新知识库时，知识获取平台可以自动测试并调试知识库。该知识库包括以下元素：

（1）用户属性。每个用户必须表明自己的需求，这是合理推荐的前提条件。在 P2P 服务领域，用户属性的例子有年龄、风险承受能力、预期的放贷有效期、现有贷款组合等。

（2）产品属性及实例。每个信贷产品都用事先定义好的一组属性词描述，比如，不应该向没有准备好承担一定高风险的用户推荐高风险的产品。

（3）约束。确定某些场景下不应该向客户推荐某些信贷产品。例如，不应该向风险承受能力差的用户推荐风险高的产品。

（4）咨询过程定义。对信贷产品推荐规则进行明确的定义，构建状态图，并就此确定客户提出问题的场景。图 8.4 中的方框内容表示推荐规则的流程，圆圈内容表示客户在每个阶段可能提出的问题。

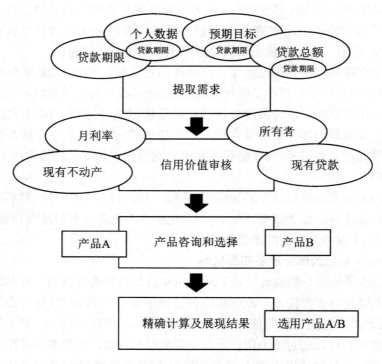

图 8.4 咨询过程定义示例

资料来源：张云，韩云. 大数据金融[M]. 北京：中国财政经济出版社，2020.

正如图 8.4 所示，信贷推荐过程包括 4 个阶段：提取需求、信用价值审核、产品咨询和选择、精确计算及展现结果。在第一阶段,系统提取客户的基本信息、信贷的目的和需求。提取之后再审核客户的信用价值,根据客户当前的金融状况、历史借贷记录、金融有价证券、财务状况等详细信息进行评估。这时,系统应检查能否找到满足当前需求的解决方案。如果没有,那么系统会设法找到其他符合客户需求的方案。在信用价值审核之后,推荐系统可能会推荐多种符合客户要求的信贷产品。当客户选择其中一个产品时,推荐系统会计算并提供详细的信贷产品的属性,包括月度偿还率、偿还期限、保留条款等。

完成信贷产品与客户的匹配,客户也选择了该信贷产品之后,P2P平台就可以开始向客户放贷了。在放贷过程中,用户随时可以对信贷产品进行评价,包括还款准时率、收益率、客户满意度等。推荐系统可以收集这些信息,通过机器学习的方法获取其中的知识,然后自动更新已有的知识库,以准确地实现产品推荐。

### 8.3.3 大数据在互联网理财中的应用

随着互联网技术的不断发展,互联网理财逐渐成为人们关注的焦点。互联网理财是指通过互联网平台,将个人闲置资金进行理财,实现资产增值和收益。大数据技术作为当今先进的科技之一,在互联网理财领域的应用越来越广泛。通过大数据的采集、分析和应用,互联网理财平台可以更加精准地了解用户需求,提供个性化的理财服务,从而为投资者创造更大的价值。

**1. 大数据在互联网理财平台运营中的应用**

大数据的应用首先离不开数据的采集。互联网理财平台通过用户注册信息、交易记录、行为轨迹等多种方式,收集大量的用户数据。这些数据包括用户的可自由支配资金、投资偏好、风险承受能力、资产配置情况等关键信息,为平台提供了有效的数据支持。同时,互联网理财平台还可以通过与第三方数据源的对接,获取更加全面和准确的数据,为投资决策和风控提供更加可靠的依据。

首先,大数据的价值在于对数据的深度分析。互联网理财平台通过大数据技术,可以对用户进行精准画像,了解用户的需求和偏好,从而为用户提供更加个性化的服务。例如,平台可以根据用户的投资偏好、风险承受能力等因素,为用户推荐合适的理财产品,提高用户满意度和忠诚度。

其次,大数据技术可以对互联网理财平台的流量进行实时监测和分析,了解平台的运营状况和用户行为,为平台决策提供数据支持。例如,平台可以根据流量数据,优化页面设计和用户体验,提高用户转化率;根据用户行为数据,挖掘潜在用户,扩大用户规模。

最后,通过对用户行为的分析,互联网理财平台还可以提前发现潜在的风险和问题,采取相应的措施进行预防和化解,通过智能化的风险控制系统识别和管理投资风险,对互联网理财平台的风险进行有效的控制。平台可以通过大数据分析,对用户的信用状况、投资行为等信息进行评估,基于大数据分析的结果,提前预警潜在风险,采取相应的措施降低风险。同时,平台还可以通过大数据技术对理财产品进行风险评估,为用户提供更加安全、稳健的理财产品和更加精准的决策支持。通过对用户数据和市场数据的整合分析,平台可以提供个性化的投资建议和资产配置方案,提高用户的投资安全性,帮助投资者实现长期稳健的财富增长。

**2. 大数据在互联网理财产品创新中的应用**

随着大数据在互联网理财领域应用的增多和加深,互联网理财领域出现了一种智能投顾的新形式。智能投顾是指通过大数据技术,根据用户的投资偏好、风险承受能力等因素,为用户提供个性化、智能化的投资服务。互联网理财平台可以利用大数据技术,对市场数据进行分析,挖掘市场趋势和投资机会,为用户制定更加符合其需求的投资策略。同时,智能投顾还可以根据市场变化和用户需求,及时调整投资策略,提高投资收益。

另外,互联网理财平台还可以利用大数据技术,根据用户的资产规模、风险偏好、收益要求等因素,为用户定制化开发理财产品。平台可以根据市场情况和用户需求,对理财产品进行风险评估和收益预测,为用户提供更加符合其需求的理财产品。同时,平台还可以根据用户投资行为和收益情况,对用户进行定期回访和评估,为用户提供更加个性化的服务,同时不断创新产品和服务。

**3. 大数据在互联网理财客户体验提升中的应用**

互联网理财平台可以利用大数据技术,对客户服务数据进行挖掘和分析,了解客户需求和反馈,优化客户服务流程,提升客户服务体验。平台可以根据用户反馈和投诉数据,更加有针对性地对客服人员进行培训和指导,提高服务质量;同时,平台还可以通过数据分析,发现潜在的客户需求和市场机会,为业务拓展提供支持。

另外,互联网理财平台可以利用大数据技术,对用户行为和偏好进行分析,制定更加精准的营销推广策略。平台可以根据用户数据和市场趋势,制定不同的营销方案和推广渠道,提高营销效果和转化率;同时,平台还可以通过数据分析,发现潜在的用户群体和市场机会,为业务拓展提供支持。

大数据的应用给互联网理财行业带来了显著的影响。通过大数据技术的应用,互联网理财平台可以提高运营效率、创新产品和服务、提升用户体验等,从而吸引更多的用户参与,扩大规模效应和经济流量,实现业务可持续发展。随着大数据技术的不断发展和互联网理财行业的深化,大数据在互联网理财中的应用将进一步扩展和深化。未来,借助大数据及大数据技术的应用,互联网理财平台将更加精准地洞察用户需求和市场趋势,提供更加个性化的投资服务和产品。同时,大数据还将推动互联网理财平台向智能化和自动化方向发展,提高投资决策和风险管理的效率和准确性,推动互联网理财市场健康持续发展。

### 8.3.4 大数据在互联网供应链金融中的应用

**1. 大数据对供应链金融的重要作用**

大数据在供应链金融中的不断应用,推动了供应链运营的脱胎换骨。大数据是无法在一定时间范围内用常规软件工具进行获取、管理和处理并被人解读的数据集合,是需要引入新的处理模式才能具有更强的决策力、洞察发现力和流程优化能力的海量、高增长率和多样化的信息资产,典型特点是"4V",即 Volume(量级巨大)、Variety(多样性)、Velocity(高速处理)、Value(低价值密度)。

大数据对供应链金融的重要作用体现在信息的收集与分析方面。具体体现在:

一是大数据的应用可以为供应链金融管理提供更全面的信息支持。大数据的应用拓宽了供应链金融的服务内涵,通过运用大数据分析技术,供应链金融服务者可以分析和掌握平台参与者的交易历史和交易习惯等信息,并对交易背后的物流信息进行跟踪分析,全面掌握平台参与者的交易行为,并通过这些数据信息给平台参与者以更好的金融支持。

二是大数据的应用可以降低供应链金融管理成本。大数据的应用可以降低供应链金融的业务成本和贷后管理成本,能够帮助金融机构从源头开始跟踪抵押/质押品信息,辨别抵押品的权属,减少实地核查、单据交接等操作成本;能够通过对原产地标志的追溯,帮助金融机构掌握抵押/质押品的品质,减少频繁的抽检工作,甚至可以通过金融机构与核心企业的信息互动实现抵押/质押品的去监管化,节约监管成本。

三是大数据的应用可以帮助金融机构提高客户筛选和精准营销的能力。通过引入客户行为数据,可以帮助供应链金融管理参与机构将客户行为数据和银行资金信息数据、物流数据相结合,实现"商流＋物流＋资金流＋信息流"相结合,从而提高金融机构客户筛选和精准营销的能力。

可见,在大数据的影响下,未来供应链金融将实现供应链参与企业、银行、行业协会、政府管理部门、物流企业等多方合作、多方共赢的平台模式;相信随着全球产业链的日益发展,互联网、物联网、云计算、大数据等新型技术将会极大改变供应链的结构、流程和要素,使供应链决策更加智能化,供应链金融管理越来越智慧化、网络化、服务化(图8.5)。

在互联网供应链环境下,供应链金融需要运用大数据、区块链等技术实现全过程、全方位、全天候的管理,需要在制度环境、管理要素、技术手段及产业互联网系统内全面整合,更好地服务供应链运营和不同服务场景下的需求,推动产融有效结合。

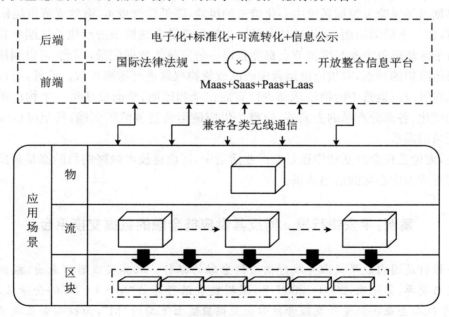

**图8.5　互联网供应链金融风险管理趋势**

资料来源:张云,韩云.大数据金融[M].北京:中国财政经济出版社,2020.

互联网供应链金融风险管理需要在制度层面和运营保障要素层面相结合,更需要实现供应链网络中参与者实现一切业务数据化,即建立数字化的供应链。供应链金融的健康发展离不开大数据,而大数据的核心不仅在于利用各类技术获取现存网上或其他渠道的信息和数据,还在于将随时随地发展的业务活动数据化,通过对数据的归集、识别、清洗、分析和挖掘，发现机会并转化为新业务。因此，需要建立覆盖整个网络的基于云计算的产业互联网体系，即 Maas、Saas、Paas 和 Laas。其中，Maas 是指能为客户提供有效感知、传输和智能分析服务；Saas 是指用户可以在各种设备上通过搜索客户端界面访问运营商运行在云计算基础设施上的应用；Paas 是指客户能用开发语言和工具（如 Java、Python、Net 等）控制和部署应用程序及应用程序的托管环境；Laas 是对所有包括处理、存储、网络和其他基本的计算资源等设施的利用。只要这些要素齐备，互联网供应链金融的风险才能被有效监控、识别和管理，做到基于"网络流""数据流"实时的风险管理。

**2. 区块链在供应链金融风险管理中的应用**

区块链（Blockchain）是一串使用密码学方法将数据相关联产生的数据库，可用于验证信息的有效性和生成下一个区块，它提供了一种去中心化的、无须信任积累的信用建立范式，理论上可以实现数据传输中对数据的自我证明。

区块链技术在互联网供应链金融中的应用主要包括金融活动和产业活动两个层面。金融层面区块链应用主要是支付清算和数字票据。与传统支付清算相比，区块链支付是指供应链金融交易双方直接进行，不涉及中间机构支付方式，即使部分网络瘫痪也不影响整个系统运行。基于区块链技术来构建通用的分布式银行间金融交易协议，为供应链金融平台用户提供跨境、任意币种实时支付清算服务，将会降低跨境支付的成本，增加支付的便捷度。同时，数字票据也是基于区块链技术和票据属性、法规、市场，开发出的全新票据形式，可以实现票据价值传递的去中心化，避免纸票"一票多卖"及电票打款背书不同步等问题，可以有效防范票据市场风险及票据系统中心化带来的风险，降低监管成本，有效规范市场秩序。

同时，在产业活动层面，区块链技术可以帮助供应链金融链条进行权益证明和物流运作证明。由于区块链每个参与维护节点都能获得一份完整的数据记录，因此，可以利用区块链可靠和集体维护的特点，对供应链运营中产品或货物权属进行清晰确权。此外，可以运用区块链技术对供应链运营中的物流活动进行有效记录和证明，全面反映每一个物流单元在不同节点的变化、各部分产品的去向等，使整个供应链运营过程清晰明确，甚至可以满足存储永久性记录的需求。

可见，无论是在金融活动中还是在产业活动中，区块链技术最终的目的都是帮助供应链建立起完善的去中心化的信用体系。

## 案例：平安银行橙 e 网及其供应链金融的数据交换平台

平安银行是国内最早提出并践行供应链金融的银行。从其实践历程来看，经历了如下几次转型与变革：第一次，2000—2008 年，深圳发展银行开始"M+I+N"的金融活动，通过抓住"1"个核心企业去批量开发经营核心企业供应链上下游的"M"，为核心企业及其供应链上下游提供融资、支付结算、财富管理等在内的金融服务为"N"。这是深圳发展银行试图突破传统银行业务，向产业、企业供应链运用中渗透的尝试。第二次，2009—2012 年，平安银行将原来线下的供应链金融业务搬到线上，利用互联网和 IT 技术构建平台，链接供应链的上下游及各参与方，包括核心企业、中小企业、银行、物流服务商等，实现资金流、信息流的归集和整合，提供适应供应链全链条的在线融资、结算、投资理财等综合金融与增值服务。第三次，2013 年平安银行提出"3.0"平台和供应链金融模式，即在组织架构上单独设立公司网络金融事业部——全行唯一的平台事业部,专职于供应链金融产品的创新与推广,在平台建设上搭建跨条线、跨部门的银行公共平台——橙e网,并与政府、企业、行业协会等联盟,通过综合平台建设,突破传统金融的边界。其功能主要包括"生意管家""网络融资""移动收款""行情资讯"等,试图通过"电商+金融+服务"的模式,实现融平台服务、交易风险管理及流动性管理为一体的供应链金融形态。

平安银行的供应链数据交换平台主要是通过大数据和云计算技术,验证多样化数据之间的勾稽关系,以此来证实企业主体的真实性和交易对手背景的真实性,并以此来判断企业的经营状况。因此,平安银行建立了平台联盟战略,通过与第三方支付公司合作,了解商户的销售和结算流水数据;与从事税务相关服务的公司合作,了解企业的纳税和开票信息;与海关或外贸服务商合作,掌握企业出口货物的运输和通关数据及情况;与第三方信息平台对接,获取核心企业与上下游之间的采购、销售、库存等数据。与此同时,根据橙e网的信息数据,平安银行结合银行原有征信体系、针对供应链上的主体提供定制化的融资解决方案,并使平安银行成为综合风险管理者和流动性提供者。

资料来源:宋华.互联网供应链金融[M].北京:中国人民大学出版社,2017:84.

### 8.3.5 大数据在互联网消费中的应用

个人信贷创新模式以黑马姿态闯入市场,但这些创新业务模式是否能够持续下去,寻找关键风险点,解决信息不对称仍是风险管理之根本。

互联网消费金融存在如下几个显著特点:

一是个体差异性。互联网的受众群体数量巨大,现有与潜在的客户群体非常庞大,并且存在较大的个体差异性。在借款人一端,对于通过纯网络渠道获客的方式仍然在进行各种探索。其中有两种方式:一种方式是实现批量的引入客户,即通过与社交网络、运营商或其他平台合作,批量地获取具有某些共性的客户群体。基于这些客户群体的共性进行数据分析,制定特定的客户准入风险政策。由于是批量获取,获客成本低、效率高。另一种方式即是利用网络的优势,触及不同区域、不同特性的客户。这些客户由于是开源性获取,各自具有不同的特点,很难有一套风险措施去覆盖全部客户。而对零售风险管理,是以模型为支撑的自动化管理过程,强调群体特征。因此,在开源获取客户的情况下,反而要关注群体的"个体性",对风险管理来说难度更大。

二是欺诈问题。这种欺诈风险体现在两个方面:一是申请资料的造假,有了计算机与网络技术的帮助,申请资料的造假变得越来越容易,非现场管理下的反欺诈手段如果单纯沿用传统模式,将会很难识别造假资料;二是申请身份的造假,由于缺乏"面对面"核实身份的过程,申请人很容易通过盗取他人的身份信息与申请资料,假冒他人身份获取贷款。在这种情况下,不但金融机构损失了资金,而且很有可能对被伪冒对象的生活带来恶劣的影响。

三是客户生命周期考察。在个人信贷的创新模式下,信贷过程越发简便、迅捷,信贷作业风控的不同环节之间的边界越发模糊,关注某一环节已经不能满足风险管理和客户价值提升的需求。客户生命周期的跟踪与考察不仅仅是风险管理的要求,也是价值提升、客户流失挽留的要求。互联网作为客户进入的通道,依托其特有的信息属性,可采取非现场的方式实现一部分风险识别与评估的工作,"线上+线下"的合纵连横,将会为风险识别提供更坚实的保障。但线上走入线下的管理难度很高。其一，体现在信息收集和使用的复杂性上；其二，体现在存量管理及逾期清收管理过程中的高成本上；其三，由于线上获客的方式轻易地打破了地理空间上的限制，使得创新金融的受众群体遍布全国各地，但线下服务能够覆盖的区域则受到显著限制，特别是在逾期催收方面，地面催收队伍将很难顾及区域过度分散的小额逾期账户，造成催收管理成本可能超过逾期可回收金额，使得金融机构不得不承担更高的违约逾期损失。

四是信息安全。互联网诞生以来，各类信息安全问题就一直引人关注。当今社会，信息网络已经支持了日常生产生活的诸多方面，网络数据涉及面之广、影响程度之大日益显著。从个人信息、社交数据到国家军事政治信息，都囊括于网络之中。某些重要的敏感信息引来了各种恶意攻击，包括信息窃取、数据篡改、计算机病毒等各种形式的数据盗用与破坏。创新金融模式依托网络与移动技术，势必与信息安全、网络安全问题伴生。

依托互联网的先天优势，对客户的信息收集也早已突破了传统授信业务中收入、负债之类的传统信息，会对客户类型、消费行为与能力、兴趣偏好等进行综合分析和描述。同时，对传统风险管理过程中需线下多方调研、收集整理的信息，有可能利用各种设备、网络可以更快速地获取到，因此为减少线下调查环节提供了可能性，这也就间接地提升了风险管理的效率。

多数基于互联网的金融创新背后是离不开数据支持的。一方面，大数据改变了金融格局。比如，大量的用户数据、交易数据、浏览数据、评论数据是电商进入信贷领域的基础，通过这些数据可以较为快速地衡量用户的经营和风险情况。另一方面，大数据推动了产品创新。为追求提供简单、快捷的金融服务和优质的购物体验，诞生了实时申请、实时贷款等贷款服务，极大地提高了贷款流程时效。比如，信用卡实时申请是通过互联网和实时数据决策支持系统实现支付工具和消费市场的无缝连接，颠覆了传统办理信用卡的流程，办理信用卡所需时长也产生了质的飞跃。这个飞跃的核心就在于数据决策系统，能够快速地甚至基于线上一站式提供真实性决策、信用风险决策和额度决策等。从这里可以看出，大数据推动产品创新本质上是因为大数据为风险管理提供了更多的选择。

(1) 欺诈监测。欺诈能够成功的主要原因之一就是信息不对称，当金融机构拥有大量的外部数据，采用第三方信息验证、电话核实、反欺诈排查等手段可大幅度降低欺诈比例。当掌握数据信息足够多时，金融机构可以对客户说"比你自己都了解你"。例如，通过户籍数据可以了解你的家庭情况，通过学历数据可以了解你的教育情况，通过中国人民银行征信数据可以了解你的贷款情况，通过电信运营商数据可以了解你的联系人信息，通过房屋中介数据可以了解你的居住房产信息，通过电子商务数据可以了解你的消费信息……当数据积累的维度和深度足够且能够很好地整合时，就能提升对欺诈的防范能力。

(2) 信用风险评估。传统信用风险计量主要采用申请信息、中国人民银行征信等信息开发信用评分模型以及风险规则。大数据下风险计量技术将突破传统的限制，在数据方面将会融入大量的非传统数据，和传统数据进行结合，更全面地评估贷款人的信用情况。在风险计量技术方面将会出现新的突破，不再受限于 Logistic（逻辑）回归、决策树等成熟的统计方法，新型的模型技术将在实际业务中得到有效应用，从而实现全面、准确评估客户风险的目的。

(3) 风险预警。所谓风险预警，指提前发现未来可能会爆发的风险。提前发现与预警，金融机构才能采取针对性的措施，及时控制损失。大数据在风险预警方面有着得天独厚的优势。例如,电商平台拥有商铺每个月的交易信息、用户评价信息、浏览信息、收藏信息等。商铺的还款能力源于经营,经营情况可由评价、浏览、收藏等信息综合评估。因此在整个链条中,跟踪每一节点的异动,从而实现风险的预警,而不需要等待违约的真正发生。

(4) 借款人共债检测。大数据在了解借款人共债问题上也提供了途径。银行等传统金融机构解决共债问题的主要途径是通过中国人民银行征信报告了解借款人在其他机构的贷款情况。对于很多创新型金融机构来说,现阶段并不能获取到中国人民银行征信报告,也无法将客户违约的情况接入中国人民银行征信系统中。目前,中国人民银行征信系统拥有全国大概 8 亿人的报告档案,但其中 3 亿人存在信贷账户信息不足的问题,大量个人及小微企业主存在民间借贷或其他无法体现在征信报告中的信贷行为。通过互联网获取更多维度的信息,如通过借款人的联系人、社交圈等的关联分析,或借款人在互联网上关注、浏览的贷款信息,社交网络中的贷款推销人员等方面,辅助共债情况的判断,让风险预警体系更具实时性与智能化的特征。不同来源的数据之间的互证冲突,提炼为策略,直接写入实时监控体系,使得大数据快速更新,实时地为风险监控体系提供输入,让风险异动在第一时间反馈出来。另外,基于机器学习,对每位信贷申请人广泛来源的数据进行分析、归类与整理,建立借款人档案,对异常行为模式做出预警。

(5) 逾期客户管理。客户发生违约之后的管理是风险全流程管理中非常重要的一个环节,是实现闭环管理和风险指标控制的关键。大数据对逾期客户的管理主要体现在以下 3 个方面:一是优化催收策略;二是客户信息丰富化;三是触达方式的多样化。

催收策略主要由催收方式和计量工具两个部分构成,由计量工具来决定客户的分类,根据客户分类决定所采用的催收方式。大数据为完善计量工具、提高计量模型的精准性提供了一种可能性。另外,大数据也衍生出新兴的催收方式。传统的催收方式包括信函、短信、电话、上门、司法等,而通过大数据可获取客户的微博微信等新兴社交工具,增加了客户触达方式,从而丰富催收方式。

客户失去联系而无法触达称之为失联,触达客户是催收的基本前提,否则就谈不上催收了。目前金融机构面临的失联主要是指利用内部系统中存储的联系方式没有办法联系到客户,但是如果获取到第三方数据,可以对客户联系方式进行补充和修复。例如,电信运营商和电子商务的数据,会对失联客户联系信息的修复起到非常重要的作用。

(6) 征信服务。传统征信数据主要以中国人民银行征信数据为代表,主要记录贷款客户的个人信息、工作信息、居住信息、贷款信息、查询信息等,是银行业衡量客户风险的重要依据。但随着大数据的兴起,金融从业者意识到客户的互联网行为数据、电信运营商数据等拥有巨大的价值,对全面进行客户的风险评估、营销响应等都有非常大的帮助。需求创造生产力,征信行业随之成为热点,涌现出不同形式的以互联网数据为基础的征信服务。一类征信业务主要进行真实性核查。利用数据收集的优势,对数据进行简单的整合统计和多方匹配,从而提供校验真实性的服务。另一类征信业务是在数据收集、整理的基础上,拥有对数据强大的处理能力和业务背景,能够挖掘出数据的潜在价值,建立评估模型和策略,提供信用评分的服务。这两种方式都是对中国人民银行征信系统的有力补充,对金融创新业务的发展起到了很好的扶持作用。

## 案例：芝麻信用

芝麻信用是中国蚂蚁金服旗下的信用评估服务平台，它在中国金融科技领域发挥了重要的作用。芝麻信用通过大数据技术和算法模型对用户的信用行为进行评估，为个人和企业提供信用评分服务和信用产品。

芝麻信用的核心是基于大数据和算法的信用评估模型。它通过多维度、多源数据的融合和分析，对用户的信用行为进行准确、全面的评估。这些数据来源包括用户在支付宝平台上的消费行为、缴费记录、借贷行为、社交网络数据等。芝麻信用利用这些数据建立了信用评估模型，通过对用户的行为和数据进行分析，评估用户的信用水平。

芝麻信用主要为个人和企业提供以下服务：

（1）个人信用评估：芝麻信用根据个人在支付宝平台上的消费习惯、支付行为、信用记录等数据，对个人进行信用评估。个人信用评估结果可以用于各种信用场景，比如申请贷款、租房、办理信用卡等。芝麻信用的评估结果可以为个人提供更多的信用优惠和服务，也可以帮助个人了解自己的信用状况，提升自我管理能力。

（2）企业信用评估：芝麻信用还提供企业信用评估服务。通过分析企业的经营数据、财务状况、交易记录等，评估企业的经营状况和信用水平。企业信用评估可以帮助金融机构、供应商、合作伙伴等更好地了解和评估企业的信用风险，提供更准确的信贷和商务决策依据。

（3）信用服务和产品：除了信用评估，芝麻信用还提供一系列信用服务和产品。比如芝麻信用租房信用租赁服务，用户可以通过芝麻信用的评估结果获得更便捷的租房服务；芝麻信用保险服务，用户可以通过芝麻信用的评估结果获得更优惠的保险产品；芝麻信用信用卡服务，用户可以根据芝麻信用的评估结果获得更容易获得信用卡。

芝麻信用在中国具有重要的社会影响力和经济价值。它改变了传统的信用评估方式，通过大数据和算法技术，实现了对个人和企业信用的全面、准确评估。芝麻信用的服务能够为用户提供更多的信用优惠和便利，并推动社会信用体系的建设。同时，芝麻信用也为金融机构和商业伙伴提供更准确的信用风险评估和决策支持，促进了金融科技和数字经济的发展。

然而，芝麻信用也面临一些挑战和问题。首先是数据隐私和安全问题。芝麻信用处理大量的个人和企业数据，必须确保数据的安全性和隐私保护。其次，芝麻信用的评估结果可能存在不确定性和主观性，需要不断优化和改进算法模型。此外，芝麻信用的服务和产品可能存在一定的市场壁垒，需要与其他相关机构和平台进行合作和共享，实现信用数据的互联互通。

总体来说，芝麻信用在中国金融科技领域的发展呈现出积极的态势，并取得了一定的成果。它通过大数据和算法的运用，构建了一个综合性的信用评估体系，为个人和企业提供信用服务和产品。

思考：芝麻信用有哪些社会价值和意义？在其发展过程中可能存在的风险隐患有哪些？如何防范风险、推动其健康发展？

资料来源：陈红梅.互联网信贷风险与大数据：如何开始互联网金融的实践[M].北京：清华大学出版社，2019.

## 8.3.6 代码展示:基于 Python 的信用评分模型

Give me some credit 是 Kaggle 上一个关于信用评分的项目,通过改进信用评分算法,实现预测借款人在未来两年会遇到财务困境的可能性功能。网络借贷和互联网消费金融作为传统银行借贷的有利辅助渠道,在促进市场经济和推动消费需求方面发挥重要作用。为了市场资金和社会资源的高效运作,个人和企业需要多渠道获得信贷。该信用评分算法可以基于一些特征指标,预测贷款人违约可能性,这是贷款机构用于决定是否授予贷款以及贷款额度的重要方法,也是贷款机构管控风险的主要技术手段。(数据集获取:https://link.zhihu.com/? target = https%3A//www.kaggle.com/c/GiveMeSomeCredit/data)

```
# 导入相关包
import pandas as pd
import numpy as np
import matplotlib.pyplot as plt
file_address = fileadd
data = pd.read_csv(file_address, engine = "python")
data.describe()
```

数据清洗:缺失值处理。

出现缺失值的情况在现实问题中非常常见,但这会导致一些不能处理缺失值的分析方法无法应用,因此,在信用风险评级模型开发前我们需要进行缺失值处理。常见缺失值处理的方法有直接删除含有缺失值的样本、根据样本之间的相似性填补缺失值、根据变量之间的相关关系填补缺失值、根据样本的一些统计特征(如中位数、平均值)填补缺失值等。在第 3 章中,我们已经学习了简单的数据清洗方法,下示代码展示了用随机森林对缺失值进行预测填充。

```
# 用随机森林对缺失值进行预测(以月收入列为例)
from sklearn.ensemble import RandomForestRegressor
# 预测填充函数
def rf_filling(df):
# 处理数集
process_miss = df.iloc[:,[5,0,1,2,3,4,6,7,8,9]]
# 划分已知特征与未知特征
known = process_miss[process_miss.MonthlyIncome.notnull()].as_matrix()
unknown = process_miss[process_miss.MonthlyIncome.isnull()].as_matrix()
# X,要训练的特征
X = known[:,1:]
# y,结果标签
y = known[:,0]
# 训练模型
```

```
rf = RandomForestRegressor(random_state = 0, n_estimators = 200, max_depth = 3, n_jobs = -1)
rf.fit(X, y)
#预测缺失值
pred = rf.predict( unknown[:, 1:]).round(0)
#补缺缺失值
df.loc[df['MonthlyIncome'].isnull(),'MonthlyIncome'] = pred
return df
data = rf_filling(data)
```

数据清洗:删除重复性。

在对缺失值处理完之后,还需要删除数据集中的重复项。

```
#删除重复值
data = data.drop_duplicates()
```

数据清洗:异常值处理。

处理完缺失值和重复项之后我们还需要对数据中异常值进行处理。异常值是指明显偏离大多数样本数据的数值,异常值样本加入模型会对模型的准确性和可靠度产生负面影响,甚至得到相反的模型预测结果。我们可以先对各指标列的数据分布特征进行观察(在指标列不多的情况下),对异常值多的指标列进行异常值处理。在这一步的数据清洗中带有较多的主观判断,对异常值的界定也因人因研究问题而异。

```
#观察指标数据分布特征(以年龄列为例)
fig = plt.figure()
ax1 = plt.subplot()
ax1.boxplot(data['age'])
ax1.set_xticklabels(['age'])
plt.show()
```

探索性分析:分析数据集中标签列的分布及占比,在该例中即好坏客户分布情况。在实际分类中,一般正常客户为 1,违约客户为 0,下面我们先转换客户的分类列数据。

```
data['SeriousDlqin2yrs'] = 1 - data['SeriousDlqin2yrs']  #转换 0、1
grouped = data['SeriousDlqin2yrs'].groupby(data['SeriousDlqin2yrs']).count()
print(" 不良客户占比:",(grouped[0]/grouped[1]) * 100, "%")
grouped.plot(kind = 'bar')
```

根据实际情况分析,一般违约客户占少数,正常客户占多数,所以数据会出现明显的非平衡问题,也就是类别占比差异较大。上述结果也可以明显看出标签列存在数据非平衡问题,在本例的建模过程中可使用 SMOTE 来解决这个问题。

```
#平衡样本
```

```
from imblearn.over_sampling import SMOTE
data = data.sample(frac = 1).reset_index(drop = True)
X = data.iloc[:, :-1].values
y = data.iloc[:, -1].values
sm = SMOTE(random_state = 42)  # 实例化
X1, y1 = sm.fit_resample(X, y)  # 训练模型
n_sample_ = X1.shape[0]
n_1_sample_ = pd.Series(y1).value_counts()[1]
n_0_sample_ = pd.Series(y1).value_counts()[0]
print('样本个数:{};1 占{:.2%};0 占{:.2%}'.format(n_sample_, n_1_sample_/n_sample_, n_0_sample_/n_sample_))
```

相关性分析:计算各变量间的相关性大小,初步判断变量间是否存在显著的多重共线性问题,特别是在特征比较多的情况下该步骤尤其重要,而对一些神经网络等高阶算法,该问题可被模型算法解决。

```
corr = data.corr()
corr
```

数据切分:将数据集进行训练集及测试集的划分。本例采用 Python 机器学习包基于 xgboost 自带的 train_test_split 进行数据集划分。

```
import xgboost
X_train, X_test, y_train, y_test = train_test_split(X1, y1, test_size = 0.3, random_state = 1234)
d_train = xgboost.DMatrix(X_train, label = y_train)
d_test = xgboost.DMatrix(X_test, label = y_test)
params = {
    "eta": 0.1,
    "objective": "binary:logistic",
    "subsample": 0.5,
    "base_score": np.mean(y_train),
    "eval_metric": "auc",
    'seed':1234
}
model = xgboost.train(params, d_train, 300, evals = [(d_test, "test")], verbose_eval = 50, early_stopping_rounds = 100)
```

构建模型:特征选择。特征选择对于模型的准确使用至关重要,尤其在特征指标比较多的数据分析中。下文我们将介绍基于 xgboost 的 gain 和 cover 准则方法进行特征选取。将选取图中 F 得分较高的若干个特征变量的,后续基于这些变量进行模型算法实现。

```
plt.style.use('seaborn-ticks')
plt.rcParams['font.sans-serif'] = ['SimHei']
```

```
plt.rcParams["axes.grid"] = False
plt.rcParams['axes.unicode_minus'] = False
plt.rcParams['savefig.dpi'] = 3000  # 图片像素
plt.rcParams['figure.dpi'] = 300  # 分辨率
xgboost.plot_importance(model, importance_type = "gain", show_values = False, max_num_features = 20)
plt.title('xgboost.plot_importance(model_importance_type = "gain")')
plt.style.use('seaborn-ticks')
plt.rcParams['font.sans-serif'] = ['SimHei']
plt.rcParams["axes.grid"] = False
plt.rcParams['axes.unicode_minus'] = False
plt.rcParams['savefig.dpi'] = 300  # 图片像素
plt.rcParams['figure.dpi'] = 300  # 分辨率
xgboost.plot_importance(model, importance_type = "cover", show_values = False, max_num_features = 12)
plt.title('xgboost.plot_importance(model_importance_type = "cover")')
```

构建模型:数据集重新组合。

```
X11 = pd.DataFrame(X1)
y11 = pd.DataFrame(y1)
X11.columns = data.columns[:-1]
X21 = X11[选取的特征指标列表]
y21 = y11.iloc[:,-1]
X22 = data[选取的特征指标列表]
y22 = data.iloc[:,-1]
X_train, X_test, y_train, y_test = train_test_split(X22, y22, test_size = 0.3, random_state = 1234)
X_e_train, X_e_test, y_e_train, y_e_test = train_test_split(X21, y21, test_size = 0.3, random_state = 1234)
```

构建模型:导入相关机器学习包。

```
# 导入相关包
from sklearn.model_selection import RepeatedKFold
from xgboost import XGBClassifier
import numpy as np
import matplotlib.pyplot as plt
from sklearn.model_selection import train_test_split
from sklearn.preprocessing import StandardScaler
from sklearn.metrics import accuracy_score
from sklearn.pipeline import Pipeline
```

```
from sklearn.metrics import roc_curve, auc
from sklearn.metrics import precision_score, recall_score, f1_score
from collections import Counter
import warnings
warnings.filterwarnings("ignore")
from sklearn.ensemble import GradientBoostingClassifier  # 梯度提升决策树
from sklearn.ensemble import RandomForestClassifier  # 随机森林
from xgboost import XGBClassifier  # XGBoost 集成学习
import lightgbm as lgb  # lightgbm 集成学习
from sklearn.linear_model import LogisticRegression  # 逻辑回归
from sklearn import svm  # 支持向量机
from sklearn import tree  # 决策树
```

构建模型：下面以逻辑回归为例，进行代码展示。

```
pipe_lr = Pipeline([('scl', StandardScaler()),
                    ('clf', LogisticRegression())])  # 可以在此改模型参数进行其他机器学习算法的建模
from sklearn.model_selection import cross_val_score
scores1 = cross_val_score(estimator = pipe_lr, X = X21, y = y21, cv = 10, n_jobs = 1, scoring = "accuracy")
scores2 = cross_val_score(estimator = pipe_lr, X = X21, y = y21, cv = 10, n_jobs = 1, scoring = "f1")
scores3 = cross_val_score(estimator = pipe_lr, X = X21, y = y21, cv = 10, n_jobs = 1, scoring = "roc_auc")
scores4 = cross_val_score(estimator = pipe_lr, X = X21, y = y21, cv = 10, n_jobs = 1, scoring = "recall")
scores5 = cross_val_score(estimator = pipe_lr, X = X21, y = y21, cv = 10, n_jobs = 1, scoring = "precision")
print('CV accuracy scores：%s' % scores1)
print('CV accuracy：%.3f +/- %.3f' % (np.mean(scores1), np.std(scores1)))
print('CV f1 scores：%s' % scores2)
print('CV f1 scores：%.3f +/- %.3f' % (np.mean(scores2), np.std(scores2)))
print('CV roc_auc scores：%s' % scores3)
print('CV roc_auc scores：%.3f +/- %.3f' % (np.mean(scores3), np.std(scores3)))
print('CV recall scores：%s' % scores4)
print('CV recall scores：%.3f +/- %.3f' % (np.mean(scores4), np.std(scores4)))
print('CV precision scores：%s' % scores5)
print('CV recall scores：%.3f +/- %.3f' % (np.mean(scores5), np.std(scores5)))
```

模型检验。到这里，我们的建模部分基本结束了。我们需要验证一下模型的预测能力如何。我们使用在建模开始阶段预留的 Test 数据集进行检验，通过 ROC 曲线和 AUC 来评估模型的拟合能力。

```
model = LogisticRegression()
model.fit(X_e_train,y_e_train)
y_pred = model.predict(X_test)
predictions = [round(value) for value in y_pred]
fprs, tprs, thresholds = roc_curve(y_test, predictions)
roc_auc = auc(fprs, tprs)
print('逻辑回归的 roc_auc 为 ' + str(roc_auc))

♯画图展示模型预测效果的 ROC 曲线图
plt.rcParams['font.sans-serif'] = ['SimHei']
plt.rcParams["axes.grid"] = False
plt.rcParams['axes.unicode_minus'] = False
♯ plt.subplots(figsize = (3,3))
plt.plot(fprs, tprs, color = 'red', lw = 2)
plt.plot([0, 1], [0, 1], color = 'black', lw = 2, linestyle = '--')
plt.xlabel('False Positive Rate')
plt.ylabel('True Positive Rate')
plt.title('ROC curve under LogisticRegression')
♯ plt.legend(loc = "lower right")
```

## 8.4 人工智能在互联网金融行业的应用前景

随着信息技术的快速发展和互联网的普及,互联网金融迅速崛起,并给金融领域带来了革命性的变革。互联网金融以其高效、便捷、智能的特点,改变了传统金融行业的运作模式,也为用户提供了更多的选择和更好的服务体验。同时,人工智能(Artificial Intelligence,AI)作为一项重要的技术趋势,正在深刻影响各个行业,包括金融领域。人工智能技术通过模拟人类智能的方式,实现了从数据中获取知识和进行智能决策的能力,促进了互联网金融的创新和发展。

本节将探讨人工智能在互联网金融领域的应用趋势。我们将基于人工智能的基础技术,如机器学习、深度学习、自然语言处理和图像识别等,探讨它们在互联网金融中的应用。我们还将讨论人工智能在互联网金融中的风险识别与预测、客户服务与体验、投资决策与优化、合规性监管方面的应用。最后,我们会对大数据技术和人工智能在互联网金融领域面临的风险挑战进行简单分析。

通过本节的学习,读者将对人工智能在互联网金融中的应用有一个初步的了解,并能够启发读者思考未来的发展趋势和面临的挑战。同时,读者还将了解人工智能在互联网金融领域的应用场景,加深对理论知识的理解。

### 8.4.1 人工智能在风险识别与预测中的应用

人工智能技术在互联网金融的风险管理中具有重要作用,人工智能与大数据分析技术的结合应用可以进一步提升互联网金融的风险管理和数据分析能力。人工智能技术可以通过对大数据的深度学习和模型训练,发现数据之间的规律和联系,并提供更精准的风险评估和预测。同时,人工智能还可以通过数据挖掘和自动化决策,实现对大数据的快速处理和智能分析,提高数据分析的效率和准确性。通过大数据分析和机器学习算法等技术,可以对客户行为和交易数据进行实时监测和分析,发现潜在风险和异常行为并及时采取措施。人工智能技术还可以构建预测模型和评估工具,提升风险预测的准确性和可靠性。此外,人工智能还可以通过智能算法、自动化决策和模型训练,实现对数据的加密和安全存储,提升数据安全性和隐私保护,提高风险管理的效率和精度。

与传统风控手段相比,人工智能具有更高的智能化和自动化程度,在处理大数据和复杂信息方面具有优势。传统风控手段主要依靠人工操作和规则引擎,而人工智能可以通过机器学习和模型训练,实现自动化决策和实时监测。通过结合人工智能和传统风控手段,可以提高风险管理的精确度和效率。

### 8.4.2 人工智能在提升客户服务与体验中的应用

智能客服是指利用人工智能技术和自然语言处理等技术,实现自动化的客户服务和问题解答。智能客服能够模拟人类的对话方式,通过语音或文字与用户进行交互,实现快速响应和个性化服务。它具有24小时全天候在线、大规模并发处理、实时问题解答等特点。

在互联网金融中,大数据分析技术可以帮助金融机构更好地理解客户需求和行为特征,优化产品设计和服务策略。通过对大数据的挖掘和分析,金融机构可以实现个性化推荐、做出更准确的风险评估和预测,提升客户满意度和业务效益。

聊天机器人是智能客服的一种典型实现形式,它能够通过自然语言处理和机器学习等技术,与用户进行实时对话,并提供问题解答和服务支持。聊天机器人的应用场景广泛,包括在线客服、产品咨询、投资建议、账户查询等。聊天机器人的优势在于能够提供24小时全天候在线服务,可以同时处理多个用户请求,并且能够通过机器学习不断优化回答策略,提升用户体验和满意度。

人工智能在互联网金融中的智能客服和聊天机器人应用已经取得了显著的成果。许多金融机构利用人工智能技术开发了智能客服系统和聊天机器人,用于在线客户服务和问题解答。这些系统可以自动回答客户常见问题,提供产品咨询和推荐,进一步提高客户服务的效率和质量。一些平台还通过数据挖掘和智能算法,分析用户行为和偏好,实现个性化的推荐和服务。

### 8.4.3 人工智能在投资决策与优化的应用

伴随人工智能的发展与在金融领域的全方位应用,人工智能也逐渐参与到自动化投资决策和优化中。其中最早应用的是智能投顾,智能投顾是指利用人工智能技术和大数据分析,为投资者提供个性化的投资建议和管理服务。智能投顾通过收集和分析客户个人资产、风险偏好和市场信息等数据,运用机器学习算法,构建投资组合和策略。智能投顾能够快速识别市场趋势和机会,并在投资决策方面给出相应的指导。

另一个目前应用最热的领域是人工智能和机器学习在量化交易中的应用,量化交易是指利用大数据和数学模型等技术进行交易决策的方式,在第 6 章我们已进行了详细学习。在互联网金融中,量化交易通过分析历史市场数据和实时市场信息,运用统计学和模型算法,构建交易策略和模型。量化交易可以帮助投资者实现自动化交易和实时决策,提高交易效率和收益,同时规避人在决策时可能存在的行为偏差和非理性行为,提高策略和收益稳定性。人工智能与量化交易的结合应用已经在互联网金融中得到广泛应用。许多金融机构利用人工智能技术和大数据分析技术,开发了智能投顾和量化交易系统,用于个性化的投资建议和自动化交易。这些系统能够根据市场行情和客户需求,快速调整投资组合和交易策略,提升投资效果和回报率。

长短期记忆网络(Long Short-Term Memory, LSTM)是一种递归神经网络(RNN)的类型,专门用于处理序列预测问题。与传统的 RNN 不同,LSTM 可以有效地捕捉时间序列数据中的长期依赖关系,因此在金融领域非常有用。

这些网络包含能够在长序列中存储信息的记忆单元,使其能够克服传统 RNN 中的梯度消失问题。LSTM 能够记住和利用过去的信息,使其适用于分析金融时间序列数据,如股票价格或经济指标。

LSTM 在金融领域有多种应用,例如股票价格预测、算法交易、投资组合优化和欺诈检测。它们还可以分析经济指标以预测市场趋势,帮助投资者做出更明智的决策。

### 8.4.4 人工智能在合规性监管中的应用

人工智能在合规性监管中的应用已经引起了广泛的关注。合规性监管是指对企业、政府机构和其他组织的行为进行规范和监视,以确保其符合法律、道德和行业标准。人工智能的发展为合规性监管提供了许多新的机会和挑战。

首先,人工智能可以帮助监管机构更有效地检测和预防非法活动。传统的合规性监管通常依赖手工处理大量的数据和信息,这不仅费时费力,而且容易出现人为错误。而人工智能可以通过机器学习和数据挖掘技术,自动分析和识别潜在的违规行为。例如,基于大数据分析的人工智能系统可以自动监测金融交易中的异常模式,发现洗钱、欺诈和其他非法活动。这样可以大大减少人工调查的工作量,提高监管效率。

其次,人工智能可以帮助监管机构更准确地评估合规风险。合规风险评估是合规性监管的核心任务之一,它涉及对组织的各种活动和行为可能导致的违规风险进行分析和评估。传统的风险评估方法通常基于主观判断和经验,容易受到个人偏见和主观认知的影响。而人工智能可以利用大数据和机器学习算法,从海量的数据中发现隐藏的模式和规律,提供更客观、准确的风险评估结果。这可以帮助监管机构更好地分配资源,优先处理高风险问题。

再次,人工智能还可以帮助监管机构加强合规性培训和教育。合规性培训是确保组织成员遵守法律和行业规范的重要环节。传统的培训方法往往只提供静态的课件和讲义,效果有限。而人工智能可以通过虚拟现实和增强现实等技术，提供更具交互性和沉浸感的培训体验。监管机构可以开发基于人工智能的虚拟培训平台，通过模拟实际场景和情境，让员工更深入地理解合规要求，并通过互动学习和实践，提高合规意识和能力。

### 8.4.5 大数据技术和人工智能应用于互联网金融面临的风险与挑战

大数据在提高互联网金融领域业务效率和便捷性的同时，在互联网金融中应用大数据技术也带来了一些法律和监管问题。例如，数据收集处理的高要求问题、数据信息安全保密问题、人工智能决策是否符合法律法规和准则、人工智能的算法透明度和权责界定等。金融机构需要注意人工智能在应用时的合规性和社会伦理问题，并建立相应的规则和监管框架。

首先，社会各种活动中产生了海量复杂的数据，其中不乏蕴含信息的数据，但与此同时也存在较多的噪声数据，各种类型的数据及其变化，使得海量数据成为大数据处理的第一道难关，数据预处理与筛选成为大数据分析的关键所在。另外，大数据处理需要具备高效性、准确性和及时性，实时处理的需求和要求广泛存在于大数据处理领域，计算机算力的高要求在带动算力与硬件提升的同时，也带动了算力服务与硬件成本的快速上升，并发处理的瞬间增长、流数据的持续单边扫描处理等都成为大数据技术与大数据分析面临的挑战。此外，各种类型数据的多样性与数据的异构性，也成为大数据处理的另一大挑战，建模的复杂性也成为一大难题，需要配套多样化的处理手段，但其中很多技术和手段尚处于研究和试验阶段，这也为大数据处理和应用带来了较大的阻碍。

其次，在互联网金融中，数据安全是一个重要的问题，隐私和数据保护是一个重要的考虑因素。大量的用户个人身份信息和交易数据需要进行存储和传输，但同时互联网数据也面临着数据泄露、黑客攻击和网络威胁等风险。数据安全挑战包括数据保密性、完整性和可用性的保护以及合规性和监管要求的满足。

再次，人工智能系统的透明度和可解释性也是一个关键问题。由于人工智能算法通常是基于深度学习和神经网络等复杂模型构建的，存在黑盒问题，其决策过程往往难以解释和理解。这对监管机构来说可能是一个障碍，因为他们需要能够理解和解释人工智能系统的决策依据，以便合理地进行审查和监管。

最后，社会和伦理问题也需要引起重视。人工智能在合规性监管中的应用可能会涉及权力和道德问题。监管机构需要权衡利益和风险，确保人工智能系统的使用是公平、可信和透明的。同时，监管机构也需要提前制定相应的监管政策和法规，以应对人工智能技术在合规性监管中可能带来的新挑战和问题。

## 总　　结

本章主要介绍了互联网金融的相关概念、分类及大数据在互联网金融行业的应用。互联网金融是金融领域中的一个重要组成部分，遵循"开放、平等、协作、分享"的互联网精神，通过采用网络平台和标准化流程，在提高效率、降低成本的同时让客户获得更加优质的服务体验，为小微企业和普通客户提供普惠金融服务，解决传统的信息不对称问题，是一种金融服务模式的创新，也推动着中国金融体系的发展与完善。

大数据技术的发展和应用使互联网金融企业产生了全方位的变化，服务方式、营销方式、管理方式及客户体验等都发生了巨大的变化，正是大数据技术在数据获取、处理和分析技术上突破性的进展，为互联网金融的创新发展提供了技术前提。大数据为互联网金融业提供了巨大的信息优势，大数据分析技术为互联网金融提供了技术支持，互联网金融离不开大数据、云计算、社交网络、搜索引擎等互联网技术的突破和应用。通过互联网、移动互联网等工具，传统金融业务具备了透明度更强、参与度更高、协作性更好、中间成本更低、操作上更便捷等一系列显著特征。但与此同时，互联网金融的发展也伴随着一些挑战，其中最为突出的便是数据安全、信息安全以及数据挖掘技术问题。互联网金融企业需要不断加大技术投入力度、人才培养力度和技术创新力度，挖掘大数据中蕴含的信息，探索其中的商业价值。另外，监管机构和行业自律组织也要完善监管制度、推动行业的健康可持续发展，更好地促进互联网金融在经济发展中发挥正向作用。

下一章我们将讲述大数据技术在金融监管中的应用，了解大数据给金融监管行业带来的机遇与挑战。

## 阅读资料

1. 区块链技术对互联网金融的影响

区块链技术（Block Chain）诞生于比特币时代，是比特币的核心技术。比特币作为一种虚拟电子货币，自诞生以来，就被贴上各种标签。各国政府起初对其无视，后来开始担忧、抗拒。随着时光流转，各国政府开始转变态度，慢慢接受了比特币的存在，并逐渐尝试接触它、使用它。

英国税务机关在2014年第一季度发布的《2014年收入和关税简报（第9版）》中指出，比特币挖矿活动所产生的收入应免征增值税，因为"所提供的服务不能满足征收增值税的经济活动要求"。德国财政部长与德国国会议员舍弗勒（Frank Schaeffler）研讨时，将比特币当作一种"私钱"，即使目前比特币不能作为外币而免征增值税，但有可能因为交易、转账等功能作为一种交易手段而被免税。法国财政部长萨潘（Michel Sapin）称，为了避免重蹈大额征收碳排放配额增值税的覆辙，法国将对比特币予以欧洲普遍程度上的增值税免除，继英国、德国、法国宣布将比特币视为一种补充货币之后，西班牙税务总局（DGT）也发布声明，将对比特币等虚拟货币免征增值税。

上述国家对比特币免征增值税的做法，不仅会促进欧洲对比特币的接受和理解，更为比特币创业公司创造了有利条件，减少了其市场阻力和会计问题，帮助它们在清晰透明的规定下进行经营。

技术的进步和观念的改变，或许会在未来的某个时点，使比特币与传统货币相辅相成，共同构成人类金融体系的基础支撑，各展所长地为人类的金融活动带来便捷和进步。同时，无论比特币的未来走势如何，其所依赖的区块链技术，可以率先用在物联网等很多方面，为人类的福祉带来福音。

那么，区块链技术究竟是什么呢？我们从中本聪构建的比特币体系谈起。

中本聪（Dorian-S. Nakamoto）是一位日裔美国人，曾为美国军方工作。2008年，他在一个讨论信息加密的论坛中发表了一篇文章——《比特币：一种点对点的电子现金系统》

(*Bitcoin：A Peer-to-Peer Electronic Cash System*)，其中提出了比特币系统的基本框架。2009年，他为该系统建立了一个开源代码项目，正式宣告了比特币的诞生。

在中本聪的比特币架构体系中，比特币的核心是区块链。它是全世界分布式计算机系统所维护的电子文件，上面记录了每一笔比特币交易。比特币最大的新颖之处在于，每个人都可以信任比特币的记录，即使他们不信任单个参与比特币的人。

其实，我们可以把区块链想象成一个比特币的公共账本，这个账本满足如下条件。

（1）存放在互联网的各个比特币节点上，每个节点都有一份完整的备份。

（2）在每个节点的备份中，记录着自比特币诞生以来的所有比特币转账交易记录。

（3）账本是分区块存储的，每一个区块中包含一部分交易记录，且每一个区块都会记录前一区块的索引，这就形成了一个链状数据结构，被称为区块链。

（4）当某一个节点要发起一笔比特币交易时，只需把交易信息广播到整个网络中，系统把交易信息记录成一个新的区块链接到区块链上，交易就完成了。

新闻媒体Tech Crunch专栏作家Jon Evans也谈到，比特币技术能够从根本上修复和重建互联网。他解释了比特币技术为何能够变革："比特币所依托的区块链是一种新型去中心化协议系统，它能安全地存储交易或其他数据，并且无须任何中心化机构审核，因为这些是由整个网络来检验的。而那些交易不一定是金融交易，数据也不一定是货币。所以，区块链技术能够被应用在诸多应用之中……"

比特币使用算法工程保证整个网络的安全，借助它，设备能在金融市场中完全独立于任何人工干预。一套算法会生成自己的比特币钱包，从而允许它与别的算法（别的钱包）进行交易。这与物联网思维是一个道理，物联网上的所有日常家居物件都能自发、自动地与其他物件或外界进行金融活动，比如你的智能电表可以通过调节用电量和频率来促成更优惠的电费账单。

传统的互联网是一个"中心-去中心-中心"的结构，但本质上仍是一个中心化结构；与传统互联网相比，区块链则是一个"去中心-中心-去中心"的结构，更接近于自然的智慧。

传统的物联网模式由一个中心化的数据中心负责收集各连接的设备信息，但是这种方式在生命周期成本和收入方面存在严重缺陷。为了解决该问题，IBM认为未来的每个设备都能够自我管理，无须经常对其维护。也就是说，这些设备的运行环境是去中心化的，它们连接在一起形成了一个分布式云网络。这是可持续性的，只要这些设备都存在，那么整个云网络的寿命就会变得很长，并且运行的成本也会降低很多。

解决分布式云网络的一个重要问题就是解决各节点的信任问题。在中心化的系统中，信任是比较容易的，因为存在一个中央机构来管理所有设备及各节点的身份，并且可以处理掉不好的节点。但这对潜在的几十亿上网设备来说，几乎是一个不可能完成的任务。

IBM认为，中本聪设计的比特币区块链恰恰解决了这个问题。通过充分利用区块链技术的去中心化特点，在物联网架构中，解决了著名的"拜占庭将军问题"，提供了一种创建共识网络而无须信任单个节点的方法。

区块链技术究竟能为人类带来多少革命性变革？它在社会生活中，尤其是对金融生活，能形成多大冲击？至少，在跨境电商和跨境金融方面，人们已经开始思考如何利用区块链技术帮助人类渡过一系列难关。

## 2. 跨境互联网金融与业务创新

2015年3月,国务院下发文件,批准设立中国(杭州)跨境电子商务综合试验区,提出要以深化改革、扩大开放为动力,着力在跨境电子商务各环节的技术标准、业务流程、监管模式和信息化建设等方面先行先试。通过制度创新、管理创新、服务创新和协同发展,破解跨境电子商务发展中的深层次矛盾和体制性难题,打造完整的跨境电子商务产业链和生态线,逐步形成一套适应和引领全球跨境电子商务发展的管理制度和规则,为推动我国跨境电子商务发展提供可复制、可推广的经验。

这标志着我国跨境电子商务进入新的发展阶段。在此之前,其实我国各类电子商务网站已经在进行跨境电子商务的尝试。跨境电子商务需要跨境互联网金融体系作支撑,其核心就是跨境支付体系。

我国原来的跨境流动资金是颇费周折的。国内投资者用汇和境外投资者入境投资,都需要走审批流程。即使有了自贸试验区FT账户体系,资金从区内自由贸易FTE账户进入同业机构自由贸易FTU账户,虽然较为容易,但是其反向通路,即从境内账户返回FTE账户,却是不通的。这实际上给跨境电子商务带来了不小的麻烦。

要解决这个难题,核心问题之一就是实现便捷跨境支付。目前的跨境支付是以PayPal为代表的美元主导,包括换汇在内的费率成本高达5%左右,时间经常需要长达一周。而如果中国电商形成了全球电商,以境外人民币直接支付,费率会像国内人民币用支付宝一样低廉。同时,中国的数字货币电商(如OKCOIN等)也是世界上最发达的,能保证人民币零费率换成比特币,以0.01%这样的成本支付到全球其他接受比特币的电商网站购物。其实,以美元为中心的银行支付体系之所以如此昂贵且低效,是因为主权货币各自为中心,各自清算系统兼容性很差。中国人民银行调查统计司相关工作人员就前瞻性地指出:"比特币是一种货币,但不是一种法定货币。这是突破了货币的主权概念。"比特币恰恰是把信用建立在P2P区块链记账上,去中心化,让金钱财富像电子邮件一样在互联网上快速低费率传递。因此,接受比特币支付在全球各大电商网站已蔚然成风(如美国Dell、日本最大电商乐风)。可见,比特币等数字资产的区块链金融实验是很有意义的。

中国发达的电商和发达的互联网金融(包括数字货币电商),能为离岸人民币创造广泛的应用场景,有力地推动离岸人民币的流通,特别是在新兴经济体国家流通。而且未来,人民币有机会和新兴经济体国家联合,利用区块链记账技术发行一种超主权数字货币,主要以人民币提供信用支撑和零费率兑换(就像中国目前的三大比特币交易所一样),这样就有机会提升人民币跨境支付的货币品质。结合中国强大的电商和世纪互联这样的接入技术,人民币主导的数字货币完全有可能覆盖美元所主导的发达国家银行体系无法覆盖的新兴经济群体(估计至少占全球50%的人口),让人民币如在金砖银行中那样,在全球电商平台上主导一个亚金融圈,和传统的以美元为中心的发达国家金融体系划江而治。

比特币等数字货币采用的去中心化技术,类似淘宝的C2C,实质上也是使整个支付系统的建立成本和运营成本实现去中心化。比特币支付系统的成本很大一部分是通过算法行为分摊到整个比特币生态圈的,而比特币和法定货币的交易风险也分摊到了全球各大C2C交易所。这有些类似于期货,把农产品和货币的暴涨暴跌风险分摊进投机市场。这是全球互联网金融的一种新业态。

新兴市场的金融消费需求一直存在,以往只是缺乏合乎性价比需要的支付产品。我们已经看到,在用户的消费需求和商户的贸易需求之间,比特币等数字货币提供了一套低成本的解决方案。如果我们用科斯的交易成本理论视角看待比特币生态圈在新兴市场的发展,就能观察到一个独特的现象:比特币在新兴市场内的交易成本明显低于新兴市场内的现行支付交易成本。原因是:比特币生态圈能够把某个特定市场内的支付交易成本,通过去中心化的手段,传递到全球范围。

利用现在中国发达的比特币电商和人民币零费率转换,比特币等数字货币完全可以为人民币在全球电商的流通中,起到提高其货币品质的作用,使人民币持有者能够更方便、快捷、低费率地支付。将来更可以为中国联合新兴经济体发行超主权加密货币提供宝贵的金融实践经验。

中本聪提出建立去中心化、去第三方的信用体系的设想,并通过区块链的技术创新,实现了全网记账算法发行的方式,初步建立了去中心化的 P2P 信用,已经平稳运行了很多年。这给我们带来了一个创新的选项,一个建立准超主权货币的希望:把信用建立在全网区块链 P2P 记账之上,让金钱也能像其他信息一样几乎以光速免费地跑起来。

资料来源:庞引明,张绍华,宋俊典.互联网金融与大数据分析[M].北京:电子工业出版社,2016.

## 思 考 题

1. 互联网金融行业的分类有哪些?
2. 互联网金融行业的特点是什么?
3. 互联网金融行业现状和发展趋势?
4. 大数据对互联网金融行业有哪些影响?
5. 大数据在互联网金融行业有哪些具体的运用?
6. 大数据在互联网金融行业应用中可能面临哪些风险与挑战?
7. 人工智能在互联网金融行业应用前景如何?
8. 复现一下书中展示的代码。

## 参 考 文 献

[1] 张云,韩云.大数据金融[M].北京:中国财政经济出版社,2020.
[2] 李远刚,孙茂华,孔涛.互联网金融[M].北京:清华大学出版社,2022.
[3] 庞引民,张绍华,宋俊典.互联网金融与大数据分析[M].北京:电子工业出版社,2016.
[4] 孙杨,苗家铭,陈惠民.商业银行大数据挖掘与应用[M].北京:经济管理出版社,2018.
[5] 陈红梅.互联网信贷风险与大数据:如何开始互联网金融的实践[M].北京:清华大学出版社,2019.
[6] 何平平,车云月.大数据金融与征信[M].北京:清华大学出版社,2017.
[7] 侯德.大数据背景下的互联网金融发展问题及创新监管探究[J].时代金融,2020(29):16-18.
[8] 袁方煜.人工智能背景下互联网金融消费者权益保护监管问题研究[D].乌鲁木齐:新疆大学,2020.
[9] 苗宇松.人工智能在互联网金融领域中的创新应用[J].现代商业,2020(12):19-20.
[10] 王川.AI+Finance:互联网金融的新趋势[J].新产经,2020(1):92-93.

[11] 林童.互联网金融的创新与风险[J].现代商业,2019(1):105-106.
[12] 千际投资.2023年互联网金融行业研究报告[EB/OL].(2023-09-04)[2023-12-02].https://zhuanlan.zhihu.com/p/654299872.
[13] 华宝证券,卫以诺.2022互联网金融行业年度报告:迈向金融元宇宙[EB/OL].(2022-04-19)[2023-12-02].https://new.qq.com/rain/a/20220419A047VH00.
[14] 千际投行.2023年互联网金融行业研究报告[EB/OL].(2023-07-07)[2023-12-02].https://www.21jingji.com/article/20230707/herald/918cb697bce7397aae1730b80574690f.html.
[15] 星云财经.2021互联网金融发展报告[EB/OL].(2022-02-17)[2023-12-02].https://www.xyfinance.org/hot/146393.
[16] zz运营.基础知识:互联网金融的6种模式[EB/OL].(2023-03-29)[2023-12-02].https://zhuanlan.zhihu.com/p/618062452.

# 监 管 篇

本篇是金融大数据监管的详细讨论,涵盖了大数据在金融监管的应用、对金融企业的数据监管以及人工智能在金融监管中的前景等内容。

本篇分为大数据在金融监管中的应用、大数据与金融安全两部分,分别介绍了金融监管的内涵、模式及其趋势,如何监管金融企业对大数据的使用,具体的应用案例以及人工智能的监管前景。此外,还探讨了大数据和人工智能对金融安全带来的新挑战,并结合各国的处置经验提出了我国的应对原则和措施。通过本篇,读者可以全面了解金融大数据监管的理论基础、实际操作和未来发展方向,为后续的金融安全和技术创新打下坚实的基础。

# 第 9 章 大数据在金融监管中的应用

教学目标

1. 熟悉金融监管的内涵、模式及其趋势(重点)。
2. 掌握对金融企业的数据监管(难点)。
3. 了解大数据在金融监管中的具体应用。

## 9.1 金融监管概述

随着金融市场的不断发展和金融产品的不断创新,金融监管的重要性越来越凸显。金融监管主要是指国家对金融市场、金融机构和金融产品进行监管和管理的一系列措施和制度,旨在保护金融市场的稳定、维护金融机构的安全、防范金融风险,保障金融消费者的合法权益,促进经济和社会可持续发展。

### 9.1.1 金融监管的内涵

金融监管的内涵是金融机构和金融市场在法律法规和监管部门的指导下,按照规范的行为准则和风险管理要求,开展金融活动的过程和结果。政府通过特定的机构对金融交易行为主体进行的某种限制或规定,以保护存款人和投资人的利益,维护金融体系的安全和稳定,防范和化解系统性风险。

金融监管的内涵可以从以下 4 个方面来具体表述:

(1) 市场准入:对金融机构的设立、变更、撤销等进行审批和登记,以确保金融机构具备合法性、资质性、可持续性等条件。

(2) 经营活动:对金融机构的业务范围、资本充足率、流动性比例、风险管理、内部控制等进行规范和监督,以确保金融机构合规经营、健康发展。

(3) 市场退出:指导和协调金融机构的破产清算、重组并购、接管托管等活动,确保金融机构有序退出、有效处置。

(4) 宏观审慎:对金融体系进行分析和评估,制定和实施相应的政策措施,以平衡总量、优化结构、确保稳健运行,以适应经济社会发展的需要。

这些方面相互关联、相互支撑,共同构成了现代金融监管的基本内涵。具体来看:金融监管的目标是保障金融体系的安全和效率,防范和化解金融风险,维护公众利益和社会福

祉；金融监管的主体是承担金融监管职责的机构，包括政府部门、中央银行、独立监管机构等；金融监管的对象是受到金融监管的实体，包括金融市场、金融机构和金融活动等；金融监管的具体内容是制定和执行金融法律法规、制定和实施金融政策、设定和执行金融标准、进行金融许可和审批、进行金融检查和处罚、进行金融危机管理等；金融监管的手段是通过信息披露、行为规范、资本要求、流动性管理、风险管理和市场纪律等具体方法实施。

### 9.1.2 金融监管的模式

金融监管模式涉及金融监管机构的设置和职能分配以及金融监管的目标和手段。不同国家和地区根据经济发展水平、金融市场结构、金融风险和法律制度等因素，选择不同的金融监管模式。根据不同的分类标准，金融监管模式可分为以下3种：

第一种是按监管对象划分，可区分为功能监管和机构监管两种模式。功能监管根据金融业务的性质和功能进行监管，不考虑金融机构的类型和所有权。机构监管则根据金融机构的类型和所有权进行监管，不考虑金融业务的性质和功能。

功能监管模式将金融监管分为银行业监管、证券业监管、保险业监管等，由专门机构负责。这有利于提高专业性和效率，但可能导致协调困难和监管套利。机构监管模式将金融监管分为商业银行监管、投资银行监管、保险公司监管等，由专门机构负责。这有利于适应多元化市场结构，但可能导致重复监管和资源浪费。

第二种是按监管主体划分，可区分为单一监管和多头监管两种模式。单一监管由一个统一的监管机构负责对所有金融业务和金融机构进行监管；多头监管由多个不同的监管机构在各自权限范围内对不同对象进行监管。综合型模式则由一个综合性机构负责监管所有金融业务，不论其功能或机构。虽然综合型模式有利于实现全面覆盖和协调一致，但可能导致权力过大和效率下降。

第三种是按照监管目标的划分，可分为系统性监管、审慎性监管和业务发展监管。系统性监管关注整个金融体系的稳健运行，以防止个别金融机构陷入危机或倒闭对整个金融体系造成冲击；审慎性监管关注个别金融机构的稳健程度，通过分析和监控资产负债表、资本充足率、信贷风险和营运风险等审慎性指标；业务发展监管关注金融业务的创新和发展，推动金融市场的活跃和竞争。

以上3种划分模式各有利弊，没有一种模式适用于所有国家和地区。每个国家和地区应根据自身实际情况选择最适合自己的金融监管模式，并不断完善和改进。按区域划分，金融发达地区主要有以下4种金融监管模式：

（1）美国模式：分业监管模式，即根据金融业务的性质和功能设立专门的监管机构，如联邦储备系统、联邦存款保险公司、证券交易委员会、商品期货交易委员会等。这种模式的优点是能够充分发挥各个监管机构的专业优势，对金融业务进行细致和深入的监管；缺点是容易造成监管空白、重叠和冲突，以及协调困难和效率低下等问题。

（2）香港模式：功能监管模式，即根据金融业务对市场和消费者的影响，将金融监管分为审慎性监管和行为性监管两大类，由香港金融管理局和香港证券及期货事务监察委员会分别负责。这种模式的优点是能够避免分业监管中出现的监管真空和重复监控的现象，实现对金融业务全面覆盖的监管；缺点是需要高度的协调配合以及对监管人员素质和能力的高要求。

(3）澳大利亚模式：统一监管模式，由一个统一的机构对所有金融机构和业务进行综合监管，例如澳大利亚证券投资委员会。这种模式的优点是可以简化监管结构，提高监管效率，避免不同机构之间的利益冲突。然而缺点是可能导致监管机构权力过大，缺乏有效的制衡和约束以及对不同类型的金融业务缺乏专业性和针对性的监管。

（4）英国模式：双峰监管模式，根据金融业务对经济稳定和消费者保护的影响程度，将金融监管分为审慎性监管和行为性监管两个层面，并由两个独立的机构分别负责，例如英国央行和英国金融行为管理局。这种模式的优点是能够明确各个机构的职责范围，避免职能重叠和冲突，同时兼顾经济稳定和消费者保护两个目标。然而缺点是需要强化信息共享和协调合作以及处理好审慎性与行为性之间的平衡关系。

### 9.1.3 金融监管的趋势

金融监管的趋势是受到国际金融市场、金融创新和金融风险等因素影响下的金融监管发展方向和变化特征。过去一段时间，世界金融监管的主要特点是：金融监管范围不断扩大，将过去不受官方监督的准金融机构纳入监督网；金融监管手段现代化、监管内容标准化，利用信息技术和数据分析提高监管效率和效果；金融监管机制由分业监管向综合监管转变，强化对跨市场、跨部门、跨区域的金融活动的协调和监督；金融监管目标由审慎性监管向系统性监管拓展，关注整个金融体系的稳健运行和抵御风险能力；金融监管对金融创新业务的态度继续趋于审慎，防止金融创新带来的潜在风险和负面影响。

现阶段，世界金融监管的发展趋势主要有以下 4 个方面：

首先，强调国际合作与协调。为了应对跨境金融风险和危机，各国需要加强信息交流和政策沟通，建立统一或兼容的标准和规则，增强监管协作和协同。例如，国际货币基金组织（IMF）、金融稳定理事会（FSB）、巴塞尔银行监管委员会（BCBS）等国际组织在推动全球金融监管改革方面发挥了重要作用。

其次，应坚持将宏观审慎与微观监管有效结合。各国需要在传统的微观监管基础上加强宏观审慎管理，以防范系统性风险和宏观经济波动。这需要从整体和动态的角度监测和评估金融系统的稳健性和脆弱性，并采取相应的政策措施。例如，可以设立宏观审慎管理部门或机构，并引入宏观审慎工具，如逆周期资本缓冲、杠杆率限制和流动性覆盖率。

再次，应实现综合与分业监管的并存。为了适应金融业态和产品的多元化和复杂化，各国需要保持分业监管的优势，同时增加综合监管元素，确保对不同类型和层次的金融机构和活动进行有效的监管覆盖和协调。例如，可以建立跨部门或跨市场的协调机制，并完善对新兴领域，如影子银行、金融控股公司和支付机构的监管规则。

最后，应坚持风险导向与创新支持。为了平衡风险防控和创新发展之间的关系，各国需要根据不同对象和情境的风险特征和程度，采取差异化和灵活化的监管措施。既要避免过度监管导致创新受阻，又要防止放任自流导致风险失控。例如，可以实施分层分类监管，并建立沙箱试验和绿色通道等创新激励机制。

中国金融监管的趋势与世界金融监管的趋势基本一致，但也有自身的特点和重点。中国金融监管的趋势主要有以下 3 个方面：

一是统筹协调与职能优化。为了提高金融监管的效率和效果，中国需要进一步完善金融监管体制框架，明确各级各类监管机构的职责定位和权责关系，加强顶层设计和总体协调,形成有序高效的工作机制。为此,可以成立国务院金融稳定发展委员会作为最高决策层级,整合银行保险业监督管理委员会(CBIRC)作为综合性部门。

二是防范化解与服务实体。为了实现金融与实体经济的良性互动,中国需要坚持以防范化解重大风险为主线,打好防范化解金融风险的攻坚战,同时积极服务实体经济的高质量发展,支持民营经济、小微企业、绿色环保等重点领域。为此,需要加大对非法集资、互联网金融乱象、地方隐性债务等突出问题的整治力度,推进普惠金融、绿色金融等制度建设。

三是开放创新与规则完善。为了提升中国金融业在全球市场中的竞争力和影响力,中国需要积极推进金融业的对外开放,在符合国家安全和风险可控原则下,放宽外资准入限制,扩大外资参与范围和比例,增强市场活力和竞争力。同时,在保持政策连续性稳定性的前提下,加快完善与国际接轨的法律法规体系和标准规范体系,提高透明度和可预期性。可以是取消银行业、证券业、保险业等领域外资股比限制或持股比例上限,修订完善商业银行法、证券法、保险法等基础性法律。

## 阅读资料:2008年金融危机与金融监管变革

2008年金融危机(也称次贷危机)是一场全球性的经济危机,它暴露了金融体系的诸多缺陷和风险,其起因和过程可以从多个角度来分析。一般认为,这场危机的根源在于美国的次贷市场,即向信用不良的借款人发放的高风险低利率的房屋抵押贷款。这些贷款被打包成金融衍生品,通过复杂的金融工具在全球范围内进行交易和投资,形成了一个庞大而不透明的金融网络。当美国房地产市场泡沫破灭,房价下跌,借款人无法偿还贷款时,这个网络就崩溃了,导致了许多金融机构和投资者遭受巨大的损失。这种金融危机迅速蔓延到全球其他地区,引发了信贷紧缩、股市暴跌、企业倒闭、失业增加等一系列的经济和社会问题,对世界经济产生了深远的影响。

危机的起源可以追溯到2007年,当时美国次贷市场出现问题。由于过去几年来的低利率政策、放宽的信贷标准和高风险贷款产品的推广,许多不具备还款能力的借款人也能获得房屋贷款。在次贷危机之前,金融市场的创新和复杂化使得许多高风险贷款被打包成抵押贷款支持证券(MBS)和债务抵押证券(CDO)。这些金融产品被认为是低风险的投资工具,吸引了许多投资者。然而,当次贷市场崩溃时,这些金融产品的价值迅速下跌,由于金融机构持有大量次贷相关的金融产品,当这些产品的价值下跌时,金融机构之间的信任受到严重动摇。银行之间的信贷市场冻结,导致了流动性危机。金融机构不愿互贷,导致了全球范围内的信贷收紧和流动性枯竭。

次贷危机迅速蔓延到全球金融市场,引发了全球性的恐慌和崩溃。许多金融机构面临破产、合并或国有化的风险。股票市场暴跌,投资者纷纷抛售股票和其他金融资产,进一步加剧了市场的恐慌情绪。

金融危机引发的经济衰退对全球经济产生了严重的冲击。许多国家的经济陷入衰退,失业率上升,房地产市场崩溃,消费和投资减少。危机波及全球各个领域,包括工业、制造业、消费品市场等。

事后来看,2008年全球金融危机是自1929年以来极为严重的金融危机之一,对全球经济产生了深远的影响。这场危机导致了许多银行和金融机构的倒闭,大量失业和财富损失。此次危机的根本原因是由于过度放松监管,导致金融市场的过度繁荣,使得金融机构过于冒险,产生了大量的高风险贷款和投机行为。

这次金融危机引起了全球金融监管的变革。在危机爆发后,各国政府和监管机构采取了一系列措施来加强对金融机构的监管和监督,旨在加强金融稳定,防范金融风险,保护金融消费者,促进金融创新和发展,以防止类似的危机再次发生。以下是一些主要的金融监管变革:

增强监管机构的职能和权力:各国政府和监管机构加强了对金融机构的监管和监督,增加了监管机构的职能和权力。例如,美国成立了金融稳定监管委员会(Financial Stability Oversight Council),加强了对金融机构的监管和风险评估。

提高金融机构的资本充足率:各国政府和监管机构要求金融机构提高资本充足率,以增强其抵御金融风险的能力。例如,欧洲银行业监管机构要求欧洲银行实行更为严格的资本充足要求,以减少金融风险。

建立金融稳定基金:一些国家建立了金融稳定基金,用于应对金融市场的不稳定和风险。例如,美国成立了金融稳定基金(Troubled Asset Relief Program),用于救助金融机构和稳定金融市场。

强化对金融产品的监管:各国政府和监管机构加强了对金融产品的监管和审查,以防止高风险产品的出现。例如,欧洲金融市场监管机构加强了对金融产品的审查和监管,以确保其合规性和透明度。

总的来说,2008年金融危机促使各国政府和监管机构加强了对金融机构的监管和监督,提高了金融机构的资本充足率,建立了金融稳定基金,强化了对金融产品的监管等一系列措施,对金融监管的内涵、模式及趋势产生重大影响。

## 9.2 对金融企业的数据监管

金融企业的数据监管是指通过一系列措施和制度对金融机构在数据采集、处理、存储和传输等环节进行监管和管理。由于金融企业的业务特殊性和数据敏感性,数据监管对确保金融市场的稳定和保护金融消费者的权益至关重要。对金融企业的数据监管需要从两个角度进行考虑。一方面,需要监管金融企业对大数据的使用,以确保其在使用大数据时符合相关的法规和规定,不侵犯消费者的隐私权和个人信息安全。另一方面,可以利用大数据技术对金融企业进行监管,通过对金融企业的数据进行大数据分析,及时发现和预测金融风险,为监管部门提供科学的决策依据,从而加强对金融市场的监管。这样,才能确保金融市场的稳定和金融消费者的权益得到有效保护。

### 9.2.1 如何监管金融企业对大数据的使用

监管金融企业对大数据的使用需要制定明确的法律法规和政策,建立数据监管机制,加强数据安全管理,提升数据使用透明度,加强技术监管能力,并加强合作。这样可以确保金融机构在使用大数据过程中合规,保护客户隐私和数据安全,促进金融市场的稳定和健康发展。

**1. 完善法律规制**

对金融企业的大数据监管是一个复杂而重要的问题,涉及数据安全、数据隐私、数据共享、数据创新等多个方面,其中最关键的就是法律方面的问题。从法律层面来看,金融企业在使用大数据时面临着法律责任、法律规范、法律适用等方面的问题。法律责任、法律规范和法律适用是法律体系中的重要概念,它们相互关联,共同构成了法律的基本框架和运行机制。通过对法律责任的规定、法律规范的制定和法律适用的实施,法律可以对社会行为进行有效管理和调整,维护社会秩序和公平公正。

首先,法律责任是违反法律规定产生的法律后果,即对违法行为人进行处罚或赔偿的法律义务。法律责任是法律对违法行为人进行惩罚或赔偿的一种体现,旨在维护社会秩序、保护公共利益和维护人民权益。具体到金融企业的大数据监管来说,法律责任是大数据应用的约束,涉及金融企业对自身行为和后果承担的义务和后果。金融企业在使用大数据时,需要明确自身在不同场景下的法律地位和角色,如作为个人信息处理者、重要数据处理者或者网络运营者等,并根据相关法律法规履行相应的法律责任。如《中华人民共和国网络安全法》《中华人民共和国个人信息保护法(草案)》《中华人民共和国消费者权益保护法》等都对金融企业在使用大数据时应当承担的法律责任作出了明确规定。

其次,法律规范是国家或地区制定的具有强制力的规则和标准,用于指导人们的行为和规范社会关系。法律规范可以包括宪法、法律、法规、条例、规章等。它们规定了人们在社会生活中应当遵守的行为准则,规范了人们的权利和义务,以及社会组织和行政机关的职责和权限。具体到金融企业的大数据监管来说,法律规范是大数据应用的指引,涉及金融企业在使用大数据时应当遵守的原则和标准。金融企业在使用大数据时,需要遵循合法合理、目的明确、最小必要等原则,并根据相关法律法规制定相应的规范标准。如《关于促进大数据发展行动纲要》《关于依法从严打击证券违法活动的意见》《网络安全审查办法》等都对金融企业在使用大数据时应当遵守的规范标准作出了明确要求。

再次,法律适用指根据具体情况,将适用的法律规范应用到具体案件或争议中,以解决法律问题。法律适用是司法机关、行政机关等对法律规范进行解释和运用的过程。它要求根据法律规范的原意和目的来解释适用,并依法进行具体裁决和决策。具体到金融企业的大数据监管来说,法律适用是大数据应用的难点,涉及金融企业在使用大数据时可能涉及多个领域或跨境情形下适用哪些法律规则。金融企业在使用大数据时,需要根据具体情况判断适用哪些领域或国家的法律规则,并尽可能避免或解决可能出现的冲突或不一致问题。如《中华人民共和国民事诉讼法》《中华人民共和国合同法》《中华人民共和国仲裁法》等都对金融企业在使用大数据时可能涉及多个领域或跨境情形下适用哪些法律规则作出了明确规定。

总的来看,现阶段中国的金融企业应该遵守《数据安全法》《个人信息保护法》等相关法律法规,基于正当目的获取和使用数据,保护数据主体的合法权益。金融企业应该建立完善的数据安全管理体系,覆盖数据所有使用环节和应用场景,实现数据的分类、分级、分区管理。金融企业应该利用大数据技术提高自身的风险监测和合规能力,构建金融机构的信用图谱,实现对行业的创新监管。金融企业应该在保障数据安全和隐私的前提下,推动数据共享和开放,促进金融市场的公平竞争和普惠发展。

**2. 加强监管能力**

监管金融企业在使用大数据时面临着诸多技术问题,具体的技术问题包括:综合考虑数据安全、隐私保护、数据质量、数据集成和分析能力、数据治理和合规性以及技术人才和培训等方面的挑战。大数据是信息时代的核心战略资源，对国家治理能力、经济运行机制、社会生活方式产生深刻影响，对金融企业来说大数据尤为重要。随着数字经济的快速发展，金融企业越来越依赖大数据技术来提升服务效率、创新业务模式、优化风险管理。然而，大数据的使用也带来了一系列的技术问题，如何保障数据安全、保护个人隐私、防范数据滥用、规范数据出境等，已成为普遍关注的问题。

加强金融企业对大数据使用的监管能力，可以采取以下措施：

一是建立专业团队。监管机构可以组建专门的技术团队，负责监管金融企业对大数据的使用。这个团队应该具备相关技术背景和专业知识，能够理解和分析金融企业使用大数据的技术流程和方法，发现潜在的风险和问题。

二是提供培训和指导。监管机构可以向金融企业提供培训和指导，帮助他们了解大数据的基本概念、技术原理和应用方法。监管机构可以举办培训班、研讨会等形式的活动，与金融企业共同探讨大数据使用的技术和监管问题。

三是引入先进的技术工具和方法。监管机构可以引入先进的技术工具和方法，用于监控和分析金融企业的大数据使用情况。这些工具可以包括数据挖掘、机器学习、人工智能等技术，帮助监管机构发现异常行为和风险，加强对金融企业的技术监管和指导。

四是加强数据共享和合作。监管机构可以与技术公司、数据服务提供商等建立合作关系，共享数据和技术资源，加强对金融企业的技术监管。监管机构可以借助外部的技术专家和机构，提供技术支持和咨询，提升自身的技术监管能力。

五是定期评估和审查。监管机构应定期评估和审查金融企业的大数据使用情况，包括数据采集、处理和分析等方面的技术流程和方法。通过评估和审查，发现潜在的技术风险和问题，及时采取相应的监管措施，确保金融企业的大数据使用符合技术规范和监管要求。

### 3. 定期评估审查

除了建立有效的法律规制，加强监管的技术能力，定期评估和审查金融企业对大数据使用的技术监管能力也是非常重要的，可以通过以下步骤来进行：

首先，需要确定评估金融企业对大数据使用的技术监管能力的指标。这些指标可以包括数据采集的准确性、数据存储和处理的安全性、数据分析的可靠性和有效性等方面。

其次，需要收集相关数据。收集金融企业的技术监管数据，包括数据采集、存储、处理和分析等环节的相关信息。可以通过问卷调查、面谈、文件审查等方式来获取数据。

再次，要进行评估和分析。根据收集到的数据，进行评估和分析金融企业的技术监管能力。可以使用统计分析和数据挖掘的方法，对数据进行处理和分析，得出评估结果。并且，依据评估发现问题和风险。根据评估结果，发现金融企业技术监管能力存在的问题和风险。这些问题和风险可以包括数据泄露、数据安全漏洞、数据分析不准确等方面的情况。还需要及时提出建议和改进措施。基于评估结果，提出相应的建议和改进措施，帮助金融企业提升技术监管能力。这些建议和措施可以涉及数据采集、处理和分析的流程优化、技术工具和系统的改进、人员培训等方面。

最后，需要保持定期审查和跟进。定期进行审查，检查金融企业是否按照建议和改进措施进行了调整和改进。同时，跟进金融企业的技术监管能力的发展情况，及时调整评估指标和方法，保持评估的准确性和有效性。

通过定期评估和审查金融企业对大数据使用的技术监管能力，可以及时发现和解决问题,保障大数据的合规使用,提升监管机构对金融企业的监管效果,推动金融市场的稳定和健康发展。

### 9.2.2 如何利用大数据对金融企业监管

由于金融业是国民经济的重要组成部分,也是金融风险的主要来源。如何有效地监管金融业,保障金融稳定,是金融监管部门面临的重大课题。随着数据等技术的发展,金融业务日趋复杂多元,金融风险也呈现出新的特点和挑战。传统的金融监管方式已经难以适应新形势的需要,需要利用大数据技术赋能金融监管,提升监管效率和效果。

而利用大数据对金融企业监管是一种创新的监管方式,可以通过收集、分析、整合各种来源的数据,对金融市场主体的风险状况、信用状况、业务模式等进行实时的监测预警,从而提高监管效率和效果。常见的利用大数据对金融企业监管的内容有:利用大数据技术对金融机构进行画像,构造金融机构的信用图谱,实现对行业的风险监测;利用大数据技术整合新闻、舆情、招聘、投诉等互联网数据以及市场监管、违法涉诉、信用、社保等政务数据,对海量数据进行整体性分析,构建地方金融风险监测预警模型;利用大数据技术建立完善的数据治理体系,从应对监管报送转向自外而内的"数据化",利用数据技术提升金融机构的风险管理、业务创新和客户体验。

为了更好地运用大数据对金融企业监管,可以从如下4个方面采取行动:

**1. 搭建金融大数据监管法律体系:保护金融大数据的个人隐私**

金融大数据通过收集、分析和利用各种数据,为金融服务、风险管理、创新发展等提供支持的一种技术手段。金融大数据虽然可以提高金融效率、降低金融成本、优化金融资源配置、促进金融普惠等,但同时也存在着对个人隐私的侵犯、数据安全的威胁、数据垄断的风险等问题。因此,如何监管金融大数据,既要充分发挥其积极作用,又要有效防范其负面影响,是一个亟待解决的重要课题。

中国金融大数据监管法律体系是由个人信息保护、数据安全管理、金融监管法律法规、反洗钱和反恐怖融资等方面的法律法规构成。这些法律法规规定了金融机构在数据采集、使用和共享方面的规范和要求,以保护用户的个人隐私和金融数据的安全。其中尤为重要的是金融隐私权,具体来说是个人或组织在金融活动中,对其财产、收入、消费、信用等信息的保密权利。金融隐私权是个人隐私权的重要组成部分,也是金融安全和社会稳定的基础。中国对金融隐私权的法律保护,主要体现在以下几个方面:

一是《宪法》和《民法典》的规定。《宪法》第四十条规定,公民的通信自由和通信秘密受法律的保护。《民法典》第一千零一十八条规定,自然人享有隐私权,其他人不得非法收集、使用、加工、传输、提供或公开自然人的隐私信息。这些规定为金融隐私权的保护提供了根本性的法律依据。

二是金融监管法律的规定。中国有关银行业、证券业、保险业、支付结算等领域的法律,都对金融机构和金融监管部门在收集、使用、保存和披露金融信息的行为进行了规范,并明确了违反金融隐私权的法律责任。例如,《银行业监督管理法》第三十九条规定,银行业监督管理机构及其工作人员不得泄露银行业金融机构及其客户的商业秘密和个人隐私。

三是网络安全法律的规定。《网络安全法》是中国首部专门针对网络空间的综合性法律,其中第四十二条规定,网络运营者收集个人信息应当遵循合法、正当、必要的原则,明示收集信息的目的、方式和范围,并经被收集者同意。网络运营者不得泄露、篡改、毁损所收集的个人信息,不得向他人非法提供个人信息。这些规定对保护网络环境下的金融隐私权具有重要意义。

除此之外,还有《合同法》保密义务的规定、《商业银行法》第六十条及第九十二条规定的规定、《银行业监督管理法》第十一条及第四十三条的规定、《反洗钱法》第三十至三十三条的规定、《个人信用信息基础数据库管理暂行办法》的第五及四十二条规定、《贷款通则》的第二十三及第六十五条规定。上述的法律条文要求较为原则、粗疏。有关金融隐私权保护的法律问题研究还处于起步阶段。相关的法律规定比较零散,这样就增加了客户金融信息被泄露的法律风险。

中国现行法律、行政法规针对金融隐私权的保护仅制定了原则性的条文,部门规章中的相关条文亦分布零散,金融隐私权的法律保护体系具备较大的完善空间。《个人信息保护法》共8章74条,坚持和贯彻以人民为中心的法治理念,牢牢把握保护人民群众个人信息权益的立法定位,聚焦个人信息保护领域的突出问题和人民群众的重大关切,全方位构筑个人信息"保护网",最大限度保护公民的个人信息权益。

虽然中国对金融隐私权的法律保护已经取得了一定的进展,但仍然存在一些问题和挑战,如法律规范不够完善、执行力度不够大、公众意识不够高等。因此,需要进一步完善金融隐私权的立法体系,加强金融隐私权的执法监督,提高公众对金融隐私权的认识和维护能力,以更好地保护金融消费者和社会公共利益。

为了搭建金融大数据监管法律体系,中国公布并实施了网络安全法,除了关键基础设施保护、网络安全等级保护要求、数据跨境传输之外,个人隐私保护的要求也是重点关注的议题。国家主管网络安全的相关部委机构等,例如,中央的网信办、工信部、公安部,地方的网信办、通管局及网警部门,全国信息安全标准化技术委员会、市场监督管理总局标准技术管理司以及行业主管机构正紧锣密鼓开展网络安全及个人隐私保护的相关工作。

此外,《数据安全管理办法(征求意见稿)》《App违法违规收集使用个人信息行为认定方法(征求意见稿)》《个人信息安全规范(征求意见稿)》《信息安全技术、移动互联网应用(App)收集个人信息基本规范(草案)》等密集出台,这些法律法规将从多方面体系化地完善中国个人信息隐私保护方面的法律法规体系。

未来,为了进一步对金融进行监管,保证个人隐私,需要建立健全金融大数据的法律法规体系。制定和完善涉及金融大数据的相关法律法规,明确金融机构和第三方机构在收集、存储、处理、使用和共享金融大数据时的权利和义务,规范金融大数据的合法合规范围和标准,保障个人信息主体的知情权、选择权、修改权、删除权等,惩罚违法违规行为,维护个人隐私权益。

**2. 明晰金融数据权属:数据确权,打破垄断**

金融数据是金融市场的重要资产,也是金融创新的基础,而金融数据权属的发展历史是一个复杂而又引人关注的话题。金融数据权属是金融机构或个人对其收集、处理、存储、使用和分享的金融数据所享有的权利和义务。金融数据权属的核心问题是如何界定金融数据的归属、访问和使用的权限和责任。金融数据权属的目的是保护金融数据的安全、隐私和价值,促进金融数据的合理流动和有效利用,维护金融市场的公平竞争和社会公共利益。

金融数据权属的形成和演变与金融业的发展、技术的创新、法律的制定和监管的变化密切相关。金融数据权属的起源于大数据分析,从传统的账户信息到现代的大数据分析,金融数据权属的概念和内涵不断扩展和深化。随着互联网、人工智能、区块链等技术的应用,金融数据权属面临着多方主体、多维属性、多元价值和多重风险的复杂局面。从国际到国内,从法律到自律,从技术到伦理,金融数据权属的保护需要多层次、多维度、多领域和多主体的协同合作。在数字化、智能化、全球化和社会化的背景下,金融数据权属将迎来更广阔的应用空间和更深刻的价值创造。这就涉及一个至关重要的问题——如何打破数据垄断?

金融数据垄断指一些大型金融企业通过收集、分析和利用用户的个人信息,形成了对数据资源的垄断和控制,从而影响了市场竞争和社会公平。金融数据垄断不仅损害了用户的隐私权和自主权,还威胁了其他中小企业的生存空间和创新能力,甚至可能危及国家安全和社会稳定。因此,打破数据垄断是当今社会面临的一项重要任务。

要打破数据垄断,需要从多个方面进行改革和监管。

首先,需要建立一个完善的数据保护法律体系,明确金融数据的定义、分类、归属、保护和监管等方面的规范,保障金融数据的安全和合法性,规范数据的收集、使用和共享,保障用户的知情权、选择权和撤销权,惩罚违法侵犯用户隐私的行为。

其次,需要加强数据的开放和流通,促进数据资源的公平分配和有效利用,鼓励数据的跨行业、跨领域、跨地域的合作和创新;建立统一的金融数据标准和接口,实现金融数据的互联互通,促进金融数据的流动和共享,提高金融数据的价值和效用;建立公平的金融数据交易机制,平衡金融数据的供需关系,形成合理的金融数据价格体系,激励金融数据的生产和创新。

再次,需要加强对数据垄断企业的反垄断监管,防止其滥用市场支配地位,扼杀竞争对手,损害消费者利益。建立有效的金融数据竞争监管机制,防止金融数据的滥用和垄断,维护金融市场的秩序和公平。从数据的产生、收集、加工、使用、销毁等环节入手,建立完善的数据管理制度,明确数据权属,规范数据流转。而打破垄断则需要从多个方面入手,包括但不限于加强反垄断执法、建立公平的竞争机制、推进市场化改革等。

最后,需要提高公众的数据素养和安全意识,让用户更加理性地使用互联网服务,更加主动地保护自己的数据权益。

然而,目前中国的金融数据确权机制还不完善,导致金融数据的所有权、使用权和收益权不清晰,给金融数据的流通和共享带来障碍。同时,一些金融机构或平台利用自身的市场优势,垄断了大量的金融数据,限制了其他参与者的进入和竞争,损害了金融市场的效率和公平。打破数据垄断,明晰金融数据权属任重道远。

**3. 提升金融数据质量:控制数据风险,提升数据质量**

金融数据一般用于反映金融市场和金融机构的运行状况、风险状况和监管状况的数据。金融数据的质量直接影响着金融稳定、金融创新和金融监管的有效性。提升金融数据的质量,有利于提高金融市场的透明度和效率,促进金融机构的合规经营和风险管理,增强金融监管的科学性和精准性,防范和化解金融风险,维护金融安全和社会稳定。因此,提升金融数据的质量是一项重要的战略任务,需要各方面的共同努力和配合。

具体而言,提升数据质量是通过一系列的方法和技术,改善数据的准确性、完整性、一致性、可用性和时效性,从而提高数据的价值和可信度。提升数据质量的目的是满足不同的业务需求,支持数据分析和决策,降低数据错误带来的风险和成本,增强数据管理的效率和效果。提升数据质量的过程包括以下几个步骤:定义数据质量标准,评估数据质量状况,识别和解决数据质量问题,监控和维护数据质量水平。

提升数据质量有很多要点和流程，具体的流程如下：第一步要进行数据清洗，主要是通过数据清洗，可以去除重复、缺失、异常等不合规的数据，提高数据质量。第二步要进行数据标准化，通过对数据进行标准化处理，可以消除不同来源、不同格式的数据之间的差异，提高数据质量。第三步要进行数据验证，通过对数据进行验证，可以确保数据的准确性和完整性，提高数据质量。第四步要进行数据监控，通过对数据进行监控，可以及时发现并解决数据质量问题，提高数据质量。

在提升数据质量的具体实施过程中，还要注意以下几个方面：首先，建立完善的金融数据标准和规范，统一金融数据的定义、分类、编码、计量和报告，避免数据的重复、矛盾和不一致。然后，要加强金融数据的采集、处理和存储，采用先进的技术手段，如大数据、云计算、区块链等，提高数据的准确性、完整性和时效性。其次，建立有效的金融数据共享和交换机制，实现金融数据的横向和纵向流动，提高数据的可用性和价值。最后，加强金融数据的分析和应用，利用人工智能、机器学习、数据挖掘等技术，提取数据中的有用信息，支持金融创新和风险管理。加强金融数据的监督和保护，制定合理的法律法规和制度安排，保障数据的安全性和隐私性，防止数据的滥用和泄露。

### 4. 强化数据分析：金融数据管理的核心目标

金融数据分析能力是利用数据科学的方法和工具，从大量的金融数据中提取有价值的信息，支持决策和创新的能力。而金融数据管理是对数据的收集、存储、处理、分发和使用的规划、组织、控制和评估的过程。金融数据分析能力之所以是数据管理的核心目标，是因为数据分析能力可以帮助企业更好地理解和利用数据，从而更好地实现业务目标。数据管理的核心内容包括：数据建模、数据存储管理、数据集成和互操作性、数据分析和商业智能、数据质量管理、数据安全、数据治理和主数据管理等，其中核心目标就是数据分析。

强化金融数据分析是一种利用先进的技术和方法，提高金融数据的收集、处理、分析和应用的能力的过程。强化金融数据分析的目的是提高金融决策的效率和质量，增强金融风险管理和监管的能力，促进金融创新和发展。

强化金融数据分析的方法有很多，例如，利用大数据、云计算、人工智能等技术，扩大金融数据的来源和范围，提高金融数据的实时性和准确性。利用机器学习、深度学习、自然语言处理等技术，提取金融数据中的隐藏信息和知识，提高金融数据的价值和意义；利用可视化、交互式、智能化等技术，展示和传递金融数据的结果和洞察，提高金融数据的可理解性和可操作性；利用区块链、加密货币、智能合约等技术，保障和优化金融数据的安全性和效率，提高金融数据的信任度和流动性。

所以，如何监管金融企业对大数据的使用，和如何利用大数据对金融企业监管都十分重要。如果两者能同步实施，可以达到如下效果：

一是提供全面、实时、准确的金融数据。大数据技术可以通过对各类金融机构、市场、产品、交易、客户等数据的采集、整合、分析，构建金融数据仓库，实现对金融业态的全景扫描，对金融活动的动态跟踪，对金融信息的及时披露，为监管决策提供数据支撑。

二是提高风险识别、评估、预警能力。大数据技术可以通过运用机器学习、深度学习、自然语言处理等人工智能技术，对海量复杂的金融数据进行智能挖掘，发现潜在的风险因素和风险信号，构建风险评估模型和风险预警系统，实现对风险的定量化、精细化、前瞻性管理。

三是优化监管流程，提升监管效能。大数据技术可以通过建立统一的监管平台，实现对各类金融机构和市场的跨部门、跨层级、跨区域的协同监管，简化监管流程，减少监管成本，提高监管效率。同时,大数据技术也可以通过智能化的监管手段,如智能合约、区块链等,实现对金融机构和市场的自动化、透明化、可追溯的监管,提高监管效果。

四是促进监管创新,完善监管制度。大数据技术可以通过对金融创新产品和模式的深入研究,为监管创新提供理论指导和实践参考,帮助监管部门及时调整和完善监管政策和规则,适应新形势下的金融发展需要。同时,大数据技术也可以通过对国内外金融监管经验和案例的比较分析,为监管部门借鉴和引进先进的监管理念和方法提供依据和支持。

## 阅读资料:中国制定金融数据监管政策

金融数据监管政策是针对金融机构和金融市场的数据收集、处理、存储、传输、使用和披露等活动的规范和监督,旨在保护金融消费者的权益,维护金融稳定,促进金融创新和发展。中国作为一个金融大国,面临复杂的金融数据监管挑战,因此需要不断完善和创新金融数据监管政策。中国的金融数据监管政策制定通常经历以下几个阶段:

研究和调研阶段:监管机构对金融市场的情况进行研究和调研,了解市场中存在的风险和问题以及国内外的监管经验和最佳实践。监管机构可能会与学术界、行业协会、金融机构等进行交流和合作,收集各方的意见和建议。

决策和立项阶段:基于对市场情况的研究和调研结果,监管机构进行内部讨论和决策,确定制定金融数据监管政策的必要性和目标。他们可能会与其他相关部门和机构进行协调,确保政策的一致性和协同效应。

政策制定阶段:监管机构开始制定具体的金融数据监管政策。他们可能会成立专门的工作组或委员会,负责制定政策框架、法规和指导文件。在制定过程中,监管机构会进行内外部的磋商和咨询,与相关方面进行意见交流和合作,确保政策的可行性和有效性。

公开征求意见阶段:政策制定完成后,监管机构会将政策草案或征求意见稿公开发布,接受公众、金融机构、学术界、行业协会等各方的意见和建议。他们可能会通过官方网站、媒体发布、座谈会等形式,广泛征集意见,并对收到的意见进行分析和综合。

修订和最终发布阶段:根据收集到的意见和建议,监管机构对政策进行修订和完善。修订后的政策可能会经过内部审批程序,最终提交给国务院或相关机构进行审批。一旦获得批准,政策正式发布,并通知相关金融机构和市场参与者。

实施和监督阶段:政策发布后,监管机构会制定具体的实施细则和操作指南,明确金融机构需要遵守的具体规定和要求。监管机构会定期进行监督和检查,确保金融机构按照政策要求进行数据管理和报告。与其他相关部门和机构的合作也是监督阶段的重要环节,以确保政策的有效执行和监管的一致性。

以下是一些案例,介绍了中国机构如何制定金融数据监管政策。

案例一:《个人金融信息保护技术规范》

《个人金融信息保护技术规范》是由中国人民银行颁布的一项技术标准,于2021年1月1日正式实施,适用于在中国境内从事个人金融信息处理活动的金融机构。该规范规定了个人金融信息的定义、分类、收集、存储、使用、转移、共享、销毁等方面的技术要求和管理措施,以及个人金融信息泄露或损害的应急处置和责任追究等内容。该规范的制定,是基于对个人金融信息保护的重要性和紧迫性的认识,以及对国际标准和国内实践的借鉴和吸收,旨在提高金融机构的个人金融信息保护水平,保障个人隐私权和财产权,防范金融风险。

案例二:《网络安全审查办法》

《网络安全审查办法》是由国家互联网信息办公室制定并发布的一项行政法规,于 2020 年 6 月 1 日起施行,适用于在中国境内购买或使用网络产品和服务涉及国家安全的重要信息基础设施运营者。该办法规定了网络安全审查的目的、原则、对象、范围、程序、机构、结果等方面的内容,以及网络安全审查中涉及商业秘密的保护措施等内容。该办法的制定,是基于对网络安全和国家安全的高度重视和负责任的态度,以及对国际经验和国内需求的平衡和协调,旨在防止网络产品和服务带来国家安全风险,维护国家主权、安全和发展利益。

案例三:《非银行支付机构网络支付业务管理办法》

《非银行支付机构网络支付业务管理办法》是由中国人民银行制定并发布的一项监管规则,于 2010 年 9 月 1 日起施行,适用于在中国境内从事网络支付业务的非银行支付机构。该办法规定了非银行支付机构开展网络支付业务的许可条件、业务范围、资本要求、风险管理、客户资金管理、信息报送等方面的内容,以及非银行支付机构违反规定的处罚措施等内容。该办法的制定,是基于对网络支付业务的快速发展和广泛应用的认识,以及对金融消费者权益保护、金融市场秩序维护、金融创新支持等方面的考虑,旨在规范非银行支付机构的网络支付业务,促进网络支付市场健康发展。

中国的金融数据监管政策制定过程中注重研究和调研、决策和立项、政策制定、公开征求意见、修订和最终发布、实施和监督等阶段,以确保政策的科学性、合理性和有效性。同时,政策制定过程中也会充分考虑国际监管标准和合作,以与国际接轨并提高金融体系的稳定性和可持续发展。

## 9.3 大数据在金融监管的具体应用

大数据技术可以从多种来源收集、整合和处理数据,提供更全面、更准确、更实时的信息,从而支持决策和行动。本节将介绍大数据在金融监管领域的 4 个具体应用。

### 9.3.1 信贷风险统计分析

金融机构在进行贷款业务时,需要对借款人的信用状况和还款能力进行评估,以降低违约风险和损失,主要的工作就是信贷风险统计分析。具体来说,信贷风险统计分析利用统计方法对信贷业务中的风险进行评估和分析。它通过收集、整理和分析大量的数据,揭示信贷业务中存在的风险因素和风险水平,以便金融机构能够更好地了解、管理和控制信贷风险。

信贷风险统计分析的目的是帮助金融机构做出科学的决策和制定相应的风险管理策略。通过评估风险水平,对历史数据和统计模型的分析,可以对信贷业务中的风险进行量化评估。这有助于金融机构了解其信贷业务的风险水平,支持信贷审批和授信决策。通过分析借款人的信用评级、违约概率等指标,可以帮助金融机构判断借款人的信用风险,从而决定是否批准贷款和规定相应的利率和额度。

同时,信贷风险统计分析可以帮助金融机构更准确地识别和预测风险,从而提前采取风险管理措施,减少不良贷款的发生和损失。它可以帮助金融机构制定风险预警指标和风险管理模型,及时发现并控制潜在的风险。最后,信贷风险统计分析可以改善贷后管理:通过对贷款的还款行为进行分析,信贷风险统计分析可以帮助金融机构监测借款人的还款情况,发现异常行为,及时采取措施,避免逾期和违约的发生。

所以,信贷风险统计分析对金融机构来说是非常重要的。它能够提供客观的数据和信息,帮助机构评估风险、做出决策和制定风险管理策略,从而提高风险管理的效率和准确性。

但传统的风险评估方法也有其固有缺陷,主要是因为其依赖于借款人的个人信息、征信记录、收入证明等数据,这些数据的获取和处理往往耗时耗力,而且难以反映借款人的全面和动态的信用状况。

利用大数据进行信贷风险统计分析则有众多优点,具体如下:

首先,大数据分析可以处理海量、多样化的数据,能够更全面地了解借款人的风险特征和行为模式,提高风险评估的准确性。其次,数据分析能够挖掘出隐藏在数据中的潜在关联和规律,帮助发现风险因素和预测借款人的违约概率,提供更准确的风险预测。再次,大数据技术可以实时处理和分析数据,能够及时发现风险信号和异常情况,帮助金融机构做出及时反应和决策。最后,基于大数据分析的信贷风险模型能够提供决策支持,帮助金融机构制定合理的风险管理策略和决策规则,提高信贷业务的效率和精确性。

利用大数据进行信贷风险统计分析可以提高风险评估的准确性和实时性,挖掘潜在的关联和规律,为金融机构提供更深入的洞察和决策支持(图9.1)。

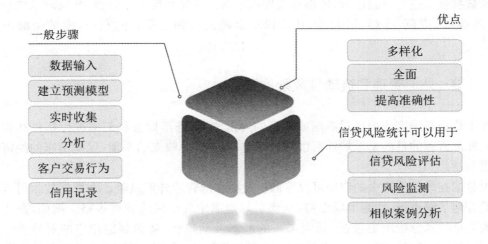

**9.1 信贷风险统计分析框架**

### 9.3.2 行业风险预警

大数据可以帮助金融机构进行多个方面的行业风险预警,例如,可以进行宏观经济风险预警,通过分析和监测宏观经济数据,如国内外的 GDP 增长率、通货膨胀率、利率水平、失业率等指标,可以预警金融机构所处行业的宏观经济风险;可以进行金融市场风险预警,通过分析和监测金融市场的数据,如股市、债市、外汇市场的行情变动、交易量和波动性等指标,可以预警金融机构所处行业的金融市场风险;可以进行信用风险预警,通过分析和监测借款人的信用记录、财务状况、行为数据等信息,预警金融机构在信贷业务中的信用风险。又如,发现借款人的逾期行为、负债水平增加等情况;可以进行市场竞争风险预警,通过分析和监测竞争对手的市场份额、产品销售情况、市场营销活动等数据,可以预警金融机构所处行业的市场竞争风险;可以进行业务风险预警,通过分析和监测金融机构自身的业务数据和运营情况,如贷款违约率、不良资产比例、营收增长率等指标,可以预警金融机构的业务风险;可以进行法律合规风险预警,通过分析和监测法律法规的变化、监管政策的调整等数据,可以预警金融机构的法律合规风险。

这里依旧以市场风险为例,大数据可以帮助金融机构进行行业风险预警,特别是信用风险预警,包括实时欺诈交易识别和反洗钱分析。

大数据技术可以通过收集和分析大量的数据,包括客户的个人信息、财务状况、信用记录等以及市场、经济、政策等方面的信息,来识别欺诈交易。例如,大数据可以利用账户基本信息、交易历史、位置历史、历史行为模式、正在发生行为模式等,结合智能规则引擎进行实时的交易反欺诈分析。

此外,还有一些反欺诈算法库,适用于银行反欺诈领域的机器学习和深度学习算法,包括无监督和有监督两个方面。例如,SKM 算法可以将所有客户分为两个聚类,选取客户数目少的聚类作为异常客户,每个异常客户到正常客户聚类中心的距离即为客户异常评分,评分越高越异常。而 Isolation Forest 算法则运用于挖掘异常数据的无监督模型,利用异常客户与规律相比的差异性来划分。

大数据技术进行金融监管,能够有效地识别欺诈交易和反洗钱分析,并及时采取相应的措施,如验证、拦截、冻结、报警等,从而保护金融机构和消费者的利益,维护金融市场的秩序。

### 9.3.3 外汇管理和流动性风险监测

外汇管理是国家或地区对本国或地区的外汇收支、外汇储备和汇率进行监督和调控的活动。外汇管理的目的是维护外汇市场的稳定,促进国际收支的平衡,保障国家的经济安全和发展利益。

大数据在外汇管理中的应用可以帮助企业更好地管理外汇风险。大数据技术可以帮助企业更好地了解市场,预测市场走势,从而更好地制定外汇风险管理策略。例如,企业可以通过大数据技术分析历史数据,预测未来的汇率波动趋势,从而制定相应的对冲策略。此外,大数据技术还可以帮助企业更好地了解客户需求,从而更好地制定产品和服务策略。

利用大数据技术进行外汇管理和流动性风险监测是利用先进的软硬件设备和算法,对大数据进行采集、存储、处理、分析和应用的技术。具体来说,大数据技术可以为外汇管理提供以下方面的支持:

大数据技术可以帮助外汇管理部门实时监测外汇市场的动态,发现异常交易和潜在风险,及时采取预警和干预措施,维护外汇市场的有序运行;大数据技术可以帮助外汇管理部门深入分析外汇市场的供求状况,预测外汇市场的走势和波动,为制定合理的外汇政策和调节手段提供依据;大数据技术可以帮助外汇管理部门有效整合各类外汇数据资源,建立完善的外汇信息系统,提高外汇管理的效率和水平;大数据技术可以帮助外汇管理部门加强与其他国家或地区的外汇合作,分享外汇数据和经验,促进国际外汇秩序的改善和发展。

大数据技术是一种有力的工具,可以为外汇管理提供全面、及时、准确和有效的信息支持,有助于提升外汇管理的能力和水平,实现外汇管理的目标和任务。

### 9.3.4 金融市场情绪分析

市场情绪是投资者对市场的看法和感受,它可以影响投资者的决策和行为,从而影响市场的表现和走势。市场情绪可以通过大数据分析得到量化和可视化的指标,例如情绪指数、情绪云图、情绪雷达等。这些指标可以反映市场的热度、活跃度、信心度、恐慌度等维度,帮助投资者把握市场的氛围和机会。

金融大数据情绪分析是一种利用大数据技术和自然语言处理技术,对金融市场中的各种情绪信息进行提取、量化和分析的方法。金融大数据情绪分析的目的是通过挖掘金融市场中的情绪信号,预测市场的走势和波动,为投资者提供决策支持。金融大数据情绪分析的主要步骤包括:数据收集、数据清洗、情绪识别、情绪打分、情绪指数构建和情绪指数应用。

如何利用大数据提取投资者情绪信息,预测市场走势,是金融分析师和投资者的重要技能。大数据可以从多种渠道和平台收集投资者的言论、行为和反馈,然后通过文本分析、情感分析和机器学习等方法,提取出投资者的情绪指标,如信心、恐惧、贪婪、悲观等。这些情绪指标可以反映投资者对市场的看法和预期,从而影响市场的供求关系和价格波动。大数据分析市场情绪的方法有很多,其中一种是使用深度学习方法,度量文本信息反映的中国投资者情绪。这种方法可以刻画金融市场中投资者的情绪变迁,能够实时追踪当下投资者的情绪变化。另外,市场情绪对行情具有预测能力,股票价格也会受到投资者情绪的影响。利用大数据提取投资者情绪信息的步骤如下:

首先,要确定数据源和数据类型。数据源可以是社交媒体、新闻网站、论坛、博客、评论、调查等,数据类型可以是文本、图像、视频、音频等。

其次,要进行数据收集和数据清洗。根据数据源和数据类型,选择合适的爬虫工具或API接口,收集数据,并进行去重、去噪、格式化等清洗操作。

再次,要进行数据提取和数据分析。根据数据类型,选择合适的分析方法,如文本分析、情感分析、机器学习等,提取出投资者的情绪特征和指标。

最后,建立和验证模型。根据提取出的情绪指标,建立预测市场走势的模型,如回归分析、分类分析、聚类分析等,并使用历史数据或实时数据进行验证和优化。为了保持模型的良好应用,应持续更新模型。将模型应用于实际的市场分析和投资决策,并根据市场变化和数据反馈,不断更新和改进模型。

大数据可以通过各种分析方法和技术,提取出有价值的信息和洞察,帮助投资者了解市场的动态和趋势以及投资者的需求和偏好。

## 阅读资料:工商银行"融安 e 信"大数据风控智能服务平台

随着金融科技的快速发展,大数据和人工智能技术被广泛应用于金融领域,为银行提供了更精准、高效的风险管理和信贷决策解决方案。工商银行"融安 e 信"大数据风控智能服务平台便是其中的一例。该平台利用大数据和人工智能技术,通过数据分析和算法模型,帮助银行准确评估客户的信用风险和还款能力,提供智能风险管理工具和服务,提升金融服务水平。

工商银行运用先进的大数据和信息化技术，紧密契合互联网时代金融业及企业客户线上风险防控需求，于2015年自主研发投产了银行业首款风险信息服务平台——工银"融安e信"。按照工商银行行内业务风控需要和风险数据市场服务需要，工银"融安e信"陆续推出了风险、情报、关联、舆情、系数、报告、动态监控、监管处罚、集采风控9条产品线，并根据不同服务对象开发了集团版、客户版、公益版三个服务版本。工银"融安e信"对内服务了工商银行数十万员工，对外服务了上百家同业、上万家企业，践行为工行赋能、为同业赋能、为社会赋能，为工商银行有效实现了风控效益、经济效益和社会效益的多赢。

该平台的主要功能包括以下几个方面：

1. 大数据驱动的风险评估

"融安e信"平台通过收集、整合和分析各类数据，包括客户的个人信息、信用记录、消费行为、社交网络数据等，实现对客户信用风险的全面了解。基于机器学习和数据建模算法，平台能够对大量数据进行模式识别和风险评估，帮助银行准确判断客户的信用状况和还款意愿。

2. 智能风险管理工具和服务

"融安e信"平台提供多种智能风险管理工具和服务，帮助银行更好地管理风险、优化信贷决策。通过数据分析和算法模型，平台自动评估客户的信用风险水平，并生成风险评分报告，为银行制定个性化的信贷方案提供参考。同时，平台还具备反欺诈检测能力，通过数据比对和异常检测，识别潜在的欺诈行为和风险信号，提高银行的防范能力和客户交易的安全性。

3. 信用决策模型的应用

"融安e信"平台基于历史数据和实时数据，构建信用决策模型，为银行提供客户信用评级和借贷决策的参考。该模型通过深入分析客户的信用历史、还款记录、收入状况等因素，为银行提供具有科学依据的决策支持，提高决策的准确性和效率。

4. 反洗钱和反恐怖融资的监测

"融安e信"平台通过大数据分析和监测技术，实时监控交易数据和客户行为，识别可疑活动和风险交易，协助银行履行反洗钱和反恐怖融资的法律义务。平台能够快速识别异常交易模式和不符合规定的交易行为，提高银行的合规性和安全性。

"融安e信"大数据风控智能服务平台的应用范围广泛，包括银行、保险、互联网金融、供应链金融等金融机构以及各类企业和组织。它可以帮助用户减少风险、提高决策效率，并有效应对金融市场中的风险挑战。可以预见的是，随着金融科技的不断发展，大数据风控智能服务平台必将在实践中不断完善和创新，为金融行业带来更多机遇和挑战。

## 9.4 人工智能在金融监管的应用前景

人工智能在金融监管领域的应用前景非常广阔。随着金融业务的复杂性和数据量的增加，传统的金融监管方式已经无法满足监管机构高效、准确、智能的监管需求。人工智能技术的出现为金融监管提供了新的解决方案，可以帮助监管机构提高监管效能、降低监管成本、减少监管风险。

### 9.4.1 金融交易和市场行为监管

人工智能(AI)是能够模拟人类智能的计算机系统或软件,它可以执行各种复杂的任务,如语音识别、图像分析、自然语言处理、机器学习等。人工智能在金融交易领域的应用越来越广泛,主要体现在以下几个方面:

当用于预测分析时,人工智能可以利用大量的历史数据和实时数据,通过深度学习等算法,对市场走势、价格波动、风险因素等进行预测和分析,从而为交易者提供更准确和更及时的决策支持;当用于智能交易时,人工智能可以根据预测分析的结果,自动执行交易策略,如买卖、止损、套利等,无需人为干预,提高交易效率和收益率。人工智能还可以根据市场变化和交易反馈,不断优化和调整交易策略,实现自我学习和进化;当用于风险管理时,人工智能可以帮助交易者识别和评估各种潜在的风险,如信用风险、市场风险、操作风险等,并采取相应的措施,如设置风险阈值、增加保证金、限制交易量等,以降低损失和避免危机;当用于客户服务时,人工智能可以通过聊天机器人等方式,为客户提供24小时在线咨询和服务,解答客户的各种问题,如开户、充值、提现、查询等,并根据客户的需求和偏好,推荐合适的产品和服务。

金融交易中的人工智能则利用计算机程序和算法来分析市场数据,预测价格走势,执行买卖订单,管理风险和优化投资组合的技术。人工智能可以提高金融交易的效率,减少人为错误,降低交易成本,增加市场流动性和透明度。人工智能也可以帮助投资者发现新的交易机会,利用复杂的策略和模型来实现更高的收益。人工智能在金融交易中的应用包括机器学习、深度学习、自然语言处理、图像识别、强化学习等。

人工智能在金融交易领域有着广阔的应用前景,它可以提高交易的效率、精度和安全性,为交易者带来更多的便利和价值。

### 9.4.2 反洗钱和反恐怖融资监管

洗钱与恐怖融资是两种严重的金融犯罪行为,对国家的安全和经济发展造成巨大的危害。洗钱是将非法所得的资金或财产通过各种手段掩盖或隐瞒其来源和性质,使其在法律上合法化的过程。恐怖融资是为了实现恐怖主义目的,为恐怖组织或个人提供、收集或使用资金或财产的行为。

人工智能可以利用计算机系统模拟人类智能的技术,它可以在各个领域提供高效、准确和智能的解决方案。在金融领域,通过以下4个方面人工智能可以帮助金融机构和监管机构实现反洗钱和反恐怖融资的目标:

(1) 数据分析:人工智能可以对海量的金融数据进行快速、深入和多维度的分析,识别出异常、可疑和高风险的交易行为,提高监测和报告的效率和质量。

(2) 风险评估:人工智能可以根据不同的风险因素,如客户身份、交易类型、交易频率、交易金额等,对客户和交易进行动态的风险评估,生成风险等级和风险提示,帮助金融机构和监管机构采取合适的措施。

(3) 模式识别:人工智能可以利用机器学习、深度学习等方法,从历史数据中学习洗钱和恐怖融资的特征和模式,对新出现的交易行为进行预测和判断,发现潜在的洗钱和恐怖融资嫌疑。

(4) 决策支持：人工智能可以根据分析结果，提供决策建议和解释，如是否需要进行进一步调查、是否需要报告给相关部门、是否需要冻结账户或资金等，辅助金融机构和监管机构做出合理和及时的决策。

人工智能在反洗钱和反恐怖融资方面的应用越来越广泛。基于机器学习智能模型的系统引擎已经逐步应用到风险评估、交易筛查、交易监控等具体风险控制场景，并显示出了传统规则引擎无法达到的监测效率和有效性水平。此外，人工智能还可以帮助银行等机构更好地识别可疑交易，从而更好地防范洗钱和恐怖融资。

综上所述，人工智能可以在反洗钱和反恐怖融资监管中发挥重要作用，提升监管效果和水平，保障金融安全和社会稳定。

### 9.4.3 银行业风险管理监管

银行业是一个高度风险的行业，需要有效的风险管理来保障金融稳定和客户利益。人工智能作为一种先进的技术，可以在银行业风险管理的各个环节中发挥重要的作用。以下介绍人工智能在银行业风险管理的应用，包括信用风险、市场风险、操作风险和合规风险等方面。

信用风险是借款人或交易对手无法按时偿还债务的风险，与前文提到的信贷风险统计分析类似，这里侧重于介绍人工智能技术进行的信用风险管理。人工智能可以通过大数据分析、机器学习、自然语言处理等方法，提高信用评级、信用审批、信用监测和信用追偿等流程的效率和准确性。例如，人工智能可以根据借款人的个人信息、社交网络、消费行为等多维度数据，构建更全面和动态的信用画像，提升信用评分的精度和可解释性。人工智能也可以通过智能合约、区块链等技术，实现信用审批的自动化和去中心化，降低人为干预和欺诈的可能性。此外，人工智能还可以通过实时监测借款人的还款能力和意愿，及时发现信用风险的迹象，采取相应的措施，如提醒、催收、诉讼等，提高信用追偿的效果。

市场风险是金融市场价格波动导致资产价值损失的风险。人工智能可以通过深度学习、强化学习、神经网络等方法，提高市场风险的预测和管理能力。例如，人工智能可以利用海量的历史数据和实时数据，建立更复杂和灵活的市场模型，捕捉市场变化的规律和趋势，提高市场风险的量化和评估水平。人工智能也可以根据市场风险的预测结果，自动调整资产配置和交易策略，优化投资组合的收益和风险比例。此外，人工智能还可以通过模拟不同的市场情景，测试银行业务和产品在极端情况下的表现和影响，增强银行对市场风险的抵御能力。

操作风险是由于内部流程、人员、系统或外部事件导致损失或法律责任的风险。人工智能可以通过图像识别、语音识别、情感分析等方法，提高操作风险的识别和控制水平。例如，人工智能可以通过识别客户或员工的面部表情、声音、语言等特征，判断其情绪状态和诚信程度，防范欺诈或不满意的行为。人工智能也可以通过监测系统运行状况和网络安全状况，及时发现故障或攻击，并自动修复或防御，保障系统正常运行。此外，人工智能还可以通过分析操作流程中的瓶颈和缺陷，提出改进建议和优化方案，提升操作效率和质量。

合规风险是由于违反法律法规或监管要求导致损失或处罚的风险。人工智能可以通过知识图谱、语义分析、推理引擎等方法，提高合规风险的遵守和应对水平。例如，人工智能可以通过构建金融法律法规的知识图谱,实现对法律法规的智能解读和更新,帮助银行及时了解和遵守最新的监管要求。人工智能也可以通过分析银行业务和产品的合规性,自动检测和报告潜在的违规行为,减少违规的风险。此外,人工智能还可以通过模拟不同的合规情景,评估银行在面临监管审查或处罚时的应对策略和影响,提高银行的合规应变能力。

人工智能在银行业风险管理领域的应用是多方面的,可以有效地提升银行风险管理的水平和效果。随着人工智能技术的不断发展和完善,人工智能在银行业风险管理的应用将会更加广泛和深入,为银行业带来更多的机遇和挑战。

## 阅读资料:中国的人工智能金融监管平台

人工智能金融监管平台是利用人工智能技术,如机器学习、自然语言处理、知识图谱等,对金融市场的数据、行为、风险等进行分析、预测、预警和干预的系统。发展人工智能金融监管平台对加强金融风险防控、提高监管效率、促进金融创新、建立健全金融监管体系以及推动金融智能化发展具有重要的意义。目前国内有几个比较知名的人工智能金融监管平台,它们分别是:

中国人民银行的金融科技监管平台(FinTech Supervision Platform,简称FSP)。该平台是中国央行为了应对金融科技发展带来的监管挑战而建立的,主要功能有金融科技创新管理、金融科技风险监测、金融科技监管沙盒等。该平台可以实现对金融科技创新活动的全流程管理,对金融科技风险的动态监测和及时处置以及对金融科技试点项目的安全测试和评估。

中国证监会的智能证券监管平台(Intelligent Securities Supervision Platform,简称ISSP)。该平台是中国证监会为了提升证券市场的监管效率和效果而建立的,主要功能有证券市场数据采集、证券市场异常行为识别、证券市场风险评估和预警等。该平台可以实现对证券市场的全面覆盖和深度挖掘,对证券市场的异常行为进行智能识别和快速响应以及对证券市场的风险进行精准评估和有效预警。

中国银保监会的智能银行保险监管平台(Intelligent Banking and Insurance Supervision Platform,简称IBISP)。该平台是中国银保监会为了加强银行保险业务的监管能力和水平而建立的,主要功能有银行保险业务数据收集、银行保险业务规则检测、银行保险业务风险分析和控制等。该平台可以实现对银行保险业务的全方位监控和分析,对银行保险业务的规则进行智能检测和自动执行以及对银行保险业务的风险进行综合分析和有效控制。

除了政府监管机构的人工智能金融监管平台,还有其他监管机构。

例如,中科云谷的人工智能金融监管云平台是一种基于云计算和人工智能技术的服务平台,旨在帮助金融机构和监管机构更好地监管和管理金融市场。中科云谷的人工智能金融监管云平台通过应用先进的人工智能技术,提供了一套全面的金融监管解决方案,帮助监管机构更好地管理金融市场,保护金融系统的稳定和投资者的利益。

具体来讲,该平台能够集成和处理来自各种金融数据源的大规模数据,包括交易数据、客户数据、市场数据等。它能够对数据进行清洗、整合和转换,以便后续的分析和应用。同时,基于机器学习和深度学习技术,该平台能够对金融数据进行实时分析和建模,识别潜在的风险和异常模式。它可以提供实时的风险评估和预警,帮助监管机构及时应对风险事件。

此外,该平台能够利用人工智能算法,对客户交易、行为和资金流动进行监测和分析,以识别潜在的欺诈行为和合规问题。它可以自动检测异常交易、洗钱行为和违规操作,并提供实时的报警和报告。该平台提供了强大的数据分析和可视化功能,可以帮助监管机构更好地理解和分析金融市场的风险和趋势。它提供实时的数据报告、图表和可视化工具,帮助用户进行数据探索和决策支持。

除了中科云谷之外,国内的人工智能金融监管平台(图9.2)还有:

格灵深瞳:一家专注于人工智能金融监管的科技公司。该金融监管平台利用自然语言处理、机器学习和数据挖掘等技术,实现对金融市场的全面监管。该平台可以实时分析、监测和预警金融风险,并提供可视化的风险报告和决策支持。

捷信金融科技:一家专注于金融科技和人工智能的公司。此人工智能金融监管平台利用机器学习和深度学习算法,实现对金融市场的实时监控和风险预警。该平台可以帮助监管机构发现潜在的欺诈行为、洗钱风险等,并提供相应的报警和报告。

这些平台都采用了先进的人工智能技术,能够帮助金融机构和监管机构更好地管理金融市场,保护金融系统的稳定和投资者的利益。

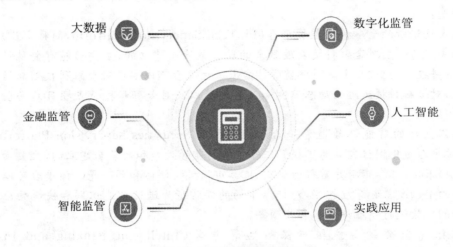

图9.2 人工智能金融监管平台

## 总　　结

金融监管的内涵是金融机构和金融市场在法律法规和监管部门的指导下,按照规范的行为准则和风险管理要求,开展金融活动的过程和结果。政府通过特定的机构对金融交易行为主体进行的某种限制或规定,以保护存款人和投资人的利益,维护金融体系的安全和稳定,防范和化解系统性风险。

对金融企业的大数据监管是一个复杂而重要的问题,涉及数据安全、数据隐私、数据共享、数据创新等多个方面。在这个过程中,要兼顾法律层面、技术层面与数据监管实践,就要搭建金融大数据监管法律体系,保护金融大数据的个人隐私;明晰金融数据权属,数据确权,打破垄断;提升金融数据质量,控制数据风险,提升数据质量;强化金融数据分析。

大数据技术可以从多种来源收集、整合和处理数据,提供更全面、更准确、更实时的信息,从而支持决策和行动。例如,信贷风险统计分析、行业风险预警、外汇管理和流动性风险监测、金融市场情绪分析等内容。

人工智能在金融监管领域的应用前景非常广阔。通过人工智能技术，可以实现对金融数据的自动化处理和分析，提高监管效率和精度。人工智能可以应用于风险识别、反欺诈、监管报告、智能监管等方面，为监管机构提供更强大的数据分析和决策支持能力，进一步提升金融监管的科学性和效能。此外，随着技术的不断发展，人工智能还可以应用于智能合规、智能监管预警、智能监管审查等领域，为金融监管带来更多创新和突破。

## 思 考 题

1. 金融监管的具体模式有哪些？
2. 监管金融企业如何对大数据的使用？
3. 如何利用大数据对金融企业进行监管？
4. 简述大数据在金融监管中的应用。
5. 简述人工智能在金融监管中的应用。

## 参 考 文 献

[1] 李广纬.大数据背景下穿透式金融监管研究[J].财会通讯,2022(20):148-152.
[2] 郑金宇.行为监管内涵的思考[J].中国金融,2020(13):37-38.
[3] 张永亮.金融监管科技之法制化路径[J].法商研究,2019,36(3):127-139.
[4] 皮天雷,刘垚森,吴鸿燕.金融科技:内涵、逻辑与风险监管[J].财经科学,2018(9):16-25.
[5] 苏海雨.金融科技背景下金融数据监管模式构建[J].科技与法律,2020(1):68-75.
[6] 杨帆.金融监管中的数据共享机制研究[J].金融监管研究,2019(10):53-68.
[7] 巴曙松,陈泽田,朱元倩.监管科技在数据管理领域的应用与实践[J].金融发展研究,2020(8):3-11.
[8] 刘红.大数据时代数据保护法律研究[M].北京:中国政法大学出版社,2018:287.
[9] 兰虹,熊雪朋,胡颖洁.大数据背景下互联网金融发展问题及创新监管研究[J].西南金融,2019(3):80-89.
[10] 秦文岩.互联网信息科技在金融监管创新中的应用[J].南方金融,2021(7):72-81.
[11] 乔海曙,王鹏,谢姗姗.金融智能化发展:动因、挑战与对策[J].南方金融,2017(6):3-9.
[12] 惠志斌,李佳.人工智能时代公共安全风险治理[M].上海:上海社会科学院出版社,2021:226.

# 第 10 章　大数据与金融安全

教学目标

1. 了解大数据和人工智能对中国金融安全的新挑战。
2. 了解各国对大数据与金融安全的处置经验。
3. 掌握我国应对大数据与金融安全的原则和措施。

## 10.1　大数据对中国金融安全的新挑战

随着信息技术的快速发展和互联网的普及，大数据已经成为金融行业的重要资源和工具。然而，大数据的广泛应用也给中国金融安全带来了新的挑战。

### 10.1.1　大数据对金融安全生产的挑战

**1. 基础设施承载不足**

数据基础设施是支持数据的收集、存储、处理、分析和共享的硬件、软件、网络和服务。数据基础设施有多种类型，例如云计算、大数据、物联网、人工智能等相关设施。数据基础设施的重要性在于它可以提高数据的质量、安全性、可用性和价值，从而促进数据驱动的创新和决策。数据基础设施还可以支持社会、经济和环境的可持续发展，例如通过提高公共服务的效率、增强企业的竞争力、保护个人隐私和网络安全等。而金融大数据基础设施主要包括支持金融行业进行数据采集、存储、分析和应用的一系列技术和平台，具体来说包括以下几个方面：

（1）数据收集和传输：金融大数据基础设施需要具备数据收集和传输的能力，可以从各种金融数据源中获取数据，并将其传输到后续的处理和分析环节。这包括金融机构的内部数据、交易数据、市场数据、外部数据源等。

（2）数据存储和管理：金融大数据需要具备高效可靠的数据存储和管理能力，以确保金融数据的安全性、完整性和可访问性。传统的关系型数据库通常无法满足大规模金融数据的存储需求，因此需要采用分布式存储系统和云存储等技术。

（3）数据处理和分析：金融大数据基础设施需要具备强大的数据处理和分析能力，能够高效地处理和分析海量的金融数据。这包括数据清洗、数据整合、数据挖掘、数据建模等技术，以提取有价值的信息和洞察。

（4）数据安全和隐私保护：金融大数据涉及大量敏感的金融信息，因此安全和隐私保护是非常重要的。金融大数据基础设施需要具备相应的安全措施，包括数据加密、身份认证、权限管理等技术，以保护金融数据的机密性和完整性。

（5）数据可视化和应用接口：金融大数据基础设施还需要提供数据可视化和应用接口，以便用户能够直观地理解和利用金融数据。这包括数据报表、图表、可视化工具等以及开放的应用接口，方便其他系统和应用程序与金融大数据进行交互和集成。

总的来说，良好的金融大数据基础设施是一个综合性的系统，包括数据收集和传输、数据存储和管理、数据处理和分析、数据安全和隐私保护以及数据可视化和应用接口等组成部分。它为金融机构和监管机构提供了强大的数据支持和分析能力，推动金融行业的数字化和智能化发展。

金融数据基础设施的重要性体现在以下几个方面：一是数据驱动决策。随着数据的快速增长，数据基础设施可以帮助企业有效地收集、存储和处理大量的数据，从而提供有价值的信息和见解，为决策者提供准确的数据支持，帮助其做出更明智的决策。二是业务创新和竞争优势。通过数据基础设施，企业可以更好地利用数据资源，开展数据驱动的业务创新，发现新的商机和增长点，提高企业的竞争力。三是数据共享与合作。数据基础设施可以提供数据共享和协作的平台，帮助不同部门、团队和合作伙伴之间进行数据的共享和交流，促进信息流通和合作效率的提升。四是数据安全和隐私保护。数据基础设施可以提供强大的数据安全和隐私保护机制，保护企业和个人的数据免受未经授权的访问、篡改和泄露，维护数据的安全性和可信度。

总而言之，数据基础设施是现代企业不可或缺的重要组成部分，它可以为企业提供高效的数据管理和分析能力，支持企业的决策和创新，提高企业的竞争力和可持续发展能力。

**2. 数据安全技术滞后**

数据安全技术滞后是当今社会面临的一个严重问题。随着信息技术的发展，越来越多的数据被收集、存储、传输和分析，为人们的生活、工作和学习带来了便利和价值。但是，数据安全技术的进步并没有跟上数据量的增长，导致了数据泄露、篡改、窃取和滥用的风险。这些风险不仅威胁个人的隐私和财产，也危及国家的安全和利益。因此，加强数据安全技术的研究和应用，提高数据安全防护能力，是必须面对和解决的紧迫任务。导致数据安全技术滞后的原因有很多，具体来看有以下 4 个原因：

（1）技术发展速度快。随着科技的迅猛发展，新的技术和安全威胁层出不穷。数据安全技术需要不断跟进新的威胁和漏洞，以及相应的解决方案。然而，由于技术发展速度快，一些组织可能难以跟上最新的安全技术和最佳实践。

（2）不完善的安全意识。数据安全不仅依赖技术，还需要员工具备良好的安全意识和行为习惯。然而，许多组织和员工对数据安全的重要性缺乏足够的认识，对安全措施的重要性和正确的使用方法缺乏了解。

（3）人力资源和预算限制。数据安全技术的研发、部署和维护需要专业的人员和大量的资金投入。然而，许多组织在人力资源和预算方面存在限制，无法投入足够的资源来推动数据安全技术的发展和应用。

（4）新技术的安全性未知。随着新技术的不断涌现，例如云计算、物联网和人工智能等，其安全性尚未得到充分验证和保证。这给数据安全带来了新的挑战，需要时间和经验来寻找相应的安全解决方案。

为了解决数据安全技术滞后的问题,组织和个人可以采取以下4条措施:一是加强安全意识培训。组织应该提供定期的安全意识培训,教育员工有关数据安全的重要性、最佳实践和常见威胁。二是跟进最新技术和威胁。组织应定期进行技术评估,了解最新的安全技术和威胁以及相应的解决方案。三是配置和使用安全工具。组织应配置和使用适当的安全工具,例如防火墙、入侵检测系统、数据加密和访问控制等,以增强数据的安全性。四是加强合作和信息共享。组织应与其他组织、安全专家和政府机构加强合作和信息共享,共同解决数据安全的挑战。

数据安全技术滞后的问题需要组织和个人共同努力来解决,通过加强安全意识、跟进最新技术和威胁、配置和使用安全工具以及加强合作和信息共享,可以提高数据的安全性和保护水平。

### 3. 数据共享平台缺乏

数据共享平台的缺乏主要表现为金融行业中存在缺乏有效的机制和平台来促进金融数据的共享和交流。现有开放数据从量上看形成了较大规模,但涉及核心业务办理、社会公众迫切需求的数据较少,实用性较强的公共数据开放程度不足,无法满足社会公众的迫切需求;部分开放平台存在"有目录无数据""有数据无价值"的情况,开放工作流于形式。

数据共享平台缺乏是一个严重的问题,影响了数据的质量、安全和利用。充足的数据共享平台能够让不同的数据提供者和使用者之间交换、整合和分析数据的网络平台。数据共享平台可以提高数据的可见性、可信度和价值,促进数据的创新应用和社会效益。然而,目前中国的数据共享平台还很不完善,存在以下3个方面的问题:一是数据共享平台的建设缺乏统一的规划和标准,导致数据共享平台之间的互联互通困难,数据的格式、质量和安全无法保证。二是数据共享平台的运营缺乏有效的激励和约束机制,导致数据提供者和使用者之间的利益不平衡,数据的供需矛盾突出。三是数据共享平台的监管缺乏法律法规和制度保障,导致数据的权属、责任和风险。

导致数据共享平台缺乏的原因有很多,现阶段主要有以下4点:一是信息壁垒。许多组织在数据共享方面存在信息壁垒,不愿意共享自己的数据。这可能是因为担心数据泄露、竞争对手获取敏感信息或法律和合规要求的限制。二是数据孤岛和格式不兼容。许多组织的数据存储在不同的系统和部门中,导致数据孤岛的问题。此外,不同系统和部门使用的数据格式和标准可能不一致,使得数据难以集成和共享。三是缺乏共享机制和规范。缺乏统一的共享机制和规范也是数据共享平台缺乏的原因之一。没有明确的数据共享政策和流程,缺乏标准化的数据格式、元数据和接口,使得数据共享变得困难。四是安全和隐私问题。数据共享涉及敏感信息的交换,因此安全和隐私问题是组织犹豫共享数据的重要考虑因素。确保数据的安全和隐私保护是建立可信数据共享平台的关键。

为了解决数据共享平台缺乏的问题,可以采取以下4个措施:

(1) 制定明确的数据共享政策和流程。组织应制定明确的数据共享政策和流程,明确数据共享的目的、范围、权限和责任,以及数据共享的程序和流程。

(2) 推动数据标准化和互操作性。组织应推动数据标准化和互操作性,制定统一的数据格式、元数据和接口标准,使得数据能够更容易地集成和共享。

(3) 加强数据安全和隐私保护。组织应采取措施来确保数据的安全性和隐私保护,例如数据加密、访问控制和数据脱敏等,以建立可信的数据共享平台。

(4) 建立合作伙伴关系和数据联盟。组织可以建立合作伙伴关系和数据联盟,与其他组织共享数据,并共同解决数据共享的问题。

总之,解决数据共享平台缺乏的问题需要组织和相关方共同努力。通过制定明确的政策和流程、推动数据标准化和互操作性、加强数据安全和隐私保护以及建立合作伙伴关系和数据联盟,可以促进数据的共享和流动,实现更好的数据价值和创新。

**4. 外部机构组织竞争**

外部机构是在金融业之外,从事金融数据相关业务的机构,包括数据提供商、数据分析师、数据咨询公司、数据安全公司等。这些机构通过收集、整理、加工、分析和发布金融数据,为金融业和其他行业提供服务和支持。外部机构在金融数据领域具有一定的优势,例如拥有更广泛的数据来源、更先进的数据技术、更灵活的数据产品等。同时,外部机构也面临着一些挑战,例如缺乏统一的数据标准、难以保障数据质量和安全性、难以适应不同客户的需求等。

一般情况下,金融数据被用于反映金融市场和金融机构的运行状况、金融资产和金融负债的变化情况、金融风险和金融监管的信息。金融数据的收集、处理、分析和发布是金融业务的重要组成部分,也是金融监管和金融决策的基础。随着金融业的发展和创新,金融数据的种类、规模和价值不断增加,同时也带来了更多的挑战和风险。因此,如何有效地组织和管理金融数据,提高金融数据的质量和安全性,成为金融业内外关注的焦点。

金融机构在数字化转型过程中,面临着来自行业外部的竞争。为了应对监管报送,金融机构需要准确识别监管数据质量问题,平台化常态化进行数据质量检测;在监管数据治理方面,要以监管应用为导向,建立完整的数据治理体系。

外部机构与金融业内部机构在金融数据领域存在着合作与竞争的关系。一方面,外部机构可以为内部机构提供更多样化、更高效率、更低成本的金融数据服务,帮助内部机构提升业务水平和竞争力。另一方面,外部机构也可能对内部机构形成竞争压力,挑战内部机构在金融数据方面的主导地位和权威性。因此,如何平衡外部机构与内部机构在金融数据领域的合作与竞争,实现互利共赢,是一个值得探讨的问题。

数据外部机构组织的竞争主要体现在以下4个方面:

一是数据获取能力。金融数据外部机构组织竞争的一个重要方面是数据获取能力。不同的数据外部机构可能有不同的数据源和获取渠道,能够提供各种类型和来源的金融数据。数据外部机构通过拥有更广泛、更准确的数据来源,提供更全面和高质量的金融数据,从而吸引用户和客户。

二是数据处理和分析能力。除了数据获取能力,数据外部机构组织之间的竞争还体现在数据处理和分析能力上。金融数据需要经过加工、清洗和分析,以提供有价值的信息和洞见。数据外部机构通过提供更精确、更深入的数据处理和分析服务,帮助用户更好地理解和利用金融数据。

三是数据可视化和呈现能力。金融数据外部机构组织竞争的另一个方面是数据可视化和呈现能力。如何将庞大的金融数据以直观、易懂的方式展示给用户,对于用户的决策和分析至关重要。数据外部机构通过提供丰富的数据可视化工具和交互式报表,使用户能够更方便地理解和利用金融数据。

四是数据安全和隐私保护能力:在金融领域,数据安全和隐私保护是一个重要的考虑因素。数据外部机构组织之间的竞争也体现在其数据安全和隐私保护能力上。数据外部机构需要采取相应的安全措施,确保金融数据的机密性、完整性和可用性,以获得用户的信任和选择。

综上所述，金融数据外部机构组织之间的竞争主要体现在数据获取能力、数据处理和分析能力、数据可视化和呈现能力以及数据安全和隐私保护能力等方面。通过不断提升这些方面的能力，数据外部机构能够为用户提供更全面、准确和有价值的金融数据服务，获得竞争优势。

### 10.1.2 大数据对金融安全监管的挑战

**1. 配套制度不健全**

随着大数据技术的发展和应用，安全监管面临着新的挑战和机遇。为了有效地利用大数据提高安全监管的水平和效率，需要建立一套与之相适应的配套制度。这些制度应该包括以下几个方面：数据采集和共享的规范和标准，确保数据的质量和完整性，防止数据的泄露和滥用；数据分析和处理的方法和工具，提高数据的价值和意义，支持安全监管的决策和执行；数据安全和隐私保护的措施和机制，维护数据的安全性和合法性，保障数据主体的权益和尊严；数据监督和评估的体系和流程，监测数据的使用情况和效果，评估数据的贡献和影响。

随着大数据的快速发展和广泛应用，安全监管对大数据的配套制度也日益重要。安全监管对大数据配套制度的一些关键要点如下：

（1）数据保护和隐私保护：制定相关法律法规和政策，确保大数据采集、存储、处理和使用过程中的数据安全和隐私保护。例如，要求企业和组织遵守数据保护规定，明确个人数据的收集、使用和共享权限，加强数据安全技术和管理措施等。

（2）数据安全审查：建立数据安全审查制度，对大数据项目进行安全审查和评估，确保数据采集、存储和处理过程中的安全风险得到有效控制。审查内容包括数据采集的合法性、数据存储和处理的安全性、数据共享和传输的安全性等。

（3）数据共享和开放管理：制定相关规定和机制，促进大数据的共享和开放，同时确保数据共享的安全和合规性。例如，建立数据共享平台，明确数据共享的权限和责任，加强数据共享的技术和管理手段，防止数据滥用和泄露。

（4）数据伦理和道德规范：制定数据伦理和道德规范，明确大数据的合法、合规和道德要求，引导和规范大数据的应用行为。例如，明确大数据采集和使用的目的和范围，禁止滥用个人数据，规范大数据算法和模型的开发和应用等。

（5）安全监管机构和人员培训：建立相应的安全监管机构，负责制定和执行大数据安全监管政策和措施。同时，加强对安全监管人员的培训和能力建设，提高他们的专业素质和技能，确保他们能够有效履行安全监管职责。

安全监管对大数据的配套制度包括数据保护和隐私保护、数据安全审查、数据共享和开放管理、数据伦理和道德规范以及安全监管机构和人员培训等方面的内容。这些制度的建立和完善，对保障大数据的安全和合规性具有重要意义。

但是，目前安全监管对大数据的配套制度还存在不健全的问题，主要集中表现在以下几个方面：一是法律法规不完善。目前针对大数据的安全监管法律法规还相对不完善，无法全面覆盖大数据采集、存储、处理和使用等方面的安全问题。因此，需要进一步完善相关法律法规，明确大数据安全监管的要求和标准。二是监管主体不明确。在大数据安全监管方面，缺乏明确的监管主体和责任,导致监管职能分散、监管效果不明显。因此,需要明确安全监管的主体和责任,建立健全的监管体系。三是技术手段滞后。大数据技术的快速发展使得安全监管技术手段相对滞后,无法及时应对新兴的安全威胁和风险。因此,需要加强安全监管技术的研发和应用,提升安全监管的技术能力。四是数据跨界监管困难。大数据的应用往往涉及不同领域和行业,数据跨界流动频繁,导致跨界监管困难。因此,需要建立跨界监管机制,加强不同部门和行业之间的协作和合作,实现跨界数据的有效监管。五是缺乏专业人才。大数据安全监管需要具备专业知识和技能的人才,但目前缺乏足够的专业人才从事安全监管工作。因此,需要加强人才培养和引进,提高安全监管人员的专业素质和能力。

总体来说,安全监管对大数据的配套制度还存在不健全的问题,需要进一步加强法律法规建设、明确监管主体和责任、提升技术手段和人才水平等方面的工作,以保障大数据的安全和合规性。

**2. 监管强度难把握**

在过去的历史时期,数据安全的监管,相比网络安全的监管,在监管力度方面稍弱。从法律法规层面,在定义安全的相关法律法规或国家标准、行业标准中,数据安全、网络安全相关的监管都是作为网络空间安全的子领域进行阐述。从时间线分析,数据安全监管的发展时间线实际与网络安全监管是同步的,但从法律法规监管所产生的影响范围、影响力度来看,数据安全监管对数据安全领域所产生的影响相比网络安全监管对网络安全的影响来讲,相对弱势。

随着大数据技术的发展,安全监管的问题也日益突出。如何在保护个人隐私和促进数据共享之间找到平衡点,是一个难以把握的挑战。过于宽松的监管可能导致数据泄露、滥用或盗用,损害公众利益和信任;过于严格的监管可能阻碍数据的流动和创新,影响社会经济发展。因此,需要建立一个适应大数据时代的安全监管体系,既能保障数据的安全性和合法性,又能充分发挥数据的价值和潜力。而大数据安全监管的强度难以把握是一个普遍存在的问题,原因如下:

一是因为技术进步速度快。大数据技术的快速发展使得监管机构很难跟上技术的更新换代,导致监管手段和措施相对滞后。因此,监管机构需要加强技术研发和应用,以跟上技术的发展脚步。

二是因为数据规模庞大。大数据的特点之一是数据规模庞大,这使得监管难度加大。监管机构需要投入大量资源和人力进行监管,但监管资源有限,无法对所有数据进行全面的监管。因此,需要制定科学有效的监管策略,重点关注高风险领域和关键数据。

三是因为数据跨界流动。大数据的应用往往涉及不同行业和领域,数据跨界流动频繁。这使得监管机构很难对数据进行全面监管,尤其是在跨界数据流动方面。因此,需要加强跨界监管机制的建设,促进不同部门和行业之间的协作和合作。

综上所述,大数据安全监管的强度难以把握主要是由于技术进步速度快、数据规模庞大、数据跨界流动和监管资源不足等原因。为了解决这个问题,监管机构需要加强技术研发和应用,制定科学有效的监管策略,加速跨界监管机制的建设。

**3. 人力资源不足**

金融大数据监管的人力资源不足是一个普遍存在的问题。金融大数据监管的人力资源不足表现为金融行业中缺乏具备专业知识和技能的人才,不能有效进行有效的大数据监管工作。这些人力资源包括数据科学家、数据分析师、信息安全专家、监管专家等。由于金融大数据监管涉及多方面的技能和知识，如数据采集、分析、处理、存储、安全、法律等，而目前中国在这些领域的专业人才缺口很大，导致金融大数据监管的效率和质量难以保证。以下是一些导致这种情况出现的原因：

（1）技术专业性要求高：金融大数据监管需要具备深厚的金融和数据分析技术知识，能够理解和应用复杂的金融模型和算法。然而，此类专业人才相对稀缺，竞争激烈，很难满足日益增长的监管需求。

（2）市场需求多样化：金融大数据监管覆盖广泛的金融市场和产品，监管人员需要了解不同领域的金融知识和实践经验。然而，市场需求多样化，监管人员需要具备多领域的专业知识，这对培养和招聘合适的人才提出了更高的要求。

（3）缺乏培训机会和平台：金融大数据监管是一个新兴领域，目前缺乏相关的培训机会和平台，使得专业人才的培养相对滞后。监管机构需要加强培训和教育，提供更多的培训资源和机会，吸引和培养更多的专业人才。

（4）高薪竞争和福利待遇：金融行业对高级数据分析师和专业人才的需求很大，高薪竞争激烈。监管机构在吸引和留住人才方面面临一定的压力，需要提供具有竞争力的薪酬和福利待遇，提高人才的归属感和稳定性。

由于金融大数据监管的人力资源不足，可能导致监管机构无法充分利用大数据技术来应对日益复杂的金融风险和安全挑战。为了解决金融大数据监管的人力资源不足问题，监管机构可以采取以下措施：加强人才培养和引进，建立专业的培训机制和平台，提供培训资源和机会，培养和引进更多的金融大数据监管专业人才；提供良好的职业发展环境，提供有竞争力的薪酬和福利待遇，为人才提供良好的职业发展机会和晋升渠道，增加人才的留存和稳定性；加强与高校和研究机构的合作，与高校和研究机构建立合作关系，共同开展研究和培训，促进学术界和行业界的交流和合作；制定灵活的人才引进政策，吸引海外优秀人才和行业专家，增加监管机构的人才储备。

总之，由于快速发展的金融科技、技术变革的加速、竞争激烈的招聘市场等原因，金融大数据监管的人力资源不足的趋势可能会加剧。金融大数据监管的人力资源不足问题需要监管机构加强人才培养和引进、提供良好的职业发展环境、加强与高校和研究机构的合作、制定灵活的人才引进政策等措施来解决。

### 4. 监管工具有限

金融大数据监管的工具不多，这是一个普遍的问题。金融行业是一个高度复杂和动态的领域，涉及各种各样的数据来源、数据类型和数据分析方法。金融监管机构需要能够有效地收集、整合、分析和利用这些数据，以便及时发现和防范金融风险，保护金融稳定和消费者利益。然而，目前的金融大数据监管工具还存在很多不足，比如缺乏统一的数据标准和接口、缺乏高效的数据处理和存储能力、缺乏智能的数据挖掘和可视化技术等。这些不足限制了金融监管机构对大数据的充分利用，也增加了金融监管的成本和难度。金融大数据监管的工具有限是一个普遍存在的问题。以下是导致这种情况出现的原因：

（1）技术更新迅速：金融大数据监管需要应对不断变化和更新的技术，但监管工具的开发和更新相对滞后。监管机构需要不断跟进和采用最新的技术工具，以应对日益复杂的金融市场和产品。

（2）数据质量和可靠性：金融大数据监管需要依赖高质量和可靠的数据，但实际情况是金融数据的质量和可靠性存在问题。不完整、不准确或者不一致的数据会影响监管工具的有效性和准确性。

(3) 数据安全和隐私保护：金融大数据监管涉及大量敏感和个人信息的处理和分析，因此需要强大的数据安全和隐私保护工具。然而，当前的数据安全和隐私保护技术还存在一定的局限性，监管机构需要加强研发和应用，以保护数据的安全和隐私。

(4) 经费和资源限制：金融大数据监管需要投入大量的经费和资源，但监管机构的经费和资源往往有限。这限制了监管机构开发和应用更多的工具来支持金融大数据监管。

为了解决金融大数据监管工具有限的问题，监管机构可以采取以下措施：加强技术研发和合作，监管机构可以加强与科研机构、高校和行业合作，共同开展技术研发，提升监管工具的水平和能力；提高数据质量和可靠性，监管机构需要加强数据质量和可靠性的管理，建立完善的数据采集、清洗和验证机制，确保数据的准确性和一致性；加强数据安全和隐私保护，监管机构需要加强数据安全和隐私保护的研发和应用，采用先进的加密和隐私保护技术，确保数据的安全和隐私；提升经费和资源投入，监管机构可以争取更多的经费和资源投入，用于开发和应用更多的监管工具，提升金融大数据监管的能力和效果。

金融大数据监管的工具有限问题需要监管机构加强技术研发和合作，提高数据质量和可靠性，加强数据安全和隐私保护，提升经费和资源投入等措施来解决。

**5．引发市场风险**

大数据监管金融市场是一种利用大量数据分析和处理技术，对金融市场的运行状况、风险状况、监管效果等进行实时监测、预警和干预的方式。大数据监管金融市场有利于提高监管效率和效果，保护金融消费者的权益，维护金融稳定。但是，大数据监管金融市场也可能引起市场风险，具体表现为以下几个方面：

大数据监管金融市场可能导致过度监管或监管失灵。过度监管可能抑制金融创新和市场活力，影响金融资源的有效配置；监管失灵可能导致监管漏洞和盲区，给金融违法违规行为留下空间。

大数据监管金融市场可能侵犯金融机构和个人的隐私权。大数据监管金融市场需要收集、存储、分析和使用大量的金融数据，这些数据可能涉及金融机构和个人的敏感信息，如财务状况、交易行为、信用记录等。如果这些数据被泄露、滥用或误用，可能会给金融机构和个人造成损失或伤害。

大数据监管金融市场可能增加系统性风险。大数据监管金融市场依赖复杂的信息技术系统，这些系统可能存在技术缺陷、安全漏洞、人为干扰等问题，如果发生故障或攻击，可能会影响金融市场的正常运行，甚至引发系统性危机。

为了应对大数据监管可能引起的市场风险，监管机构可以采取以下 4 条措施：

(1) 加强数据质量和准确性：监管机构需要确保大数据的质量和准确性，建立科学的数据采集、清洗和验证机制，以提高数据分析的准确性和可靠性。

(2) 提升监管决策的及时性：监管机构应该加大技术和人力资源投入力度，以确保能够及时获取和分析最新的市场数据，以便做出及时的监管决策。

(3) 加强数据安全和隐私保护：监管机构需要加强数据安全和隐私保护的措施，采用先进的加密和隐私保护技术，以防止数据泄露和滥用。

(4) 稳健的监管措施：监管机构在制定监管措施时应保持稳健和谨慎，避免过度或不足的监管，以确保市场稳定和风险的有效控制。

因此，大数据监管金融市场可能引起市场风险，监管机构需要加强数据质量和准确性，提升监管决策的及时性，加强数据安全和隐私保护，制定稳健的监管措施等措施来应对。大数据监管金融市场需要在利弊之间寻找平衡点，既要充分发挥大数据的优势，又要防范大数据的风险。这需要建立健全的法律法规体系，规范大数据的收集、存储、分析和使用；建立有效的协调机制，加强不同部门和机构之间的信息共享和合作；建立完善的安全保障体系，提高信息技术系统的可靠性和安全性；建立科学的评估体系，定期评估大数据监管金融市场的效果和影响。

## 阅读资料：大数据时代的金融安全考验

**案例1**

2023年3月，福建银保监局莆田分局公布的一则行政处罚信息让不少银行客户气愤不已。文件显示，工商银行莆田涵江支行因内控管理不到位、未按规定报送案件信息被罚45万元，而该支行一名工作人员被禁止从事银行业工作3年，原因是"违规查询、倒卖客户个人财产信息"。

**案例2**

据媒体报道，一名软件公司的法定代表人朱某在12年中，利用木马病毒非法侵入、控制他人计算机信息系统，非法获取相关计算机信息系统存储的数据。其间，朱某非法控制计算机2474台，利用从华夏基金、南方基金、嘉实基金、海富通基金等多家基金公司非法获取的交易指令，进行相关股票交易牟利，总计获得违法所得人民币183.57万元。

随着互联网技术的发展，大数据已经成为金融行业的重要资源和驱动力。金融行业对数据的需求与应用日益增长，营销、合规、运营等对内外部数据都有大量需求。大数据可以帮助金融机构提高效率，优化产品，拓展市场，创新服务，满足客户的多样化需求。国家也在法律层面出台了《网络安全法》《数据安全法》《个人信息保护法》对数据安全进行立法规范，保障金融行业数据安全防护日益重要。

然而，大数据也给金融安全带来了前所未有的挑战和风险。如何保护金融数据的安全性、完整性、可用性和隐私性，是大数据时代金融行业面临的紧迫和重要的课题。金融数据安全的威胁主要来自以下几个方面：

外部攻击：黑客、网络犯罪分子、恐怖组织等利用网络漏洞，窃取、篡改、破坏或泄露金融机构的数据，造成经济损失或社会影响。

内部泄露：金融机构的员工、合作伙伴、供应商等利用职务之便，或出于个人利益、情感纠纷、报复心理等动机，泄露或出售金融机构的数据，给金融机构和客户造成损害。

法律法规：不同国家和地区对金融数据的保护和监管有不同的标准和要求，金融机构在跨境数据传输和存储时，需要遵守相关的法律法规，否则可能面临罚款、诉讼或禁止营业等后果。

技术缺陷：金融机构在使用大数据技术时，可能存在软件漏洞、硬件故障、人为操作失误等问题，导致数据丢失、损坏或错误，影响金融业务的正常运行和决策。

为了应对这些威胁，金融机构需要采取有效的措施，提升金融数据安全的能力和水平。具体而言，可以从以下几个方面入手：

建立健全数据安全管理制度和流程，明确数据安全的责任主体、范围、标准和规范，定期进行数据安全的评估和审计，及时发现和处理数据安全的问题和隐患。

加强数据安全的技术防护和监控,采用先进的加密、认证、防火墙、备份等技术手段,保护数据在传输和存储过程中不被篡改或泄露,及时检测和应对外部攻击或内部泄露的行为。

提高数据安全的人员素质和意识,对金融机构的员工、合作伙伴、供应商等进行数据安全的培训和教育,强化他们对数据安全的认识和责任感,防止他们因无知或不良动机而危害数据安全。

加强与政府、行业、社会等各方的沟通和协作,了解并遵守不同国家和地区对金融数据保护和监管的法律法规,参与并推动金融数据安全的标准和规范的制定和完善,共同维护金融数据安全的秩序和环境。

总而言之,大数据时代的金融安全考验是金融行业不可回避的挑战,也是金融行业不断进步和发展的动力。只有通过采取有效的措施,保障金融数据的安全,才能充分发挥大数据的价值,推动金融行业的创新和变革。

## 10.2 人工智能对中国金融安全的新挑战

人工智能(AI)作为新兴技术,对中国金融安全带来了一些新的挑战。虽然人工智能在金融领域的应用带来了许多便利和创新,但也存在以下挑战。

### 10.2.1 挑战金融监管的有效性

人工智能在金融领域的应用日益广泛,给金融监管带来了新的挑战。人工智能不仅可以提高金融服务的效率和质量,还可以创造新的金融产品和模式,从而改变金融市场的结构和运行方式。然而,人工智能也可能引发一系列的风险和问题,例如数据安全、算法透明度、道德责任、市场竞争等。这些风险和问题对金融监管的有效性提出了严峻的考验,要求金融监管部门不断完善和创新监管理念、方法和手段,以适应人工智能的发展和变化。

人工智能在金融领域的广泛应用,确实对金融监管的有效性提出了以下一些挑战:

一是缺乏透明度和可解释性。人工智能算法通常是基于大量的数据进行训练和学习,其决策过程往往是不透明的。这使得金融监管机构难以理解和解释人工智能算法的决策依据,从而影响监管的有效性。

二是数据偏见和歧视。人工智能算法的训练数据可能存在偏见和歧视,这可能导致监管决策的不公平。例如,某些算法可能会偏向对某些群体进行歧视性的定价或拒绝服务,这会违反金融监管的公平性原则。

三是隐私和数据保护。人工智能算法需要大量的个人和敏感数据来进行训练和学习,这涉及隐私和数据保护的问题。监管机构需要确保对这些数据的获取和使用,并采取措施保护用户的隐私权。

四是技术风险和安全问题。人工智能算法可能面临技术风险和安全问题,如算法的漏洞被攻击者利用、算法的误判等,可能导致监管机构做出错误的决策,从而影响监管的有效性。

为了应对人工智能挑战金融监管的有效性,监管机构可以采取以下措施:加强算法透明度和可解释性,监管机构可以要求金融机构提供算法的相关信息,包括算法的输入和输出,以便进行有效的监管和审查;强调数据质量和公平性,监管机构应确保人工智能算法的训练数据具有高质量、无偏见和歧视,以保证监管决策的公平性;加强隐私和数据保护,监管机构需要确保金融机构在收集和使用个人数据时遵守相关的隐私和数据保护法规,保护用户的隐私权;增强监管技术能力,监管机构需要提高相应的技术能力,以便理解和评估人工智能算法的功能、风险和局限性,从而更好地进行监管和审查。

人工智能对金融监管的有效性确实提出了挑战。监管机构需要加强算法透明度和可解释性,强调数据质量和公平性,加强隐私和数据保护,提高监管技术能力,以应对这些挑战。监管机构还需要与金融机构合作,制定相应的监管政策和准则,以确保金融监管的有效性。

### 10.2.2 引起金融市场的剧烈波动和失衡

人工智能监管金融引起市场的剧烈波动和失衡,这是一个值得关注的问题。人工智能可以提高金融效率,降低风险,但也可能导致不可预测的后果。例如,人工智能可能会过度优化某些指标,忽略其他重要因素,或者被恶意操纵,从而影响市场的公平性和稳定性。因此,需要建立一个合理的人工智能监管框架,以确保人工智能的合法性,透明度,可解释性和可靠性。同时,也需要加强人工智能的伦理和社会责任,以保护金融消费者的权益,促进金融创新和发展。

人工智能监管金融之所以可能引起市场的剧烈波动和失衡,主要原因如下:

(1) 自动化交易的影响:人工智能在金融领域的应用,尤其是自动化交易系统,可能会导致交易的快速和大规模执行。当这些系统出现故障或者错误时,可能引发市场的剧烈波动和失衡,导致投资者的损失。

(2) 信息不对称:人工智能算法可以从大量的数据中提取和分析信息,但这也可能导致信息不对称问题。一些机构可能拥有更强大的人工智能算法和更多的数据资源,从而获得更多的信息优势。这可能导致市场的失衡,使得一些投资者处于不利地位。

(3) 高频交易的影响:人工智能在高频交易领域的应用,可能导致市场交易的快速和大规模变化。这可能引发市场的剧烈波动,使得市场价格失去稳定性,从而影响投资者的决策和市场的平衡。

(4) 算法交易的连锁反应:当多个金融机构使用相似的人工智能算法进行交易时,这可能导致算法交易的连锁反应。一旦市场出现波动或者不确定性,这些算法可能会同时采取相似的交易策略,进一步加剧市场的波动和失衡。

为了应对人工智能监管金融引起市场的剧烈波动和失衡,监管机构可以采取以下措施:

(1) 监管技术能力的建设:监管机构需要建立相应的技术能力,以监测和评估人工智能算法对市场的影响。监管机构应加强对自动化交易和高频交易系统的监管,确保其安全和稳定运行。

(2) 加强市场监管和风险管理:监管机构应加强对市场的监管和风险管理,及时发现和干预可能引发市场波动和失衡的情况。监管机构可以制定相应的规则和准则,限制算法交易的风险和影响。

(3) 提高投资者教育和保护:监管机构应加强对投资者的教育和保护,提高他们对人工智能算法交易的认识和了解。监管机构可以要求金融机构向投资者提供相关的信息和警示,以帮助他们做出明智的投资决策。

总之,人工智能监管金融确实可能引起市场的剧烈波动和失衡。监管机构需要提高技术能力,加强市场监管和风险管理,提高投资者教育和保护意识,以应对这些挑战。与此同时,监管机构还需要与金融机构和市场参与者合作,制定相应的监管政策和准则,以确保金融市场的稳定和健康发展。

### 10.2.3 影响从业者的职业发展和价值观

人工智能(AI)是一种能够模拟人类智能的技术,它可以在金融行业中发挥重要的作用,例如提高效率、降低成本、优化风险管理、增强客户体验等。然而,人工智能的应用也带来了一些挑战和影响,尤其是对金融从业者职业发展和价值观的影响。

首先,人工智能可能会改变金融从业者的职业需求和岗位结构。一方面,人工智能可能会取代一些重复性、低附加值、高风险的工作,例如数据录入、核对、审核等,这意味着金融从业者需要不断提升自己的专业技能和创新能力,以适应更高层次和更复杂的任务。另一方面,人工智能也可能会创造一些新的职业机会和岗位类型,例如数据分析师、算法工程师、AI伦理专家等,这要求金融从业者拥有跨学科的知识和视野以及与人工智能系统协作和沟通的能力。

其次,人工智能可能会影响金融从业者的职业道德和价值观。一方面,人工智能可能会提高金融从业者的职业责任和标准,例如遵守法律法规、保护客户隐私、维护市场公平等,这需要金融从业者具有良好的职业操守和诚信。另一方面,人工智能也可能会引发一些伦理和社会问题,例如数据安全、算法透明度、AI偏见等,这需要金融从业者有清晰的价值判断和道德原则以及对AI系统的监督和问责。

总的来看,人工智能在金融监管中的应用,要求从业者具备相关的技术能力和知识。从业者需要了解人工智能算法的原理和功能以及其在金融领域的应用。这可能要求从业者不断学习和更新自己的技术知识,以适应行业的发展和变化。传统的金融从业者可能需要转变为具备技术背景和能力的专业人员,以适应人工智能监管的需求。从业者可能需要具备数据分析、机器学习和人工智能算法等方面的知识和技能。另外,从业者可能面临如何平衡技术进步和人类价值观的挑战。他们需要思考和解决一些涉及隐私、公平性、歧视等问题的伦理困境。最后,从业者需要确保人工智能算法的安全和合规性,以防止出现技术漏洞、误判或违反法律法规的情况。他们可能需要更加审慎地处理和使用人工智能算法。

为了应对人工智能监管金融行业对从业者的职业发展和价值观的影响,从业者可以采取以下措施:持续学习和更新知识,从业者需要不断学习和更新自己的知识,特别是与人工智能相关的技术和应用。他们可以参加相关的培训和学习课程,提升自己的技术能力和专业知识;关注道德和伦理问题,从业者应关注人工智能监管金融行业中的道德和伦理问题,并积极思考和解决这些问题。他们可以参与相关的讨论和研究,与同行和专家进行交流和合作;加强合规和风险管理,从业者需要加强对合规和风险管理的实践。他们应了解并遵守相关的法律法规,采取措施确保人工智能算法的安全和合规性;培养综合能力和素质,除了技术能力,从业者还应培养综合能力和素质。这包括沟通能力、分析能力、判断能力等,以便更好地应对人工智能监管金融行业的挑战和变化。

人工智能监管金融行业对从业者的职业发展和价值观确实会产生影响。金融从业者应该积极应对人工智能带来的变化和挑战,不断学习和提升自己的专业素养和综合能力,同时也要保持自己的职业道德和价值观,以实现个人和社会的共同发展。与此同时,监管机构和行业组织也可以提供支持和指导,帮助从业者更好地应对人工智能监管金融行业的挑战。

## 阅读资料:新一代人工智能治理原则——负责任的人工智能[①]

2019年6月17日,中国国家新一代人工智能治理专业委员会在北京发布《新一代人工智能治理原则——发展负责任的人工智能》,明确提出和谐友好、公平公正、包容共享、尊重隐私、安全可控、共担责任、开放协作、敏捷治理等8项原则。

该委员会表示,全球人工智能发展进入新阶段,呈现出跨界融合、人机协同、群智开放等新特征,正在深刻改变人类社会生活、改变世界。为促进新一代人工智能健康发展,更好协调发展与治理的关系,确保人工智能安全可靠可控,推动经济、社会及生态可持续发展,共建人类命运共同体,人工智能发展相关各方应遵循以下8项原则:

和谐友好。人工智能发展应以增进人类共同福祉为目标;应符合人类的价值观和伦理道德,促进人机和谐,服务人类文明进步;应以保障社会安全、尊重人类权益为前提,避免误用,禁止滥用、恶用。

公平公正。人工智能发展应促进公平公正,保障利益相关者的权益,促进机会均等。通过持续提高技术水平、改善管理方式,在数据获取、算法设计、技术开发、产品研发和应用过程中消除偏见和歧视。

包容共享。人工智能应促进绿色发展,符合环境友好、资源节约的要求;应促进协调发展,推动各行各业转型升级,缩小区域差距;应促进包容发展,加强人工智能教育及科普,提升弱势群体适应性,努力消除数字鸿沟;应促进共享发展,避免数据与平台垄断,鼓励开放有序竞争。

尊重隐私。人工智能发展应尊重和保护个人隐私,充分保障个人的知情权和选择权。在个人信息的收集、存储、处理、使用等各环节应设置边界,建立规范。完善个人数据授权撤销机制,反对任何窃取、篡改、泄露和其他非法收集利用个人信息的行为。

安全可控。人工智能系统应不断提升透明性、可解释性、可靠性、可控性,逐步实现可审核、可监督、可追溯、可信赖。高度关注人工智能系统的安全,提高人工智能鲁棒性及抗干扰性,形成人工智能安全评估和管控能力。

共担责任。人工智能研发者、使用者及其他相关方应具有高度的社会责任感和自律意识,严格遵守法律法规、伦理道德和标准规范。建立人工智能问责机制,明确研发者、使用者和受用者等的责任。人工智能应用过程中应确保人类知情权,告知可能产生的风险和影响,防范利用人工智能进行非法活动。

开放协作。鼓励跨学科、跨领域、跨地区、跨国界的交流合作,推动国际组织、政府部门、科研机构、教育机构、企业、社会组织、公众在人工智能发展与治理中的协调互动。开展国际对话与合作,在充分尊重各国人工智能治理原则和实践的前提下,推动形成具有广泛共识的国际人工智能治理框架和标准规范。

---

[①] 来源:中新网。

敏捷治理。尊重人工智能发展规律，在推动人工智能创新发展、有序发展的同时，及时发现和解决可能引发的风险。不断提升智能化技术手段，优化管理机制，完善治理体系，推动治理原则贯穿人工智能产品和服务的全生命周期。对未来更高级人工智能的潜在风险持续开展研究和预判，确保人工智能始终朝着有利于人类的方向发展。

## 10.3 各国对大数据与金融安全的处置经验

各个国家和地区在面对大数据与金融安全的挑战时，采取了不同的处置经验和措施。本节将介绍美国、欧洲以及日本的处置经验。

### 10.3.1 美国经验

美国在大数据与金融安全处置方面经历了从关注和认识到立法和监管的发展过程。通过建立监管机构、加强监管合规、推动技术创新和加强网络安全等措施，美国不断完善金融安全监管体系，提高金融系统的稳定性和安全性。美国是大数据技术的先驱和领导者，也是金融业发达国家。在大数据与金融安全的处置方面，美国有以下3个方面的经验。

**1. 立法确保金融数据安全**

美国没有统一的金融数据保护法，而是根据不同的金融服务和数据类型，制定了多项法律法规来保护消费者的金融隐私和安全。其中，最主要的法律有以下几个：

《格雷姆-里奇-布里利法案》(GLBA)，又称《金融服务现代化法案》，要求金融机构向客户披露其隐私政策，限制非公开个人信息(NPI)的共享和使用，并采取合理的措施保护NPI的安全。

《公平信用报告法》(FCRA)，规范了信用报告机构(CRA)对消费者信用信息的收集、使用和披露，保证消费者信用信息的准确性和完整性，并赋予消费者查看和纠正信用报告的权利。

《公平和准确信用交易法》(FACTA)，修订了FCRA，增加了对消费者信用信息的保护措施，如要求在打印的收据上截断信用卡号码，要求安全销毁含有个人信息的文件，并规定了在发生身份盗窃时消费者的权利。

《支付卡行业数据安全标准》(PCI-DSS)，它是由主要的信用卡公司制定的一套自律规范，要求处理、存储或传输支付卡数据的企业遵守一系列的安全要求，以防止支付卡数据被盗用或泄露。

以上是美国立法确保金融数据安全的一些主要措施，但并不完善。美国仍然面临着数据保护立法碎片化、缺乏统一标准、监管力度不足等问题。因此，美国国会需要在尊重各州权利和行业自律的基础上，制定更加全面、协调、有效的金融数据保护法律框架，以应对日益复杂和严峻的数据安全挑战。

**2. 建立金融大数据隐私规则体系**

金融大数据通过对金融行业产生的海量数据进行分析和挖掘，从而提供金融服务和决策支持的一种技术。由于金融大数据的应用涉及个人和机构的敏感信息，如财务状况、信用评级、交易记录等,需要建立有效的隐私保护机制,防止数据泄露、滥用或被恶意利用。美国已经建立了一套相对完善的金融大数据隐私规则体系,主要包括以下几个方面。

一是监管机构。美国有多个监管机构负责监督和执行金融大数据的隐私规则,如联邦贸易委员会(FTC)、消费者金融保护局(CFPB)、联邦存款保险公司(FDIC)等。这些监管机构通过发布指导性文件、开展调查和审查、处罚违规行为等方式,保障金融大数据的合法合规使用。

二是行业自律。美国的金融行业也积极参与金融大数据的隐私保护中,通过制定行业标准、遵守最佳实践、加强内部管理等方式,提高金融大数据的安全性和可信度。例如,美国银行业协会(ABA)发布了《银行业大数据分析指南》,为银行提供了关于如何收集、分析和使用大数据的建议和指导。

三是公民意识。美国的公民也越来越关注自己的金融大数据隐私权,通过阅读隐私政策、选择可信赖的服务提供商、维护自己的信用记录等方式,保护自己的金融大数据不被侵犯或滥用。同时,美国公民也可以通过投诉、诉讼、参与政策制定等方式,维护自己的金融大数据隐私权益。

### 3. 金融数据共享服务实体经济发展

美国是一个金融数据服务发达的国家,它利用先进的技术和创新的模式,为各类金融机构和实体经济提供高效、安全、便捷的数据服务。美国的金融数据服务通过收集、整理、分析、传输和应用金融数据,为金融市场参与者提供决策支持、风险管理、交易执行等服务的活动。美国的金融数据服务公司有很多,其中最知名的有 Fiserv、Stripe、Klarna 和 Chime 等。

例如,Fiserv 是美国较大的金融数据服务公司之一,成立于 1984 年,为银行、信用社和金融公司提供支付处理、账单支付、核心账户处理、贷款管理等服务。Fiserv 在 2019 年收购了支付服务商 First Data,进一步扩大了其在全球支付市场的影响力。

Stripe 是一家金融服务和软件服务(SaaS)公司,成立于 2009 年,为电子商务网站和移动应用程序提供支付处理软件和应用程序编程接口(API)。Stripe 通过提供简单易用的 API,让开发者可以轻松地在网站和应用中集成支付功能。Stripe 还提供了反欺诈工具、计费产品、贷款和信用卡等增值服务。

Klarna 是一家金融科技公司,成立于 2005 年,提供在线金融服务,例如在线店面支付和直接支付以及先买后付的服务。Klarna 通过让消费者可以在不输入银行卡信息的情况下,在线购物并分期付款,提高了电子商务的转化率和用户体验。Klarna 目前是欧洲较大的先买后付(BNPL)服务提供商之一。

Chime 是一家金融科技公司,成立于 2013 年,提供免费支票账户、借记卡和透支保护等手机银行服务。Chime 通过与合作银行的关系,为客户提供联邦存款保险公司(FDIC)保险的银行账户,并通过收取交换费来赚取收入。Chime 还提供了自动储蓄、即时现金转账等功能,帮助客户管理财务。

总之,美国利用金融数据服务实体经济发展的方式有以下几点:金融数据服务可以降低交易成本和风险,提高交易效率和安全性,促进金融市场的流动性和稳定性;金融数据服务可以增加信息透明度和可信度,提高市场参与者的决策能力和信心,促进市场竞争和创新;金融数据服务可以拓展金融产品和服务的种类和覆盖范围,满足不同客户的多样化需求,促进金融普惠和包容;金融数据服务可以支持实体经济的生产、消费、投资和贸易活动,提供资金、信用、保险等金融功能,促进经济增长和社会提升福利水平。

### 10.3.2 欧洲经验

大数据时代,数据安全成为金融业面临的重要挑战。欧洲作为全球金融中心之一,面临着日益复杂的金融安全挑战。为了应对这些挑战,欧洲不断加强大数据与金融安全的处置能力,积极探索有效的监管措施和防范措施。欧洲在这方面有着丰富的经验和先进的做法,值得借鉴和学习。欧洲对大数据与金融安全的处置经验主要体现在以下两个方面。

**1. 出台政策提高金融大数据治理水平**

欧洲在大数据与金融安全领域出台了一系列的政策和战略,旨在促进数据的自由流动、保护个人隐私、防范网络风险、提升数字竞争力。以下是一些主要的政策举措:

《通用数据保护条例》(GDPR):这是欧盟在2018年实施的一项具有里程碑意义的数据保护法规,规定了个人数据在欧盟内部和跨境流动的条件和要求,赋予了数据主体更多的权利和控制,对违反规定的组织和个人设立了高额的罚款。

《非个人数据自由流动条例》(FFD):这是欧盟在2018年颁布的一项针对非个人数据的法规,旨在消除成员国之间的数据本地化要求,促进非个人数据在欧盟内部的自由流动,增加数据共享和再利用的机会,支持创新和竞争力。

《欧洲数据战略》(EDS):这是欧盟在2020年发布的一项关于数据治理和利用的战略性文件,提出了建立一个基于欧洲价值观和规则的单一欧洲数据空间的愿景,提出了推动公共部门、工业部门和个人部门数据共享和再利用的措施,提出了建设高性能计算、云计算、人工智能等数字基础设施和能力的计划。

《数字服务法案》(DSA)和《数字市场法案》(DMA):这是欧盟在2020年末提出的两项旨在更新数字领域规则框架的法案提案,分别针对数字服务提供者和数字平台运营者,规定了他们在内容管理、透明度、责任、竞争等方面应当遵守的义务和标准,以保护用户权益、维护公平市场、促进创新发展。

《网络安全法案》(CSA):这是欧盟在2019年通过的一项关于网络安全的法律文件,旨在加强欧洲网络安全局(ENISA)的角色和职能,建立统一的网络安全认证框架,提高网络安全产品、服务和流程的质量和信任度,增强网络安全意识。

以上政策反映了欧洲对大数据与金融安全的重视和投入,也展示了欧洲在数字化转型中所追求的特色和价值。

除了上述政策之外,欧盟还通过一系列的法律法规,为数据安全和个人隐私保护提供了强有力的制度保障。这些法律法规明确了数据主体的权利和义务,规定了数据处理者和数据控制者的责任和义务,设立了数据保护监管机构,制定了数据跨境转移的标准和要求,对违反规定的行为进行了严厉的处罚。

**2. 促进金融数据技术与实体经济融合发展**

欧洲作为全球经济大区,一直致力于推动金融数据技术与实体经济的融合发展,以促进经济增长和创新。欧洲国家通过一系列举措,积极营造创新环境,促进金融机构、科技企业和实体经济企业之间的合作与创新。以下是欧洲国家值得借鉴的做法。

第一,欧洲国家致力于建立创新金融科技生态系统。政府鼓励金融科技企业的发展,并提供资金和投资支持。各国设立了科技创新基金,为创新企业提供资金和资源,帮助他们加速发展。此外,政府还组织金融科技创新竞赛和展览,为金融机构和实体经济企业提供交流和合作的平台。

第二，欧洲国家促进跨部门合作。政府鼓励金融机构、科技企业和实体经济企业之间的合作与创新。政府部门积极组织创新竞赛和展览，为各方提供交流和合作的机会。此外，政府还设立了金融科技创新中心，促进不同领域的合作与创新，打破传统行业之间的壁垒。

第三，欧洲国家致力于提供金融支持和服务。金融机构积极为实体经济企业提供创新金融产品和服务。一些国家推动银行和科技企业合作，开发数字化支付、智能贷款和供应链金融等创新产品，以满足实体经济企业的融资和金融需求。政府还设立了金融创新基金，为实体经济企业提供资金和培训支持，帮助他们加强数字化转型能力。

第四，欧洲国家注重数据共享和开放。政府制定了数据保护和隐私法规，为数据共享提供合法和规范的框架。政府推动建立金融数据共享平台，实现金融数据的开放和可访问性。金融机构和实体经济企业之间积极共享数据，以促进创新和合作。这些措施有助于加快金融数据技术在实体经济中的应用和发展。

第五，欧洲国家加强数字化转型能力。政府鼓励实体经济企业加强数字化转型能力，提升数据管理和分析能力。政府设立数字化转型基金，为企业提供资金和培训支持，帮助他们应对数字化转型的挑战。这些举措有助于实体经济企业更好地利用金融数据技术，提高效率和创新能力。

总而言之，欧洲国家通过建立创新金融科技生态系统、促进跨部门合作、提供金融支持和服务、促进数据共享和开放以及提升数字化转型能力等一系列举措，积极推动金融数据技术与实体经济的融合发展。这将为实体经济企业带来更多的融资和创新机会，推动经济增长和可持续发展。虽然欧洲国家在大数据与金融安全的处置方面取得了一定的成效，但随着技术的不断发展和金融风险的不断变化，欧洲国家仍需不断探索和完善大数据与金融安全的处置经验，以保障金融体系的稳定和可靠。

### 10.3.3 日本经验

日本作为发达国家，有着较为成熟的金融市场，也在大数据与金融安全方面积累了一定的经验，以下两点是日本的经验。

**1. 通过"可信数据"概念来制定金融数据治理的规则**

金融数据是金融市场的重要基础，也是金融监管的核心要素。随着金融科技的发展，金融数据的规模、类型和应用越来越多样化，也带来了更多的风险和挑战。为了保障金融数据的安全、质量和效率，日本政府提出了"可信数据"概念，即在数据的使用者和提供者之间建立信任关系，通过共同遵守一定的规则和标准，实现数据的合理利用和保护。

"可信数据"概念主要是从以下4个方面提出的：第一，数据的透明度。数据的使用者和提供者应该明确数据的来源、属性、内容和用途，避免数据的误用和滥用。第二，数据的质量。数据的使用者和提供者应该确保数据的准确性、完整性、及时性和一致性，避免数据的错误和偏差。第三，数据的安全性。数据的使用者和提供者应该采取有效的技术和管理措施，防止数据的泄露、篡改和损毁。第四，数据的责任。数据的使用者和提供者应该承担相应的法律和道德责任，尊重数据的所有权、知识产权和隐私权，遵守相关的法律法规和行业规范。

日本政府通过制定政策、法规、指南等方式，推动"可信数据"概念在金融领域的落实，措施如下:① 修订《银行法》等法律,明确银行等金融机构在使用客户数据时应遵守的原则和条件,同时赋予客户更多的选择权和控制权。② 制定《金融大数据指南》,为金融机构在收集、分析、利用大数据时提供具体的操作指引,同时强调保护消费者利益和隐私权。③ 建立《金融信息共享平台》,为金融机构之间提供一个安全、高效、便捷的数据交换渠道,同时设立第三方机构进行监督和评估。

通过这些措施,日本政府希望实现金融数据治理的平衡,既促进金融创新和发展,又保障金融稳定和公平。

**2. 建立数据安全保护机构**

日本是一个金融发达的国家,拥有丰富的金融数据治理经验。金融数据治理是指对金融机构和市场产生、使用、存储、传输和销毁的数据进行规范、管理和监督的过程,旨在保障数据的质量、安全、合规和价值。金融数据治理涉及多个方面,包括数据策略、数据架构、数据标准、数据质量、数据安全、数据隐私、数据伦理等。日本在这些方面都有较为成熟的制度和实践,为其他国家提供了可借鉴的经验。

日本的金融数据治理经验主要体现在以下7个方面:

(1) 数据策略:日本制定了以客户为中心的数据策略,强调利用数据提升客户体验和满意度,增强客户忠诚度和信任度,创造更多的商业价值。日本还建立了跨部门的数据委员会,负责制定和执行数据策略,协调各方利益,解决数据相关的问题。

(2) 数据架构:日本建立了统一的数据架构,将金融数据分为核心数据、共享数据和专用数据,分别由不同的部门负责管理。日本还推行了元数据管理,通过定义和标注数据的属性、来源、流向、关联等信息,提高了数据的可识别性和可追溯性。

(3) 数据标准:日本制定了一系列的数据标准,包括数据命名、编码、格式、单位等规范,以及数据质量指标和评估方法等要求。日本还参与了国际标准化组织(ISO)等机构的工作,推动了金融领域的数据标准化进程。

(4) 数据质量:日本实施了全面的数据质量管理,通过设立专门的部门和人员,定期对金融数据进行采集、清洗、校验、修复等操作,确保数据的准确性、完整性、及时性和一致性。日本还建立了数据质量报告制度,定期向内外部披露数据质量情况。

(5) 数据安全:日本采取了多层次的数据安全措施,包括物理层面的防火墙、加密设备等,逻辑层面的访问控制、身份认证等,以及管理层面的制度规范、培训教育等。日本还建立了应急预案和演练机制,应对可能发生的数据泄露、篡改等风险事件。

(6) 数据隐私:日本遵循了最小化原则和同意原则,只收集和使用必要的个人信息,并征得客户的同意。日本还制定了个人信息保护法(PIPA),规范了个人信息的收集、使用、存储、传输和销毁等行为,并设立了个人信息保护委员会(PPC),负责监督和执行相关法律法规。

(7) 数据伦理:日本注重培养金融机构和市场参与者的数据伦理意识和责任感,通过制定和遵守数据伦理准则,确保数据的合法、合理、公正和透明使用;倡导数据共享和协作的文化,通过建立数据交换平台和数据联盟等机制,促进了数据的有效利用和创新。

**阅读资料:日本利用大数据维护金融安全的案例**

2018年,日本金融厅推出了一个名为"金融大数据分析平台"的项目,旨在利用大数据技术来监测和预测金融市场的变化。该项目于2018年启动,目标是建立一个集成了多种金融数据源的统一平台,通过人工智能和机器学习等先进的分析方法,实现对金融市场和机构的实时监测、风险评估、政策评估等功能。该项目的主要优势在于能够充分利用金融厅已有的海量数据资源,提高数据的可用性和价值,同时减少人力和时间成本,提升金融监管的透明度和公信力。该项目还将促进金融厅与其他政府部门、学术机构、私营企业等相关方的合作和交流,共享数据和知识,共同推进金融创新和发展。

该项目使用了一些技术来保护客户隐私,例如,数据脱敏,在存储和处理数据时,使用加密技术来保护客户隐私;数据访问控制,只有经过授权的人员才能访问数据;数据审计,对所有访问数据的人员进行审计,以确保他们没有违反任何隐私规定。

再比如,为了有效地防范和应对金融危机,日本政府和金融机构都积极地利用大数据技术,收集和分析各种金融数据,提高金融监管和服务的水平。日本央行(Bank of Japan,BOJ)是日本的中央银行,负责制定和执行货币政策,维护货币和金融稳定。为了更好地掌握日本经济的实时状况,BOJ建立了一个名为"BOJ Time-Series Data Search"(BTS)的大数据平台,集成了超过20万个时间序列的数据,涵盖了国内生产总值(GDP)、物价指数(CPI)、就业率、利率、汇率、贸易额、债券市场、股票市场等各个方面。这些数据不仅来自BOJ自身的统计和调查,还包括了其他政府部门、国际组织、私营机构等的数据源。BTS平台可以让用户通过网页或API接口,快速地检索和下载所需的数据,也可以进行可视化和分析,生成图表和报告。BTS平台为BOJ提供了一个强大的工具,帮助其及时地监测和评估日本经济的动态变化,制定合适的货币政策措施,促进经济增长和稳定。

BTS平台收集了BOJ自1879年以来发布的各种统计数据,涵盖了货币政策、金融市场、银行业务、国民经济、国际金融等领域。BTS平台的特点是:提供了多种检索方式,包括按主题、按关键词、按代码等;支持多种数据格式,包括CSV、Excel、PDF等;允许用户自定义数据范围、频率、单位等;提供了多种图表和表格,以便用户直观地查看和比较数据;提供了数据更新通知和订阅功能,以便用户及时获取最新的数据。

BTS平台是一个强大而实用的大数据平台,旨在为公众和专业人士提供方便快捷的数据检索和分析工具,为研究和分析日本经济和金融提供了丰富而可靠的数据来源。

## 10.4　中国应对大数据与金融安全的原则和措施

大数据与金融安全是当前金融行业面临的重要挑战之一。随着科技的发展和互联网的普及,金融机构和科技公司积累了大量的数据,并利用这些数据进行业务分析和决策。然而,大数据的应用也带来了一系列的安全风险和挑战。本节介绍中国在应对大数据与金融安全时应采取的一系列原则和措施。

### 10.4.1　应对原则

**1. 自主可控原则**

因为金融数据反映了金融市场和金融机构的各种信息,包括价格、利率、交易量、资产负债、收益等,所以金融数据对投资者、管理者、监管者等都具有重要的价值和意义。可以利用它们帮助分析金融风险、评估金融业绩、制定金融策略等。因此,如何做到自主掌控金融数据,是一个值得关注的问题。

自主掌控金融数据,首先需要有获取金融数据的渠道和能力。这包括利用互联网、数据库、报纸杂志等公开的信息源,以及建立与金融机构、行业协会、政府部门等专业的信息合作关系。其次,需要有处理和分析金融数据的方法和技术。这包括运用统计学、数学、计算机等工具,对金融数据进行整理、归纳、比较、挖掘等操作,以提取出有价值的信息和知识。最后,需要有应用和管理金融数据的思维和能力。这包括根据自身的目标和需求,选择合适的金融数据以及制定合理的金融决策,并及时调整和更新金融数据,以适应市场的变化。数据安全自主可控是指数据的产生、存储、传输、处理和使用过程中,能够有效防止数据泄露、篡改、损毁等风险,保障数据的完整性、可用性和可信性,实现数据的主权和价值。数据安全、自主、可控是国家安全和社会稳定的重要基础,也是数字经济发展和创新的核心要素。为了提高数据安全自主可控的水平,需要从法律、技术、管理等多方面加强数据保护,建立健全数据安全制度和标准,培育数据安全文化和意识,推动数据安全产业的发展,形成数据安全的生态体系。

另外,随着大数据技术的快速发展,中国金融行业也开始积极探索如何运用大数据技术来提升金融服务和监管能力。然而,在大数据与金融相结合的过程中,中国注重自主可控的发展路径,以确保金融安全和数据隐私的保护。

首先,中国政府高度重视金融数据的安全和隐私保护。在大数据应用过程中,政府出台了一系列法规和政策,明确了金融数据的收集、存储、传输和使用规范。同时,政府加强对金融机构的监管,要求它们建立健全的数据安全管理制度,并加强与相关部门的合作,共同维护金融数据的安全和隐私。

其次,中国金融机构注重自主技术研发和创新。尽管国际上有很多先进的大数据技术和解决方案,中国金融机构更加倾向于自主研发和应用本土化的技术。他们注重将大数据技术与自身的业务需求相结合,开发出适合中国金融市场的解决方案。这种自主可控的发展路径有助于保护金融数据的安全和隐私,同时提升金融机构的核心竞争力。

再次,中国政府鼓励金融机构加强合作与共享。在大数据时代,金融机构面临海量的数据,单一机构难以完全应对。为此,政府鼓励金融机构加强合作与共享,共同应对金融风险和挑战。政府还推动建立金融数据共享平台,为金融机构提供安全、便捷的数据共享和交流渠道,以提升整个金融体系的监管和风险控制能力。

最后,中国金融机构加强人才培养和技术能力提升。在大数据时代,金融机构需要具备一定的技术能力和人才储备,才能更好地应对金融数据的挑战和机遇。为此,中国金融机构加大对人才培养的投入力度,推动金融人才和技术人才的融合发展。政府也积极支持金融科技教育和培训机构的建设,提供专业化的培训和学习机会,为金融机构培养更多的大数据技术人才。

综上所述,中国在大数据与金融融合发展过程中,注重自主可控的发展路径。政府出台相关法规和政策,加强金融数据的安全和隐私保护;金融机构注重自主技术研发和创新,开发适合本土市场的解决方案;政府鼓励金融机构加强合作与共享,提升整个金融体系的监管和风控能力;金融机构加强人才培养和技术能力提升,提高应对金融数据挑战的能力。这些努力有助于中国实现金融数据与实体经济的良性互动,推动金融行业可持续发展。

## 2. 协调发展原则

大数据和金融安全是两个不同的领域,但它们可以相互促进。大数据技术可以帮助金融机构更好地管理风险,提高效率和准确性。同时,金融安全也需要大数据技术的支持,以保护客户隐私和防范欺诈行为。

在金融领域,大数据技术可以用于风险管理、反欺诈、客户关系管理、市场分析等方面。例如,通过分析大量的数据,金融机构可以更好地了解客户需求和行为,并提供更好的服务。同时,大数据技术还可以帮助金融机构预测市场趋势和风险,从而更好地管理投资组合和资产负债表。

在保护金融安全方面,大数据技术可以用于监测和预防欺诈行为。例如,通过分析客户交易行为和历史记录,金融机构可以识别潜在的欺诈行为,并采取相应的措施。同时,大数据技术还可以用于保护客户隐私。例如,通过加密和匿名化等技术手段,金融机构可以保护客户敏感信息的安全性。大数据技术和金融安全是相互促进的关系。通过合理应用大数据技术,可以提高金融机构的效率和准确性,并保护客户隐私和防范欺诈行为。

以上所述是理想状态,但由于大数据规模、复杂性和多样性而难以使用传统方法进行处理的数据集。大数据与金融行业的协调发展存在困难,特别是涉及金融安全的问题。一方面,大数据可以提高金融服务的效率、创新和普惠性,为金融机构和消费者带来更多的价值和便利;另一方面,大数据也带来了金融安全的风险,包括数据泄露、隐私侵犯、欺诈、洗钱等问题。因此,如何协调大数据发展与金融安全,是一个亟待解决的问题。

首先,强监管下的数据安全治理迫在眉睫。《数据安全法》和《个人信息保护法》的实施,以及金融业相关规范、指南的不断深化和落实完善,表明法律规范和监管层面对金融行业数据安全保护及合规审查的要求日趋严格。为保障数据在机构内外部安全合规流通,体系化的数据安全治理迫在眉睫。

其次,新技术及新业态暗藏风险。人工智能赋能金融行业,在营销、风控、产品创新等业务领域都有上佳的表现,但同时人工智能模型也存在强数据依赖、黑箱、鲁棒性不足等问题,受到数据投毒、模型逆向攻击等攻击方式的威胁。云计算在有效提升计算资源使用效率的同时,打破了传统的物理隔离,但也显著提高了管理的难度,加剧了安全风险;智能终端在数据采集、处理、存储和传输环节均有可能遭到恶意攻击;联邦学习、多方安全计算为金融机构的数据要素流通打下良好基础,但是外部数据来源复杂,其确权、安全责任划分、访问等机制尚需探索,也存在信息安全的隐患。

为了实现大数据发展与金融安全的协调,我们需要从以下方面进行努力:

首先,数据保护建设应以用户为中心。以用户为中心的数据保护就是要数据的所有者能够充分了解和控制其数据的被使用状况,可借鉴头部互联网产品和服务中已经逐步普及的隐私仪表盘或隐私门户等功能。通过隐私仪表盘,用户能够就其本人信息被采集和使用的情况设置和更改个人偏好。目前,该类功能主要提供相对粗粒度的静态个人信息类别和偏好的选项,未来可能会朝着更细粒度以及动态化数据展示和控制功能的方向发展。

持续升级隐私和数据保护技术。当数据在内外部之间流转时,如何兼顾数据保护和数据使用,发挥数据生产要素的作用,是新时代数据保护工作的重要课题。数据可使用差分隐私、同态加密、多方安全计算、联邦学习等技术实现隐私增强。在用户的设备端或者浏览器层面,可增加基于隐私增强技术的隐私引擎(Privacy Engine)等应用,用于边缘端集中管理和控制用户的个人信息采集和使用。

建设全生命周期的安全保障平台。在机构内部建设统一的数据安全平台,整合零散的安全管控服务,以耦合方式嵌入全部业务流程中,实现数据在内部链路的集中安全保护和审计追溯。

智能化、自动化数据安全保护运营。企业在数据保护治理方面的加强和深化,会相应带来运营和管理成本的上升。人工智能技术和流程自动化技术在这方面有广阔的应用空间,包括但不限于以下场景:通过AI技术自动识别敏感信息,对信息进行分类分级;通过客服机器人解决用户在个人数据管理方面提出的诉求;自动检测异常事件,如违规传输敏感信息、试图以伪造的身份非法访问或窃取个人信息等;运用自动化合规检查工具对企业的隐私政策、数据采集声明和数据保护制度等进行合规完备性审查。

提升AI模型安全用数能力。金融机构应着眼于AI模型数据准备、模型训练、模型服务等模型生命周期各阶段,提升数据防投毒相关技术水平。在数据准备阶段强化异常数据监测过滤技术,优化现有数据标注机制;在模型训练阶段,逐步试点推广自动化机器学习技术,减少人工建模参与步骤,降低人为数据投毒风险;在模型服务阶段,引入数据方投毒算法,同时做好投毒指标测评工作。

灵活高效控制数据访问权限。对数据保护和数据使用要求的同步提高,可推动数据访问控制向多维度和动态化管控方向发展。基于属性的数据访问控制,通过动态计算数据访问请求的一组属性是否满足某种条件来进行授权判断。典型的属性包括用户属性(如用户类别)、环境属性(如当前时间和地点)、操作属性(如数据访问要求、使用目的等)和资源属性(如数据表、字段等),理论上可以灵活实现权限控制,几乎能满足所有控制类型的需求。授权决策依据元数据、访问政策、法规制度实时完成,减少了传统基于角色的访问控制中依赖管理员为不同系统、存储方式、使用目的维护静态角色的繁复工作内容,从而更灵活高效地满足企业用数需求。

积极建设隐私计算平台。金融机构可将隐私计算平台作为与外部交互的可信安全计算平台,整合不同技术路线接口,提升服务能力,从数据边界上守护好数据安全端口。由于计算结果的真实性、准确性、可靠性依赖可信数据和可信节点,因此在数据共享过程中,参与节点建模时应当防范数据污染和数据投毒。此外,探查和防范恶意节点作为隐私计算的参与方也至关重要。

### 10.4.2 基于金融安全的大数据发展总体设计思路

**1. 以金融安全为底线的大数据发展理念**

首先,要明确这里的金融安全的内涵和外延。金融安全不仅包括金融机构的信息安全、资金安全、业务安全等,还包括金融市场的稳定性、可持续性、公平性等。大数据技术可以为金融安全提供有效的支撑和保障,也可以为金融安全带来新的挑战和风险。

其次,要结合大数据发展的理念和特点。大数据发展的理念是以数据为核心,以创新为动力,以价值为导向,以服务为宗旨,以共享为基础,以合规为原则。大数据发展的特点是数据量大、数据类型多、数据来源广、数据处理快、数据价值高。

数据安全是金融机构的重要责任,也是保障客户利益和赢得客户信任的基础。金融机构应该在内部和外部都宣扬数据安全思想,提高数据安全意识和能力,防范数据泄露、篡改、破坏等风险。具体而言,金融机构将金融安全融入大数据发展理念,需要从以下两个方面入手:① 在内部,建立健全数据安全制度和规范,明确数据安全责任和权限,定期对员工进行数据安全培训和考核,加强数据安全监督和审计,及时发现和处理数据安全问题;加强数据隐私保护。金融机构应该采取加密、匿名化等技术手段,保护客户敏感信息的安全性。可用性和保密性,阻止数据的非法访问和利用,应对数据的各种威胁和挑战。加强数据安全管理。金融机构应该建立完善的数据安全管理体系,包括数据采集、传输、存储、使用和销毁等全生命周期的安全治理体系。② 在外部,加强与客户、合作伙伴、监管机构等相关方的数据安全沟通和协作。金融机构应该加强与其他机构的数据共享和合作,以提高数据的质量和准确性,同时也可以更好地防范欺诈行为。公开透明地披露数据安全政策和措施,及时响应和解决数据安全事件,提升数据安全信誉和形象。在技术上,采用先进的数据加密、备份、恢复、防护等技术手段,保障数据的完整性。

需要将内部举措与外部举措有效结合,而且将金融安全融入大数据发展理念是一个长期而复杂的过程,需要各方面的共同努力和不断探索。

**2. 以促进金融大数据发展为目的,提升安全管理能力**

加强人才培养。金融机构应该加强对大数据技术人才的培养和引进,以提高自身的技术水平和竞争力。金融机构是数据安全的重要保障者,因为它们涉及客户的财产、隐私和信用等敏感信息。如果数据泄露或被恶意利用,将会给金融机构和客户带来严重的损失和风险。因此,金融机构必须培养员工的数据安全思想,让他们意识到数据安全的重要性和责任,遵守相关的规范和流程,防止数据被泄露、篡改和破坏。

培养员工的数据安全思想,需要从以下3个方面着手:

一是建立数据安全的文化和氛围。金融机构应该制定数据安全的政策和规范,明确员工的职责和义务,定期进行数据安全的培训和考核,强化员工的数据安全意识和技能。同时,金融机构应该鼓励员工积极参与数据安全的管理和改进,表彰优秀的数据安全实践,惩罚违反数据安全的行为,营造一个重视数据安全的文化和氛围。

二是提升数据安全的技术和设备。金融机构应该投入足够的资源,采用先进的技术和设备,保护数据的存储、传输和处理。例如,金融机构应该使用加密、认证、授权等技术,防止数据被未经授权的人员访问或修改;使用防火墙、杀毒软件、备份等设备,防止数据被病毒、黑客或灾难等威胁。同时,金融机构应该定期更新和维护技术和设备,及时修复漏洞和缺陷,提升数据安全的水平。

三是加强数据安全的监督和评估。金融机构应该建立数据安全的监督和评估机制,及时发现和解决数据安全的问题。例如,金融机构应该建立数据安全的日志和报告系统,记录和分析数据的使用情况,发现异常或可疑的行为;建立数据安全的审计和检查系统,定期检查数据安全的执行情况,评估数据安全的效果;建立数据安全的应急响应系统,制定应对数据泄露或攻击等事件的预案,快速恢复正常业务。

通过以上3个方面,金融机构可以有效地培养员工的数据安全思想,提高数据安全的能力和信任度,保障金融业务的稳定和发展。

**3. 以建立系统金融安全观为导向,改善管理数据资源**

金融大数据是金融行业中产生的海量、多样、快速、价值的数据,它涵盖了金融市场、金融机构、金融消费者等各个方面的信息。金融大数据的发展不仅可以提高金融服务的效率和质量,还可以增强金融监管的有效性和透明度,从而促进金融创新和金融稳定。然而,金融大数据的发展也带来了一些安全风险,例如数据泄露、数据篡改、数据滥用等,这些风险可能危及金融机构的声誉、利益和信任,甚至引发金融危机。因此,金融机构如何以促进金融大数据发展为目的提升安全管理能力,是一个亟待解决的问题。

我们可以从以下 3 个方面进行分析:

第一,建立健全金融大数据安全制度。金融机构应该制定和执行符合国家法律法规和行业标准的金融大数据安全政策和规范,明确数据的归属、权限、责任和流程,建立数据安全委员会或部门,负责监督和评估数据安全状况,定期进行数据安全审计和检查,及时发现和处理数据安全问题。

第二,运用金融大数据安全技术。金融机构应该采用先进的技术手段和工具,保障数据的完整性、可用性和保密性。例如,使用加密、认证、授权等技术对数据进行保护,防止数据被窃取或篡改;使用分布式、备份、容灾等技术对数据进行存储和传输,防止数据丢失或损坏;使用隐私保护、去标识化、差分隐私等技术对数据进行处理和分析,防止数据泄露或滥用。

第三,提高金融大数据安全意识。金融机构应该加强对内部员工和外部合作伙伴的培训和教育,提高他们对金融大数据安全的认识和重视,培养他们遵守数据安全规范和原则的习惯和能力。同时,金融机构也应该加强对公众的宣传和引导,提高他们对金融大数据安全的信任和支持,促进他们合理使用和保护自己的数据。

通过以上 3 个方面的努力,金融机构可以以促进金融大数据发展为目的提升安全管理能力,从而实现金融大数据的价值最大化和风险最小化。

### 10.4.3 发展安全的金融大数据的具体措施

**1. 完善大数据金融安全的基础设施**

大数据金融安全是在金融领域中,利用大数据技术和方法,是保护金融数据的完整性、可用性和保密性,防止金融风险和犯罪的一种能力。大数据金融安全的基础设施主要包括以下几个方面:

(1) 数据采集和存储设施。这是大数据金融安全的基础,需要采用高效、可靠、安全的方式,收集和存储各类金融数据,包括交易数据、行为数据、信用数据等。数据采集和存储设施应该具备数据质量管理、数据加密、数据备份、数据审计等功能,保证数据的真实性和安全性。

(2) 数据处理和分析设施。这是大数据金融安全的核心,需要采用先进、智能、灵活的方式,处理和分析各类金融数据,提取有价值的信息和知识。数据处理和分析设施应该具备数据清洗、数据挖掘、数据可视化、数据模型等功能,提升数据的价值和效率。

(3) 数据应用和服务设施。这是大数据金融安全的目标,需要采用创新、合规、负责的方式,应用和服务各类金融业务,实现金融创新和监管。数据应用和服务设施应该具备数据共享、数据开放、数据隐私、数据安全等功能,平衡数据的利益和风险。

如何完善大数据金融安全的基础设施,主要有以下 4 个方面的内容:一是加强技术研发和创新。技术是大数据金融安全的基石,需要不断研发和创造新的技术方法和工具,提高大数据金融安全的水平和能力。二是建立标准规范和加强制度建设。标准规范是大数据金融安全的指南,需要建立统一的标准规范和制度体系,规范大数据金融安全的流程和行为。三是加强人才培养和素质提升。人才是大数据金融安全的动力,需要加强人才培养和素质提升,培养一批专业的大数据金融安全人才。四是加强合作交流和共赢发展。合作交流是大数据金融安全的桥梁,需要加强各方的合作交流和共赢发展,形成一个良好的大数据金融安全生态。

**2. 加快法律法规体系的建设与完善**

金融数据法律法规体系是范金融数据的产生、流动、使用和保护的各项法律法规及其配套制度,包括宪法、法律、行政法规、部门规章、规范性文件和司法解释等。金融数据法律法规体系的建设则是根据国家战略和社会需求,制定和完善适应金融数据发展变化的法律法规,保障金融数据的安全、合理和有效利用,促进金融创新和金融服务水平的提升,维护国家安全和社会公共利益。

金融数据法律法规体系的建设是为了保护客户隐私和防范欺诈行为,建立完善的金融数据法律法规体系,包括以下5个方面:

(1) 个人信息保护。制定个人信息保护法律法规,明确个人信息的定义、范围、收集、使用、存储、传输和销毁等方面的规定。

(2) 金融数据安全。制定金融数据安全法律法规,明确金融机构在数据采集、传输、存储、使用和销毁等方面的安全要求和标准。

(3) 电子签名和认证。制定电子签名和认证法律法规,明确电子签名和认证的定义、范围、使用和管理等方面的规定。

(4) 电子支付。制定电子支付法律法规,明确电子支付的定义、范围、使用和管理等方面的规定。

(5) 互联网金融。制定互联网金融法律法规,明确互联网金融业务的定义、范围、监管要求等方面的规定。

**3. 提高企业与个人的金融数据安全保护意识**

一方面,金融数据是企业的重要资产,也是企业竞争力的体现。金融数据的安全保护不仅关系到企业的经营效益,还关系到企业的信誉和社会责任。因此,提高企业的金融数据安全保护意识是非常必要的。具体需要做到的内容如下:

建立金融数据安全保护的制度和规范,明确金融数据的分类、存储、使用、传输、备份、销毁等流程以及相应的权限和责任。

加强金融数据安全保护的培训和宣传,提高员工对金融数据安全保护的重要性和紧迫性的认识,增强员工对金融数据安全保护的自觉性和主动性。

采用先进的技术手段和设备,对金融数据进行加密、防篡改、防泄露、防破坏等措施,提高金融数据安全保护的水平和能力。

定期对金融数据安全保护进行检查和评估,发现并及时解决存在的问题和风险,不断完善和优化金融数据安全保护的措施和效果。

另一方面,金融数据是个人的重要财产,也是个人隐私的一部分。如果金融数据被泄露或者被盗用,可能会给个人造成严重的经济损失和信用风险。因此,提高个人的金融数据安全保护意识是非常必要的。以下是一些可以帮助提高个人金融数据安全保护意识的方法:

了解金融数据的类型和价值。金融数据包括银行卡号、密码、交易记录、账户余额、信用卡信息、支付宝账号、微信钱包等。这些数据都有自己的价值,也都可能成为黑客或者诈骗者的目标。因此,个人应该对自己的金融数据有清晰的认识,不要轻易泄露或者共享给他人。

选择可靠的金融服务平台和工具。在使用金融服务平台和工具时,个人应该选择有正规资质和信誉的机构和软件,避免使用不安全或者不合法的渠道。同时,个人应该及时更新自己的金融服务平台和工具的版本,以防止出现漏洞或者病毒。

设置复杂的密码和验证方式。在设置金融服务平台和工具的密码时,个人应该使用复杂的组合,包括数字、字母、符号等,避免使用生日、姓名、手机号等容易被猜测或者暴力破解的密码。同时,个人应该开启双重验证或者指纹验证等方式,增强安全性。

注意网络和电话诈骗。在使用网络或者电话进行金融交易时,个人应该保持警惕,不要轻信陌生人或者不明来源的信息,不要随意点击链接或者扫描二维码,不要向他人透露自己的金融数据或者验证码,不要轻易转账或者汇款给他人。如果发现异常或者可疑的情况,应该及时与相关机构联系核实。

定期检查自己的金融数据和账户。个人应该定期查看自己的银行卡、信用卡、支付宝、微信等账户的交易记录和余额,发现任何异常或者错误的交易,应该立即报告并处理。同时,个人应该定期更换自己的密码,并清理自己不再使用或者不需要的金融服务平台和工具。

通过以上这些方法,个人可以提高自己的金融数据安全保护意识,有效地防范各种金融风险和损失。

金融大数据安全保护是当今社会的重要课题,也是金融行业的核心竞争力之一。随着互联网技术的发展,金融大数据的规模和复杂度不断增加,给安全保护带来了巨大的挑战。如何促进金融大数据安全保护的新技术的应用,是值得探讨和研究的问题。

**4. 不断提高金融大数据安全保护的新技术的应用**

随着金融行业的数字化转型,大数据技术在金融服务、风险管理、创新业务等方面发挥了重要作用。但是,大数据技术也带来了金融数据安全的新挑战,如数据泄露、数据篡改、数据滥用等。为了有效应对这些挑战,需要不断提高金融大数据安全保护的新技术的应用,如加密技术、区块链技术、隐私保护技术等。这些新技术可以在保证数据可用性、完整性和保密性的同时,实现数据的合规使用和价值挖掘。

一般来说,金融大数据安全保护的新技术主要包括以下3个方面:

(1)加密技术。加密技术是保护数据隐私和完整性的基础,可以防止数据在传输和存储过程中被窃取或篡改。加密技术有很多种类,如对称加密、非对称加密、同态加密、可搜索加密等,各有优缺点,需要根据不同的场景和需求选择合适的加密算法和方案。

(2)访问控制技术。访问控制技术是控制数据访问权限和范围的手段,可以实现数据的最小化暴露和最大化利用。访问控制技术有很多种类,如基于角色的访问控制、基于属性的访问控制、基于策略的访问控制等,需要根据不同的用户和数据特征设计合理的访问规则和策略。

(3)审计技术。审计技术是监督和检测数据使用情况和异常行为的工具,可以提高数据安全性和可信度。审计技术有很多种类,如日志审计、区块链审计、机器学习审计等,需要根据不同的数据来源和目标建立有效的审计机制和方法。

要促进金融大数据安全保护新技术的应用,需要综合考虑以下几个方面:

(1)技术创新。技术创新是推动金融大数据安全保护发展的动力,需要不断研究和开发新的算法、模型、平台和系统,以适应金融大数据的变化和需求。

(2)技术标准。技术标准是保证金融大数据安全保护质量和效率的依据,需要建立和完善统一的规范、协议、接口和评估体系,以促进金融大数据安全保护的规范化和标准化。

(3) 技术合作。技术合作是实现金融大数据安全保护共赢的途径,需要加强跨部门、跨行业、跨地域、跨国界的交流和协作,以共享金融大数据安全保护的资源和经验。

为了不断提高金融大数据安全保护的能力,可以应用以下新技术:

(1) 区块链技术:区块链技术可以提供分布式、去中心化的数据存储和交易验证机制,可以增强金融大数据的安全性和可信度。通过使用区块链技术,可以确保金融数据的不可篡改性和透明性,减少数据泄露和欺诈的风险。

(2) 加密技术:加密技术可以对金融大数据进行加密和解密,确保数据在传输和存储过程中的安全性。采用强大的加密算法和安全协议,可以有效防止数据被未授权的人员访问和窃取。

(3) 多因素身份认证:多因素身份认证是一种通过结合多种不同的身份验证方法来确认用户身份的技术。除了传统的用户名和密码,还可以结合指纹识别、面部识别、声纹识别等生物特征识别技术,提高金融数据访问的安全性。

(4) 人工智能和机器学习:人工智能和机器学习技术可以帮助识别和阻止金融大数据中的异常和恶意行为。通过分析大量的数据,人工智能和机器学习可以发现潜在的安全威胁和风险,并采取相应的措施进行防范和应对。

(5) 数据隐私保护技术:数据隐私保护技术可以通过数据脱敏、数据匿名化等方法,保护金融大数据中的敏感信息。这些技术可以确保数据在分析和共享过程中的隐私安全,同时保持数据的可用性和有效性。

(6) 智能风险评估和预警系统:智能风险评估和预警系统可以通过人工智能和机器学习技术对金融大数据进行实时监测和分析,识别潜在的风险和漏洞。这可以帮助金融机构及时采取措施,防范和减少潜在的安全风险。

总之,应用新技术可以不断提高金融大数据的安全保护。通过采用区块链技术、加密技术、多因素身份认证、人工智能和机器学习等方法,可以增强金融大数据的安全性和可信度。与此同时,也需要加强对这些新技术的监管和规范,确保其正常和合规的应用。

## 阅读资料:金融机构数据治理建设——以 EAST 监管系统为例

数据是金融业的核心资产,也是金融监管的重要依据。随着数字化金融的发展,金融机构面临着数据量爆炸、数据来源多样、数据类型复杂等挑战,如何加强数据治理,提高数据质量,保障数据安全,成为金融业的重要课题。

中国银保监会发布了《银行业金融机构监管数据标准化规范(2021 版)》(简称"EAST 5.0"),对金融机构的监管数据报送提出了更高的要求。这是继《银行业金融机构数据治理指引》后,银保监会推动金融数据标准化和治理的又一个重要举措。

EAST 监管系统是银保监会主导的监管分析平台,基本覆盖了现场检查、非现场监管、市场准入等所有金融监管领域。商业银行及非银金融机构通过 EAST 系统,按要求向监管部门报送各类业务数据,银保监会通过对银行数据的收集,通过统一数据分析平台,完成筛选、抽取、建模和分析,实现对商业银行全面的风险分析与检测。

EAST 系统全称 Examination and Analysis System Technology,是银监会在 2008 年开发的具有自主知识产权的检查分析系统,旨在顺应大数据发展趋势需求,并帮助监管部门提高检查效能。系统包含银行标准化数据提取、现场检查项目管理、数据模型生成工具、数据模型发布与管理等功能模块。其核心为：① 建设一个相对开放的数据分析平台，实现对银行业务数据的灵活组织、筛选、抽取、建模、挖掘和分析；② 建立一套通用的、相对封闭的数据采集标准，纳入监管人员关心的风险数据点。

EAST 系统目前已经从 4.0 版本升级到 5.0 版本，对商业银行数据标准化数据报送的采集范围、报送要求以及数据质量等各方面进行了修订和完善。主要体现在新增 15 项报表，涉及 660 个数据项；修订 55 项报表，涉及 811 个数据项；并针对冗余报送数据、报送规则和填报合理性等方面，删除 9 项报表，涉及 390 个数据项。

"EAST 5.0"是银保监会对金融机构监管数据报送的统一规范，包括了监管指标、报送口径、报送频率、报送格式等内容。相比于上一版本，"EAST 5.0"增加了新型业务和风险管理相关的指标，优化了报送口径和格式，提高了报送效率和质量。

业内人士认为，"EAST 5.0"体现了银保监会对金融数据治理的重视和推动，也为金融机构提供了明确的方向和标准。在此基础上，金融机构应当从应对监管报送转向自外而内的"数据化"，将数据治理作为战略性工作来抓，实现数据资产的有效利用和价值创造。EAST 5.0 为金融机构数据治理建设指明了方向，具体而言，金融机构应当从以下几个方面加强数据治理：

明确数据战略。根据自身业务特点和发展目标，制定合理的数据战略，明确数据治理的愿景、目标、范围、重点和路径，将数据治理纳入总体战略规划。

建立组织架构。设立专门的归口管理部门或者职能部门来牵头负责实施数据治理体系建设，协调落实数据管理运行机制，组织推动数据在经营管理流程中发挥作用。

制定管理体系。建立完善的制度流程和方法论，规范数据生命周期各个环节的管理要求和操作规范，包括数据采集、存储、处理、共享、使用、销毁等。

提供技术支撑。采用先进的技术手段和工具，提升数据质量检测、整改、补录、报送等能力，实现对数据的有效控制和保护。

拓展应用场景。利用好监管数据以及其他内外部数据资源，开展风险建模、合规分析、业务创新等活动，提高数据的价值和效益。

金融机构数据治理建设是一项系统性的工程，需要金融机构与监管部门、技术服务商等多方协作，共同应对数字经济时代的数据安全风险和挑战，推动金融业的高质量发展。

## 总　　结

随着科技的不断发展和互联网的普及，大数据已经成为了生活中不可或缺的一部分。在金融领域，大数据的应用也越来越广泛，它给金融安全生产和金融安全监管带来了许多挑战。

首先，大数据的应用给金融安全生产带来了挑战。随着金融交易的增多和复杂化，金融安全生产面临着越来越多的风险。大数据的应用涉及个人隐私和信息安全的问题，如果不加以妥善保护，可能会导致用户信息泄露和金融诈骗等问题。

其次，大数据的应用给金融安全监管带来了挑战。随着金融市场的快速发展，监管部门也面临着数据安全和数据隐私的问题，同时还需要建立完善的数据共享机制，以便各个监管部门之间能够进行有效的信息共享和协作。

再次，人工智能对中国金融安全的新挑战，主要包括挑战金融监管的有效性和合法性、引起金融市场的剧烈波动和失衡、影响从业者的职业发展和价值观。人工智能的应用给中国金融安全带来了新的挑战。金融机构和监管部门需要充分认识到人工智能的重要性和潜在风险，加强技术研发和人才培养，建立健全数据保护机制和监管政策，以应对人工智能时代的挑战。只有这样，才能更好地利用人工智能，保障中国金融安全的稳定和可持续发展。

最后，介绍了各国对大数据与金融安全的处置经验与中国应对大数据与金融安全的原则和措施。各国在应对大数据与金融安全方面的原则和措施都强调了数据保护和隐私保护的重要性。同时，各国也意识到了金融科技的潜在风险，加强了对金融机构和金融科技公司的监管。在中国，可以借鉴其他国家的经验，加强数据保护和隐私保护的法规和政策制定，加强监管部门的技术研发和人才培养，建立健全的数据共享机制，以应对大数据与金融安全的挑战，确保金融安全和市场的稳定运行。

## 思 考 题

1. 大数据对中国金融安全的挑战有哪些？
2. 人工智能对中国金融安全的挑战有哪些？
3. 简述中国应对大数据与金融安全的原则。
4. 简述基于大数据与金融安全总体的应对设计思路。
5. 简述中国应对大数据与金融安全的具体措施。

## 参 考 文 献

[1] 张衡.大数据时代个人信息安全规制研究[M].上海：上海社会科学院出版社,2020：239.
[2] 段云峰.大数据和大分析[M].北京：人民邮电出版社,2015：314.
[3] 于潇,张原锟,张树青.发展面向国家金融安全与发展的金融情报学的战略思考[J].情报杂志,2022,41(3)：65-71.
[4] 谷政,石岿然.金融科技助力防控金融风险研究[J].审计与经济研究,2020,35(1)：16-17,11.
[5] 丁晓蔚,苏新宁.基于区块链可信大数据人工智能的金融安全情报分析[J].情报学报,2019,38(12)：1297-1309.
[6] 于孝建,彭永喻.人工智能在金融风险管理领域的应用及挑战[J].南方金融,2017(9)：70-74.
[7] 宋爽,刘朋辉,陈晓.金融安全视角下的欧盟数字资产监管策略[J].欧洲研究,2020,38(2)：61-80,6.
[8] 顾海兵,刘国鹏,张越.日本经济安全法律体系的分析[J].福建论坛（人文社会科学版）,2009(7)：4-11.
[9] 付玉明.大数据时代个人信息的刑法保护：基于日本法的比较分析[J].国外社会科学,2022(5)：58-71,195.
[10] 梅傲,陈子文.总体国家安全观视域下中国数据安全监管的制度构建[J].电子政务,2023(11)：1-12.
[11] 张凯.金融数据治理的突出困境与创新策略[J].西南金融,2021(9)：15-27.
[12] 惠志斌,李佳.人工智能时代公共安全风险治理[M].上海：上海社会科学院出版社,2021：226.